David Godschalk

Computer Related Occupational Deviance

AF000454

SOZIALWISSENSCHAFT

David Godschalk

Computer Related Occupational Deviance

Ein Mehr-Ebenen-Modell
zur Erklärung und Prävention

Deutscher Universitäts-Verlag

Bibliografische Information Der Deutschen Nationalbibliothek
Die Deutsche Nationalbibliothek verzeichnet diese Publikation in der
Deutschen Nationalbibliografie; detaillierte bibliografische Daten sind im Internet über
<http://dnb.d-nb.de> abrufbar.

Dissertation Universität Hamburg, 2006

1. Auflage Januar 2007

Alle Rechte vorbehalten
© Deutscher Universitäts-Verlag | GWV Fachverlage GmbH, Wiesbaden 2007

Lektorat: Brigitte Siegel / Anita Wilke

Der Deutsche Universitäts-Verlag ist ein Unternehmen von Springer Science+Business Media.
www.duv.de

Das Werk einschließlich aller seiner Teile ist urheberrechtlich geschützt.
Jede Verwertung außerhalb der engen Grenzen des Urheberrechtsgesetzes
ist ohne Zustimmung des Verlags unzulässig und strafbar. Das gilt insbesondere für Vervielfältigungen, Übersetzungen, Mikroverfilmungen und die
Einspeicherung und Verarbeitung in elektronischen Systemen.

Die Wiedergabe von Gebrauchsnamen, Handelsnamen, Warenbezeichnungen usw. in diesem
Werk berechtigt auch ohne besondere Kennzeichnung nicht zu der Annahme, dass solche
Namen im Sinne der Warenzeichen- und Markenschutz-Gesetzgebung als frei zu betrachten
wären und daher von jedermann benutzt werden dürften.

Umschlaggestaltung: Regine Zimmer, Dipl.-Designerin, Frankfurt/Main
Gedruckt auf säurefreiem und chlorfrei gebleichtem Papier
Printed in Germany

ISBN 978-3-8350-0661-4

Für meine Eltern,

Hillegonda und Marcel Godschalk

Vorwort

Bei der Realisierung dieser Arbeit haben mich verschiedene Personen unterstützt.

Mein Dank geht in erster Linie an Prof. Dr. Sebastian Scheerer – er hat mir das Promotionsvorhaben ermöglicht und mich mit fachlichen Hinweisen bei der Verfassung dieser Dissertation stets motivierend unterstützt. Herrn Prof. Dr. Fritz Sack danke ich für die Erstellung des Zweitgutachtens.

Den Teilnehmern des Examenskolloquiums vom Aufbaustudium Kriminologie der Universität Hamburg möchte ich für anregende und spannende Diskussionen sowie kritische Auseinandersetzungen im Rahmen meiner Vorträge danken.

Ein herzliches Dankeschön geht auch an meinen Schwiegervater Karl sowie an meinen Kollegen Markus für ihre Durchsicht der Arbeit.

Meiner Frau danke ich für ihre guten Deutschkenntnisse und ihre Hilfe bei der Umschiffung so mancher sprachlicher Klippen. Annemie hat es mir mit ihrer Unterstützung und Geduld überhaupt erst ermöglicht, das Projekt nebenberuflich zu verfolgen.

Besonderer Dank gilt meiner kleinen Tochter Sarah. Vor dem Hintergrund begrenzter zeitlicher Ressourcen fiel es mit dem Wissen um ihre anstehende Geburt wesentlich leichter, Zwischentiefs und Motivationslöcher beim Verfassen der Arbeit zu überwinden. Später spornte sie mich fröhlich strampelnd zum Schreiben an und erlaubte es mir zumindest ab und zu, nachts durchzuschlafen.

David Godschalk

Abstract

Das vorliegende Werk betrachtet abweichendes Verhalten Unternehmensangehöriger mit Bezug zu Informations- und Kommunikationssystemen. Die unternehmenspragmatisch ausgelegte Begriffsdefinition umfasst dabei sowohl Rechtsverstöße, d. h. Computersabotage, Betrug und Geheimnisverrat, als auch nicht kriminalisierte, aber doch unternehmensschädigende Verhaltensweisen wie etwa die missbräuchliche private Nutzung eines betrieblich zur Verfügung gestellten Internetzugangs. Die Aufmerksamkeit der breiten Öffentlichkeit, in der Wissenschaft und in Unternehmen, richtet sich in erster Linie auf außerhalb der Unternehmensgrenzen zu lokalisierende Bedrohungen durch Virenprogrammierer oder Hacker. Computerbezogene Delikte werden jedoch in der Mehrzahl der Fälle von den eigenen Mitarbeitern begangen. Vor allem die schwerwiegenden Schädigungen lassen sich zunehmend auf ‚autorisierte' Systemanwender zurückführen.

Zur Klärung der Ursachen und Entstehungsbedingungen von ‚Computer Related Occupational Deviance' wird zunächst ein Erklärungsmodell konstruiert, welches über eine Makro-, Meso- und eine Mikroebene die drei analysierten Schichten Gesellschaft, Unternehmung und Individuum miteinander in Verbindung bringt und die Entstehung abweichender Verhaltensweisen prozesshaft als logische Kette aufeinander folgender Wirkungen interpretiert. Eine wichtige Erkenntnis besteht darin, dass steigende Komplexität und Spezifität organisationsinterner Strukturen und Prozesse infolge einer Individualisierung, Rationalisierung und Technologisierung der Unternehmensumwelt in Verbindung mit rational und opportunistisch agierenden Akteuren die Gefahr der Entstehung von Systemschwachstellen und damit das Viktimisierungsrisiko eines Unternehmens erhöhen. Dessen systematische Reduktion zum Ziel hat der Präventionsteil der Arbeit. Nach einem Vergleich verschiedener Risikoanalyseverfahren wird die Szenarioanalyse als geeignete Methode zur Aufdeckung und Behebung von Sicherheitslücken beschrieben. Darüber hinaus werden in Ergänzung bekannter Referenzwerke für die in der Unternehmenspraxis beliebten Grundschutz-Ansätze unter konsequenter Fortführung der dem konstruierten Erklärungsmodell zugrunde liegenden rationalistischen Logik Vorschläge im Sinne heuristischer Handlungsempfehlungen abgeleitet. Die Maßnahmen zielen darauf ab, die Wahrscheinlichkeit abweichenden Verhaltens durch Verschlechterung des wahrgenommenen Kosten-Nutzen-Verhältnisses von Tatgelegenheiten zu reduzieren.

Inhaltsverzeichnis

Vorwort	VII
Abstract	IX
Inhaltsverzeichnis	XI
Abkürzungsverzeichnis	XV
Abbildungsverzeichnis	XIX
Tabellenverzeichnis	XXI
1 Einleitung und theoretische Grundlagen	1
1.1 Problemstellung	1
1.2 Stand der Forschung und Forschungsbeitrag	4
1.3 Erklärung abweichenden Verhaltens	8
1.4 Aufbau der Arbeit	14
2 Wirtschaftskriminalität	19
2.1 Historische Entwicklung	19
2.1.1 Zwischen Mittelalter und Moderne	20
2.1.2 ‚Entdeckung' der White-Collar Kriminalität durch Sutherland	21
2.1.3 Die Zeit nach Sutherlands Pionierrede	23
2.1.4 Ansteigende Aufmerksamkeit	24
2.1.5 Die Moderne	25
2.2 Merkmale	27
2.2.1 Situative Tatmerkmale	27
2.2.2 Täterprofil	30
2.2.3 Rationalisierung wirtschaftskrimineller Handlungen	32
2.3 Definitorische Eingrenzung und Entstehung	35
2.3.1 Definitionszweck und Konkretisierungsgrad	35
2.3.2 Problematik einer Legaldefinition	37
2.3.3 Occupational Crime als Makrophänomen	38
2.3.4 Logik der Aggregation	39
2.4 Bedeutung aus gesellschaftlicher Sicht	42
2.4.1 Kriminalität im Hell- und Dunkelfeld	43
2.4.2 Schadensarten und Problematik von Schadensschätzungen	45
2.4.3 Schadensumfang	47
3 Computerkriminalität	51
3.1 Historische Entwicklung	51
3.1.1 Anbruch des Computerzeitalters	52
3.1.2 Entdeckung des Makrophänomens	54
3.1.3 Die Hacker-Subkultur	55
3.1.4 Ansteigende Aufmerksamkeit und Kriminalisierung	56
3.2 Sicherheitseigenschaften von ITK-Systemen	60
3.2.1 Die EDV im Kriminalitätsgeschehen	60
3.2.2 Bedeutung von Informationen	63
3.2.3 Sicherheitsgrundlagen in der Informationstechnologie	65
3.2.4 Strukturelemente	68

3.3 Merkmale	71
3.3.1 Vorsätzlichkeit der Handlung	72
3.3.2 Tätertypologie	73
3.3.3 Täterbezogene Merkmale	75
3.3.4 Systembezogene Merkmale	77
3.3.5 Merkmale des Tathergangs	78
4 Computer Related Occupational Deviance	**83**
4.1 Betrachteter Gegenstandsbereich	83
4.1.1 Abweichendes und kriminelles Verhalten	84
4.1.2 Zusammenhang zwischen Wirtschafts- und Computerkriminalität	86
4.1.3 Empirische Indikatoren der Konvergenz beider Deliktformen	87
4.1.4 Definition von CROD	89
4.1.5 CROD als Mesophänomen	91
4.2 Deliktformen	94
4.2.1 Kategorisierung	94
4.2.2 Betrug	97
4.2.3 Verrat von Geschäftsgeheimnissen	98
4.2.4 Missbräuchliche Nutzung von ITK-Diensten	102
4.2.5 Sabotage	106
4.2.6 Diebstahl von Hardware	109
4.2.7 Diebstahl von Software	110
4.2.8 Taxonomie	112
4.3 Bedeutung aus Unternehmenssicht	114
4.3.1 Ausgaben für IT-Sicherheit	114
4.3.2 Verzerrte Wahrnehmung von Insiderdelikten	116
4.3.3 Strategische Bedeutung von Informationen und ITK-Systemen	118
4.3.4 Kosten und Häufigkeit von Schadensfällen	119
4.3.5 Ansprüche der Stakeholder	121
5 Handlungstheorie	**123**
5.1 Bewertungskriterien	123
5.1.1 Anforderungen an eine Handlungstheorie	123
5.1.2 Menschenmodelle	124
5.2 Verschiedene kriminologische Theorien im Vergleich	125
5.2.1 Theorieklassen	126
5.2.2 Soziale Lern-, Anomie- und Straintheorien	126
5.2.3 Rationalistische Theorien	128
5.2.4 Vorbehalte gegenüber rationalistischen Theorien	130
5.3 Rational Choice Ansatz	132
5.3.1 Ökonomische Grundlagen	132
5.3.2 Rationalität menschlichen Verhaltens – Erklärungsgehalt der Theorie	134
5.3.3 Beitrag zur Erklärung abweichenden Verhaltens	138
5.3.4 Bewertung der Eignung als Handlungstheorie	141
6 Ursachenanalyse	**145**
6.1 Entscheidungskalkül (Mikroebene)	145
6.1.1 Ziele und Präferenzen	145
6.1.2 Alternativen	147
6.1.3 Subjektiv erwarteter Nutzen	149

	6.1.4 Beschränkte Rationalität	151
6.2	Missbrauchsgelegenheiten (Mesoebene)	154
	6.2.1 IT-Sicherheitsverantwortliche	154
	6.2.2 Transaktionskostenökonomik	156
	6.2.3 Organisatorische Reibungsverluste	157
	6.2.4 Opportunismus und Spezifität	161
	6.2.5 Komplexität und beschränkte Rationalität	163
	6.2.6 Informationsverkeilung	166
6.3	Gesamtgesellschaftliche Rahmenbedingungen (Makroebene)	168
	6.3.1 Individualisierung und Rationalisierung	168
	6.3.2 Markt- und Wettbewerbsdruck	170
	6.3.3 Technologisierung	171
6.4	Das Gesamtmodell im Überblick	174
7	**Prävention**	**175**
7.1	Notwendigkeit aus Unternehmenssicht	176
	7.1.1 Gesellschaftliche Träger der Verbrechenskontrolle	176
	7.1.2 Arten der Verbrechensbekämpfung	177
	7.1.3 Grenzen staatlicher Präventionsbemühungen	178
7.2	Risikoanalyseverfahren	180
	7.2.1 Klassische Analyseverfahren	181
	7.2.2 Bewertung klassischer Verfahren	182
	7.2.3 Alternative Verfahren	186
	7.2.4 Szenarioanalyse	189
7.3	Grundschutzmaßnahmen	191
	7.3.1 Information technology – Code of practice for information security management	192
	7.3.2 IT-Grundschutzhandbuch	193
	7.3.3 Grundschutz im Kontext von CROD	194
7.4	Reduktion von Tatgelegenheiten	195
	7.4.1 Komplexitätsabbau	195
	7.4.2 Spezifitätsreduktion	199
	7.4.3 Zentralisierung der Datenhaltung	201
	7.4.4 Sicherheitsschulungen	205
7.5	Nutzenreduktion	209
	7.5.1 Vertrauensaufbau	209
	7.5.2 Vermeidung arbeitsplatzbezogener Risiken	213
7.6	Kostenerhöhung	216
	7.6.1 Sicherheitspolicy	216
	7.6.2 Sicherheitsgrundsätze	219
	7.6.3 Beschämenstechniken	220
8	**Schlussbetrachtung**	**223**
8.1	Zusammenfassung	223
8.2	Ausblick	226
	Literaturverzeichnis	229

Abkürzungsverzeichnis

AC	Audit Commission
AO	Abgabenordnung
AktG	Aktiengesetz
BDSG	Bundesdatenschutzgesetz
BetrVG	Betriebsverfassungsgesetz
BSI	British Standards Institution oder Bundesamt für Sicherheit in der Informationstechnik
CCTA	Central Computer and Telecommunications Agency
CERT/CC	Computer Emergency Response Team Coordination Center
CIO	Chief Information Officer
COBOL	Common Business Oriented Language
CPU	Central Processing Unit
CRAMM	CCTA Risk Analysis and Management Method
CRM	Customer Relationship Management
CROD	Computer Related Occupational Deviance
CSI	Computer Security Institute
DBMS	Datenbankmanagementsystem
DFÜ	Datenfernübertragung
DOS	Disk Operation System
DSL	Digital Subscriber Line
DTI	Department of Trade and Industry
E-Mail	Electronic Mail
EDV	Elektronische Datenverarbeitung
EITO	European Information Technology Observatory
EMF	Enhanced Metafile
Eniac	Electronic Numerical Integrator and Calculator
ERP	Enterprise Ressource Planning
EStG	Einkommensteuergesetz
EU	Expected Utility
FBI	Federal Bureau of Investigation
FORTRAN	Formula Translation
GmbH	Gesellschaft mit beschränkter Haftung
GmbHG	GmbH Gesetz
GG	Grundgesetz
GVG	Gerichtsverfassungsgesetz
HGB	Handelsgesetzbuch

HTTP	Hypertext Transfer Protocol
IDS	Intrusion Detection System
IEC	International Electrotechnical Commission
IM	Instant Messaging
IP	Internet Protocol
IRC	Internet Relay Chat
ISO	International Organization for Standardization
IT	Informationstechnologie
ITK	Informations- und Telekommunikationstechnologie
JPEG	Joint Photographic Experts Group
KonTraG	Gesetz zur Kontrolle und Transparenz im Unternehmensbereich
LAN	Local Area Network
MARION	Méthodologie d'Analyse des Risques Informatiques et d'Optimisation par Niveau
MIS	Management Informationssystem
MPAA	Motion Picture Association of America
NORAD	North American Aerospace Defense Command
ODBC	Open Database Connectivity
OEM	Original Equipment Manufacturer
OS	Operating System
PDA	Persönlicher Digitaler Assistent
PDF	Portable Document Format
PIM	Personal Information Management
PIN	Persönliche Identifikationsnummer
PC	Personal Computer
PKS	Polizeiliche Kriminalstatistik
RIAA	Recording Industry Association of America
ROI	Return on Investment
SEU	Subjective Expected Utility
SHTTP	Secure Hypertext Transfer Protocol
SQL	Structured Query Language
SRI	Stanford Research Institute
SSO	Single Sign On
StÄndG	Steueränderungsgesetz
StGB	Strafgesetzbuch
TAN	Transaktionsnummer
TCP/IP	Transmission Control Protocol / Internet Protocol
TDDSG	Teledienstedatenschutzgesetz

TDG	Teledienstegesetz
TDSV	Telekommunikations-Datenschutz-Verordnung
TKG	Telekommunikationsgesetz
UrhG	Urheberrechtsgesetz
USV	Unterbrechungsfreie Stromversorgung
UWG	Gesetz gegen den unlauteren Wettbewerb
USB	Universal Serial Bus
VoIP	Voice over IP
WAN	Wide Area Network
WiKG	Wirtschaftskriminalitätsgesetz
WLAN	Wireless Local Area Network
WWW	World Wide Web

Abbildungsverzeichnis

Abb. 1-1:	Das Grundmodell der soziologischen Erklärung	11
Abb. 1-2:	Makro-Kontext, soziale Gebilde und die Mikroebene der Akteure sozialen Handelns	13
Abb. 1-3:	Aufbau der Arbeit	14
Abb. 1-4:	Phasen der Modellbildung und zugehörige Kapitel	15
Abb. 2-1:	Entdeckung und Verfolgung unternehmensschädigender Handlungen	40
Abb. 3-1:	Computerkriminalität als Bedrohung der IT-Sicherheit	67
Abb. 3-2:	Elemente eines Informations- und Telekommunikationssystems	68
Abb. 4-1:	Abweichendes und kriminelles Verhalten	85
Abb. 4-2:	Schnittmenge von Wirtschaftskriminalität und Computerkriminalität	87
Abb. 4-3:	Deliktformen der Wirtschaftskriminalität – Erwartung in den nächsten fünf Jahren	89
Abb. 4-4:	CROD – Eingrenzung des Gegenstandsbereichs	90
Abb. 4-5:	Taxonomie von CROD	112
Abb. 4-6:	Absolute und relative Zunahme der Ausgaben für IT-Sicherheit in West-Europa in den Jahren 2002 bis 2005	115
Abb. 4-7:	Anteil der Unternehmen mit mindestens einem computerbezogenen Missbrauchsfall (eigene Mitarbeiter und Unternehmensfremde) im vergangenen Jahr	120
Abb. 6-1:	Nutzenfunktion eines risikoaversen Entscheiders	149
Abb. 6-2:	Anteil der outgesourcten Funktionen im Bereich der Informationssicherheit	155
Abb. 6-3:	Anzahl der dem CERT/CC jährlich gemeldeten softwarebezogenen Sicherheitslücken	165
Abb. 6-4:	Informationsunsicherheit als Folge organisatorischen Versagens	167
Abb. 6-5:	Entwicklung der ITK-Ausgaben im Verhältnis zum Bruttoinlandsprodukt in Deutschland	172
Abb. 6-6:	Mehr-Ebenen-Modell zur Erklärung von CROD	174
Abb. 7-1:	Szenarioanalyse zur Prävention von CROD	190
Abb. 7-2:	Faktoren, die auf das Sicherheitsverhalten der Anwender einwirken	207
Abb. 8-1:	Übersicht Grundschutzmaßnahmen	226

Tabellenverzeichnis

Tab. 2-1:	Schadenstaxonomie wirtschaftskrimineller Handlungen	45
Tab. 3-1:	Täterbezogenes Fehlverhalten und Rollen der EDV im Rahmen der Computerkriminalität	64
Tab. 4-1:	Formen abweichenden Verhaltens mit Bezug zur EDV	96
Tab. 4-2:	Deliktformen von CROD und Merkmale der Tatbegehung	113

1 Einleitung und theoretische Grundlagen

1.1 Problemstellung

Mit der durch die Erfindung des Mikroprozessors möglich gewordenen Miniaturisierung und Massenproduktion des Personal Computers (PC) brach in den siebziger Jahren des 20. Jahrhunderts das sog. Informationszeitalter an. Das Ausmaß der hierbei ausgelösten gesellschaftlichen Umbrüche ist mit demjenigen der industriellen Revolution im 19. Jahrhundert vergleichbar[1]. Die stetige Steigerung des Preis-Leistungs-Verhältnisses aller relevanten Computerkomponenten sowie die Verschmelzung von Informations- und Telekommunikationstechnologien (ITK) tragen nach wie vor zu einer zunehmenden Durchdringung aller gesellschaftlichen Bereiche mit Computertechnologien bei. Einen zweiten wichtigen Antriebsfaktor des Informationszeitalters stellt das Internet dar, dessen Grundsteine in den achtziger Jahren gelegt wurden[2] und das mittlerweile allein in Deutschland von etwa 34 Millionen Menschen genutzt wird.[3] Der Siegeszug der Computertechnologie in Privathaushalten, Wirtschaftsunternehmen, Wissenschaft und Forschung wird begleitet von sozialen Umwälzungen, die tief greifende Veränderungen von Strukturen, Prozessen, Arbeitsweisen und Systemen mit sich bringen. Stichworte wie ‚Ubiquitous Computing' oder ‚Pervasive Computing' verweisen dabei auf die Tendenz, dass immer mehr Alltagsgegenstände wie Fernseher, Mobiltelefone, Autos oder Haushaltsgeräte Rechenkapazität erhalten und miteinander kommunizieren können.

Mit der Technologisierung der Gesellschaft werden sowohl positive als auch negative Folgewirkungen verbunden, wobei die Deutung im Einzelfall von der eingenommenen Perspektive abhängt. Beispiele für überwiegend positiv empfundene Eigenschaften sind die Möglichkeiten zur leichteren Überwindung zeitlicher, räumlicher und kultureller Distanzen, die automatische Verarbeitung und der einfache Austausch von digitalisierten Informationen oder die Automatisierung und Flexibilisierung der Produktion von Gütern und Dienstleistungen in Wirtschaftsunternehmen. Negativ bewertet werden häufig die mit der Technologisierung einhergehenden Veränderungen sozialer Strukturen, die quer durch alle Gesellschaftsbereiche einen hohen Anpassungsdruck induzieren und den ständigen Erwerb neuer, zunehmend technischer Qualifikationen im Berufs- wie im Privatleben erfordern, um nicht ins gesellschaftliche Abseits zu geraten. Für Unternehmen ist der Einsatz der neuen Technologien grundlegende Voraussetzung dafür, sich im globalisierten, intensiver werdenden Wettbewerb zu behaupten.

---

[1] Vgl. Heuer 2000, S. 94. Bequai (1987, S. 15) und Hollinger (1991, S. 6) sprechen analog von der ‚Computerrevolution' als treibender Kraft des post-industriellen Zeitalters.

[2] Vgl. Claus/Schwill 2003, S. 309, Stichwort ‚Internet'.

[3] Im Jahr 2004 nutzten in Deutschland 33,9 Millionen Personen ab 14 Jahren das Internet. Im Jahr 1997 lag die Zahl noch bei 4,1 Millionen; vgl. van Eimeren et al. 2004, S. 351.

Zu allen Zeiten haben Menschen versucht, ihre eigenen Interessen zum Nachteil Dritter und unter Missachtung geltender sozialer Normen durchzusetzen. Mit dem Anbruch des Informationszeitalters hat sich an diesem einfachen Faktum nichts geändert, wohl aber ergeben sich durch die Computertechnologien eine Vielzahl neuer Möglichkeiten, individuelle Ziele auf entsprechend sozialschädliche Art und Weise zu verfolgen. Die vorliegende Arbeit untersucht vor diesem Hintergrund deviantes Verhalten mit Bezug zu ITK-Systemen von Mitarbeitern in Wirtschaftsunternehmen. Alle im weiteren Verlauf als deviant oder abweichend bezeichneten Verhaltensweisen umfassen dabei sowohl Verstöße gegen geltende Strafgesetze als auch Handlungen, die lediglich Abweichungen von sozial dominanten, aber nicht formell in der Gesellschaft kodifizierten Normen und Werten darstellen.

Unter dem Begriff ‚Occupational Crime' werden alle Handlungen subsumiert, die zum Schaden eines Wirtschaftsunternehmens durch dessen eigene Mitarbeiter begangen werden. Das Gegenstück zu Occupational Crime stellen die als ‚Corporate Crime' bezeichneten kriminellen Verhaltensweisen dar, die zur Förderung der Unternehmensinteressen begangen werden und bei den eigenen Mitarbeitern, bei Lieferanten, beim Staat oder auch bei unbeteiligten Dritten materielle oder moralische Schäden verursachen. Gemeinsam konstituieren sie den Deliktbereich der Wirtschaftskriminalität, unter dem alle in oder durch Unternehmen begangenen schädigenden Handlungen zusammengefasst werden. Verschiedene Indikatoren deuten darauf hin, dass ein immer größerer Anteil devianter Handlungen im Wirtschaftsleben einen Bezug zu ITK-Systemen aufweist und dabei insbesondere die durch eigene Mitarbeiter verursachten Schäden in Unternehmen stetig zunehmen.

Die im Weiteren als ‚Computer Related Occupational Deviance' (CROD) bezeichnete Teilmenge abweichenden Verhaltens ist Untersuchungsgegenstand der Arbeit. Dabei werden explizit alle devianten, d. h. nicht allein kriminelle Handlungen im strafrechtlichen Sinne behandelt, da aus Unternehmensperspektive auch nicht kriminalisierte Normverstöße einen wirtschaftlichen Schaden nach sich ziehen können. CROD beinhaltet einerseits altbekannte Delikte (etwa den Betrug, den Verrat von Geschäftsgeheimnissen oder die mutwillige Beschädigung von Firmeneigentum) und andererseits neue, bis dato wenig bekannte, aber nicht minder schädigende Verhaltensweisen (etwa die nicht bestimmungsgemäße Nutzung einer unternehmensseitig bereitgestellten Internet-Verbindung für private Zwecke). Von der Annahme ausgehend, dass die Technologisierung unserer Gesellschaft offensichtlich einen Einfluss auf die Entwicklung abweichenden Verhaltens hat,[1] steht daher folgende Frage im Mittelpunkt dieser Arbeit:

---

[1] „Indeed, the widespread use of IT by businesses today has given rise to new forms of illicit behaviour and ‚security blindness' on the part of the users." Dhillon 1999, S. 171.

Wie können computerbezogene, unternehmensschädigende Verhaltensweisen eigener Mitarbeiter im Gesamtkontext sich verändernder gesellschaftlicher, wirtschaftlicher und technologischer Rahmenbedingungen erklärt werden?

Wichtige Erkenntnisse zur Beantwortung dieser Frage liefert in erster Linie die Kriminologie als interdisziplinäre Wissenschaft von der Kriminalität, welche sich u. a. mit den verschiedenen Erscheinungsformen, den Ursachen, den Tätern und Opfern sowie der Kontrolle und Prävention devianten (und insbesondere kriminellen) Verhaltens beschäftigt.[1] Da bis dato keine umfassende kriminologische Theorie[2] existiert, die sämtliche Formen abweichenden Verhaltens befriedigend zu erklären in der Lage ist und somit gleichermaßen Erklärungsgehalt wie Reichweite zu maximieren vermag,[3] wird in dieser Arbeit eine Beschränkung auf einen möglichst homogenen Gegenstandsbereich vorgenommen und CROD als eingegrenztes soziales Phänomen analysiert.[4] Die Beantwortung der Frage nach den Entstehungsbedingungen erfolgt dabei durch die Rekonstruktion eines mehrere Ebenen umfassenden Erklärungsmodells, dessen theoretische Grundlagen in Kapitel 1.3 erläutert werden.

Die Arbeit soll dazu beitragen, eine spezifische Form abweichenden Verhaltens zu beschreiben und zu verstehen, die anders als beispielsweise die wesentlich besser sichtbare Gewaltkriminalität ein enormes Dunkelfeld aufweist, oft kaum wahrnehmbar und damit auch nur schwer erklärbar ist. Ursache hierfür ist eine Reihe verschiedener Faktoren, etwa die Problematik des Nachweises individueller Verantwortlichkeiten bei wirtschaftskriminellen Handlungen oder ein von Unternehmensseite angesichts drohender negativer Imageeffekte nur schwach ausgeprägtes Interesse, Schadensfälle zur Anzeige zu bringen und damit publik zu machen.

Die Risiken organisationsinterner Vergehen werden regelmäßig stark unterschätzt. Sowohl durch den Gesetzgeber als auch durch die Entscheidungsträger im Unternehmen selbst, insbe-

---

[1] Vgl. Schwind 2003, S. 7-8 und Kaiser 1993, S. 238-239.

[2] Unter einer Theorie soll dabei ein System von über den Einzelfall hinausgehenden Aussagen verstanden werden, das dazu dient, Erkenntnisse über einen Tatsachenbereich zu ordnen und das Auftreten dieser Tatsachen zu erklären; vgl. Dolde 1993, S. 541.

[3] Typischerweise hat jede im Lauf der kriminologischen Geschichte hervorgebrachte Theorie für sich nur eine beschränkte empirische Unterstützung erfahren. Sie konnte das Auftreten von deviantem Verhalten bzw. seine Varianz jeweils nur zu einem gewissen Grad erklären und zwar immer bezogen auf einen spezifischen zeitlich-räumlich konstituierten situativen Gegenstandsbereich, d. h. angewandt auf bestimmte Tätergruppen bzw. Deliktformen; vgl. Cullen/Agnew 2003, S. 483. Eine Erörterung der Gründe für das Fehlen einer Theorie, die diesem Universalitätsanspruch gerecht wird, soll nicht Thema dieser Arbeit sein. Weiterführende Hinweise hierzu finden sich u. a. bei Quensel 1986, bei Hess/Scheerer 1997 und bei Cullen/Agnew 2003.

[4] Dieses Vorgehen entspricht einer von verschiedenen Autoren vertretenen Forderung des wissenschaftlichen Erkenntnisgewinns durch das Fortschreiten zu immer spezifischeren Ansätzen; vgl. Braithwaite 1985, S. 19, Clarke/Cornish 1985 sowie Cornish/Clarke 1986b, S. 2. Clarke und Cornish zufolge nimmt mit dem Spezifitätsgrad eines Modells auch dessen Erklärungsgehalt zu. Implizit wird von einer Zielkonkurrenz von Reichweite und Erklärungsgehalt einer Theorie ausgegangen. Das Ziel der Reichweitenerhöhung wird dabei zugunsten eines höheren Anteils erklärbarer Varianz eingeschränkt, indem immer homogenere Deliktkategorien gebildet werden und eine genauere zeitliche und räumliche Eingrenzung der Gegenstandsbereiche vorgenommen wird.

sondere jedoch in den Medien werden entsprechende Delikte in der Regel weitaus weniger dramatisch dargestellt und als weniger gefährlich wahrgenommen als organisationsexterne Bedrohungen beispielsweise durch Viren oder Hacker. Da bestimmte Probleme nur dann erkannt werden, wenn sie aktiv gesucht werden, bewirkt diese Fehleinschätzung nicht nur eine geringere Sichtbarkeit der zugehörigen Deliktform, sondern führt auch dazu, dass trotz der unbestritten hohen potentiellen Schäden durch CROD in Wirtschaftsunternehmen derzeit nur höchst unzureichend Maßnahmen zur Prävention getroffen werden. Im Anschluss an die Analyse der Entstehungsbedingungen von CROD soll in dieser Arbeit daher eine zweite zentrale Frage beantwortet werden:

> *Wie können sich Unternehmen vor dem Risiko computerbezogenen, geschäftsschädigenden Verhaltens eigener Mitarbeiter schützen?*

Hierbei wird ausgehend von den bei der Ursachenanalyse gewonnenen Erkenntnissen untersucht, inwiefern existierende allgemeine Ansätze zur Risikoanalyse und Prävention abweichenden Verhaltens auf den Bereich von CROD übertragbar sind oder hierfür erweitert werden müssen.

1.2 Stand der Forschung und Forschungsbeitrag

Eine wissenschaftliche Auseinandersetzung mit deviantem Verhalten in und durch Unternehmen findet innerhalb der Kriminologie erst seit etwas mehr als 60 Jahren statt. Als Pionier seines Forschungsbereichs machte Edwin Sutherland Anfang der vierziger Jahre des 20. Jahrhunderts darauf aufmerksam, dass amtliche Statistiken nur einen sehr geringen Anteil an kriminellen Handlungen durch Personen aus oberen sozialen Schichten auswiesen und das tatsächliche Ausmaß der Kriminalität verzerrt darstellten. Aufgrund sozialstrukturell fixierter Klassenvorurteile der Gerichte sowie des Einflusses der von ihm so benannten ‚White-Collar Kriminellen' auf Rechtsprechung und Gesetzgebung entzogen sich diese in nicht wenigen Fällen den Instanzen strafrechtlicher Kontrolle. Sutherland wies insbesondere darauf hin, dass nicht nur Gewaltkriminalität soziale Schäden verursachte, sondern auch die Machenschaften betrügerischer, unterschlagender und manipulierender Unternehmer bzw. krimineller Mitglieder angesehener und ehrbarer Berufsstände, beispielsweise Ärzte oder Rechtsanwälte. Die wesentliche Erkenntnis bestand darin, dass nicht der Rechtsbrecher an sich, sondern der Rechtsbrecher in Verbindung mit der Zugehörigkeit zu einer unteren gesellschaftlichen Schicht der „eigentliche, weil empirische Adressat der strafrechtlichen Sozialkontrolle"[1] war.

Die Forschungsbeiträge im Bereich der Wirtschaftskriminalität konzentrierten sich in den folgenden drei Jahrzehnten hauptsächlich auf die deskriptive Bilanzierung einzelner Fälle, wobei nur selten versucht wurde, eine theoretisch umfassende Erklärung der beobachteten

---
[1] Sack 1995, S. 442.

Phänomene zu erarbeiten. Auf dem Höhepunkt der sozialen Unruhen Anfang der siebziger Jahre sorgten sowohl einige spektakuläre Gerichtsverfahren gegen amerikanische Unternehmen wegen unsicherer bzw. schadhafter Produkte als auch zahlreiche Fälle von Machtmissbrauch öffentlicher Amtsträger zu einer starken Zunahme der öffentlichen Aufmerksamkeit für White-Collar Kriminalität. Im Vergleich zu den USA war das Bewusstsein gegenüber der Gesamtproblematik in Europa allerdings weit weniger ausgeprägt.

Die zu Beginn stark ideologisch geprägte öffentliche Diskussion stellte den typischen Wirtschaftskriminellen als Angehörigen der ‚upper class' in den Mittelpunkt und brachte vor allem die Gesellschaftskritik benachteiligter Klassen zum Ausdruck.[1] Sukzessive löste sich jedoch die Fixierung der Forscher auf den Wirtschaftsverbrecher und seine definierende Eigenschaft als der Oberschicht angehörend. Mit der Entstehung vielfältiger White-Collar Arbeitsplätze in der post-industriellen Gesellschaft im Verlauf der zweiten Hälfte des 20. Jahrhunderts war die stark abstrahierte, dichotome Gegenüberstellung eines Gewaltverbrechers der sog. ‚blue-collar class' und eines Wirtschaftsverbrecher der ‚white-collar class' nicht mehr zeitgemäß.[2] Wirtschaftsverbrechen wurden ebenso von Angehörigen der Mittelschicht, d. h. von Ingenieuren, Bankangestellten, Buchhaltern oder Computerfachleuten begangen. Die vielfältigen Formen der Wirtschaftskriminalität wurden zunehmend differenziert und deliktspezifisch analysiert. Es setzte sich die Erkenntnis durch, dass dieselben Personen in verschiedenen Situationen verschiedene Verbrechen begehen und daher eine Analyse von Tatmerkmalen und Tatbegehungsweisen sinnvoller ist als eine Untersuchung von Tätern und ihren Eigenheiten.[3]

Trotz in der Folgezeit entstandener zahlreicher Veröffentlichungen zum Thema Wirtschaftskriminalität ist das bislang verfügbare Wissen über diese Deliktform im Vergleich zu Gewalt- oder Jugendkriminalität nach wie vor als eher gering einzustufen.[4] So geht die kriminologische Forschung zwar davon aus, dass die durch Wirtschaftskriminalität verursachten Schäden die der konventionellen Kriminalität um ein Vielfaches übersteigen,[5] aber selbst die in den letzten Jahren von Wirtschaftsprüfungs- und Beratungsunternehmen durchgeführten empirischen Studien vermögen das erhebliche Dunkelfeld nicht adäquat zu beleuchten.[6] Schätzungen zum Schadensumfang sind daher nach wie vor mit großer Unsicherheit behaftet.

---

[1] Vgl. Levi 1985, S. 34.
[2] Vgl. Bell 1973, S. 134-137 und Weisburd et al. 1991, S. 63-65.
[3] Vgl. Hirschi/Gottfredson 1987, S. 389f., Weisburd et al. 1991, S. 12-14 sowie Müller et al. 1997, Vorwort.
[4] Vgl. Geis et al. 1995, S. 16.
[5] Vgl. Meier/Short 1983, S. 82.
[6] Vgl. PWC 2003, KPMG 2003 und PWC 2005.

Die nicht autorisierte Nutzung von Computern wurde in der Literatur erstmals Ende der sechziger Jahre als rechtliches und kriminelles Problem anerkannt. Dabei war die wissenschaftliche Auseinandersetzung Anfang der siebziger Jahre ähnlich wie zu Beginn im Bereich der Wirtschaftskriminalität sehr stark phänomenologisch deskriptiv orientiert. Donn Parker, einer der ersten Experten des Fachgebiets, veröffentlichte 1976 mit seinem Buch ‚Crime by Computer' eine umfangreiche Sammlung einzelner Schadensfälle.[1] Forciert durch die teilweise irrationale Angst der Bevölkerung vor den schwer durchschaubaren Tätigkeiten von Computerhackern verabschiedeten zwischen 1975 und 1986 in den USA 48 der 50 Bundesstaaten Gesetze, welche die unautorisierte Nutzung von Computern oder der mit ihnen verarbeiteten Informationen kriminalisierten.[2] Auch in Deutschland wurden 1986 mit dem zweiten Gesetz zur Bekämpfung von Wirtschaftskriminalität zahlreiche neue, in Bezug zur elektronischen Datenverarbeitung (EDV) stehende Tatbestände in das Strafrecht aufgenommen,[3] darunter das Ausspähen von Daten, der Computerbetrug, die Fälschung beweiserheblicher Daten, die Täuschung im Rechtsverkehr bei Datenverarbeitung, die Datenveränderung und die Computersabotage.

Computerkriminalität wurde zu dieser Zeit als das Metier einiger weniger, hochintelligenter ‚Computerfreaks' betrachtet, die ihre speziellen Fähigkeiten auf eine für den normalen Bürger nicht nachvollziehbaren Art und Weise zum Schaden der Gesellschaft ausnutzten. Die zunehmende Verbreitung von Personalcomputern in Verbindung mit der Möglichkeit, mittels sog. Modems[4] Datenfernübertragungs-Verbindungen über das Telefonnetz aufzubauen, erlaubte ihnen die Überschreitung territorialer Grenzen und das Eindringen in fremde, physikalisch weit entfernte Computernetze. Wissenschaftliche Arbeiten zur Computerkriminalität beschäftigen sich bis heute häufig mit der Beschreibung dieser technisch sehr versierten Täter, ihren Zielen und Angriffsmethoden.[5] Im Vordergrund steht hierbei einerseits die EDV als Tatwerkzeug, welches die Ausübung einer sehr spezifischen Form von Delikten ermöglicht, und andererseits die EDV als Objekt, gegen das sich ein Verbrechen richtet. Vernachlässigt wird vielfach, dass die EDV auch als Subjekt auftreten kann und ITK-Technologien in diesem Fall lediglich den Handlungskontext für deviante Verhaltensweisen bilden, die auch technisch wenig versierte Anwender befähigen, Systeme zu missbrauchen.

---

[1] Vgl. Parker 1976.

[2] Vgl. Michalowski/Pfuhl 1991, S. 255.

[3] Vgl. Heinz 1993, S. 594, Janke 1996, S. 549 und Müller et al. 1997, S. 38.

[4] Kurzwort aus **Mod**ulator und **Dem**odulator; bezeichnet ein Gerät, das digitale Gleichstromsignale eines Rechners in digitale Wechselstromsignale und umgekehrt transformiert. Ein Modem wird eingesetzt, um Daten zu übertragen bzw. die Kommunikation mit einem Rechner über das Telefonnetz zu ermöglichen; vgl. Claus/Schwill 2003, S. 414, Stichwort ‚Modem'.

[5] Vgl. Bequai 1987, Branscomb 1990 und Icove et al. 1995.

Als Verursacher unternehmensschädigender Sicherheitsverletzungen werden entsprechend vor allem Hacker, Cracker und sog. ‚Script-Kiddies' gesehen.[1] Dabei trägt die Einnahme einer sehr systemzentrierten Perspektive dazu bei, dass häufig eine Konzentration auf technische Schwachstellen in den verwendeten Hardwaresystemen und Softwareprogrammen stattfindet, die es zu beheben gilt, um sich vor Computerkriminalität zu schützen.[2] Zweifelsohne stellen technische Systemschwachstellen angesichts der hohen Entwicklungsdynamik der Computertechnologie eine ernsthafte Bedrohung für die Sicherheit von ITK-Systemen dar. Nicht weniger bedeutsam sind indes triviale Risiken, die nicht rein technischer Natur sind,[3] sondern aus dem Zusammenspiel von Organisation, Menschen und Technik herrühren. Beispielsweise können einem Unternehmen erhebliche Schäden entstehen, wenn Mitarbeiter EDV-Systeme unerlaubt für private Zwecke nutzen, da hieraus nicht nur Produktivitätsverluste durch verlorene Arbeitszeit, sondern auch zivilrechtliche Haftungsrisiken resultieren, wenn urheberrechtlich geschützte Inhalte, etwa Filme, Musik oder Softwareprogramme aus dem World Wide Web (WWW) auf Firmenrechner heruntergeladen werden. In diesem Zusammenhang stellen unternehmensschädigende Verhaltensweisen nicht notwendigerweise auch computerkriminelle Handlungen im strafrechtlichen Sinne dar. Verschiedene Untersuchungen weisen darauf hin, dass mehr als 50% aller Sicherheitsverletzungen von Tätern innerhalb des Unternehmens begangen werden und insbesondere die schweren Schäden auf sog. autorisierte Systemanwender zurückzuführen sind. Dennoch wird der Abwehr von außerhalb des Unternehmens agierenden Tätern in der wissenschaftlichen Literatur weitaus mehr Aufmerksamkeit gewidmet.[4]

Ziel und Forschungsbeitrag der vorliegenden Arbeit bestehen darin, Ursachen und Entstehungsbedingungen computerbezogener, unternehmensschädigender Verhaltensweisen von Unternehmensmitarbeitern ausfindig zu machen, um im Anschluss Möglichkeiten zu deren

---

[1] Die Begriffe Hacker und Cracker werden ausführlich in Kapitel 3.3.2 erläutert. Als Script-Kiddies werden jugendliche Computerliebhaber bezeichnet, die anders als Hacker oder Cracker selbst keine herausragenden Programmierfähigkeiten besitzen und fremde Skripte bzw. Programme nutzen, um bei fremden Dritten Schäden anzurichten. Dabei erstellen sie mit Hilfe im Internet frei verfügbarer und relativ einfach zu bedienender Programmierbaukästen (sog. Toolkits, siehe Kapitel 3.3.5) beispielsweise einen neuen Computervirus.

[2] „Security has been treated largely as a technical issue with a predominance of technical controls. These are usually in the form of passwords, firewalls and encryption." Dhillon/Moores 2001, S. 720. Der ‚Information Security Breaches Survey' 2004 bemängelt in ähnlicher Weise: „Three-quarters of businesses are confident that their technical security processes would catch all significant security breaches. Yet, some of their security controls appear to have significant weaknesses, and some have also had many security breaches." DTI 2004, S. 11.

[3] Vgl. Sherizen 1990, S. 215.

[4] Vgl. Shaw et al. 1998, Caloyannides/Landwehr 2000, S. 61, Magklaras/Furnell 2002, S. 62 und Schultz 2002, S. 528. Dieser Umstand ist zumindest teilweise auf das hohe Dunkelfeld im Bereich CROD zurückzuführen; siehe Kapitel 2.4.1.

Prävention logisch deduktiv abzuleiten.[1] Über die eingenommene kriminologische Perspektive und die Einbeziehung ökonomischer Theorien in das Mehr-Ebenen-Modell sollen dabei auch solche Faktoren ausfindig gemacht werden, die bei einer rein informationstechnischen Analyse nicht zu erkennen sind.[2] Die Kapitel 2 und 3 über Wirtschafts- und Computerkriminalität bilden dabei die Grundlage für die in Kapitel 4 vorgenommene Beschreibung des Überlappungsbereichs beider Deliktformen und die Darstellung CROD-relevanter Schädigungsformen und ihrer Bedeutung aus Unternehmenssicht. In Kapitel 5 werden verschiedenartige kriminologische Theorien auf ihre Eignung zur Einbindung als Handlungstheorie in das Mehr-Ebenen-Modell überprüft, bevor in Kapitel 6 die Frage nach den Entstehungsbedingungen untersucht und beantwortet wird. Kapitel 7 beschreibt und vergleicht zunächst bestehende Präventionsansätze aus dem Bereich der IT-Sicherheit, bevor abschließend eigene Vorschläge zur Prävention gemacht werden.

1.3 Erklärung abweichenden Verhaltens

Auf der Suche nach einer Theorie zur Erklärung abweichenden Verhaltens stellt sich die Frage nach den notwendigen Eigenschaften, welche diese zu erfüllen hat. Folgt man der von Wippler und Lindenberg angeregten Sichtweise, nach der das analytische Primat der Soziologie (das Ziel soziologischer Erklärung) auf der kollektiven Ebene gesellschaftlicher Phänomene und das theoretische Primat (die Art der Erklärung) auf der Ebene individueller Phänomene liegt,[3] empfiehlt sich ein Vorgehen, welches die betroffenen Ebenen gleichermaßen involviert. Dieser sog. methodologische Individualismus erhält seine Anwendungsberechtigung aufgrund der Veränderlichkeit sozialer Situationen sowie der Ermangelung allgemeiner makrosoziologischer Theorien, die eine Erklärung allein auf der Aggregatsebene erlaubten.[4] Dem Wesen soziologischer Wissenschaft entsprechend will diese Vorgehensweise „soziales Handeln deutend verstehen und dadurch in seinem Ablauf und in seinen Wirkungen ursächlich erklären"[5] und erhebt somit den Anspruch, gehaltvollere Aussagen zu generieren als eine Theorie, die Soziales allein aus Sozialem erklärt und den Prozess der Produktion des Sozialen über die Zwischenstufe individuellen Handelns gleichermaßen wie eine Black-Box ausspart.

---

[1] So bemerkt auch Sherizen (1990, S. 220), dass die gesamte Bandbreite der verfügbaren Möglichkeiten zur Prävention und Abschreckung von computerbezogener Kriminalität innerhalb der Informationssicherheit noch nicht systematisch erörtert wurde.

[2] Bislang gibt es nur wenige dokumentierte Versuche, deviantes Verhalten unter Einbeziehung aller Ebenen zu erklären; vgl. Messner et al. 1989 und Hess/Scheerer 1997.

[3] Vgl. Wippler/Lindenberg 1987, S. 137-141.

[4] Vgl. Esser 1994, S. 179.

[5] „Handeln soll dabei ein menschliches Verhalten (einerlei ob äußeres oder innerliches Tun, Unterlassen oder Dulden) heißen, wenn und insofern als der oder die Handelnden mit ihm einen subjektiven Sinn verbinden." Weber 1922 (Erster Teil: Die Wirtschaft und die gesellschaftlichen Ordnungen und Mächte, I. Soziologische Grundbegriffe, §1 Begriff der Soziologie und des ‚Sinns' sozialen Handelns).

Die Erklärung kollektiver Phänomene unter Einbeziehung der individuellen Erklärungsebenen bietet sich daneben auch deswegen an, weil die menschliche Natur beständiger ist als soziale Verhältnisse.[1] In der jüngeren Vergangenheit lässt sich entsprechend für kriminalsoziologische Untersuchungen ein verstärktes Bestreben feststellen, ganzheitliche Modelle zu entwickeln und eine allgemeine Theorie zur Erklärung devianten Verhaltens zu formulieren.[2] Mit dem Ziel, den Erklärungsgehalt der sie konstituierenden Teile zu übertreffen, besteht die Intention dieser integrativen Ansätze in der Vereinigung scheinbar nicht kompatibler singulärer theoretischer Konzepte oder Aussagen, indem übereinstimmende Bedeutungsinhalte ausgemacht und in einer gemeinsamen Sprache in einem allgemeineren Modell zusammengefügt werden.[3] Methodologisch bieten sich dabei in Anlehnung an Hirschi folgende grundsätzliche Wege der Theorieintegration an:[4]

(1) Die end-to-end Integration bringt partielle Theorien in einen kausalen Zusammenhang. Dabei werden die abhängigen Variablen vorangehender Theorien zu unabhängigen Variablen nachfolgender Theorien.

(2) Die side-by-side Integration differenziert verschiedene Theorien anhand ihrer Anwendbarkeit auf bestimmte Gegenstandsbereiche, so dass die insgesamt erklärbare Varianz ansteigt.

(3) Die up-and-down Integration bringt Variablen auf unterschiedlichen Abstraktionsebenen miteinander in Verbindung. Eine einzelne Theorie wird dabei zu einem spezifischen Sonderfall einer allgemeinen Theorie.

Zahlreiche Forscher stellen indes die Sinnhaftigkeit einer Konsolidierung konkurrierender Erklärungsansätze in einem ganzheitlichen Modell in Frage. So verweist Albrecht auf die Gefahr, dass mit verschiedenen Bezugsdisziplinen unterschiedliche Ebenen der Analyse eingeführt werden, „die nicht zwanglos nebeneinander gestellt werden dürfen"[5], während Hirschi kritisiert, dass viele seiner Kollegen unter dem Deckmantel theoretischer Bedeutsamkeit integrative Theorien dazu missbrauchen, möglichst viele Aussagen gleichzeitig in ihrem Modell zu berücksichtigen.[6] Ein weiterer Einwand richtet sich gegen die Verknüpfung von Theorien,

---

[1] Vgl. Lindenberg 1985, S. 107.

[2] Beispiele für integrative Theorien finden sich bei Elliott et al. 1979, Thornberry 1987, Hirschi/Gottfredson 1987, Braithwaite 1989, Tittle 1995 sowie Hess/Scheerer 1997.

[3] Vgl. Elliott 1985, S. 123 und Farnworth 1989, S. 95.

[4] Vgl. Hirschi 1979.

[5] Albrecht 1993b, S. 311.

[6] Vgl. Hirschi 1986, S. 111.

die auf inkompatiblen Annahmen basieren.[1] Hierbei wird die Verbindung verschiedener Konzepte in einem übergeordneten Modell auch kritisch als ‚theoretische Reduktion' oder noch überspitzter als ‚feindliche Übernahme' tituliert.[2] Einige Autoren vertreten aufgrund der identifizierten Probleme die Meinung, dass von einer Zusammenführung verschiedenartiger Ansätze ganz abgesehen werden sollte.[3]

Zurückblickend auf die eingangs gestellte Frage nach den notwendigen Eigenschaften einer Theorie zur Erklärung abweichenden Verhaltens, bleibt festzuhalten, dass eine notwendige, wenn auch nicht hinreichende Eigenschaft einer gehaltvollen kriminologischen Theorie ihre Mehrdimensionalität ist. Sie muss demnach alle relevanten soziologischen Ebenen gleichermaßen berücksichtigen und darf sich weder singulär auf die Handlungsebene des Individuums beschränken noch rein makroperspektivisch den einzelnen Menschen ausblenden. Trotz der zahlreichen Bedenken gegen eine unkritisch vollzogene Theorieintegration wird angesichts des potentiellen Erkenntnisgewinns bei der Erklärung und Prävention von CROD in dieser Arbeit ein Vorgehen zur Konstruktion eines situationsbezogenen Erklärungsmodells beschrieben,[4] welches die mehrdimensionale kausale Beschreibung einer präzise einzugrenzenden Form devianten Verhaltens ermöglicht.[5] Das Ziel des im Folgenden beschriebenen Makro-Mikro-Ansatzes besteht, ausgehend von der Ebene kollektiver Aggregate, in der Rekonstruktion des Explanandums über die auf den vorgelagerten Stufen wirksamen Prozesse und Mechanismen. Hierzu gilt es, typische Situationen der Akteure und sozialen Gebilde sowie ihre Interdependenzen auf und zwischen den soziologischen Erklärungsebenen zu verdeutlichen. Die Verbindungen zwischen den Ebenen stellen dabei end-to-end-Integrationen dar,

---

[1] So postulieren beispielsweise die Kontrolltheorien einen Werte- bzw. Normenkonsens innerhalb der Gesellschaft. Abweichendes Verhalten erklären sie sich über den Mangel externer und interner Kontrollen gegenüber der Verwirklichung einer lohnenswert erscheinenden Delikthandlung. Demgegenüber geht die Theorie differenzieller Assoziation von der Annahme aus, dass unterschiedliche Wertesysteme parallel nebeneinander existieren können. Ihr zufolge ist konformes wie nicht-konformes Verhalten in Prozessen sozialer Interaktion erlerntes Verhalten und die Wahrscheinlichkeit von Delinquenz dann besonders hoch, wenn überdurchschnittlich häufiger und intensiver Kontakt mit Personen besteht, die Gesetzesverstöße positiv bewerten; vgl. Hirschi 1969 und Sutherland 1956.

[2] Vgl. Akers 1997, S. 186.

[3] Hirschi (1979, S. 37), der seinem Aufsatz treffenderweise den Titel ‚separate and unequal is better' verleiht, konstatiert beispielsweise, dass eine vermeintlich erfolgreiche Integration die ‚gesunde' Konkurrenz fruchtbarer Ideen untergraben würde.

[4] Der potentiell hohe wissenschaftliche Wert entsprechender Unterfangen wird von verschiedenen Kriminologen geteilt. Während etwa Vaughan (1992) die wahre Herausforderung für den Bereich von White-Collar Kriminalität in der Identifikation der Interaktionsmuster von Mikro- und Makroebene sieht, heben Hess und Scheerer (1997, S. 85) hervor, dass sich die Leistungsfähigkeit einer Theorie darin zeigt, wie gut sie in der Lage ist, „nicht-evidente Bezüge zwischen disparaten Phänomenen aufzuzeigen". Meist werden von den Autoren im gleichen Atemzug auch Vorschläge zur Theorieintegration gemacht, so etwa von Hirschi und Gottfredson (1987, S. 397), deren ‚general theory of crime' zu den bekanntesten Ansätzen zu zählen ist. Sie betonen: „crime is a unitary phenomenon capable of explanation by a single theory".

[5] Unter einem Erklärungsmodell soll im Weiteren die „Anwendung von Theorien auf mehr oder weniger typische Tatbestände" verstanden werden; Gabler 1997, S. 2648, Stichwort ‚Modell'.

welche abhängige Variablen über die funktionale Beziehung zu einer oder mehreren unabhängigen Variablen auf vorgelagerten Stufen erklären. Die nachfolgende Abbildung verdeutlicht die wichtigsten Zusammenhänge:

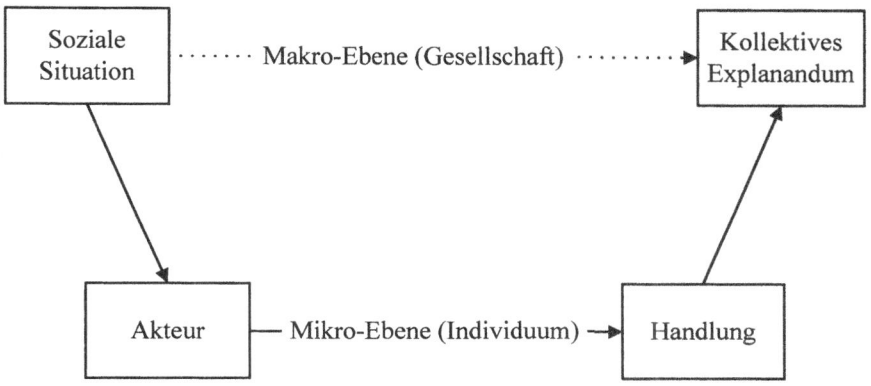

In Anlehnung an: Esser 1999, S. 98.

Abb. 1-1: Das Grundmodell der soziologischen Erklärung

Auf der oberen Stufe, der Makroebene soziologischer Handlungen, stehen kollektive Wirkungen, gesellschaftliche Institutionen und Strukturen, kurz aggregierte bzw. überindividuelle Phänomene und ihre Entstehung im Zentrum des Interesses. Auf der unteren Stufe, der Mikroebene, werden einzelne Akteure und ihre individuellen Handlungen betrachtet. Die auf der Makroebene beobachtbare Emergenz des kollektiven Phänomens Kriminalität wird im Modell durch das spezifische Zusammenwirken der Ebenen über drei logisch aufeinander folgende Schritte rekonstruiert:[1]

1. Die Logik der Situation beschreibt den Handlungskontext, dem sich ein Akteur ausgesetzt sieht. Sie stellt die durch gesellschaftliche Instanzen und Strukturen konditionierten Bedingungen dar, welche den objektiv verfügbaren Alternativenraum des Individuums eingrenzen, und verknüpft diesen über sog. Brückenhypothesen mit den subjektiven Vorstellungen des Akteurs von seiner Situation.[2] Brückenhypothesen sind Hilfskonstruktionen zur Übersetzung von Situationsmerkmalen in die zentralen Variablen der Logik der Selektion, die Erwartungen und Bewertungen. Einen wichtigen Einfluss haben bei dieser Verbindung Prozesse des Lernens, der Sozialisation, der sozialen Kontrolle und der Wahrnehmung. Ein Beispiel für derartige Zusammenhänge sind die innerhalb der Gesellschaft oder einer so-

---

[1] Vgl. Esser 1999, S. 94-98. Vorschläge in ähnlicher Form wurden bereits von anderen Autoren vorgebracht, so z. B. von Boudon 1980 oder von Coleman 1990.

[2] Der Begriffswahl von Alfred Schütz (1971, S. 7) folgend findet hierbei eine typisierte Beschreibung der Konstruktionen erster Ordnung statt, d. h. der subjektiven Erwartungen und Bewertungen eines Individuums in der von ihm sinnhaft erlebten Umwelt.

zialen Gruppen dominanten Werte und Normen, welche vorgeben, nach was Individuen streben. Persönliche Ziele und Gewichtungen werden somit wesentlich vom sozialen Umfeld determiniert.[1]

2. Die Logik der Selektion schildert den Transformationsprozess, bei dem der Akteur auf der Mikroebene unter den situativ konstituierten, aber subjektiv interpretierten Bedingungen eine Alternative auswählt. Auf dieser Stufe erfolgt die Erklärung der Gesetzmäßigkeiten individuellen Handelns. Da dieses immer vor dem Hintergrund gesellschaftlicher Rahmenfaktoren stattfindet, nehmen die Akteure teilweise bewusst, größtenteils jedoch unbewusst subjektive Interpretationen der von ihnen wahrgenommenen Situationsdefinitionen vor. Diese Subjektivität der Übersetzungen lässt sich auf die Verschiedenartigkeit der dominanten Faktoren zurückführen. Interne persönliche Faktoren wie Motive, Ziele und Interessen spielen eine ebenso bedeutsame Rolle wie externe makrosoziale Faktoren, also soziale Umstände, Schul- und Berufsausbildung, politische Rahmenbedingungen, Medien etc.[2] Für die Übersetzung der Makro-Struktur in individuelles Handeln wird dabei eine Handlungstheorie benötigt, welche die kausale Kette von der Aufnahme wichtiger Situationsmerkmale, über ihre Wahrnehmung und Bewertung bis hin zur Auswahl einer Alternative logisch begründen kann. Einfache Gesetzmäßigkeiten müssen dazu Ursachen und Folgen beispielsweise über Wenn-dann-Aussagen in einen funktionalen Zusammenhang bringen.

3. Die Logik der Aggregation schließlich befasst sich mit dem Übergang von der Mikroebene zurück auf die Makroebene und beleuchtet den Entstehungsprozess des kollektiven Explanandums aus den individuellen Handlungen vieler einzelner Akteure. Übertragen auf die Kriminologie lautet die Frage, wie aus einzelnen abweichenden Handlungen auf der Mikroebene das Makrophänomen Kriminalität entsteht.

Weiterführende sog. Mehr-Ebenen-Modelle berücksichtigen darüber hinaus die Tatsache, dass Menschen niemals isoliert agieren, sondern immer Interaktionssysteme mit anderen Akteuren bilden.[3] Akteure und ihre Handlungen, welche soziale Gebilde konstituieren, sind in vielfältige und umfassende soziale Kontexte wie Familien, Verbände, Gemeinden und Unternehmen eingebettet, die wechselseitig aufeinander einwirken. Diese sozialen Gebilde werden typischerweise auf der sog. Mesoebene soziologischer Analyse lokalisiert, die das in Abbildung 1-1 vorgestellte Modell um eine neue Zwischenstufe erweitert.

---

[1] Vgl. Wippler/Lindenberg 1987, S. 145.

[2] Zur Wirkungsweise dieser Faktoren siehe beispielsweise Lösel 1993, S. 263-265.

[3] Vgl. Esser 1999, S. 112-118. Ein Beispiel hierfür ist das Modell hierarchischer Umwelten von Bronfenbrenner (1979), das neben der Makro- und der Mikroebene außerdem eine Mesoebene und eine Exoebene umfasst.

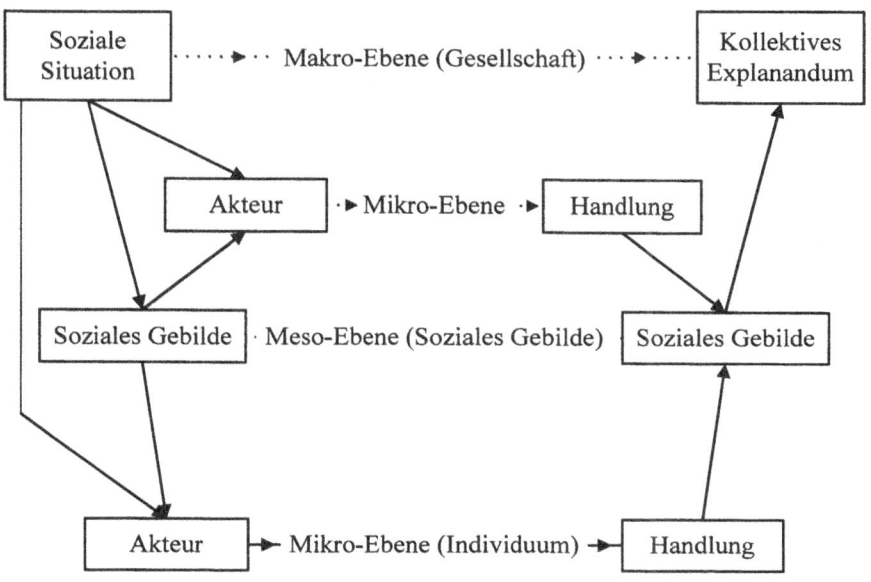

In Anlehnung an: Esser 1999, S. 113.

Abb. 1-2: Makro-Kontext, soziale Gebilde und die Mikroebene der Akteure sozialen Handelns

1.4 Aufbau der Arbeit

Die nachfolgende Abbildung veranschaulicht den Aufbau der Arbeit:

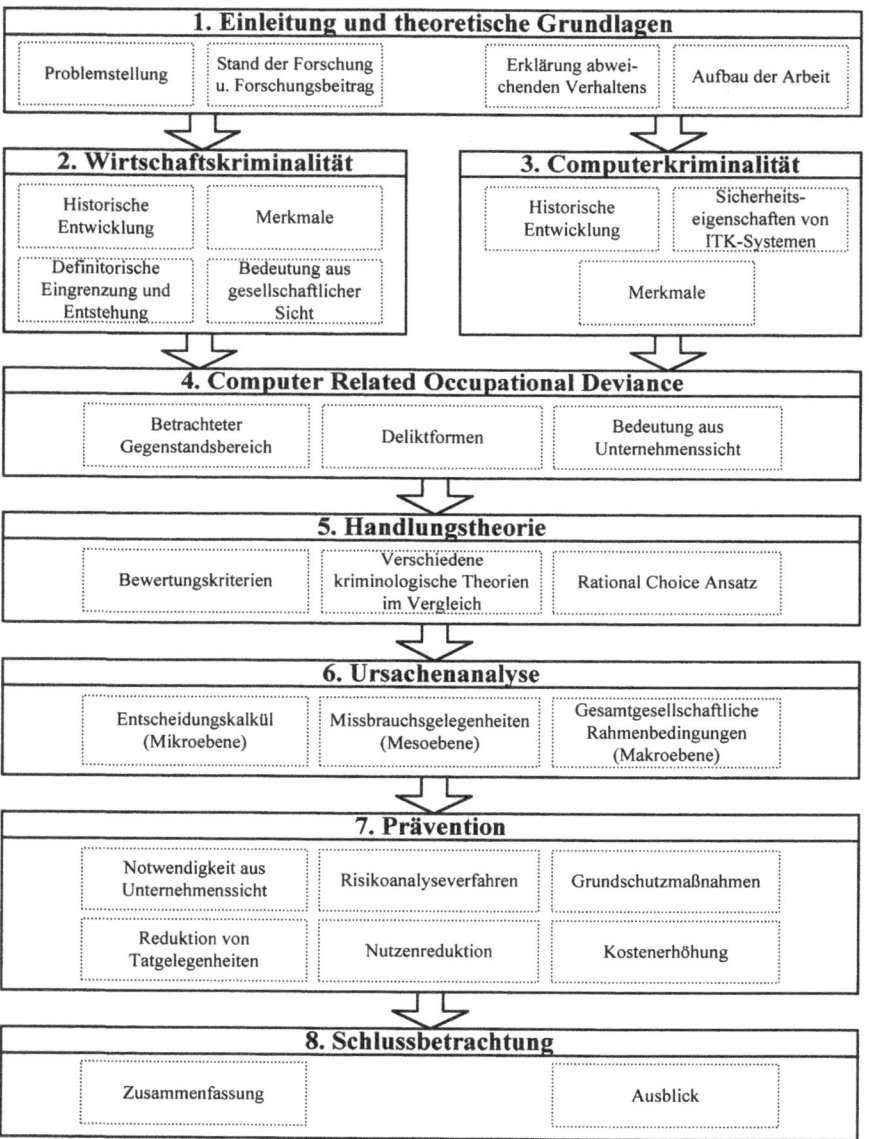

Abb. 1-3: Aufbau der Arbeit

In Kapitel 1 wurden nach einer Einleitung in den Themenbereich dieser Arbeit die theoretischen Grundlagen zur Erklärung abweichenden Verhaltens dargestellt. Zur Untersuchung der Entstehungsbedingungen von CROD wird in den Kapiteln 2 bis 6 – der angenommenen Entstehungsrichtung entgegengesetzt – rückwärts vom Explanandum zum Explanans ein Modell (re-)konstruiert, das über eine Makro-, eine Meso- und eine Mikroebene die drei analysierten Schichten ‚Gesellschaft', ‚Unternehmung' und ‚Individuum' miteinander in Verbindung bringt. Die Entstehung von CROD wird dabei prozesshaft als logische Kette aufeinander folgender Wirkungen zwischen diesen Schichten interpretiert.

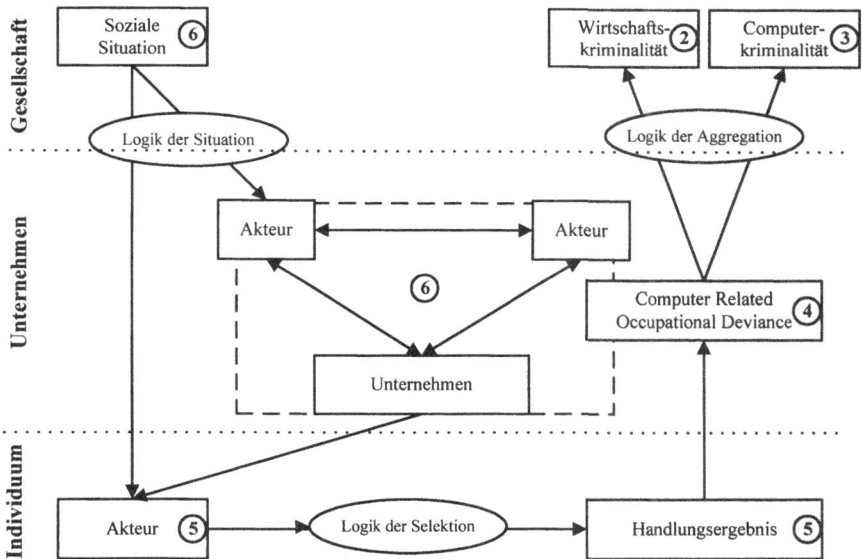

Abb. 1-4: Phasen der Modellbildung und zugehörige Kapitel

Den Anfang der Modellkonstruktion bildet in Kapitel 2 die Eingrenzung des betrachteten Gegenstandsbereichs auf diejenigen Formen devianten Verhaltens, die innerhalb von Wirtschaftsunternehmen stattfinden. Zum Verständnis des auf der Makroebene als Wirtschaftskriminalität wahrgenommenen Phänomens werden dazu die geschichtlichen Hintergründe ebenso erläutert wie die spezifischen tat- und täterbezogenen Merkmale wirtschaftskriminellen Verhaltens, sowie ihr Zusammenwirken bei der Entstehung abweichenden Verhaltens. Nach einer definitorischen Einschränkung auf Occupational Crime als eine der wesentlichen Hauptformen von Wirtschaftskriminalität erfolgt eine Erklärung der bei ihrer Emergenz als Makrophänomen wirksamen Transformationsregeln. Abschließend wird die aufgrund hoher Kosten und vielfältigen Schädigungsformen hohe gesellschaftliche Relevanz der untersuchten Deliktform aufgezeigt.

Kapitel 3 beschreibt den technologischen Handlungskontext, in dem sich heutzutage der Großteil devianter Handlungen in Unternehmen abspielt, und grenzt damit den betrachteten Gegenstandsbereich weiter ein. Einem Abriss der historischen Entwicklung von Computern und der mit ihnen verbundenen Kriminalitätsform folgt dabei eine Erörterung der sicherheitsrelevanten Eigenschaften von ITK-Systemen und der mit ihnen verarbeiteten Informationen. Eine Beschreibung der verschiedenen täter-, system- und tatbezogenen Eigenheiten von Computerkriminalität veranschaulicht, in welchen Bereichen Gelegenheiten für abweichendes Verhalten entstehen können und wie diese ausgenutzt werden.

Die auf der Makroebene häufig losgelöst voneinander wahrgenommenen Phänomene Occupational Crime und Computerkriminalität werden in Kapitel 4 innerhalb des Mehr-Ebenen-Modells auf der Mesoebene zusammengeführt und aus der Perspektive eines Unternehmens beschrieben. Anhand verschiedener Indikatoren wird gezeigt, dass sich der Überlappungsbereich beider Formen abweichenden Verhaltens in der Vergangenheit ständig vergrößert hat und weiter an Bedeutung gewinnt. Über einen Vergleich vier verschiedener regelmäßig erscheinender empirischer Untersuchungen erfolgt eine Kategorisierung der unterschiedlichen Deliktformen von CROD. Für jede der identifizierten Kategorien werden die Zusammenhänge zwischen deliktspezifischen Merkmalen, Tätereigenschaften und Tatbegehungsweisen dargestellt und in einer ordnenden Taxonomie zusammengefasst.

Kapitel 5 beinhaltet die Auswahl einer Theorie zur Beschreibung des Transformationsprozesses auf der Mikroebene, bei dem unter den situativ konstituierten Bedingungen der Makro- und Mesoebene die individuelle Wahrnehmung, Bewertung und Selektion einer (geschäftsschädigenden) Handlungsalternative stattfindet. Ausgehend von der Identifikation bestimmter Anforderungen an eine in das Mehr-Ebenen-Modell einzupassende Handlungstheorie und modellhaften Annahmen über die Natur des Menschen erfolgt nach einem Vergleich verschiedener in Frage kommender kriminologischer Theorien die Festlegung auf eine spezifische Theorie und deren kritische Untersuchung.

Die Verbindung der Handlungs- bzw. Mikroebene mit der Meso- und Makroebene und damit die Fertigstellung des Erklärungsmodells erfolgt in Kapitel 6. Zunächst werden hierfür die relevanten Inputfaktoren des Entscheidungskalküls von Individuen auf der Mikroebene herausgearbeitet. Auf der anschließend fokussierten Mesoebene steht die Frage im Mittelpunkt, welche Bedingungen in Unternehmen die Entstehung von Missbrauchsgelegenheiten begünstigen. Zur Beantwortung dieser Frage wird das Instrumentarium der Principal-Agent-Theorie herangezogen, die zur Erklärung von Interaktionen in hierarchisch strukturierten Beziehungen entwickelt wurde. Auf der Makroebene werden schließlich diejenigen Umweltfaktoren untersucht, die sowohl das korporative als auch das individuelle Handeln auf die zuvor gezeigte Art und Weise beeinflussen. Abschließend erfolgt eine zusammenfassende grafische Darstellung aller Stufen des in den vorangegangenen Kapiteln konstruierten Erklärungsmodells.

Anhand verschiedener Beispiele wird in Kapitel 7 zunächst die Notwendigkeit unternehmerischer Schutzvorkehrungen begründet. Mit der Darstellung von Möglichkeiten zur Reduktion geschäftsschädigenden Verhaltens eigener Mitarbeiter im informationstechnischen Umfeld wird anschließend die Beantwortung der zweiten zentralen Frage dieser Arbeit angestrebt. Dabei werden zwei verschiedene Ansätze zur Anhebung des informationstechnischen Sicherheitsniveaus einer Unternehmung vorgestellt. Der Risikoanalyse-Ansatz umfasst Methoden zur strukturierten Suche, Bewertung und zielgerichteten Behebung von Schwachstellen der Informationssicherheit, während der Grundschutz-Ansatz weitestgehend ohne vorausgehende Analysephase die Herstellung eines mittleren Schutzniveaus durch die Implementierung sog. Grundschutzmaßnahmen bezweckt. Den Hauptteil des Kapitels bilden am zweiten Ansatz orientierte allgemeine Handlungsempfehlungen, die ausgehend von den Erkenntnissen des konstruierten Erklärungsmodells die Eliminierung unternehmensseitig unerwünschter Handlungsoptionen bzw. die systematische Herabsetzung ihrer Attraktivität im Sinne einer situativen Verbrechensprävention intendieren.

Kapitel 8 fasst abschließend die Resultate der Arbeit zusammen und zeigt Grenzen der gewonnenen Erkenntnisse auf. Darüber hinaus werden Ansatzpunkte für weiterführende Arbeiten und Untersuchungen aufgeführt.

2 Wirtschaftskriminalität

Mit der Rekonstruktion des Mehr-Ebenen-Modells zur Erklärung von CROD wird in diesem Kapitel begonnen. Auf der Mesoebene, in deren Mittelpunkt soziale Gebilde und damit Individuen als Mitglieder eines sozialen Kontextes stehen, wird der Fokus auf Wirtschaftsunternehmen gerichtet. Unter einer Unternehmung wird dabei im Weiteren ein „wirtschaftlich-rechtlich organisiertes Gebilde (verstanden), in dem auf nachhaltig ertragbringende Leistung gezielt wird".[1] Den Schwerpunkt stellt in der logischen Folge die Beschäftigung mit einer speziellen Form devianten Verhaltens dar, das auf der Makroebene als Wirtschaftskriminalität wahrgenommen wird. Diese umfasst im weitesten Sinne alle sozial schädlichen Verhaltensweisen im Wirtschaftsleben. Ein Verständnis dieser Kriminalitätsform setzt im ersten Schritt (Kapitel 2.1) eine Auseinandersetzung mit den geschichtlichen Hintergründen voraus. Anschließend (Kapitel 2.2) werden spezifische tat- und täterbezogene Merkmale sowie Möglichkeiten der Rationalisierung wirtschaftskrimineller Handlungen bei der Entstehung von Verbrechen erläutert. Bedingt durch die Verschiedenartigkeit der unter dem Begriff der Wirtschaftskriminalität subsumierten Bedeutungsinhalte erfolgt im dritten Schritt (Kapitel 2.3) eine exakte Eingrenzung auf ‚Occupational Crime' als einer ihrer wesentlichen Hauptformen und eine Veranschaulichung der bei ihrer Emergenz als Makrophänomen wirksamen Transformationsregeln auf den vorgelagerten Ebenen des Erklärungsmodells. Abschließend (Kapitel 2.4) wird die gesellschaftliche Relevanz der Kriminalitätsform beschrieben.

2.1 Historische Entwicklung

Ein Abriss der historischen Entwicklung der Wirtschaftskriminalität ermöglicht zunächst ein tiefergehendes Verständnis des meist stellvertretend für ‚Wirtschaftskriminalität' verwendeten Terminus ‚White-Collar Kriminalität', der 1939 von Sutherland geprägt wurde.[2] Insbesondere die typologisierende und polemisierende Wirkung dieses Begriffs wird erst im historischen Kontext ersichtlich. Darüber hinaus wird verständlich, weshalb erst seit knapp vier Jahrzehnten eine ernsthafte gesellschaftliche und wissenschaftliche Aufarbeitung wirtschaftskrimineller Fragestellungen erfolgt. Dieser Zeitraum ist selbst für eine junge Wissenschaftsdisziplin wie die Kriminologie sehr kurz und erklärt die zahlreichen Erkenntnislücken, die es zu schließen gilt.[3] Dieselben Faktoren, welche die relativ späte ‚Entdeckung' der Deliktform bewirk-

---

[1] Gabler 1997, S. 3952, Stichwort ‚Unternehmung'. Die Begriffe ‚Unternehmen' und ‚Unternehmung' werden innerhalb der Arbeit synonym verwendet.

[2] Vgl. Sutherland 1940, S. 2 und Schwind 2003, S. 421f.

[3] So wurde beispielsweise ein Großteil der kriminologischen Theorien vor dem Hintergrund einer Gesellschaft entwickelt, in der das Konzept des jugendlichen Straftäters dominiert; vgl. Sessar 1997, S. 3. Mit diesem kann der typische Wirtschaftskriminelle nicht nur aufgrund seines weit fortgeschrittenen Alters kaum verglichen werden; vgl. Weisburd et al. 1991, S. 73.

ten, sind ursächlich dafür, dass noch heute die Tragweite möglicher Folgen wirtschaftskriminellen Handelns oftmals stark unterschätzt wird.[1] Nicht zuletzt lässt sich erst über eine komparative Gegenüberstellung kriminologischer Theorieentwicklung auf der einen Seite und wirtschaftskrimineller Forschung auf der anderen Seite der Wert solcher Modelle erkennen, die auch gewaltfreie Verbrechensformen wie beispielsweise organisierte Kriminalität, Umwelt- oder eben die hier thematisierte Wirtschaftskriminalität zu erklären in der Lage sind.

2.1.1 Zwischen Mittelalter und Moderne

Menschen sind seit jeher argwöhnisch gegenüber Personen mit besonders ausgeprägten Machtpotentialen, da diese opportunistisch und zum Schaden Dritter eingesetzt werden können. So zeugen schon die Marktgesetze im mittelalterlichen und frühmodernen England von der Besorgnis des möglichen Missbrauchs von Handelsmacht einiger wohlhabender Geschäftsleute zum Schaden gewöhnlicher Bürger. Dieser Machtmissbrauch äußerte sich beispielsweise im großvolumigen Aufkaufen bestimmter Waren zur Schaffung von Monopolmärkten.[2] In Anbetracht der tragischen Folgen von Lebensmittelknappheit aufgrund von Ernteausfällen sowie begrenzter Möglichkeiten, bedürftigen Regionen die Überschüsse gut versorgter Gebiete zur Verfügung zu stellen, war der Obrigkeit in diesen Zeiten viel daran gelegen, dem Machtmissbrauch Einhalt zu gebieten. So wurde bereits im 13. Jahrhundert die künstliche Verknappung des Angebots unter Strafe gestellt.

Erst Produktivitätsfortschritte in der Landwirtschaft sowie ein sich verlangsamendes Bevölkerungswachstum trugen gut fünf Jahrhunderte später dazu bei, dass es Ende des 18. Jahrhunderts zu einer Deregulierung der strengen Marktgesetze kommen konnte.[3] Was heute unter dem Schlagwort ‚Kriminalität der Mächtigen' explizit thematisiert wird,[4] spielte in dieser Zeit bereits eine wichtige Rolle, nämlich der Wunsch der Landbesitzer, ihre Macht zu konservieren und ihren materiellen Vorteil gegenüber der einfachen Landbevölkerung auszubauen. Der Kapitalismus, welcher den Feudalismus verdrängte und in dessen Fahrwasser die Industrialisierung immer weiter voranschritt, richtete die Aufmerksamkeit auf denjenigen, dem es am besten gelang, Macht zu erwerben, sie intelligent auszuspielen oder am trickreichsten zum eigenen Vorteil einzusetzen. Das zu dieser Zeit geprägte gesellschaftliche Ethos lenkte den Blick alleine auf den Eigennutz und die unbegrenzten Möglichkeiten grenzenloser Expansion

---

[1] Vgl. Janke 1996.

[2] Vgl. Geis et al. 1995, S. 8. Eine Restriktion angebotener Mengen in oligopolisierten Märkten führt zu Monopolgewinnen für Anbieter, zu überhöhten Preisen für Nachfrager und im Gesamteffekt zu Wohlfahrtsverlusten für die Gesellschaft; vgl. Frank 1997, S. 409f.

[3] Vgl. Geis et al. 1995, S. 7-9.

[4] Vgl. Scheerer 1993.

und materiellen Reichtums.[1] Der Laissez-faire-Kapitalismus des 19. Jahrhunderts trug in beträchtlichem Maße dazu bei, dass zahlreiche Gesetze zur Zementierung von Eigentumsrechten verabschiedet wurden und innerhalb der Strafgesetzgebung das individuelle Recht auf uneingeschränkte Nutzung des Privateigentums einen sehr hohen Stellenwert erlangte.[2]

Anfang des 20. Jahrhunderts kam es zu einer leichten Verlagerung der Machtverhältnisse. Diese wurde ausgelöst durch die sog. ‚Muckraker', eine leidenschaftliche und wortgewandte Gruppe amerikanischer Reporter, die in einer Vielzahl von Artikeln die wirtschaftskriminellen Machenschaften der Elite anprangerten. Sie kritisierten in erster Linie die öffentliche Korruption bzw. die engen Allianzen zwischen Politikern und Unternehmern.[3] Bereits mit dem Beginn des ersten Weltkriegs wurde jedoch das Ende des Zeitalters der Muckraker eingeläutet. Es ließ sich ein Verfall des investigativen Journalismus beobachten, der beschleunigt wurde durch Unternehmen, die sich den unablässigen auf sie einprasselnden Angriffen der Reporter zur Wehr setzten. Ebenfalls von Bedeutung war die zunehmende öffentliche Kritik an der sensationslüsternen Darstellungsweise. Hinzu gesellte sich eine Desillusionierung der Bevölkerung angesichts des Versagens der gesetzgebenden Gewalt, längst überfällige und angebrachte Reformen in die Wege zu leiten.[4]

Den Muckrakern ist es zu verdanken, dass zum ersten Mal eine öffentliche und prägnante Kritik an dem ungezügelten und ausschweifenden Missbrauch von Macht formuliert wurde. Dieser wurde durch ein gesellschaftliches System ermöglicht, in dem Gewinnstreben das vorherrschende Motiv war und die Mächtigen zahllose Möglichkeiten besaßen, individuelle Vorteile opportunistisch auszuspielen. Ein großes Manko dieser Kritik stellte jedoch die relativ oberflächliche Behandlung einer sozialen Mängellage dar, welches eigentlich eine tiefergehende und fundamentalere Analyse erforderte.[5]

2.1.2 ‚Entdeckung' der White-Collar Kriminalität durch Sutherland

Eine wissenschaftliche und fundierte Auseinandersetzung mit dem Themengebiet der Wirtschaftskriminalität setzte erst nach und nach im Anschluss an die berühmt gewordene Präsidentschaftsansprache Edwin H. Sutherlands vor der amerikanisch soziologischen Gesellschaft im Dezember 1939 ein. Als bedeutender kriminologischer Pionier seiner Zeit machte dieser in seiner Rede in eindrucksvoller Manier auf die Missstände seines Berufsstandes aufmerksam.[6]

---

[1] Vgl. Tawney 1920, S. 30f.

[2] Vgl. Tawney 1920, S. 23.

[3] Vgl. Serrin/Serrin 2002.

[4] Vgl. Friedrichs 2003, S. 23.

[5] Vgl. Regier 1932, S. 212.

[6] Vgl. Mannheim 1965, S. 470. Mitunter aus diesem Grund wird Sutherland auch als einer bedeutendsten amerikanischen Kriminologen angesehen; vgl. Gibbons 1979, S. 65.

Er zeigte, dass entgegen den Aussagen offizieller Statistiken, Kriminalität nicht nur in den unteren Bevölkerungsschichten, sondern auch und sogar in besonderem Maße in der oberen bzw. ‚White-Collar Klasse' vorkam.[1] Die von Sutherland insbesondere vor dem Hintergrund seiner früheren Arbeiten über professionellen Diebstahl gewonnenen Erkenntnisse führten ihn zu der Einsicht, dass die von ihm als White-Collar Kriminelle bezeichneten Straftäter lediglich die in der Oberschicht angesiedelten Pendants von Gewaltverbrechern und Kriminellen der Unterschicht verkörperten.[2] Dabei sicherten sie sich ihre Immunität vor den Strafverfolgungsbehörden durch sozialstrukturell fixierte Klassenvorurteile der Gerichte und ihren Einfluss auf Rechtsprechung und Gesetzgebung.

Sutherland vermutete, dass die Schäden betrügerischer, unterschlagender oder manipulierender Unternehmer bzw. krimineller Mitglieder besonders angesehener Berufsstände um ein Vielfaches höher waren als das, was durch die Instanzen strafrechtlicher Kontrolle offiziell aufgezeichnet wurde. Amtliche Statistiken, laut derer weniger als 2% der jährlich verurteilten Personen zur Oberschicht gehörten, vermochten die Realität deswegen nicht adäquat widerzuspiegeln, weil sie weite Bereiche kriminellen Verhaltens erst gar nicht erfassten. Somit wurde immer deutlicher, dass nicht der isolierte Rechtsbrecher an sich, sondern der Rechtsbrecher in Verbindung mit seiner Zugehörigkeit zur sog. ‚armen Klasse' Adressat der sozialen Kontrollinstanzen war.[3]

Sutherland umschrieb White-Collar Kriminalität als „crime committed by a person of respectability and high social status in the course of his occupation"[4] und betonte damit als wesentliche Merkmale seiner Definition die (1) Ehrbarkeit, (2) das hohe soziale Ansehen sowie (3) den beruflichen Rahmen. Kritisiert wurden in späteren Jahren vor allem die fehlende Präzision und die zu einseitige Täterfixierung dieser Definition.[5] Die von Sutherland vorgenommene Einteilung, nach der ein Verbrechen nur dann zur Klasse der White-Collar Kriminalität gehört, wenn dieses von Personen hohen sozialen Ansehens verübt wird, stellte darüber hinaus eine unglückliche Vermischung von Explanans und Explanandum dar. Erklären lässt sich die Unschärfe der Definition damit, dass die eigentliche Funktion des Konzeptes vom White-Collar Kriminellen eben nicht darin bestand, eine exakte operationale Definition und einen Grundstock für empirische Untersuchungen zu liefern. Vielmehr wurde das Konzept geschaffen, um die Immunität der Mächtigen in der Gesellschaft herauszustreichen und den ‚Weiße-Kragen Verbrecher' gegenüber dem herkömmlichen Gewaltverbrecher zu kontrastieren.[6] Auf

---

[1] Vgl. Sutherland 1940, S. 1.
[2] Vgl. Sutherland 1937.
[3] Vgl. Sack 1995, S. 442.
[4] Sutherland 1949, S. 9.
[5] Vgl. Boers 2001, S. 338 und Friedrichs 2003, S. 4.
[6] Vgl. Edelhertz 1970, S. 45.

eine vorwiegend rhetorisch-polemisierende Art und Weise wurde dabei auf die fehlerhafte Annahme aufmerksam gemacht, Kriminalität komme nur in niederen sozialen Schichten vor.[1] Die gesellschaftliche Diskriminierung von Angehörigen dieser Schichten wurde damit ebenso angeprangert wie die einseitige Strafrechtssetzung und Strafrechtssprechung. Gleichzeitig implizierte die Kritik eine scharfe Zäsur der bisherigen kriminologischen Forschung, welche bei ihren Aktivitäten die Verbrechen der mittleren und oberen Gesellschaftsschichten vollständig ignoriert hatte. Zahlreiche insbesondere positivistisch-ätiologisch orientierte kriminologische Theorien wurden mit dem neuen Konzept grundlegend in Frage gestellt.[2] Erklärungsansätze, welche das Bild eines mittellosen, sozial schwachen, geistig gestörten, in sozialen Krisenherden oder zumindest in schwierigen Familienverhältnissen aufgewachsenen Täters propagierten, waren beim besten Willen nicht mit der ‚neuen' Realität des wohlhabenden, gut situierten und respektierten White-Collar Kriminellen vereinbar.[3]

2.1.3 Die Zeit nach Sutherlands Pionierrede

Die Forschungsbemühungen in den drei folgenden Jahrzehnten wurden dem von Sutherland eingeläuteten viel versprechenden Start in eine neue, aufgeklärte kriminologische Ära nicht gerecht. So wurden zwar verschiedene Feldstudien durchgeführt, diese beschränkten sich jedoch meist auf eine deskriptive Bilanzierung einzelner Fälle. Der Versuch, eine theoretisch umfassende Erklärung für die beobachteten Phänomene zu finden, wurde nur selten unternommen. Im Fokus des Interesses standen bei der überwiegenden Mehrzahl der Untersuchungen der Täter, seine Stellung in der Gesellschaft und seine spezifischen Charaktermerkmale, die mutmaßlich die Tat verursachten, weniger die Tat als solches bzw. ihre situativen Eigenschaften.[4] Die Anstrengungen konzentrierten sich zudem auf den vergleichsweise kleinen Kreis der Schüler Sutherlands, was darauf hindeutete, dass dessen Gedanken noch nicht in die Sphäre der ‚mainstream-Kriminologie' vorgedrungen waren.[5] Obwohl Sutherland einen der wertvollsten Beiträge zur Kriminologie geleistet hatte,[6] wurden seine Überlegungen nur von wenigen Kriminologen aufgegriffen und sein Werk nur selten zitiert.

---

[1] Vgl. Weisburd et al. 1991, S. 3.

[2] Vgl. Hollinger/Clark 1983, S. 1.

[3] Aus diesem Grund stellt das Konzept der White-Collar Kriminalität auch heute noch den wahren Prüfstein für solche kriminologische Theorien dar, die eine genuin gehaltvolle Erklärung abweichenden Verhaltens anstreben und sich dabei nicht nur auf eine ‚mittlere' Reichweite beschränken möchten; vgl. Hirschi/Gottfredson 1987, S. 383.

[4] Vgl. Cressey 1953 oder Lane 1953.

[5] Vgl. Geis et al. 1995, S. 4.

[6] Vgl. Gibbons 1979, S. 65.

In den sechziger Jahren ließ das Interesse an wirtschaftskriminellen Themen deutlich nach. Allerdings fällt es in der Retrospektive nicht leicht, die Ursachen hierfür zu identifizieren. Ein möglicher Grund besteht in der lange andauernden und wenig fruchtbaren Suche nach einer adäquaten Definition bzw. einer deutlich schärfer umrissenen Begriffsbestimmung für White-Collar Kriminalität, welche zu einer gewissen Resignation innerhalb der Forschergemeinde geführt haben könnte.[1] Vielleicht war das abnehmende Interesse auch auf die ‚war-on-crime' Anstrengungen von Präsident Johnson zurückzuführen, welche den Fokus sowohl der Bevölkerung als auch der wissenschaftlichen Gemeinde wieder verstärkt weg von ‚crime in the suites' und hin zu ‚crime in the streets' lenkte. Die Angst vor Gewaltverbrechen wog stärker als die Besorgnis vor fehlerhaften Produkten, finanziellen Schädigungen oder gesellschaftlich-moralischen Störungen.

2.1.4 Ansteigende Aufmerksamkeit

Die von Sutherland geforderte Aufmerksamkeit wurde der kriminologischen Forschungsdisziplin erst mit dem Höhepunkt der sozialen Unruhen Ende der sechziger und Anfang der siebziger Jahre zuteil.[2] Eine Ursache hierfür waren zahlreiche Gerichtsverfahren gegen amerikanische Unternehmen wegen unsicherer Produkte. Moralisch besonders verwerflich erschien hierbei beispielsweise der Automobilhersteller Ford.[3] Leitende Angestellte des Konzerns hatten sich auf der Basis einer den betriebswirtschaftlichen Profit maximierenden Kosten-Nutzen-Analyse für die Produktion und den Verkauf eines Autos entschieden, das aufgrund eines wissentlich mangelhaft, dafür aber besonders kostengünstig konstruierten Tanks in den ersten sieben Jahren nach Herstellungsbeginn mehr als 500 Menschen bei Unfällen das Leben kostete.[4]

Hinzu kam auf der politischen Ebene der Vietnam-Krieg, der zu einer Erosion des öffentlichen Vertrauens in die Integrität ihrer politischen Führer führte. Katz konstatierte für diese Zeit einen starken Anstieg gesellschaftlich-moralischer Besorgnis bzw. eine ‚soziale Bewegung gegen White-Collar Kriminalität'.[5] Das Aufbäumen der Bevölkerung war allerdings hauptsächlich eine Reaktion auf den Machtmissbrauch öffentlicher Amtsträger. Zahlreiche Enthüllungen von Korruptionsaffären auf höchsten politischen Ebenen, eindrucksvoll rekonstruierbar z. B. anhand des Watergate Skandals, erregten die Gemüter der Öffentlichkeit.[6] Mit dem Ziel der Entwicklung effektiverer Maßnahmen zur Bekämpfung von White-Collar Kri-

---

[1] Vgl. Jamieson 1994, S. 2, Geis et al. 1995, S. 13 und Friedrichs 2003, S. 4.
[2] Vgl. Geis et al. 1995, S. 6.
[3] Vgl. Cullen et al. 1995.
[4] Vgl. Nader 1965 sowie Dowie 1977.
[5] Vgl. Katz 1980.
[6] Vgl. Bernstein/Woodward 1974.

minalität wurden unter dem amerikanischen Präsidenten Carter erhebliche Summen in die wissenschaftliche Erforschung der Ursachen investiert. Die Anstrengungen gingen auf der institutionellen Ebene gar soweit, dass Strafverfolgungsbehörden bewusst weniger Zeit in die Aufklärung von Gewaltverbrechen wie z. B. Banküberfälle investierten, um sich intensiver mit Korruption, Betrug und anderen Deliktformen aus dem Bereich der Wirtschaftskriminalität auseinandersetzen zu können.[1]

Im Vergleich zu Amerika war das Bewusstsein gegenüber der Gesamtproblematik in Europa weit weniger ausgeprägt. Wirtschaftskriminalität sowie die mit ihr verbundenen Fragestellungen wurden in einigen europäischen Ländern erstmalig in den sechziger und siebziger Jahren entdeckt und thematisiert.[2] Die öffentliche Diskussion war dabei zu Beginn noch stark ideologisch geprägt. Wirtschaftskriminalität diente als Ventil der Gesellschaftskritik benachteiligter Bevölkerungsgruppen und wurde zur Formulierung von Kritik an der Doppelmoral und dem allgegenwärtigen Machtmissbrauch einzelner mächtiger Interessengruppen genutzt.[3] Nach der großen Strafrechtsreform Ende der sechziger Jahre äußerte sich mit dem Inkrafttreten des ersten Gesetzes zur Bekämpfung von Wirtschaftskriminalität 1976 (1. WiKG) auch in Deutschland das neu gewonnene Interesse der Kriminalpolitik an dem Themengebiet.[4]

2.1.5 Die Moderne

In der Kriminalsoziologie können nach Poveda heute zwei unterschiedlich ausgerichtete Denkschulen gegenübergestellt werden:[5]

(1) Die ‚traditionelle' Schule, die sich an Sutherlands Sichtweise orientiert, konzentriert sich rein täterbezogen auf wirtschaftskriminelle Handlungen von Personen, welche aus der obersten Gesellschaftsschicht stammen.

(2) Die ‚juristische' Schule löst sich explizit von dieser Fixierung auf eine bestimmte gesellschaftliche Klasse. Sie konzentriert sich weniger auf den Täter und dessen Eigenschaften als viel mehr auf die Tat und ihre situativen Randbedingungen.

Dabei gewinnt die juristische Schule immer mehr die Oberhand. So wird beispielsweise von verschiedensten Autoren verstärkt eine differenzierte Analyse der verschiedenen Facetten von

---

[1] „But there is no questioning that there recently has been a change in priorities at the federal level toward increased concern with white-collar violations. Perhaps the surest sign was the decision by the Federal Bureau of Investigation to downgrade efforts to solve offenses such as bank robbery in order to concentrate more intensively on frauds, corruption, and the violations of federal statutes that are designed to control the behavior of members of the more ‚respectable' elements of society." Geis/Goff 1983, S. xxxi.

[2] Vgl. Albrecht 2003, S. 38.

[3] Vgl. Levi 1985, S. 34.

[4] Vgl. Heinz 1993, S. 594.

[5] Vgl. Poveda 1994, S. 39f.

Wirtschaftskriminalität vorgenommen, indem eine Konzentration auf einzelne Deliktarten, ihre spezifischen Eigenheiten und verschiedene Tatbegehungsweisen stattfindet.[1] Da dieselben Personen in verschiedenen Situationen verschiedene Verbrechen begehen, macht eine Analyse von Tatmerkmalen mehr Sinn als eine Untersuchung von Tätern und ihren Eigenheiten.[2] Darüber hinaus setzte sich immer mehr die Erkenntnis durch, dass Wirtschaftsverbrechen nicht nur von der upper class, sondern auch von Angehörigen der Mittelschicht (Bankangestellte, Ingenieure, Computerfachleute etc.) begangen werden.[3] In der Retrospektive lässt sich konstatieren, dass die von Sutherland vorgenommene dichotome Gegenüberstellung von Gewaltkriminalität der sog. ‚blue-collar class' und den Verbrechen der von ihm typisierten ‚white-collar class' in erster Linie dazu diente, auf das Problem der Wirtschaftskriminalität als solches aufmerksam zu machen. Die stark abstrahierte Darstellung ist in der heutigen Zeit jedoch kaum mehr angebracht, da mit der Entwicklung der postindustriellen Gesellschaft im Verlauf der zweiten Hälfte des 20. Jahrhunderts eine Vielzahl neuer White-Collar Arbeitsplätze entstanden.[4] Eine Fixierung auf die von Sutherland genannten oberen zwei Prozent der Bevölkerung würde zu Unrecht den großen Teil der von der breiten Mittelschicht begangenen Verbrechen bei der Betrachtung ausblenden.

Obwohl der Wirtschaftskriminalität mit den sozialen Unruhen Ende der sechziger Jahre eine erhöhte Aufmerksamkeit zuteil wurde, kann zumindest im Hinblick auf das öffentliche Interesse noch keine Konstanz festgestellt werden. Vielmehr scheint es gewisse Wellenbewegungen zu durchlaufen.[5] Auch hier lohnt der Blick in die USA, dem Land, von dem auch heute noch die meisten Impulse im Bereich wirtschaftskrimineller Forschung ausgehen. In den achtziger Jahren kam es hier unter Präsidenten Reagan zu Einschnitten bei den Budgets zur Verbrechensbekämpfung und in der Folge zu einem Absinken der Verurteilungsraten. Die Clinton-Regierung wiederum setzte mit dem durch sie initiierten Kartellverfahren gegen den Softwarehersteller Microsoft ein deutliches Zeichen im Kampf gegen Wirtschaftskriminalität.[6] Während die zahlreichen spektakulären Firmenpleiten und Skandale in den Jahren 2001 und 2002 medienwirksam auf die Notwendigkeit der Bekämpfung von Unternehmenskriminalität aufmerksam machten und auch einige Reformen nach sich zogen,[7] wandte sich das öffentliche und politische Interesse mit den Anschlägen vom 11. September 2001 wiederum verstärkt der Terrorbekämpfung zu.

---

[1] Vgl. Weisburd et al. 1991, S. 8 sowie Müller et al. 1997, Vorwort.
[2] Vgl. Edelhertz 1970, S.45 und Hirschi/Gottfredson 1987, S. 389f.
[3] Vgl. Weisburd et al. 1991, S. 73 und Schwind 2003, S. 422.
[4] Vgl. Bell 1973, S. 134-137.
[5] Vgl. Friedrichs 2003, S. 16.
[6] Vgl. U.S. Department of Justice 1998.
[7] Vgl. Walczak et al. 2002 sowie für eine Übersicht über die größten Firmenskandale Patsuris 2002.

Festzuhalten bleibt, dass Wirtschaftskriminalität von Seiten der Öffentlichkeit eine stark schwankende Beachtung, von Seiten der akademisch-kriminologischen Forschung jedoch mittlerweile ein dauerhaft anhaltendes Interesse erfährt. Letzteres kann nach Geis et al. durch zwei Effekte erklärt werden:[1] Zum einen ergibt sich durch die gestiegene Anzahl der im Bereich der Kriminologie tätigen Wissenschaftler automatisch die Erfordernis einer Spezialisierung. Zum anderen übten ‚underdogs' schon immer einen speziellen Reiz auf die Sozialwissenschaften aus. Während eine Bekämpfung von Straßenkriminalität zweifelsohne einen hohen gesellschaftlichen Wert hat, bietet eine Auseinandersetzung mit Wirtschaftsstraftaten in der Mehrzahl der Fälle den unabdingbaren Vorteil, dass zumindest hinsichtlich der moralischen Verwerflichkeit der Verbrechen keinerlei Zweideutigkeiten aufkommen können. In den seltensten Fällen werden die Taten aus Not oder Armut heraus begangen, im Vordergrund steht meist die Gier nach Macht, Geld oder sonstigen ungerechtfertigten Vorteilen.[2] Die immensen gesellschaftlichen Schäden, auf die im späteren Verlauf der Arbeit noch näher eingegangen wird, gebieten auch aus (volks-)wirtschaftlicher Sicht eine intensive Beschäftigung mit der Thematik.[3] Notwendig wird hierbei eine theoretische und methodische Erweiterung über die Grenzen bisheriger Forschung hinaus, da für den Bereich der traditionellen Jugend-, Straßen- und Gewaltkriminalität gesicherte Erkenntnisse für den Bereich der Wirtschaftskriminalität vielfach nicht zutreffen und bislang verfügbare kriminologische Theorien die Entstehungszusammenhänge nicht befriedigend zu erklären vermögen.[4]

2.2 Merkmale

Sowohl tat- als auch täterbezogene Merkmale können zur Charakterisierung wirtschaftskrimineller Handlungen herangezogen werden. Wichtig für die Analyse der Entstehung von Verbrechen sind indessen auch die spezifischen Möglichkeiten zur situativen Rationalisierung von Normverstößen, die sich dem Individuum innerhalb von Wirtschaftsunternehmen bieten. Sie können helfen zu verstehen, wie es Wirtschaftskriminellen gelingen kann, ihr typischerweise konventionellen Maßstäben entsprechendes Wertesystem mit dem geplanten oder vollzogenen Normbruch in Einklang zu bringen.

2.2.1 Situative Tatmerkmale

Wirtschaftskriminalität spielt sich immer in Unternehmen ab. Diese auf den ersten Blick triviale Feststellung ist deshalb von Belang, weil das Unternehmen als wirtschaftlich-rechtlich

---

[1] Vgl. Geis et al. 1995, S. 1f.
[2] Siehe Kapitel 2.2.2.
[3] Siehe Kapitel 2.4.2.
[4] Vgl. Heinz 1993, S. 592, Sessar 1997, S. 3, Boers 2001, S. 335-343, Albrecht 2003, S. 41 sowie Schwind 2003, S. 424f.

definiertes soziales Gebilde den situativen Kontext der Tat und damit die wesentlichen Rahmenbedingungen strukturiert. Zu diesen gehören im weitesten Sinne die Tatgelegenheiten, die dem Täter zur Verfügung stehenden Tatbegehungsmethoden und die Rationalisierungsmöglichkeiten.[1] Nicht zuletzt rückt der unternehmerische Rahmen auch die traditionelle Annahme, nach der Kriminalitätsbelastung und Arbeitslosigkeit positiv korrelieren, in ein neues Licht.[2] Offensichtlich begehen auch Personen, die über eine feste Anstellung und ein geregeltes Einkommen verfügen, Normverstöße. Symptomatisch für das Phänomen Wirtschaftskriminalität ist darüber hinaus die grundsätzlich legitime wirtschaftliche Betätigung der Unternehmung, innerhalb derer sich die illegitimen Handlungen abspielen.[3] Normalerweise erfolgt die Tatbegehung im Rahmen der beruflichen Rolle des Individuums durch Missbrauch von Instrumenten des Wirtschaftslebens.

Jeder Täter wird gleichwohl mit dem grundlegenden Problem des beschränkten Zugangs zu attraktiven Missbrauchsgelegenheiten konfrontiert. Von entscheidender Bedeutung ist vor diesem Hintergrund die Erkenntnis, dass weniger die Stellung innerhalb der Unternehmenshierarchie als vielmehr die mit der jeweiligen beruflichen Position einhergehenden speziellen Zugriffsmöglichkeiten und das spezifische Wissen der Täter in Bezug auf ihr direktes Tätigkeitsumfeld bestimmen, welche (illegitimen) Handlungsoptionen zur Auswahl stehen.[4] Hierarchisch höher in der Unternehmensstruktur angesiedelte Positionen bieten dabei nicht automatisch einen besseren Zugriff auf kriminelle Ziele, allerdings steigt mit ihnen der potentiell verursachbare Schaden.[5] Die folgenreichsten Vergehen setzen für die Tatbegehung voraus, dass der Täter eine Position bekleidet, die einen guten Zugriff auf die finanziellen Ressourcen der Organisation ermöglicht.[6]

Auch wenn die durch wirtschaftskriminelle Handlungen hervorgerufenen physischen, psychischen, materiellen oder ideellen Schädigungen unterschiedlichster Natur sind, ist die Tatbegehung im Regelfall gewaltlos. Wie das in Kapitel 2.1.4 geschilderte Beispiel des Machtmissbrauchs leitender Angestellter von Ford aus den sechziger Jahren zeigt, bedeutet dies allerdings nicht, dass nicht auch physische Schäden in beträchtlichem Ausmaß hervorgerufen werden können. Die häufig geringe Sichtbarkeit des Verbrechens wird bedingt durch die meist heimliche Tatbegehung, die Gewaltlosigkeit der Tat und die Tatsache, dass die Opfer

---

[1] Siehe Kapitel 2.2.3.

[2] Vgl. Hirschi/Gottfredson 1987, S. 386 und weiterführend Chiricos 1987.

[3] Vgl. Albrecht 2003, S. 40.

[4] Vgl. Hollinger/Clark 1983, S. 69-78 sowie Felson 2002, S. 97-100. Hollinger und Clark weisen in der Auswertung ihrer empirischen Untersuchung gleichermaßen auf den positiven Zusammenhang von physikalischen Gelegenheiten und Diebstahlraten wie auch auf den Einfluss von arbeitnehmerspezifischem Wissen auf die Perzeption von Tatgelegenheiten hin.

[5] Vgl. Spiess 1993, S. 74.

[6] Vgl. Weisburd et al. 1991, S. 60.

die eigene Viktimisierung häufig gar nicht bemerken.[1] In der Tat sind unternehmensschädigende Handlungen regelmäßig so strukturiert, dass sie sich von akzeptierten Verhaltensweisen kaum unterscheiden lassen.[2] Diese Faktoren wiederum begründen die erheblichen Probleme des Nachweises persönlicher Verantwortung bei vielen wirtschaftskriminellen Vergehen und das große Dunkelfeld unentdeckt gebliebener Verbrechen.[3] Der Nachweis persönlicher Verantwortlichkeit wird zusätzlich durch die komplexe und arbeitsteilige Struktur moderner Organisationen erheblich erschwert.

Von vielen Autoren hervorgehoben wird der Aspekt des Vertrauensmissbrauchs.[4] Vertrauen meint die Erwartung, dass ein „Vertrauensempfänger willens und in der Lage ist, eine an ihn gerichtete positive Erwartung auch zu erfüllen. Vertrauensempfänger kann sowohl eine natürliche Person als auch eine Institution sein."[5] Kritisch anzumerken ist, dass das Kriterium des Vertrauens als differenzierendes Merkmal nicht besonders trennscharf ist und es durchaus Wirtschaftsstraftaten, etwa Kartellabsprachen gibt, bei denen das Vertrauenskonzept nur eine untergeordnete Bedeutung innehat.[6] Außerdem trifft es nicht nur für Wirtschaftskriminalität zu, sondern auch für andere Deliktformen.[7] Trotz der genannten Kritikpunkte spielt Vertrauen speziell im Wirtschaftsleben eine außergewöhnlich wichtige Rolle. Während Interaktionen im vorindustriellen Zeitalter vorwiegend innerhalb von persönlichen, eng begrenzten Personenkreisen stattfanden, zeichnen sich moderne Gesellschaften dadurch aus, dass zunehmend unpersönliche Abhängigkeiten und Transaktionen mit wenig bekannten Individuen oder Organisationen eingegangen werden.[8] Typischerweise werden mit Wirtschaftsverbrechen nicht nur monetäre Schäden verursacht, sondern oftmals auch schwer messbare Vertrauensverluste.

Zuletzt seien hier die hohen sozialen Kosten genannt, die bei Delikten aus dem Bereich der Wirtschaftskriminalität auftreten. Diese eignen sich als qualifizierendes Merkmal, weil sie eine scharfe Abgrenzung zu anderen Kriminalitätsformen ermöglichen. Die durch Wirtschaftskriminalität verursachten Schäden übersteigen diejenigen konventioneller Kriminalität um ein Vielfaches.[9] Kennzeichnend sind zudem der hohe Diffusionsgrad und die überindivi-

---

[1] Vgl. Edelhertz 1970, S. 48 und Johnson/Douglas 1978, S. 351.

[2] Vgl. Hess/Scheerer 1997, S. 132.

[3] Vgl. Spiess 1993, S. 74 und Felson 2002, S. 93f. Siehe auch Kapitel 2.4.1.

[4] Vgl. Sutherland 1940, S. 3, Sutherland 1949, S. 152-158, Shapiro 1990, S. 350, Schwind 2003, S. 422 sowie Friedrichs 2003, S. 8f. Der Titel des Buchs ‚Trusted Criminals' unterstreicht den Wert, den Friedrichs diesem Aspekt beimisst.

[5] Kahle 2002, S. 25.

[6] Vgl. Volk 1982, S. 86.

[7] Vgl. Heinz 1993, S. 589.

[8] Vgl. Edelhertz 1970, S. 48 und Shapiro 1987, S. 634.

[9] Siehe Kapitel 2.4.3.

duelle Natur der Schädigungen. Betroffen sind weniger einzelne Personen als vielmehr abstrakte Gebilde wie z. B. Unternehmen oder bestimmte Personengruppen.

2.2.2 Täterprofil

Wirtschaftsdelinquente entsprechen typischerweise nicht dem sozialen Stereotyp des Kriminellen.[1] In Bezug auf das Täterprofil sind zwei Perspektiven von Interesse:

(1) Das soziologische Profil (Wer sind die Täter?)

(2) Das psychologische Profil (Wie sind die Täter?)

Im Vergleich mit dem Sozialprofil des konventionellen Kriminellen werden einige Unterschiede sichtbar, die mit dem situativen Verbrechensumfeld und der beruflichen Rolle des Täters korrespondieren: Während die herkömmliche Alterskurve der Polizeilichen Kriminalstatistik (PKS) aufgrund des großen Dunkelfeldes wirtschaftskrimineller Vergehen in erster Linie Jugendkriminalität erfasst und ihren Zenit in der Altersgruppe der 16- und 17-Jährigen erreicht,[2] zeichnet die Wirtschaftskriminalität eine Alterskurve, die mit dem des Berufslebens zusammenfällt und deren Tatverdächtige durchschnittlich um die 40 Jahre alt sind.[3]

Ähnlich wie bei den nicht der Wirtschaftskriminalität zuzurechnenden Deliktformen sind Frauen in der Regel beträchtlich in der Minderzahl,[4] wobei das Übergewicht des männlichen Geschlechts sehr wahrscheinlich auf strukturelle Unterschiede der Positionen von Frauen im Beruf und weniger auf unterschiedliche Sozialisationsprozesse zurückzuführen ist.[5] Während herkömmliche Gewaltverbrecher in etwa 81% der Fälle eine kriminelle Vergangenheit vorweisen, sind Wirtschaftsverbrecher nur in ca. 35% der Fälle vorbestraft.[6] Darüber hinaus werden Wirtschaftskriminelle im Gegensatz zu herkömmlichen Tätern, die über die Zeit betrachtet oftmals mit verschiedenartigen Verbrechen auffällig werden, meist nur mit einer spezifischen Deliktform in Verbindung gebracht.[7]

---

[1] Vgl. Sessar 1997, S. 3 und Schwind 2003, S. 424f.

[2] Vgl. PKS 2004, S. 99 (Kapitel 2.3.2, Deutsche Tatverdächtige).

[3] Vgl. Egli 1985, S. 40, Weisburd et al. 1991, S. 70 und PWC 2005, S. 21.

[4] Der Anteil weiblicher Straftäter ist abhängig von der jeweils betrachteten Unterkategorie sehr verschieden: Veruntreuung (45%), Missbrauch des Postweges (18%), Kreditbetrug (15%), Urkundenfälschung (15%), Steuerbetrug (6%), Korruption (5%), Wertpapierbetrug (2%) und Kartellabsprachen (0,5%); vgl. Daly 1989, S. 776.

[5] Vgl. Weisburd et al. 1991, S. 84. Die genannten Ursachen für die Asymmetrie der Verhältnisse sind empirisch nur sehr schwach fundiert. Entsprechend finden sich bei Daly (1989, S. 770-773) zahlreiche alternative Erklärungen.

[6] Vgl. Weisburd et al. 1991, S. 67.

[7] Vgl. Friedrichs 2003, S. 15.

Typischerweise haben die Beschuldigten eine gute und zum Teil sogar sehr gute Ausbildung genossen und heben sich damit deutlich vom Durchschnitt der kriminellen Bevölkerung ab.[1] Sie gehören jedoch anders als die von Sutherland porträtierten White-Collar Kriminellen nur in seltenen Fällen der obersten gesellschaftlichen Schicht an. Analog zur Natur der Taten, die sie begehen,[2] handelt es sich bei den Delinquenten meist um durchschnittliche Bürger, die der Mittelschicht entstammen. Ausbildung und Status haben in erster Linie eine Türöffnerfunktion. Sie verschaffen den Zugriff auf solche Positionen innerhalb der Unternehmenshierarchie, die bedeutsame wirtschaftliche Schäden erst ermöglichen, und verleihen den Handlungen der Delinquenten den Schein der Legitimität. Das geschilderte Sozialprofil geht insofern konform mit der auch als ‚special opportunity crimes'[3] bezeichneten These, nach der wirtschaftskriminelles Verhalten primär auf unterschiedlichen Zugangschancen beruht.[4]

Mit dem psychologischen Profil werden die wesentlichen Persönlichkeitsmerkmale eines Täters beschrieben. Unstrittig ist, dass es sich bei Wirtschaftskriminellen nicht um psychopathische Persönlichkeiten handelt, die sich allein durch ihre Abnormität vom Rest der Bevölkerung unterscheiden.[5] Sie verfügen in den wesentlichen Persönlichkeitsdimensionen über dieselben Eigenschaften wie Berufstätige, die nicht gegen die Regeln der Gesellschaft und des Wirtschaftslebens verstoßen.[6] Bei Wirtschaftsverbrechen wird jedoch angenommen, dass sich diese weniger auf spontane emotionale Beweggründe als eher auf bewusste Entscheidungsprozesse und wissentlich in Kauf genommene sowie kalkulierte Risiken zurückführen lassen.[7] Dies deckt sich insoweit mit dem situativen Handlungskontext, als in Wirtschaftsunternehmen meist klar definierte ökonomische Ziele vorgegeben werden. Dabei dienen betriebswirtschaftliche Werkzeuge wie beispielsweise Risiko-Nutzen-Analysen oder Verfahren der normativen Entscheidungstheorie als Mittel zur Zieloptimierung.

Bezüglich der Vielzahl möglicher Motivationsgründe bzw. Antriebsmuster sind insbesondere die Arbeitsunzufriedenheit und das finanzielle Bereicherungsmotiv zu nennen. Unzufriedenheit mit dem Arbeitsplatz ist auf verschiedenste Faktoren, beispielsweise eine unfaire Behandlung durch den Vorgesetzten, zu geringe Bezahlung oder ganz allgemein auf nicht erfüllte Erwartungen zurückzuführen und gilt als eine wichtige Komponente zur Erklärung abweichenden Verhaltens.[8] Als mindestens ebenso bedeutsam erachtet wird der Wunsch nach mate-

---

[1] Vgl. Weisburd et al. 1991, S. 63-65 sowie Heinz 1993, S. 593.

[2] Vgl. Felson 2002, S. 9f.

[3] Vgl. Horoszowski 1980.

[4] Vgl. Hollinger/Clark 1983, S. 70 und Felson 2002, S. 97-100.

[5] Vgl. Coleman 1994, S. 360f.

[6] Vgl. Wehowsky 1994, S. 301.

[7] Vgl. Müller 1996, S. 577 und Friedrichs 2003, S. 10f.

[8] Vgl. Hollinger/Clark 1983, S. 8.

rieller Bereicherung. Müller differenziert in diesem Zusammenhang zwischen Engpass- und Bedürfnistätern und sieht erstere mit einem Anteil von lediglich 10% deutlich in der Minderheit.[1] Geld wird nicht nur für das begehrt, was es zu kaufen ermöglicht, sondern auch für das, was es symbolisiert: Erfolg, Macht, Einflussmöglichkeiten und ein Weg zu Glück und Selbstachtung. Dabei spielt weniger der objektive Bedarf als vielmehr der wahrgenommene Unterschied in den Vermögensverhältnissen innerhalb des direkten persönlichen und beruflichen Umfelds die entscheidende Rolle.[2] Dies lässt sich über die in der Unternehmenswelt vorherrschende Leistungs- und Erfolgsmoral plausibel begründen.[3]

2.2.3 Rationalisierung wirtschaftskrimineller Handlungen

Bei der Beschäftigung mit den Entstehungsbedingungen von wirtschaftskriminellem Verhalten drängt sich ein scheinbarer Widerspruch in den Vordergrund: Wie lässt sich abweichendes Verhalten finanziell meist ausreichend ausgestatteter, gut situierter Personen erklären, die in normalen sozialen Verhältnissen leben und aufgewachsen sind? Wie lässt sich erklären, dass Wirtschaftskriminelle einerseits an konventionelle Wertesysteme glauben, sprich die Legitimität von Normen und Gesetzen anerkennen und sich andererseits getrieben fühlen, diese Normen zu brechen?[4]

Eine mögliche Antwort auf diese Fragen wurde bereits 1957 von Sykes und Matza vorgestellt. Sie erklären das Auseinanderklaffen von internalisiertem Wertesystem und beobachtbarem Verhalten darüber, dass Menschen über kognitive Strategien verfügen, mittels derer sie Verstöße gegen Normen und die damit einhergehenden Schuld- und Schamgefühle situativ rationalisieren können.[5] Sykes und Matza identifizieren fünf sog. Techniken der Neutralisierung, die im Vorfeld einer Tat quasi als Wegbereiter den Verstoß gegen akzeptierte und internalisierte Werte erlauben, indem sie den Glauben daran, dass das Verhalten schlecht sei, kurzfristig aufheben.[6] Darüber hinaus helfen die Strategien im Nachgang einer Tat, kognitive Dissonanzen bzw. psychische Spannungszustände zu vermeiden.[7] Empirisch gibt es überzeugende

---

[1] Vgl. Müller 1996, S. 577. Neu ist diese Erkenntnis nicht: Schon Aristoteles (350) bemerkte: „want is not the sole incentive to crime; men also wish to enjoy themselves and not to be in a state of desire – they wish to cure some desire, going beyond the necessities of life, which preys upon them; nay, this is not the only reason – they may desire superfluities in order to enjoy pleasures unaccompanied with pain, and therefore they commit crimes."

[2] Vgl. Geis et al. 1995, S. 14.

[3] Vgl. Daly 1989, S. 772.

[4] Vgl. Ball/Friedman 1965, S. 309.

[5] Vgl. Minor 1980, S. 103. „Much delinquency is based on what is essentially an unrecognized extension of defences to crimes, in the form of justifications for deviance that are seen as valid by the delinquent but not by the legal system or society at large." Sykes/Matza 1957, S. 666.

[6] Vgl. Sykes/Matza 1957, S. 667-669 und Matza 1964, S. 69.

[7] Vgl. Festinger 1957.

Beweise dafür, dass Wirtschaftsdelinquenten sich nicht als Kriminelle sehen, sondern meinen, dass ihr Verhalten grundsätzlicher Kriminalität entbehrt, was die Wirksamkeit der nachfolgend erläuterten Neutralisierungstechniken besonders plausibel macht:[1]

(1) Leugnung der Verantwortung (denial of responsibility): Die Rechtfertigung einer Handlung kann darin bestehen, dass die Verantwortung dafür zurückgewiesen wird. Unternehmensschädigende Taten kommen häufig in einem zeitlich-räumlich weit gedehnten Kontext vor, in dem Handlungen abhängig von den jeweils wirksamen Rahmenfaktoren entweder als akzeptabel oder als deviant bezeichnet werden können.[2] Was in einer bestimmten Abteilung zu einem gegebenen Zeitpunkt als Diebstahl gilt, kann aufgrund einer im Zeitablauf einsetzenden betrieblichen Übung oder aufgrund abweichender Regelungen in anderen Unternehmensbereichen als legitime Vergünstigung angesehen werden. Hollinger und Clark konnten bei ihrer Untersuchung von Mitarbeiterfehlverhalten in verschiedenen Unternehmen die Existenz eines Graubereichs nachweisen, der sich durch einen Zustand ‚normativer Inkongruenz', d. h. dem Fehlen von Konsens bezüglich bestimmter Verhaltensstandards, auszeichnet.[3]

(2) Leugnung des Schadens (denial of injury): Speziell in solchen Fällen, in denen durch die eigenen Handlungen niemand verletzt wird oder aber lediglich einem Unternehmen, also einer unpersönlichen juristischen Einheit, ein monetärer Schaden entsteht, bereitet die Rechtfertigung des eigenen Verhaltens keine große Mühe.[4] Hinzu kommt, dass die entstandenen Schäden in vielen Fällen gar nicht in Zahlen bemessen werden können, so z. B. der Produktivitätsverlust bei einer privaten (aber geschäftlich unerwünschten) Nutzung des Internets oder der eingebüßte Wettbewerbsvorsprung bei der Weitergabe von Geschäftsgeheimnissen an Mitbewerber.

(3) Leugnung des Opfers (denial of the victim): Empfindet der Täter möglicherweise das Gefühl, in der Vergangenheit von seinem Arbeitgeber unfair behandelt worden zu sein, fällt es ihm nicht schwer, in dem vermeintlichen Opfer den eigentlichen Täter zu sehen. Die Delikthandlung ist dann in seinen Augen kein Unrecht mehr, sondern eine Form gerechter Strafe. Die berufliche Position, welche zu einem nicht unbeträchtlichen Teil als Indikator für den in der Gesellschaft ubiquitär thematisierten und individuell angestrebten Erfolg angesehen wird, führt dazu, dass in hierarchisch strukturierten Organisationen immer Unterschiede zwischen der eigenen Person und dem Vorge-

---

[1] Vgl. Johnson/Douglas 1978, S. 352 und Benson 1985, S. 591f.
[2] Vgl. Benson 1985, S. 592 und Altheide et al 1978, S. 95-102.
[3] Vgl. Hollinger/Clark 1983, S. 130-133.
[4] Vgl. Altheide et al. 1978, S. 119 und Coleman 1994, S. 367.

setzen wahrgenommen und zumindest teilweise als ungerecht empfunden werden.[1] Unternehmen werden häufig als bürokratisierte und unpersönliche Gebilde angesehen, denen mit einem latenten Misstrauen entgegengetreten wird.[2] Entsprechend gering ist die Wahrscheinlichkeit einer Stigmatisierung von Fehlverhalten, wenn es aufgrund der Größe, des Reichtums, der Macht und der Unpersönlichkeit des betroffenen Opfers als entschuldbar angesehen wird.

(4) Anzweiflung der Rechtmäßigkeit von Instanzen sozialer Kontrolle (condemnation of condemners): Wirtschaftsunternehmen, deren Handlungen von dem betriebswirtschaftlich-materialistisch begründeten Grundsatz der Profitmaximierung gelenkt werden, stehen jedweder Beschränkung der Prinzipien freien marktwirtschaftlichen Handelns tendenziell negativ gegenüber. In einem solchen Kontext fällt es auch den angestellten Mitarbeitern schwer, die Legitimität von Vorschriften und Reglementierungen zu akzeptieren, welche der eigenen Kreativität und vermeintlichen Produktivität im Wege stehen. Ebenfalls eine besondere Rolle spielt in diesem Zusammenhang das häufig beobachtbare Auseinanderklaffen von kodifizierten formellen Regelungen und praktisch gelebten informellen Verhaltensweisen: Wieso sollte man für sich selbst nicht das in Anspruch nehmen, was z. B. die Kollegen praktizieren?[3] Mögliche Schuldgefühle können in solchen Fällen durch einen Verweis auf die Ungerechtigkeit von Maßnahmen des Arbeitgebers, die lediglich gegen einzelne Abweichler gerichtet sind, neutralisiert werden.

(5) Berufung auf übergeordnete Werte und Normen (appeal to higher loyalties): Unterschiedliche Rollen, die ein Individuum beispielsweise in Bezug auf sein Privatleben (Familie und Freunde), seinen Arbeitgeber (Vorgesetzte) und sein direktes Arbeitsumfeld (Kollegen) einnimmt, können dazu führen, dass es sich in konkreten Entscheidungssituationen dem Dilemma konfligierender Erwartungen ausgesetzt sieht. Eine Entscheidung für oder gegen eine bestimmte Option kann dann nicht mehr als objektiv richtig oder objektiv falsch im Sinne einer bestimmten Moralvorstellung gesehen werden, sondern ist lediglich Ausdruck des in der jeweiligen Situation dominanten Rollenmodells. Beispielsweise folgen Mitarbeiter häufig den expliziten oder impliziten Anweisungen ihrer Vorgesetzten und verhalten sich damit entsprechend den Erwartungen ihres Arbeitgebers, auch wenn sie beispielsweise durch ihre Handlungen gegen gesetzliche Regelungen verstoßen.[4] Die Loyalität zur Gesellschaft und damit implizit die Befolgung ihrer Normen und Regeln wird in diesem Fall als weniger wichtig er-

---

[1] Vgl. Altheide et al. 1978, S. 102-108.
[2] Vgl. Smigel/Ross 1970, S. 1-14.
[3] Vgl. Cressey 1953, S. 102, Benson 1985, S. 594 und Coleman 1994, S. 368.
[4] Vgl. Johnson/Douglas 1978, S. 351.

achtet als die Loyalität zum Arbeitgeber. In anderen Fällen passen sich Mitarbeiter an die (informellen) Normen und Erwartungen ihrer ‚Peergroup' an und partizipieren an unternehmensschädigenden Handlungen, die im Kollegenkreis akzeptiert und praktiziert werden.[1] Die Rechtfertigung des eigenen Verhaltens und die Neutralisierung möglicher Schuldgefühle können dann im Verweis auf die im Vergleich zum direkten Vorgesetzten höhere Wertigkeit eines intakten Verhältnisses zur Peergroup bestehen.

2.3 Definitorische Eingrenzung und Entstehung

Bei der Heterogenität der in der Literatur vorzufindenden Bedeutungsinhalte von Wirtschaftskriminalität drängt sich die Frage auf, wie scharf umrissen die definitorische Eingrenzung des Gegenstandsbereichs erfolgen soll. Hierzu gilt es, zunächst die Ziele dieser Arbeit mit den Zielen verschiedener denkbarer Definitionen und Konkretisierungsgrade abzugleichen. Anhand der Legaldefinition des Gerichtsverfassungsgesetzes (GVG) wird anschließend die Inadäquatheit einer gesetzlich vorgegebenen Begriffsbestimmung dargelegt, bevor die notwendige Festlegung des Makrophänomens auf ‚Occupational Crime' als eine der wesentlichen Hauptformen von Wirtschaftskriminalität erfolgt. Abschließend wird durch die Veranschaulichung der bei der Emergenz des Makrophänomens wirksamen Transformationsregeln die dem Makrophänomen zugrunde liegende Logik der Aggregation erläutert.

2.3.1 Definitionszweck und Konkretisierungsgrad

Das Feld wirtschaftskrimineller Forschung wurde lange Jahre von semantischen Debatten und der Suche nach einer geeigneten Begriffsdefinition geprägt.[2] Die wesentlichen Dissenslinien dieser Debatte sind kennzeichnend für das Grunddilemma wirtschaftskrimineller Forschung: Einerseits führt eine zu starke begriffliche Einengung unweigerlich zu einer Verarmung theoretischer Konzepte, d. h. zu einer Einschränkung der Reichweite und des Wertes einer Theorie.[3] Andererseits verkompliziert die mit einer eher allgemein gehaltenen Definition einhergehende Ambiguität das Ergründen der Ursachen des umschriebenen Verhaltens unnötig.[4] Ein Vergleich der Argumente für eine universelle und umfassende Definition von White-Collar Kriminalität mit denjenigen für eine exakte Operationalisierung spezifischer Ausprägungen von Wirtschaftskriminalität lässt Parallelen zum Konflikt der Befürworter und Gegner inte-

---

[1] Vgl. Altheide et al. 1978, S. 109 und Coleman 1994, S. 370.

[2] Siehe Kapitel 2.1.3.

[3] Vgl. Shapiro 1990, S. 362. Provokativ könnte man auch die Frage formulieren, wieso überhaupt Energie bei dem Versuch verschwendet werden sollte, die exakten Kriterien eines Phänomens festzulegen, das ein Laie zu erkennen in der Lage ist.

[4] Vgl. Felson 2002, S. 93.

grativer kriminologischer Theorien erkennen.[1] Eine Theorie, welche jede denkbare Form wirtschaftskriminellen Handelns erklären könnte, hätte unzweifelhaft einen hohen wissenschaftlichen Wert, sie ist jedoch aus heutiger Sicht wenig realistisch.[2] Einen möglichen Ausweg aus dem definitorischen Dilemma bietet eine von Friedrichs propagierte Mehr-Ebenen-Betrachtung, bei der nach dem Zweck einer Definition differenziert wird:[3]

(1) Die ‚polemische Ebene' eignet sich vorwiegend dazu, auf eine einfache, bewusst überspitzte, dafür aber rhetorisch eindringliche Art und Weise Aufmerksamkeit auf ein Phänomen zu lenken. Das Ziel besteht hier darin, das Bewusstsein für die Relevanz und die Notwendigkeit einer ernsthaften Auseinandersetzung mit einer bestimmten Deliktform zu schärfen.

(2) Der Zweck der ‚typologischen Ebene' besteht darin, Muster von Verbrechen und abweichenden Verhaltensweisen in Kategorien einzuordnen, die sowohl eine Erklärung der Entstehungsbedingungen als auch eine Prävention ermöglichen. Eine Typologisierung muss dabei anhand von eindeutigen Ordnungskriterien ähnlich geartete Verbrechen in homogenen Kategorien zusammenfassen und diese von nicht vergleichbaren Delikten abgrenzen.

(3) Schließlich dient die ‚operationale Ebene' einer genauen Festlegung der Ausgangspunkte für zielgerichtete empirische oder vergleichende Analysen. Jedwede Form der Generalisierung, die ausgehend von den hierbei gewonnenen Erkenntnissen vorgenommen wird, ist kritisch in Bezug auf die ursprünglichen Qualifizierungsmerkmale zu überprüfen.

Bei der Darstellung der geschichtlichen Hintergründe moderner wirtschaftskrimineller Forschung wurde vielfach auf Sutherlands Arbeiten Bezug genommen.[4] Diese verfolgten insbesondere das ‚polemisierende' Ziel, das Interesse von Wissenschaftlern zu wecken, die sich bis dato hauptsächlich mit der Erforschung von Kriminalitätsformen wie Jugendkriminalität, Totschlag, Raub, Einbruch etc. beschäftigten. Da das Ziel dieser Arbeit im Erklären von Ursachen und dem Ableiten geeigneter Präventionsmaßnahmen liegt, soll von dem Bild des vor allem polemisierenden Zwecken dienenden White-Collar Kriminellen bewusst Abstand ge-

---

[1] Siehe Kapitel 1.3.

[2] Analog spricht sich auch Tappan (1947, S. 52) gegen den Versuch aus, von Anfang an eine universelle Erklärung für allgemeine Formen der Devianz zu suchen und stattdessen spezifischere Formen der Nonkonformität zu untersuchen.

[3] Vgl. Friedrichs 2003, S. 5-8.

[4] Siehe Kapitel 2.1.2.

nommen und stattdessen eine typologische Beschreibung der Merkmale einer spezifischen Form von Wirtschaftskriminalität vorgenommen werden.[1]

2.3.2 Problematik einer Legaldefinition

Ein nahe liegender Ausgangspunkt für die Suche nach einer geeigneten Begriffsbestimmung sind Gesetzestexte, da sie exakt formulierte Regelungen beinhalten.[2] In Deutschland stellt § 74c GVG die einzige existierende Legaldefinition des Begriffs dar.[3] Hierbei handelt es sich um eine Zuständigkeitsanweisung für die Wirtschaftsstrafkammern bei den Landgerichten. Sie führt einerseits Gesetze auf, die Strafbestände umfassen, welche ausschließlich und unstrittig in den Bereich des professionellen Wirtschaftslebens fallen. Neben Straftatbeständen aus dem Strafgesetzbuch (StGB) gehören dazu auch zahlreiche Regelungen aus den strafrechtlichen Nebengesetzen. Andererseits werden in § 74c Abs. 1 Nr. 6 GVG auch Straftatbestände genannt, die wie Betrug, Untreue oder Wucher keinen direkten wirtschaftlichen Bezug haben, sondern deren Qualifizierung als Wirtschaftsstrafsache darüber erfolgt, dass „zur Beurteilung des Falles besondere Kenntnisse des Wirtschaftslebens erforderlich sind".[4] Neben reinen Wirtschaftsstraftaten werden in dieser gemischten Begriffssystematik somit auch solche Tatbestände als wirtschaftskriminelle Handlungen definiert, für deren Beurteilung wirtschaftliche Kenntnisse notwendig sind.

Das Wirtschaftsstrafrecht hat in den Jahren 1976 und 1986 mit dem ersten und zweiten Gesetz zur Bekämpfung der Wirtschaftskriminalität wichtige materiell-rechtliche Reformen erfahren.[5] Wesentliche Inhalte bildeten dabei im ersten Schritt die Erweiterung um die Straftatbestände des Subventions- und Kreditbetrugs (§§ 264, 265b StGB) sowie Neufassungen des Konkursstrafrechts (§§ 283ff StGB) und des Wuchertatbestandes (§ 302a StGB). Dass eine gesetzliche Begriffsdefinition immer Gefahr läuft, wesentliche Tatbestände nicht zu berücksichtigen, wird mit dem zweiten Schritt deutlich erkennbar: Einige Erscheinungsformen der Computerkriminalität wurden in das Strafgesetzbuch überführt, eine Erweiterung der Zuständigkeitsanweisung für die Wirtschaftsstrafkammern bei den Landgerichten (§ 74c GVG) erfolgte jedoch nur unvollständig in Abs. 1 Ziffer 6 um den Straftatbestand des Computerbetrugs (§ 263a StGB). Die §§ 202a (Ausspähen von Daten), § 270 (Täuschung im Rechtsverkehr bei Datenverarbeitungsanlagen), § 303a (Datenveränderung) und § 303b (Computersabo-

---

[1] Dieses Vorgehen entspricht in seinen Grundzügen der Forderung von Braithwaite (1985, S. 3) nach einer Zerlegung der Domäne in die wesentlichen Deliktformen.

[2] Vgl. Löw 2002, S. 118.

[3] Vgl. Kubica 2000, S. 107.

[4] § 74c Abs. 1 Nr. 6 GVG.

[5] Vgl. Schwind 2003, S. 426.

tage) wurden nicht in die Legaldefinition überführt, obwohl sie ein erhebliches Gefährdungspotential für Unternehmen beinhalten.[1] Grundlegende Mängel einer Legaldefinition werden offenbar: Zum einen können kodifizierte Normen und Regelungen immer nur ein statisches Abbild der zu einem gegebenen Zeitpunkt in einer sozialen Ordnung vorherrschenden Gefahrenvorstellungen liefern. Zum anderen gilt es aus der Perspektive markwirtschaftlich orientierter Unternehmen nicht nur die straf- oder zivilrechtlichen Bedrohungen, sondern darüber hinaus auch die erheblichen juristisch nicht erfassten Risikopotentiale wie z. B. Konkurs- oder Produktivitätsrisiken zu berücksichtigen. Die Strafgesetzgebung wird allein deswegen niemals die ganze Bandbreite sozialschädlicher Verhaltensweisen im Wirtschaftsleben erfassen, weil der Gesetzgeber immer eine Abwägung darüber zu treffen hat, ob ein bestimmtes Verhalten aus gesamtgesellschaftlicher Sicht als so gravierend einzustufen ist, dass es, sozusagen als ultima ratio, der Kontrolle durch den Staat bedarf.

2.3.3 Occupational Crime als Makrophänomen

Wie im vorstehenden Kapitel ausgeführt, würde eine ausschließlich am Gesetz ausgerichtete Definition von Wirtschaftskriminalität ein zu enges Korsett für diese Arbeit bedeuten. Eine adäquate Berücksichtigung aller relevanten Aspekte ist nur mit einer weiter gefassten Begriffsfestlegung zu erreichen. Bevor die Eingrenzung des kollektiven Explanandums in Form einer typologischen Definition vorgenommen wird, erfolgt nachstehend zunächst eine Darstellung möglicher Ordnungskriterien:[2]

(1) Primäre Opfer – z. B. Konsumenten, das eigene Unternehmen, fremde Unternehmen oder die Öffentlichkeit

(2) Primäre Täter – z. B. Individuen als Einzeltäter im Unternehmen, bestimmte Gruppierungen innerhalb eines Unternehmens oder die gesamte Unternehmung

(3) Art der verursachten Schäden – z. B. finanzielle, materielle, moralische oder physische Schädigungen

(4) Juristische Klassifikation – z. B. Betrugsdelikte (§ 263 StGB), Geldwäsche (§ 261 StGB), Untreue (§ 266 StGB), Insolvenzstraftaten (§ 263 StGB), Verrat von Geschäftsgeheimnissen (§ 17 UWG) oder Wirtschaftsstrafsachen (§ 74c GVG)

---

[1] Siehe Kapitel 4.2.2, 0 und 4.2.5.
[2] Vgl. ähnlich Bloch/Geis 1970, S. 307 sowie Friedrichs 2003, S. 6f.

Die in der Literatur am häufigsten anzutreffende Klassifikation von Wirtschaftskriminalität wurde von Clinard und Quinney vorgeschlagen.[1] Mit ihrer Gegenüberstellung von ‚Corporate Crime' und ‚Occupational Crime' nehmen sie eine Qualifizierung in Bezug auf die ersten beiden Kriterien vor. Corporate Crime umfasst dabei all jene Verbrechen, die Unternehmen bzw. ihre Angehörigen zur Förderung der Unternehmensinteressen verüben. Mit Occupational Crime werden hingegen diejenigen Delikte beschrieben, die Unternehmensangehörige im Rahmen ihrer beruflichen Rolle zu ihrem persönlichen Nutzen und zum Schaden ihres Arbeitgebers begehen.[2] Synonym wird im deutschen Sprachraum auch von Mitarbeiter- und Berufskriminalität gesprochen.[3] Im Hinblick auf das im Verlauf dieser Arbeit zu konstruierende Mehr-Ebenen-Modell wird an dieser Stelle eine erste Einschränkung des sehr breit gefassten Deliktbereichs Wirtschaftskriminalität auf Occupational Crime, also auf unternehmensschädigende Handlungen durch eigene Mitarbeiter, vorgenommen. Die von Braithwaite formulierte Kritik, nach der dieser Begriff für sich genommen noch keine ausreichend homogene Kategorie darstellt,[4] wird in Kapitel 3 weiter aufgegriffen. Dort erfolgt insbesondere eine exaktere Eingrenzung in Bezug auf den situativen Kontext, der den Handlungsrahmen und damit unter anderem Motive, Gelegenheiten, Methoden sowie Rationalisierungsmöglichkeiten der Akteure vorgibt.

2.3.4 Logik der Aggregation

Um die wesentlichen Unterschiede zwischen der auf der Makroebene von der Gesellschaft als Occupational Crime wahrgenommenen Deliktform und dem tatsächlichen Geschehen auf der Mikroebene individueller Handlungen zu erfassen, wird im Folgenden die Logik der Aggregation rekonstruiert. Ausgehend von obiger Definition unternehmensschädigender Handlungen stellt sich die Frage, wo die wesentlichen Unterschiede zwischen dem liegen, was auf der Makroebene von der Gesellschaft als Occupational Crime wahrgenommen wird, und dem tatsächlichen Geschehen auf der Mikroebene individueller Handlungen. Es gilt hierzu, die Logik der Aggregation, also die Konstruktion des kollektiven Explanandums über die einzelnen Teilschritte und die dabei wirksamen Transformationsprozesse aus den geschäftsschädigenden Handlungen individueller Mitarbeiter auf der Mikroebene, zu rekonstruieren. Drei gesellschaftliche Subsysteme spielen hierbei eine wichtige Rolle: Das Unternehmen, der Staat bzw. die Instanzen strafrechtlicher Kontrolle sowie die Medien.

---

[1] Vgl. Braithwaite 1985, S. 17-19, Hirschi/Gottfredson 1987, S. 385f., Boers 2001, S. 338f. sowie Friedrichs 2003, S. 6f. und S. 57-115.

[2] Vgl. Clinard/Quinney 1973, S. 188.

[3] Vgl. Sessar 1997, S. 7 und Kubica 2000, S. 118.

[4] Vgl. Braithwaite 1985, S. 19.

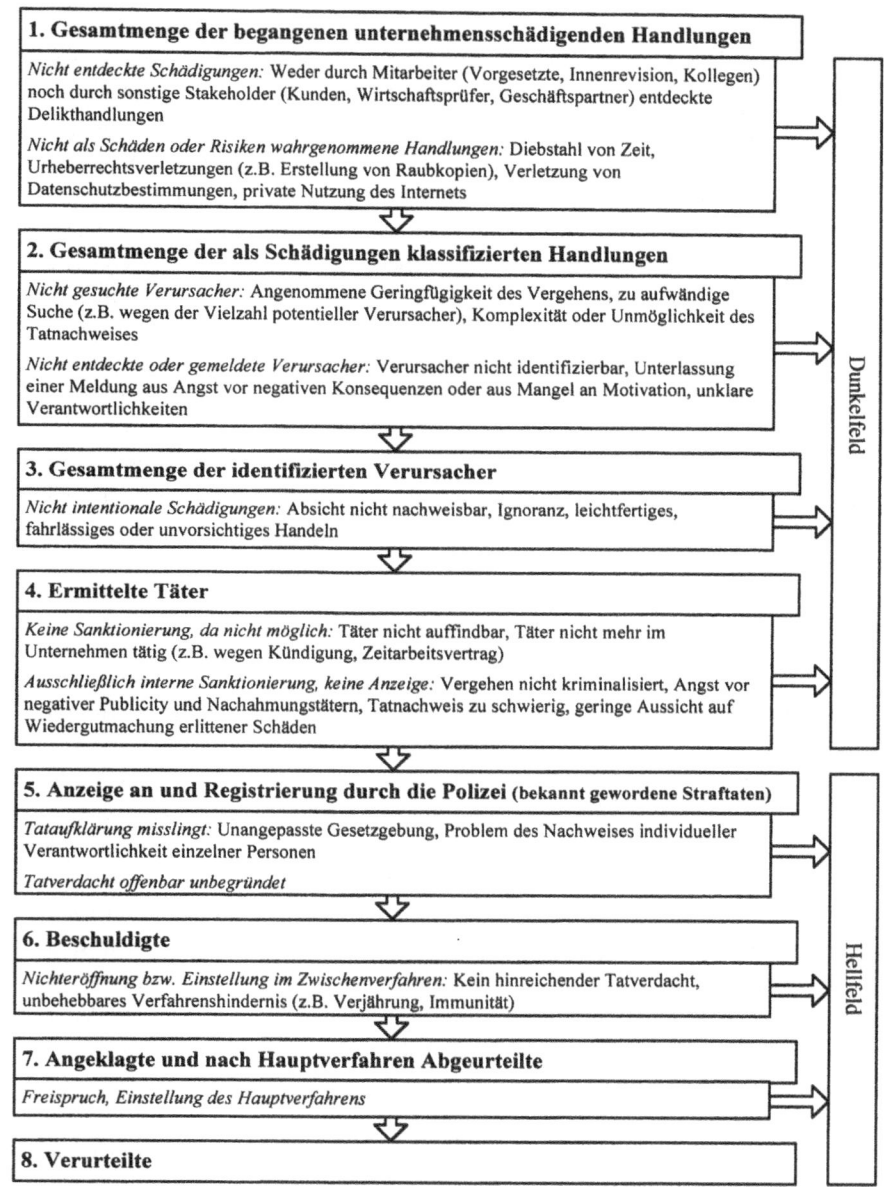

In Anlehnung an: Kerner 1993, S. 296-298.

Abb. 2-1: Entdeckung und Verfolgung unternehmensschädigender Handlungen

Wesentlich ist zunächst die Erkenntnis, dass im Hellfeld offiziell registrierter und bekannter Verbrechen lediglich ein Bruchteil dessen erfasst wird, was sich de facto im Unternehmen abspielt.[1] Große Teile der im Dunkelfeld zu lokalisierenden Vergehen lassen sich auf der obersten Aggregationsstufe, der gesellschaftlichen Makroebene, gar nicht mehr als solche identifizieren, weil auf den vorgelagerten Ebenen bereits eine umfangreiche Aussortierung stattfindet.[2] Die Abbildung 2-1 illustriert den Ausfilterungsprozess und die möglichen Abzweigungen, die sich auf dem Weg von der Tatausübung bis hin zur eventuellen Verurteilung ihres Täters ergeben können. Anhand der skizzierten Teilschritte lässt sich nachvollziehen, wieso das Hellfeld statistisch registrierter und damit öffentlich zugänglicher Kriminalität zwangsläufig immer nur einen kleinen Ausschnitt aller unternehmensschädigenden Handlungen erfassen kann: Die Abbildung zeigt deutlich, dass sowohl die auf der Mesoebene angesiedelten Aktionen bzw. Reaktionen des Unternehmens als auch diejenigen der Instanzen strafrechtlicher Kontrolle (Justiz und Polizei) einen wesentlichen Einfluss auf die Entstehung des Makrophänomens haben.

Nicht weniger bedeutsam sind die Medien, denen im Reaktionsnetzwerk der Wirtschaftskriminalität eine Schlüsselrolle zukommt.[3] Die Kenntnisse der Bevölkerung über unternehmerisches Fehlverhalten basieren in den seltensten Fällen auf substantiellem Wissen oder auf Erfahrungen aus erster Hand. Stattdessen wird ein Großteil der Informationen über Kriminalität, ihre Struktur, ihren Umfang und die Täter sowie Möglichkeiten der Verbrechensvorbeugung und -kontrolle über die massenmediale Berichterstattung transportiert.[4] In Ermangelung alternativer Informationsquellen und aufgrund der unkritischen Akzeptanz einfach aufbereiteter und intuitiv nachvollziehbarer Themen wird den Medien mitunter ein Quasimonopol zur Determinierung sozialen Wissens zugesprochen.[5] Der Fokus der Medienaktivitäten liegt dabei in erster Linie auf der allseits diskutierten und sichtbaren Gewaltkriminalität und weniger auf Occupational Crime.[6] Unternehmensschädigende Handlungen einzelner Mitarbeiter eignen sich kaum zur medialen Präsentation, weil sie wenig dramatisch sind und damit dem Hang der Medien zum Sensationellen nicht entsprechen können.[7] Gleichzeitig sind sie für Dritte als

---

[1] Für Schätzungen zum Umfang des Dunkelfeldes siehe Kapitel 2.4.1.

[2] Vgl. Sack 1993, S. 100. Die jährlich veröffentlichte Polizeiliche Kriminalstatistik verfolgt das Ziel, im Interesse einer wirksamen Kriminalitätsbekämpfung ein überschaubares und möglichst verzerrungsfreies Bild der Kriminalität darzustellen. In Anbetracht des Dunkelfeldes verweist sie auf die beschränkte Aussagekraft ihrer Statistik, da diese lediglich polizeilich bekannt gewordene strafrechtliche Sachverhalte zu erfassen vermag; vgl. PKS 2004, S. 7.

[3] Vgl. Schütz/Peters 2002, S. 41-43.

[4] Vgl. Sherizen 1978, Slovic et al. 1980, S. 467-470 und Sherizen 1990, S. 217.

[5] Vgl. Randall 1987, S. 105.

[6] Vgl. Johnson/Douglas 1978, S. 349 und Jung 1993, S. 346.

[7] Vgl. Buner 1996, S. 189-194. Felson (2002, S. 1f.) warnt in diesem Zusammenhang davor, dem weit verbreiteten und wesentlich durch die Medien zu verantwortenden ‚Drama-Trugschluss' zu unterliegen: „The offences

nicht beteiligte Outsider nur schwer nachzuvollziehen und stellen anders als Gewaltverbrechen keine direkte Bedrohung für die eigene Person dar. Kennzeichnend für den massenmedialen Diskurs ist ferner die Neigung, die mitunter komplexe Realität auf den einfachen Nenner von Gut und Böse zu bringen, sowie Einzelereignisse zu demagogisch handhabbaren Einheiten zusammenzuschnüren.[1] Im Gesamteffekt des Zusammenwirkens der in Unternehmen, strafrechtlichen Kontrollinstanzen und Medien wirksamen Transformationsprozesse ergibt sich am Ende der Kette auf der Makroebene ein stark verzerrtes Bild von Occupational Crime.

2.4 Bedeutung aus gesellschaftlicher Sicht

Während beispielsweise Gewaltverbrechen oder Jugendkriminalität für verschiedenste Instanzen sozialer Kontrolle deutlich sichtbare und intuitiv unmittelbar verständliche Gründe liefern, Maßnahmen zur Prävention zu ergreifen, sind diese bei wirtschaftskriminellen Handlungen weniger leicht nachvollziehbar. Jeder Mensch trachtet nach körperlicher Unversehrtheit und dem Schutz des eigenen Lebens, so dass die ubiquitäre Thematisierung von Raub, Mord, Vergewaltigung etc. für jedes Individuum zahlreiche Anreize liefert, sich vor den Folgen von Gewaltkriminalität zu schützen. Schwieriger gestaltet sich die Begründung einer systematischen Beschäftigung mit wirtschaftskriminellen Handlungen. Die mit diesen Deliktformen in Verbindung gebrachten Verbrechen sind, wie dargelegt,[2] kaum sichtbar, meist gewaltlos und in ihrer Wirkung typischerweise nicht gegen das Individuum, sondern gegen Kollektive gerichtet. Die kriminologische Forschung hat die Notwendigkeit einer intensiven Auseinandersetzung mit wirtschaftskriminellen Handlungen mittlerweile zwar erkannt, dies lässt sich für andere wichtige gesellschaftliche Instanzen allerdings nicht in dieser Eindeutigkeit behaupten.[3] Trotz der diffusen Natur der Schädigungen liefern die immensen Kosten von Wirtschaftskriminalität im Allgemeinen und Occupational Crime im Besonderen jedoch gerade für Wirtschaftsunternehmen handfeste und ökonomisch relevante Gründe, sich intensiv mit der Materie auseinanderzusetzen. Im Folgenden werden aus diesem Grund die verschiedenen Formen der Schädigungen, die Probleme ihrer Quantifizierung sowie Schätzungen zum Umfang der Kosten beleuchtet.

---

most publicized are far more dramatic than those commonly found in real life. The media are carried away by a horror-distortion sequence: Find a horror story – entertain the public with it – make money while creating a myth in the public mind – build on that myth for the next horror story."

[1] Vgl. Jung 1993, S. 347 und Hess/Scheerer 1997, S. 135.

[2] Siehe Kapitel 2.2.1.

[3] Vgl. Janke 1996, S. 546.

2.4.1 Kriminalität im Hell- und Dunkelfeld

Die empirische Erhebung der Schäden jedweder Form von Kriminalität ist aufgrund eines immer vorhandenen ungewissen Anteils nicht bekannt gewordener Delikte mit Unsicherheit behaftet. Verschiedene Faktoren führen insbesondere im Bereich von Occupational Crime dazu, dass von einem Dunkelfeld beträchtlicher Größe auszugehen ist und von Unternehmensseite häufig schon von Vornherein auf eine zivil- oder strafrechtliche Verfolgung verzichtet wird.

Dem Unternehmen selbst wird nur ein geringer Anteil der Vergehen bekannt, weil diese, anders als z. B. Gewaltverbrechen, in den seltensten Fällen Spuren hinterlassen.[1] Das Kopieren elektronisch gespeicherter Einkaufspreise und ihre Weitergabe an einen Wettbewerber beispielsweise sind während der Tatbegehung und insbesondere danach kaum feststellbar. Unternehmen haben zudem meist ein originäres Interesse daran, selbst schwerwiegende Verstöße und Schädigungen der Organisation durch eigene Mitarbeiter nicht an die Öffentlichkeit gelangen zu lassen.[2] Die Angst vor Nachahmungstätern, welche möglicherweise bekannt gewordene Schwachstellen ausnutzen, spielt dabei eine ebenso große Rolle wie die negative Imagewirkung bekannt gewordener Missbrauchsfälle.[3] Sowohl die Tatsache, dass Unternehmensangehörige gegen Normen verstoßen haben, als auch die möglicherweise leichtfertige Missachtung grundlegender Sicherheitsvorkehrungen werfen ein schlechtes Licht auf das Unternehmen als Ganzes und führen dazu, dass potentielle Kunden und Kapitalgeber abgeschreckt werden. Dolose Handlungen einzelner Mitarbeiter können den Ruf des Gesamtunternehmens schädigen,[4] weil Außenstehende nicht einzelne Personen, sondern das Unternehmen für verantwortlich halten und sie das wahrgenommene Versagen in einem Bereich als Indikator für die allgemein zu erwartende Leistungsfähigkeit betrachten.[5]

Des Weiteren ist der zu erwartende Nettonutzen einer Anzeige bzw. einer Meldung an die Strafverfolgungsbehörden meist negativ. Zwar ist die Geschäftsführung grundsätzlich an einer Wiedergutmachung der Schäden interessiert, langwierige und kostenintensive Prozesse[6] sowie in Bezug auf spezialisierte Wirtschaftsverbrechen wenig angepasste Gesetze, die zudem einen Großteil der soziologisch relevanten, aber nicht kriminalisierten Deliktformen ausblenden, stellen jedoch große Hindernisse dar.[7] Es stellt sich die generelle Frage, ob ein verurteilter

---

[1] Vgl. Johnson/Douglas 1978, S. 351.

[2] Vgl. Edelhertz 1970, S. 55f.

[3] Vgl. Randall 1987, S. 105.

[4] Vgl. Randall 1987, S. 112.

[5] Diese vereinfachende kognitive Beurteilungsregel, bei der von einem Attribut auf ein anderes geschlossen wird, bezeichnet man auch als ‚Irradiation'; vgl. Nieschlag et al. 1997, S. 177.

[6] Vgl. Kubica 2000, S. 116 und Albrecht 2003, S. 61.

[7] Vgl. Johnson/Douglas 1978, S. 346 und Albrecht 2003, S. 60-64.

Täter die durch ihn verursachten Schäden überhaupt wieder gutmachen könnte. Wenig reizvoll ist auch die Aussicht auf Störungen des Betriebsablaufs durch Nachfragen und Eingriffe der Behörden in die internen Prozesse und Abläufe. Diese ergeben sich im Laufe der Untersuchungen fast zwangsläufig. Nicht zu unterschätzen ist auch die Schwierigkeit des Nachweises individueller Verantwortlichkeit in einem sozialen Gebilde, das aus vielen interdependenten Akteuren besteht und in dem einzelne Aktionen kaum Spuren hinterlassen.[1] Abschreckend wirkt dabei allein die zur Herbeiführung eines Schuldspruchs notwendige Offenlegung von Firmeninterna.[2]

Unternehmensschädigende Handlungen entziehen sich, wie skizziert, aufgrund ihrer spezifischen Tat- und Tätermerkmale systematisch der kriminologischen Datenerhebung.[3] Angesichts der Tatsache, dass Unternehmen auch intern in den seltensten Fällen akkurate Aufzeichnungen von Missbrauchsfällen führen,[4] ist es wenig verwunderlich, dass nur eine nicht repräsentative Minderheit der Vergehen aufgedeckt und in öffentlich zugänglichen Statistiken dokumentiert wird.[5] Aus der Dunkelfeldforschung, welche anhand verschiedenster Methoden wie Expertenschätzungen, Täter-, Opfer- oder Informantenbefragungen die systematische und methodische Erschließung unbekannt gebliebener Delikthandlungen bezweckt, ist bekannt, dass ein von Delikt zu Delikt (mehr oder weniger) variierendes Dunkelfeld existiert.[6] Es ist davon auszugehen, dass das Dunkelfeld eher klein ist bei Delikten, die persönliche Schutzgüter verletzen, und eher groß in solchen Fällen, bei denen gesetzliche Unrechtsbewertung und alltägliches Normbewusstsein auseinanderklaffen.[7] Hinsichtlich der Dunkelziffer-Relation, welche das Verhältnis der bekannt gewordenen zu den unbekannt gebliebenen Delikten ausdrückt, können Studien in dem selbst noch unzureichend homogenen Deliktbereich Occupational Crime nur grobe Anhaltspunkte liefern. Die Spannbreite der Nennungen reicht hierbei von $1:10^8$[8] bis $1:74$[9].

---

[1] Vgl. Stone 1978, S. 331 und Benson 1985, S. 592.

[2] Vgl. Müller et al. 1997, S. 231-233.

[3] Vgl. Boers 2001, S. 336 und Albrecht 2003, S. 43f.

[4] Vgl. Hollinger/Clark 1983, S. 30.

[5] Vgl. Braithwaite 1985, S. 5.

[6] Vgl. Sack 1993, S. 102f. und Schwind 2003, S. 46f.

[7] Vgl. Kerner 1993, S. 298.

[8] Vgl. Friedrichs 2003, S. 43. Dieses Verhältnis wird von Sack auch für die übergeordnete Kategorie allgemeiner Kriminalität angegeben; vgl. Sack 1995, S. 439.

[9] Vgl. Spiess 1993, S. 74.

2.4.2 Schadensarten und Problematik von Schadensschätzungen

Obwohl die Kosten von Wirtschaftskriminalität aufgrund des hohen Dunkelfeldes nur schwer zu beziffern sind,[1] finden sich in der Literatur hierzu zahlreiche Schätzungen. Diese dienen häufig besonders dazu, die Aufmerksamkeit verschiedener Interessensgruppen zu erregen.[2] Ein nicht nur oberflächliches Verständnis solcher Zahlen erfordert dabei eine kritische und differenzierte Auseinandersetzung mit den nachfolgend dargestellten, als Ausgangspunkte für eine Schätzung in Frage kommenden Eigenschaften wirtschaftskrimineller Verstöße.

Art des Opfers

- Das Unternehmen als Wirtschaftseinheit
- Stakeholder des Unternehmens (Mitarbeiter, Inhaber, Lieferanten)
- Die Gesellschaft (Konsumenten, unbeteiligte Dritte, gesellschaftliche Subsysteme wie z.B. andere Unternehmen)

Art der Schädigung

- Materielle Schäden (Kosten, Kursverluste)
- Physische Schäden (Verletzungen, Krankheiten, Todesfälle, Umweltverschmutzung)
- Moralische Schäden (Werteverfall, Schädigungen der Mitarbeitermoral, Vertrauensverluste)

Geographische Ausdehnung

- Lokal (innerhalb des Unternehmens)
- Regional / National (begrenzt auf die Gemeinde bzw. das Land)
- International

Zeitpunkt der Wirkung

- Kurzfristig - unmittelbar nach der Tatausübung (Kosten für Schadensbeseitigung sowie Ersatzanschaffungen, Produktivitätsverluste)
- Mittelfristig - Opportunitätsschäden (Rufschädigungen, Einnahmeausfälle)
- Langfristig - potentielle zukünftige Schäden (Mitarbeiteraustritte, Kundenabwanderungen)

Tab. 2-1: Schadenstaxonomie wirtschaftskrimineller Handlungen

---

[1] Vgl. Heinz 1993, S. 590.

[2] Analog wird auch mit den im nächsten Kapitel aufgeführten Hochrechnungen bezweckt, das Bewusstsein der von Occupational Crime betroffenen Unternehmenswelt zu schärfen und auf die Notwendigkeit eines proaktiven Umgangs mit dieser Kriminalitätsform hinzuweisen.

Von Belang ist beispielsweise, ob ein Unternehmen als geschlossene wirtschaftliche Einheit oder aber, auf einer höheren Abstraktionsebene, die Volkswirtschaft eines Landes betrachtet wird. Diebstähle oder Betrugsfälle, die einen Großteil wirtschaftskrimineller Straftaten ausmachen, sind blickwinkelabhängig unterschiedlich zu werten. Allgemein gilt, dass es sich hierbei um Transfers von Vermögensgegenständen handelt, die dem Opfer einen Schaden zufügen und dem Täter in der Regel einen Nutzen bringen. Aus der Perspektive eines Unternehmens überwiegen bei einer Fokussierung auf Occupational Crime demnach eindeutig die negativen Konsequenzen. Anders hingegen sieht es bei einer gesamtgesellschaftlichen Betrachtung aus.[1] Transfers stellen lediglich Umverteilungen dar, welche die Gesamtwertschöpfung der Gesellschaft nicht mindern und damit keinen direkten volkswirtschaftlichen Schaden verursachen. Außerdem produziert Kriminalität nicht ausschließlich Kosten, sondern kann in bestimmten Fällen und Branchen auch positive und damit kontraintuitive Wirkungen entfalten. Von menschlichem Fehlverhalten profitieren z. B. Versicherungsunternehmen oder Anbieter von Sicherheitstechnologien, aber auch Kriminologen, die dieses Fehlverhalten studieren und damit ihren Lebensunterhalt verdienen.

Anders als bei konventioneller Kriminalität können die Auswirkungen der typischerweise gewaltfrei ausgeübten Wirtschaftskriminalität nur in den wenigsten Fällen über die entstandenen physischen Schäden quantifiziert werden. Krankheiten, Verletzungen oder gar Verluste von Menschenleben wie im Fall des Automobilherstellers Ford[2] werden für gewöhnlich als wesentlich gravierender angesehen als materielle Schädigungen.[3] Bei den monetären Kosten, die in Form von Einnahmeausfällen, Ersatzbeschaffungen oder Reparaturaufwendungen auftreten, stellt sich neben dem Problem der Quantifizierung die Frage nach den Deliktformen, die im konkreten Fall als Wirtschaftskriminalität verstanden werden. Verschiedenen Studien liegen für gewöhnlich unterschiedliche Definitionen zugrunde, so dass in den wenigsten Fällen ein direkter Vergleich möglich ist. Ferner ergeben sich aufgrund des Dunkelfeldes erhebliche Zugangsprobleme bei der empirischen Untersuchung.[4] Sie wird zusätzlich dadurch erschwert, dass nicht, wie ehemals von Quetelet vermutet,[5] von einer zeitlichen, räumlichen oder gar deliktspezifischen Konstanz der Dunkelziffer-Relation ausgegangen werden kann.[6]

---

[1] Vgl. Schellhoss 1993b, S. 220.

[2] Siehe Kapitel 2.1.4.

[3] Vgl. Meier/Short 1983, S. 83f. und Weisburd et al. 1991, S. 75.

[4] Vgl. Albrecht 2003, S. 42.

[5] Quetelet (1869) entdeckte jährlich wiederkehrende geschlechts-, alters- und raumzeitspezifische Muster in der Kriminalitätsverteilung, woraus er eine Konstanz im Auftreten von Verbrechen ableitete; vgl. Sessar 1997, S. 6.

[6] Vgl. Sack 1993, S. 103 sowie Schwind 2003, S. 48.

Allein über die monetären Kosten ist zudem keine adäquate Darstellung der Schäden möglich.[1] Diese erfordert die zusätzliche Berücksichtigung immaterieller moralischer Schäden, welche zwar nur mit erheblichen Schwierigkeiten, oft auch gar nicht quantifizierbar, jedoch keinesfalls weniger bedeutsam sind.[2] Sie äußern sich beispielsweise im Verlust von Vertrauen der Unternehmensleitung gegenüber den eigenen treu gedienten Mitarbeitern, in einer Entfremdung der Belegschaft gegenüber dem Management oder in einer generellen Erosion von Normen und Werten.[3] Wirtschaftskriminalität verursacht Zynismus und kann dazu beitragen, dass sich bei den Mitarbeitern eine negative, im schlimmsten Fall destruktive Grundeinstellung durchsetzt, bei der jegliche Loyalität gegenüber dem Arbeitgeber verloren geht. Gesamtgesellschaftlich gesehen führt sie zu einer Aushöhlung der Grundlagen des ökonomischen Handelns und der freien Marktwirtschaft.[4]

Auch die geographische Reichweite der Folgen kriminellen Handelns spielt eine wichtige Rolle bei der Bemessung der Schäden. Im Allgemeinen haben Wirtschaftsverbrechen einen wesentlich größeren Wirkungsbereich als konventionelle Deliktformen, vor allem, wenn sie in großen, international tätigen Unternehmen begangen werden. Die unterschiedlichen Wirkungszeitpunkte haben ebenfalls Einfluss auf die Höhe des Schadens.[5] So lassen sich kurzfristige Folgen erheblich leichter beziffern als die langfristigen Konsequenzen, die z. B. in Form eines eingebüßten Wettbewerbsvorsprungs zu einem Absinken der relativen Attraktivität der angebotenen Produkte und Dienstleistungen und zur Abwanderungen von Kunden zum Mitbewerber führen können.

2.4.3 Schadensumfang

Amtliche Statistiken sind aufgrund der unzulänglichen Erkenntnismittel selbst für eine grobe Schätzung des Umfangs wirtschaftskrimineller Delikte wenig geeignet.[6] Die polizeiliche Kriminalstatistik beispielsweise, die für das Jahr 2004 eine Schadenssumme von 5,626 Mrd. Euro ausweist,[7] kommt deswegen für eine Bezifferung des gesamten durch Wirtschaftskriminalität entstandenen Schadens nicht in Frage, weil sie ausschließlich das Hellfeld einer ad defini-

---

[1] Vgl. Edelhertz 1970, S. 49.
[2] Vgl. Sutherland 1940, S. 5 und Meier/Short 1983, S. 84f.
[3] Siehe Kapitel 2.2.1.
[4] Vgl. Geis et al. 1995, S. 24.
[5] Vgl. EITO 2003, S. 201.
[6] Vgl. Heinz 1993, S. 590.
[7] Vgl. PKS 2004, Tabelle 07, S. 6.

tum bereits stark eingeschränkten Form von Wirtschaftskriminalität beleuchtet.[1] Mit der Fixierung auf die durch das Strafrecht kriminalisierten Tatbestände blendet sie wichtige (noch) nicht kriminalisierte Deliktformen aus und vermag außerdem solche Fälle nicht zu erfassen, die ohne Beteiligung der Polizei unmittelbar von Schwerpunktstaatsanwaltschaften oder Finanzbehörden verfolgt werden.[2] Ingesamt ist sie zu wenig differenziert und damit im Vergleich zu anderen Quellen zumindest im Bereich der Wirtschaftskriminalität von unzureichender Aussagekraft.

Die in der kriminologischen Literatur vorzufindenden Angaben zum Gesamtumfang der materiellen Schäden sowohl im Hell- als auch im Dunkelfeld lassen sich aufgrund der unsicheren Grundlagen lediglich als Blindschätzungen bezeichnen.[3] Plausibel erscheint die Annahme, nach der die durch eine breit verstandene Form von Wirtschaftskriminalität in Deutschland verursachten Schäden einen bestimmten Anteil des Bruttoinlandsprodukts ausmachen. Die Spannbreite der Nennungen in der Literatur bewegt sich in einem Bereich von 2% bis 10%[4] und damit wertmäßig in Deutschland zwischen 43 Mrd. und 213 Mrd. Euro.[5] Unumstritten ist, dass die Schäden der Wirtschaftskriminalität diejenigen der herkömmlichen Kriminalität um ein Vielfaches übersteigen.[6]

In den letzten Jahren wurden von Wirtschaftsprüfungs- und Beratungsunternehmen einige empirisch gut fundierte Studien mit dem Ziel der Ermittlung des monetären Ausmaßes wirtschaftskrimineller Delikte durchgeführt.[7] PricewaterhouseCoopers befragte in einer international angelegten Erhebung insgesamt 3623 Unternehmen, wobei die zugrunde liegende Definition von Wirtschaftskriminalität sowohl Delikte zum Vorteil der Unternehmung (Corporate Crime) als auch unternehmensschädigende Handlungen der eigenen Mitarbeiter (Occupational Crime) umfasste. 35% der Unternehmen gaben an, in den letzten zwei Jahren Verluste durch wirtschaftskriminelle Handlungen erlitten zu haben. Etwa ein Drittel dieser Unternehmen war jedoch nicht in der Lage, die entstandenen Kosten zu schätzen, die restlichen bezifferten die Schadenssumme im Durchschnitt auf ca. 2 Mio. Euro.[8] Auch diese Studie vermag

---

[1] Vgl. PKS 2004, S. 16. Sie lässt Ordnungswidrigkeiten und insbesondere weite Teile der unter Zuhilfenahme von EDV-Systemen möglichen Straftaten wie Computerbetrug (§ 263a StGB), Datenveränderung (§ 303a StGB), Computersabotage (§ 303b StGB) und das Ausspähen von Daten (§ 202a StGB) unberücksichtigt.

[2] Vgl. PKS 2004, S. 236.

[3] Vgl. Meier/Short 1983, S. 81, Egli 1985, S. 5 und Heinz 1993, S. 592.

[4] Vgl. Schwind 2003, S. 420 und Friedrichs 2003, S. 47.

[5] Zugrunde gelegt wurde das Bruttoinlandsprodukt des Jahres 2003 in Höhe von 2.129 Mrd. Euro; vgl. Statistisches Bundesamt 2004, S. 4.

[6] Vgl. Meier/Short 1983, S. 82.

[7] Vgl. PWC 2003, KPMG 2003 und PWC 2005.

[8] Vgl. PWC 2003, S. 12.

jedoch nicht das gesamte Dunkelfeld zu beleuchten und kann damit nur grobe Anhaltspunkte zum tatsächlichen Umfang des Schadensausmaßes liefern.

3 Computerkriminalität

Seit dem Anbruch des Informationszeitalters, d. h. mit der zunehmenden Verbreitung des Mikrocomputers in Privathaushalten und Unternehmen und mit der Vernetzung von Computersystemen, ist ein in ähnlichem Maße steigender Anteil der Kriminalität mit Bezug zu Informations- und Telekommunikationssystemen festzustellen.[1] Mit der Computerkriminalität wird in diesem Kapitel ein zweites Makrophänomen beschrieben, das entsprechend im weitesten Sinne als Deliktform verstanden wird, in der die Tat einen Bezug zu ITK-Systemen oder den mit Hilfe von ihnen verarbeiteten Daten aufweist. Sie umfasst einerseits eine breite Palette altbekannter, vorwiegend gewaltfreier Delikte, die sich lediglich in einem neuen Kontext abspielen. Mit Hilfe der neuen Technologien finden Menschen andere, innovative Wege, um Verbrechen wie Betrug, Untreue, Unterschlagung oder Diebstahl zu begehen. Andererseits beinhaltet die Definition auch neue, computerspezifische Vergehen, die ohne EDV nicht möglich waren.[2] Hierzu gehört beispielsweise die unerwünschte private Nutzung von Internet-Diensten am Arbeitsplatz während der Arbeitszeit.[3]

Analog dem Vorgehen in Kapitel 2 erfolgt für das Phänomen der Computerkriminalität zunächst eine kurze Darstellung der historischen Entwicklung (Kapitel 3.1). Im Anschluss wird das Thema der Informationssicherheit aufgegriffen. Dabei wird erörtert, welche Eigenschaften die Sicherheit von ITK-Systemen und der mit ihnen verarbeiteten Informationen beeinflussen und wie sich diese auf das Auftreten computerbezogener devianter Verhaltensweisen auswirken (Kapitel 3.2). Anhand der deliktspezifischen täter-, system- und tatbezogenen Eigenheiten der Computerkriminalität wird abschließend aufgezeigt, in welchen Bereichen Gelegenheiten für abweichendes Verhalten entstehen können und wie sich diese ausnutzen lassen (Kapitel 3.3).

3.1 Historische Entwicklung

Während im alltäglichen Sprachgebrauch mit dem Begriff der Innovation vorwiegend positive Eigenschaften und Inhalte wie Fortschritt, Modernisierung und Weiterentwicklung assoziiert werden, offenbaren sich bei näherer Betrachtung und in der Praxis mit einer gewissen zeitlichen Verzögerung fast immer auch negative Konsequenzen des Innovationsprozesses. Ob Benzinmotoren, Feuerwaffen, Flugzeuge, Atomkraft, Raketen, elektrisches Licht oder eben Computer – all diese Innovationen brachten nicht nur Vor-, sondern auch Nachteile mit sich.[4] Dabei überblicken am Anfang einer Neuschöpfung weder die Erfinder noch die ersten Nutzer

---

[1] Siehe Kapitel 4.1.3 und 4.3.4.

[2] Vgl. Chen 1990, S. 71 und Hurewitz/Lo 1993, S. 495.

[3] Siehe Kapitel 4.2.4.

[4] Eine Übersicht der negativen Auswirkungen von Computern findet sich bei Neumann (1995, S. 7-9).

einer Innovation deren negative oder positive Konsequenzen, da sich Art und Weise der Nutzung im Zeitablauf schrittweise ändert und fortentwickelt. Zu den gravierendsten Folgen von Innovationen gehört nicht zuletzt die verbesserte Möglichkeit der Begehung verschiedenster Formen devianter und krimineller Aktivitäten.[1] Mängel und Schwachstellen neuer Technologien können dabei solange ausgebeutet werden, bis die Instanzen sozialer Kontrollen das Bedrohungspotential erkannt und die Schwachstellen ausgemerzt bzw. wirksame Präventionsmaßnahmen ergriffen haben. Von der Entdeckung bis zur Lösung eines Problems vergeht dabei zwangsläufig eine längere Zeitspanne, weil die Akteure zunächst Kosten und Ursachen von Gefährdungen abschätzen müssen, bevor verschiedene Lösungsmöglichkeiten in Betracht gezogen und implementiert werden können. Die nachfolgenden Ausführungen konzentrieren sich auf den Prozess der Entwicklung des Computers sowie der Entdeckung, Ausbreitung und Kriminalisierung computerbezogener Kriminalität.

3.1.1 Anbruch des Computerzeitalters

Die Ursprünge des Computers lassen sich nicht auf einen exakten Zeitpunkt oder einen plötzlichen Durchbruch zurückdatieren, sondern stellen eine Kette von aufeinander aufbauenden Entwicklungsschritten dar.[2] Vor über 4000 Jahren wurden in China der sog. Abacus entwickelt, eine noch heute in den östlichen und fernöstlichen Ländern weit verbreitete Rechenhilfe, mit der komplexe Rechenoperationen ausgeführt werden können.[3] Verschiedene mechanische Rechenmaschinen der Neuzeit stellen Weiterentwicklungen des Abacus dar, beispielsweise die 1887 von Herman Hollerith entwickelte Zähl- und Sortiermaschine. Lochkarten, auf denen durch Einstanzen Daten gespeichert wurden, konnten über eine elektromechanische Abtasteinheit nach verschiedenen Kriterien ausgewertet und sortiert werden.[4] Die Maschine wurde für die elfte Volkszählung in den USA eingesetzt und verringerte die für die Auswertung der alle zehn Jahre stattfindenden Volkszählungen benötigte Zeit von fast sieben Jahren auf etwa vier Wochen. Auf der Grundlage seines ersten Erfolges gründete Hollerith die Tabulating Machine Company, welche die Zählmaschine konsequent weiterentwickelte und aus der 1924 die heutige IBM (International Business Machines), die weltweit größte Computerfirma, hervorging.

Den entscheidenden Schritt für die Entwicklung der heutigen modernen Computergeneration stellte die Erfindung des Transistors im Jahre 1947 dar. Dieser löste die bis dahin verwendeten und sperrigen Elektronenröhren ab und ebnete den Weg für kleinere, zuverlässigere und billigere Maschinen. Die zuvor gebauten Rechner nahmen Unmengen an Platz ein, verbrauch-

---

[1] Vgl. Hollinger 1997, S. xvii.
[2] Vgl. Siegel 1986.
[3] Vgl. Bequai 1987, S. 2.
[4] Vgl. Drüing 2001, S. 5.

ten ebensoviel Strom und kosteten Millionensummen. So bestand z. B. ‚Eniac'[1], ein während des zweiten Weltkriegs zur Berechnung ballistischer Geschosstabellen gebauter Computer, aus 18.000 Elektronenröhren, wog 30 Tonnen und nahm eine Fläche von 150 Quadratmetern ein.[2] Auch in den fünfziger und sechziger Jahren wurde die Entwicklung von Computern wesentlich vom Militär vorangetrieben. In dieser Zeit wurden neben den ersten Magnetplattenspeichern (Festplatten) auch die ersten Betriebssysteme (DOS/360 und OS/360) und Compiler (Übersetzer) für die ersten Programmiersprachen FORTRAN[3] und COBOL[4] entwickelt.

1959 wurde der integrierte Schaltkreis von den Firmen Texas Instruments und Fairchild Camera erfunden.[5] Dieser vereinte viele Transistoren auf einem einzigen Silikonchip und trug nach der Erfindung des Transistors nochmals zu einer dramatischen Reduktion der Größe und Kosten elektronischer Komponenten bei. Bis in die siebziger Jahre hinein waren sog. Mainframes, Großrechner mit daran angeschlossenen Arbeitsstationen (Computer-Terminals), das Herzstück jeder EDV-Anlage. Die Datenhaltung erfolgte zentral auf dem Mainframe, während die Terminals lediglich dazu dienten, Inhalte auf einem Bildschirm anzuzeigen und Befehle entgegenzunehmen. Den letzten wichtigen Schritt in der Entwicklung der Computertechnologie stellte 1971 die Erfindung des Mikroprozessors durch Intel dar. Der Mikroprozessor vereinte alle für einen programmierbaren Computer benötigten Schaltkreise auf einem einzigen Chip und erlaubte die Massenproduktion von Personal Computern. Diese auf Tischgröße geschrumpften Rechner traten in den achtziger Jahren dank einer stetig steigenden Rechenleistung und eines immer besser werdenden Preis-Leistungs-Verhältnisses ihren Siegeszug in Unternehmen und Privathaushalten an. Aus Angst, ihren eigenen Produktlinien Konkurrenz zu machen, weigerten sich Großunternehmen wie Hewlett-Packard und IBM zunächst, die neue Technologie zu übernehmen. Dies führte dazu, dass kleine, innovative Firmen wie z. B. Apple in den Markt eindringen und sich ebenfalls etablieren konnten. IBM konnte mit der Einführung des IBM PCs in den achtziger Jahren jedoch innerhalb eines Jahres den verlorenen Boden wieder gutmachen. Mikrocomputer trugen entscheidend dazu bei, dass die ungeheuren Möglichkeiten und Nutzenpotentiale der EDV nicht mehr nur wenigen militärischen Einrichtungen, Regierungsinstitutionen oder einzelnen Großunternehmen zur Verfügung standen, sondern auch einer stetig wachsenden Anzahl an Privatpersonen.[6]

---

[1] Electronic Numerical Integrator and Calculator.

[2] Vgl. Drüing 2001, S. 9f.

[3] **Formula Translation.**

[4] **Common Business Oriented Language.**

[5] Vgl. Bequai 1987, S. 4.

[6] Vgl. Siegel 1986, S. 116.

3.1.2 Entdeckung des Makrophänomens

In der Frühzeit der Nutzung von Rechenmaschinen und Computern war deviantes Verhalten in Verbindung mit EDV-Systemen kein gesellschaftlich relevantes Thema. Die Ursache hierfür liegt im Wesentlichen darin begründet, dass die Anzahl der eingesetzten Rechner und die Anzahl der Personen mit Zugriff auf solche Systeme sehr gering war.[1] Die Nutzung beschränkte sich auf wenige, dedizierte Einsatzzwecke im Militär, in speziellen Forschungsbereichen oder in einzelnen staatlichen Behörden. Der erste dokumentierte Missbrauchsfall, der im weitesten Sinne als Computerkriminalität bezeichnet werden kann, stammt aus dem Jahr 1958.[2] Sofern EDV-Systeme schon früher unautorisiert genutzt wurden, geriet zumindest nichts Näheres darüber an die Öffentlichkeit, was angesichts der meist streng vertraulichen Natur ihres Einsatzes kaum verwundert. In ähnlicher Weise wie ihre Nutzbarmachung war auch der Missbrauch von Computern aufgrund der sehr begrenzten Verfügbarkeit von Systemen in den sechziger und siebziger Jahren in erster Linie das Metier weniger hoch spezialisierter Experten.

Eine wissenschaftliche Auseinandersetzung mit dem Phänomen der Computerkriminalität setzte in den siebziger Jahren ein. 1969 wurde die nicht autorisierte Nutzung von Computern erstmals in der Literatur als rechtliches und kriminelles Problem beschrieben.[3] Als einer der ersten Experten machte sich dabei Donn Parker vom Stanford Research Institute (SRI), einem unabhängigen Nonprofit-Forschungsinstitut in Menlo Park, Kalifornien, einen Namen auf dem neuen Gebiet computerbezogenen menschlichen Fehlverhaltens. Sein 1976 veröffentlichtes Buch ‚Crime by Computer', stellte einen ersten wichtigen Meilenstein der Literatur über Computerverbrechen dar und war das Ergebnis einer umfassenden Sammlung einzelner Schadensfälle.[4] Nur wenige Personen erkannten damals das Gefahrenpotential, das die neue, sich schnell ausbreitende Technologie mit sich brachte.[5] Für die meisten Menschen präsentierten sich die in den Medien veröffentlichen Fälle computerbezogener Kriminalität als bizarre und kaum verständliche Ereignisse einer ihnen wenig vertrauten Sphäre. In der populärwissenschaftlichen Literatur entwickelte sich eine wachsende Besorgnis darüber, dass die verschiedenen mit Computern in Verbindung stehenden Deliktformen[6] zu einem ernsthaften Problem für die Wirtschaft werden könnten. In besonderem Maße trug hierzu ein 1973 in der Zeit-

---

[1] Vgl. Amoroso 1994, S. 1.

[2] Vgl. Bequai 1987, S. 52.

[3] Vgl. Pfuhl 1987, S. 116.

[4] Vgl. Parker 1976.

[5] Vgl. McKnight 1973, Bequai 1978 und Whiteside 1978.

[6] Hierzu gehörten z. B. die Unterschlagung von Geldern durch Manipulation elektronischer Signale, der Diebstahl von Geschäfts- und Handelsgeheimnissen, das Entwenden von Computerprogrammen und das unbefugte Eindringen in Datenbanken.

schrift Newsweek erschienener Artikel bei, der aufzeigte, dass der Bankrott der Equity Funding Corporation die direkte Folge eines durch Computertechnologie möglich gemachten Betrugsfalls war.[1]

3.1.3 Die Hacker-Subkultur

Während sich Computerverbrechen zu Beginn ihres Auftretens in erster Linie gegen Großrechner richteten, veränderte sich diese Situation mit der einsetzenden Verbreitung von Personalcomputern nach der Erfindung der Mikroprozessortechnologie sehr rasch. Der ‚Altair' war 1975 der erste kommerziell verfügbare Computer, der auf der neuen Technologie beruhte. Die Computertechnik und damit auch die Möglichkeiten ihres Missbrauchs standen zum ersten Mal einem breiteren Publikum zur Verfügung. Als zweiter wichtiger Katalysator erlaubten darüber hinaus sog. Modems den Aufbau von Datenfernübertragungs-Verbindungen (DFÜ-Verbindungen) über das Telefonnetz. Damit wurden die Überschreitung lokaler Territorien und das Eindringen in fremde, physikalisch weit entfernte Computersysteme möglich.

Computerliebhaber schlossen sich in diesen Pioniertagen informell zusammen oder bildeten Vereine. Der bekannteste dieser Vereine war der in Nord-Kalifornien beheimatete ‚Homebrew Computer Club', dem z. B. auch Bill Gates (Mitbegründer von Microsoft), Steve Jobs und Steve Wozniak (beide Mitbegründer von Apple) angehörten.[2] Die Mitglieder derartiger Zusammenschlüsse bezeichneten sich gegenseitig als Hacker. Unter Hacken verstanden sie dabei das besonders raffinierte und findige Lösen komplexer Probleme.[3] Der Begriff Hacker war gleichzeitig eine Respektsbezeugung für besonders findige und kreative Programmierer und anders als heute ausschließlich positiv belegt.[4] Einer der ersten großen Hacks gelang in den späten sechziger Jahren dem US-Amerikaner John Draper alias ‚Captain Crunch'. Er fand heraus, dass man mit der Plastikpfeife, die ein Cornflakes-Hersteller seinen Frühstückscerealien beigelegt hatte, kostenlos Ferngespräche führen konnte.[5] Der Ton der Pfeife hatte exakt die benötigte Frequenz von 2600 Hertz, um die Vermittlung einer amerikanischen Telefongesellschaft dazu zu veranlassen, Ferngespräche freizuschalten.

Die Hacker-Subkultur umfasste einen Satz von Werten, Normen und Moralvorstellungen, welche die Folge einer symbiotischen Beziehung von Hackern und Maschinen waren und von Steven Levy in dessen ‚Hackerethik' beschrieben wurden. Diese Hackerethik war nicht etwa ein schriftlich fixiertes Manifest oder ein politisch motiviertes Programm, vielmehr stellte sie

---

[1] Vgl. Pfuhl 1987, S. 114.

[2] Vgl. Siegel 1986, S. 113f.

[3] Vgl. Bauerfeld 1989, S. 211.

[4] Vgl. Mukhtar 2002.

[5] Vgl. Mulhall 1997, S. 278.

eine Art stillschweigendes, allgemein akzeptiertes ‚Glaubensbekenntnis' dar, das sich unter den Hackern der sechziger und siebziger Jahre etabliert hatte.[1] Angesichts der neuen mikroelektronischen Produktionsweise war die Hackergemeinschaft von der Hoffnung geprägt, die massenhafte Verbreitung von Computern könnte zur Herbeiführung einer egalitären Gesellschaftsstruktur beitragen, in der die Macht der Informationen zu geringen Kosten der breiten Masse zur Verfügung stehen würde.[2] Ihre Anhänger waren der Ansicht, dass ein intensives Studium der Funktionsweise der neuen Systemen dazu beitragen konnte, tiefergehende Erkenntnisse über die neuen Techniken zu erlangen und das eigene Leben um neue Aspekte zu bereichern. Eine Grundvoraussetzung für dieses ‚Studium' war die freie Verfügbarkeit von Informationen und ein möglichst uneingeschränkter Zugriff auf Systeme.[3]

Die meisten Hacker waren Bürokratien gegenüber argwöhnisch eingestellt. Dabei spielte es keine Rolle, ob es sich um große Institutionen wie z. B. IBM, das Pentagon oder Universitäten handelte. Kritisiert wurde ganz allgemein jeder Versuch, Regeln und feste Strukturen zu etablieren, um bestehende Machtpotentiale zu fixieren. Nach Ansicht der Hacker ergaben sich daraus zwangsläufig Beschränkungen der freien Informationskultur, welche die Mitglieder der Gemeinschaft bei der kreativen Suche nach neuen Nutzungsmöglichkeiten der Computertechnologie unnötig behinderten. Man strebte stattdessen das Idealbild einer offenen und dezentralen Organisationsform an, in der niemand in der Lage sein sollte, Befehle oder Anweisungen zu erteilen und in der jeder ungehindert seinen eigenen Interessen und Neigungen folgen konnte.[4] Die Auflehnung gegenüber etablierten Strukturen entsprach dabei auch der gesellschaftlichen Außenseiterrolle vieler Hacker.[5] Kennzeichnend für die Hacker-Gemeinschaft war darüber hinaus, dass man sich gegenseitig nicht anhand von Scheinkriterien wie Ausbildungszertifikaten, Abschlüssen oder einer beruflichen Stellung beurteilte. Was zählte, waren nicht oberflächliche Meriten, sondern praktische Fähigkeiten und handfeste Computerkenntnisse, weil nur diese dazu beitragen konnten, die gemeinsamen Ziele zu erreichen.

3.1.4 Ansteigende Aufmerksamkeit und Kriminalisierung

Etwa 17 Jahre nach dem Bekannt werden des ersten Falls von Computermissbrauch wurde im Jahre 1975 im Bundesstaat Washington in den USA das erste Gesetz gegen Computerkriminalität erlassen. Zwischen 1975 und 1986 verabschiedeten 48 Bundesstaaten Gesetze, welche die nicht autorisierte Nutzung von Computern oder der in ihnen hinterlegten Informationen

---

[1] Vgl. Levy 1984, S. 26.
[2] Vgl. Siegel 1986, S. 116.
[3] Vgl. Mulhall 1997, S. 292.
[4] Vgl. Levy 1984, S. 26-28.
[5] Vgl. Schneier 2000, S. 44.

kriminalisierten.[1] Mit dem zweiten Gesetz zur Bekämpfung von Wirtschaftskriminalität (2. WiKG) vom 14.05.1986 wurden auch in Deutschland zahlreiche neue, in Bezug zur EDV stehende Strafvorschriften durch den Gesetzgeber erlassen.[2] Hierzu gehören insbesondere folgende Tatbestände:

- Ausspähen von Daten   § 202a StGB
- Computerbetrug   § 263a StGB
- Fälschung beweiserheblicher Daten   § 269 StGB
- Täuschung im Rechtsverkehr bei Datenverarbeitung   § 270 StGB
- Datenveränderung   § 303a StGB
- Computersabotage   § 303b StGB
- Verrat von Geschäftsgeheimnissen   § 17 Abs. 2 bis 4 UWG

Eine auf diesen strafrechtlichen Vorschriften basierende Definition von Computerkriminalität umfasst zwar wesentliche computerbezogene Deliktformen, jedoch bei weitem nicht deren gesamtes Spektrum. Dem Gesetzgeber ist es bis dato ebenso wenig gelungen wie der Kriminologie, eine einheitliche Begriffsgrundlage für Art und Umfang der Computerkriminalität zu finden.[3]

Über die neu verabschiedeten Strafgesetze wurden sowohl in den USA als auch in Deutschland weite Bereiche der bislang insbesondere in Hackerkreisen gelebten Werte- und Normvorstellungen in kurzer Zeit kriminalisiert und damit stigmatisiert. Einen wichtigen Antriebsfaktor für diese Entwicklung stellte die vermehrte Medienpräsenz computerbezogener Schadensfälle dar.[4] Die Massenmedien nehmen wie bereits dargelegt einen wichtigen Platz im Reaktionsnetzwerk des Gesetzgebers ein.[5] Zwei Ereignisse sind in diesem Kontext besonders hervorzuheben: Sowohl in den USA als auch in Deutschland sorgte der Kino-Kassenschlager ‚Wargames' 1983 für erhebliche Unruhe. In diesem Film wird dargestellt, wie es einem 16-jährigen Computerhacker gelingt, die Kontrolle über das amerikanische Frühwarnsystem NORAD[6] zu gewinnen und dabei fast den dritten (nuklearen) Weltkrieg auszulösen. Der Film beherrschte lange Zeit die öffentliche Diskussion und schürte die Ängste vor den neuen Technologien, von denen die meisten Menschen damals nur sehr unscharfe Vorstellungen hatten.

---

[1] Vgl. Michalowski/Pfuhl 1991, S. 255.

[2] Vgl. Heinz 1993, S. 594, Janke 1996, S. 549 und Müller et al. 1997, S. 38.

[3] Vgl. Hurewitz/Lo 1993, S. 495 und Müller et al. 1997, S. 38.

[4] Vgl. Pfuhl 1987, S. 114.

[5] Siehe Kapitel 2.3.4.

[6] **Nor**th **A**merican **A**erospace **D**efense Command.

Die Medien evozierten das Bild jugendlicher Computergenies,[1] die in der Lage sind, unbemerkt von den wachen Augen und Ohren der gesellschaftlichen Kontrollinstanzen die Welt an den Abgrund des Untergangs zu bringen. Einen deutlicher ausgeprägten Realitätsbezug gewannen die Horrorszenarien, als im Sommer desselben Jahres die nach der Postleitzahl ihres Heimatortes benannten ‚414 Hacker' gefasst wurden. Hierbei handelte es sich um eine Gruppe Jugendlicher, der es unter Zuhilfenahme ihrer PCs und Modems gelungen war, in über 80 institutionelle Computersysteme in ganz Amerika einzudringen.[2]

Die Anzahl der über die Thematik computerbezogener Delikte publizierten Artikel stieg in den späten siebziger und frühen achtziger Jahren stark an. Angesichts der hohen Dunkelziffer computerbezogener Kriminalität[3] bleibt jedoch unklar, ob mit der erhöhten Medienexposition auch eine tatsächlich erhöhte Anzahl an Schadensfällen einherging oder ob die wahrgenommene Bedrohung lediglich auf ein gesteigertes Interesse von Medien und Gesetzgebung zurückzuführen war.[4] Fest steht lediglich, dass die Medien wesentlich dazu beitrugen, den emotionalen Grundstock für die anschließenden gesetzgebenden Initiativen des Staates zu legen. Sie vermittelten einerseits die Botschaft von der neuen Generation junger Computerhacker, die in eine völlig neue Form gesellschaftsschädigenden Missbrauchs verwickelt war. Andererseits betonten sie die mangelhafte Ausbildung der Justiz und Polizeibehörden[5] sowie die inadäquate Gesetzgebung. In der Summe ergab sich das Bild eines machtlosen Strafverfolgungsapparates, der mit quasi stumpfen Waffen eine neue Kriminalitätswelle ungeahnten Ausmaßes bekämpfen sollte.[6]

Eine wichtige Rolle für die Umsetzung neuer Gesetze zur Bekämpfung der Computerkriminalität spielten auch die auf diesem Gebiet angefertigten Pionierarbeiten.[7] Insbesondere in den USA trugen sie dazu bei, die Legislative davon zu überzeugen, dass die zunehmende Verbreitung von EDV-Systemen und Modems unternehmensinterne Probleme externalisierten und auf diese Probleme mit entsprechend maßgeschneiderten Gesetzen reagiert werden musste.

---

[1] Standage (2002, S. 11) beschreibt das in diesem Zusammenhang häufig verwendete Stereotyp eines bleichen, männlichen Jugendlichen, der, in Ermangelung sozialer Kontakte, alleine in einem abgedunkelten Raum über seine Tastatur gebeugt sitzt.

[2] Vgl. Hollinger/Lanza-Kaduce 1988, S. 106. Für ihre Aktivitäten benutzten die Jugendlichen ein selbst geschriebenes Computerprogramm, das selbstständig solange neue Telefonnummern wählte, bis auf der Gegenseite ein Modem antwortete. Da in dieser Zeit viele EDV-Systeme fast völlig ungeschützt waren, reichte es für einen Angriff aus, die Einwahlnummer des avisierten Rechners herauszufinden.

[3] Vgl. BloomBecker 1990, S. 35, Hollinger 1991, S. 9 sowie Janke 1996, S. 549. BloomBecker berichtet, dass 1988 nur 6% aller insgesamt bekannt gewordenen Fälle an die Strafverfolgungsbehörden weitergeleitet wurden.

[4] Vgl. Pfuhl 1987, S. 115 und Hollinger 1991, S. 8f.

[5] Vgl. Gemignani 1989, S. 670, Rosenblatt 1990, S. 37 und Goodman 1997.

[6] Vgl. Hollinger/Lanza-Kaduce 1988, S. 107.

[7] Siehe Kapitel 3.1.2.

Die Gesetzesnovellierung wurde außerdem durch die Tatsache erleichtert, dass es sich um eine sehr risikoarme Möglichkeit der politischen Profilierung handelte, da man sich einerseits sehr medienwirksam präsentieren konnte, ohne andererseits Gefahr zu laufen, wichtige Interessengruppen gegen sich aufzubringen.[1] Der fehlende rechtliche Schutz von Informationen, die in EDV-Systemen gespeichert waren, entwickelte sich darüber hinaus zu einer Gefahr für die herrschenden Vermögens- und Machtverhältnisse. Die drohende Destabilisierung der sozialen Ordnung stellte somit einen starken Anreiz dar, über gesetzliche Maßnahmen gegenzusteuern.

Ungeachtet der unbestrittenen Existenz computerbezogener Delikte spielte die symbolische Funktion der neu erlassenen Gesetze eine noch bedeutsamere Rolle als ihre repressive Wirkung.[2] Die Bemühungen der gesetzgebenden Instanzen dienten weniger der Abschreckung potentieller Straftäter als vielmehr der Kommunikation kultureller Werte und der Schaffung eines normativen Rahmens. Letzterer sollte insbesondere Anhaltspunkte für die moralische Bewertung des Ge- und Missbrauchs der expandierenden neuen Technologien liefern. Ein Indiz, welches auf die wahre Intention der Gesetzgebung hinweist, ist der Zeitpunkt der Verabschiedung der neuen Vorschriften, welcher genau mit der 1975 beginnenden kommerziellen Verwertung der Mikroprozessortechnologie zusammenfällt. Hingegen waren seit dem ersten Auftreten computerbezogener Schadensfälle bereits etliche Jahre vergangen. Für diese These spricht außerdem die geringe Anwendungshäufigkeit der entsprechenden Gesetze in den Jahren nach ihrer Verabschiedung.[3] Wären die Gesetze primär verabschiedet worden, um potentielle Verbrecher abzuschrecken und dem wuchernden Missbrauch Einhalt zu gebieten, hätten sie zu einer entsprechend hohen Anzahl an Strafverfolgungen führen müssen. BloomBecker gibt hingegen an, dass im Zeitraum von 1978 bis 1986 weniger als 200 Computerverbrechen in den USA strafrechtlich verfolgt wurden.[4] Rosenblatt geht für den Zeitraum von 1981 bis 1990 von weniger als 250 Fällen aus.[5] Ähnlich eindeutige Ergebnisse sind bei einer Betrachtung der Anzahl der in Deutschland polizeilich bekannt gewordener Verstöße gegen die strafrechtlich definierte Computerkriminalität aus der PKS ableitbar. Im Jahr 1987 wurden etwa 4.200 Fälle in Deutschland registriert, aber auch diese Zahl nimmt sich im Vergleich zu den insgesamt 4.444.108 Fällen mit einem Anteil von 0,096% an der Gesamtmenge aller registrierten Straftaten bzw. 6,9 Fällen pro 100.000 Einwohner sehr bescheiden aus.[6]

---

[1] Vgl. Michalowski/Pfuhl 1991, S. 271f.

[2] Vgl. Hollinger/Lanza-Kaduce 1988, S. 114f.

[3] Vgl. Chambliss/Seidmann 1982, S. 315.

[4] Vgl. BloomBecker 1986 zitiert nach Hollinger/Lanza-Kaduce 1988, S.117.

[5] Vgl. Rosenblatt 1990, S.38.

[6] Die Zahlen errechnen sich aus PKS 1987/2003, Grundtabelle 01 mit Häufigkeitszahl, aber ohne Tatortgrößenklassen unter Aufaddierung folgender Schlüsselzahlen des Jahres 1987: 1. 6780 (§ 202a StGB), 2. 5175 (§ 263a StGB), 3. 5430 (§ 269 StGB und § 270 StGB), 4. 6742 (§ 303a StGB und § 303b StGB), 5. 7151, 7152

3.2 Sicherheitseigenschaften von ITK-Systemen

Informations- und Telekommunikationssysteme bilden den Handlungsrahmen computerbezogener Kriminalität. Ihre Grundlagen werden daher im Folgenden dargestellt. Möglich wird Computerkriminalität immer dann, wenn die Sicherheitsanforderungen an die Informationsverarbeitung und -speicherung in EDV-Systemen oder an das Umfeld, in dem diese eingesetzt werden, nicht gewährleistet sind. Mangelhafte Sicherheit eröffnet dabei Schwachstellen, die aus der Perspektive eines Täters Gelegenheiten zum Missbrauch eröffnen. Solche Schwachstellen können in vielen Bereichen eines EDV-Systems und seines direkten Umfelds auftreten, d. h. nicht nur innerhalb der Hardware oder der verschiedenen Anwendungsprogramme. Sie entstehen beispielsweise auch, wenn sich die Anwender eines EDV-Systems ‚unsicher' verhalten oder die genutzten Kommunikationseinrichtungen kompromittiert werden können.

3.2.1 Die EDV im Kriminalitätsgeschehen

Das Fehlverhalten im computerbezogenen Kriminalitätsgeschehen bezieht sich immer auf Informationen bzw. informationsverarbeitende Systeme. Dabei können EDV-Systeme verschiedenartige Funktionen erfüllen. Häufig wird in der öffentlichen Diskussion der EDV implizit lediglich die Rolle des Objekts zugewiesen, was den tatsächlichen Verhältnissen jedoch nicht gerecht wird. Nachstehend erfolgt daher eine Kategorisierung der möglichen vier Funktionen, die ITK-Systeme im Rahmen des Kriminalitätsgeschehens einnehmen können:[1]

(1) **EDV als Tatobjekt:** In diesem Fall zielt ein Verbrechen auf die physikalische oder elektronische Beeinträchtigung der Nutzbarkeit von Computern, angeschlossenen Peripheriegeräten oder den in EDV-Systemen gespeicherten Daten durch Sabotage, Vandalismus, Diebstahl oder Unterschlagung. Verbrechen dieser Kategorie gehörten zu den ersten Fällen computerbezogenen Missbrauchs und erfordern häufig keine besonders ausgeprägten Kenntnisse und Fähigkeiten von Seiten des Täters. So lassen sich zahlreiche Beispiele finden, in denen Computer zerschossen, zerschlagen, zertreten, in mit Wasser gefüllten Behältern versenkt oder auf andere Art physikalisch unbrauchbar gemacht wurden. Während der Diebstahl von Rechnern früher aufgrund der enormen Größe nur schwer zu bewerkstelligen war und sich auch heute gängige Arbeitsplatz-Rechner nach wie vor nur mit einem gewissen logistischen Aufwand von ihrem Standort entfernen lassen, führen

---

und 7154 (§ 17 Abs. 2 UWG). Für die Straftatenschlüssel 7151, 7152 und 7154 wurden Zahlen aus den Jahren 1991 bzw. 1994 zugrunde gelegt, da keine älteren Zahlen verfügbar waren. Die Anzahl der aktenkundig gewordenen Fälle ist seitdem kontinuierlich auf 16.852 Fälle in 2003 angestiegen, was einem Anteil von 0,26% bzw. 20,4 Straftaten pro 100.000 Einwohner entspricht.

[1] Ähnliche Kategorisierungen werden auch von Hurewitz/Lo (1993, S. 496f.) und Parker (1998, S. 16-18) vorgenommen.

die zunehmende Miniaturisierung[1] und die Entwicklung tragbarer Computer (z. B. Notebooks, Subnotebooks, Persönliche Digitale Assistenten (PDAs) oder Smartphones[2]) zu einem stetigen Anstieg von computerbezogenen Diebstahlsfällen.

(2) EDV als Werkzeug: Mit speziellen Kenntnissen und Fertigkeiten ausgestattete Täter können Computer, Telefone, Modems oder sonstige ITK-Gerätschaften nutzen, um auch aus großen Entfernungen unautorisiert in fremde Rechnersysteme einzudringen. Die EDV ist in diesem Fall Mittel zum Zweck der Tatausübung. Hacker nutzen beispielsweise PC und Modem, um über eine DFÜ-Verbindung oder das Internet unerlaubt in andere Computersysteme einzudringen. In vielen Fällen erstellen sie Softwareprogramme (z. B. sog. Hackertools oder Viren), die sie oder andere bei der Tatbegehung unterstützen. Verfolgt ein Hacker kriminelle Absichten wie beispielsweise die Sabotage des angegriffenen Zielobjektes oder die unerlaubte Nutzung von Ressourcen des Fremdsystems (d. h. den Diebstahl von Rechnerleistung), ist die EDV nicht nur Mittel zur Tatbegehung, sondern gleichzeitig Tatobjekt.

(3) EDV als Subjekt: Als Subjekte fungieren ITK-Systeme immer dann, wenn Sie als technologisches Umfeld den Kontext für deviantes Verhalten darstellen. Computersysteme bilden in diesem Fall den Handlungsrahmen sowohl für traditionelle Deliktformen wie Betrug, Diebstahl oder Unterschlagung als auch für unerwünschte Verhaltensweisen, die durch die neuen Informationstechnologien erst ermöglicht werden. Dem Täter bieten sich in einem technologischen Umfeld verschiedene Angriffspunkte zur Ausnutzung spezifischer EDV-bedingter Schwachstellen, über die er einen individuellen Nutzen für sich realisieren kann:

a.) Informationen werden in zunehmendem Umfang digital abgelegt und elektronisch verarbeitet. Derart gespeicherte Daten können mit vergleichsweise geringem Aufwand und somit zu niedrigen Kosten eingesehen, kopiert, manipuliert oder zerstört werden.[3] Ursache hierfür ist unter anderem die Tatsache, dass Informationen normalerweise in unterschiedlichen Systemen und verschiedensten Anwendungsprogrammen redundant vorgehalten und genutzt werden. Darüber hinaus lassen sie sich nur mit großem Aufwand schützen, denn anders als greifbare Gegenstände wie Bücher, Manuskripte oder Ordner sind elektronisch gespeicherte Daten nicht fassbar und entziehen sich damit faktisch dem Zugriff traditioneller Kontrollinstrumente.[4]

---

[1] Vgl. Mulhall 1997, S. 288 und Hancock 2000.
[2] Smartphones vereinen den Leistungsumfang von PDAs und Mobiltelefonen in einem Gerät.
[3] Vgl. Hurewitz/Lo 1993, S. 497.
[4] Vgl. Charney 1994, S. 489f. und Charney/Alexander 2001.

b.) In vernetzten und an das Internet angeschlossenen Unternehmen bieten sich Mitarbeitern zahlreiche Möglichkeiten, eigene, nicht geschäftlich benötigte Softwareprogramme zu installieren und zu nutzen oder aber Dienste wie Electronic Mail (E-Mail) oder World Wide Web (WWW) für nicht bestimmungsgemäße Zwecke zu missbrauchen. Das Hauptproblem hierbei stellt die Möglichkeit der gleichzeitigen Nutzung eines ITK-Systems für legitime und nicht-legitime Aktivitäten dar.[1]

(4) EDV als Symbol: Computer können auf zwei Arten indirekt an der Tatbegehung beteiligt sein.

a.) Menschen vertrauen häufig implizit und im guten Glauben auf die Richtigkeit von Daten und Informationen, die mit Hilfe von Computern generiert oder verarbeitet wurden. Diese Gutgläubigkeit kann genutzt werden, um Opfer gezielt zu täuschen und zu hintergehen.[2]

b.) Symbolische Wirkung entfalten ITK-Systeme auch, wenn sie einen Täter dazu motivieren, sich abweichend zu verhalten und bestimmte Normen zu brechen. Diese sehr neuartige und destruktive Wirkung resultiert aus dem zunehmenden Einsatz der neuen Technologien zum Zweck der Mitarbeiter-Überwachung und -Kontrolle.[3] Beispielhaft hierfür genannt seien Systeme zur Videoüberwachung, elektronische Zutrittskontrollsysteme oder Softwareprogramme, die eine lückenlose Aufzeichnung des E-Mail- und Internetverkehrs ermöglichen.[4] ITK-Systeme werden in einem Unternehmen also nicht ausschließlich dazu verwendet, Interaktionen zu erleichtern und Transaktionen effizienter zu gestalten, sondern auch dazu, Informationen über die Mitarbeiter zu sammeln und auszuwerten. Begründet wird dies mit den verbesserten Kenntnissen und Fähigkeiten der Mitarbeiter, der zunehmenden Leichtigkeit des Missbrauchs von ITK-Systemen und der daraus zwangsläufig resultierenden Notwendigkeit, Kontrollmaßnahmen durchzuführen. Mehr oder weniger bewusst dringen Unternehmen damit in die Privatsphäre ihrer Mitarbeiter ein, da auch persönliche oder intime Daten aufgezeichnet werden. Sie beschneiden damit implizit das Recht auf informationelle Selbstbestimmung[5], wodurch sich auf subtile Weise das Macht-

---

[1] Vgl. Charney 1994, S. 490, Charney/Alexander 2001 und siehe Kapitel 4.2.4.

[2] Vgl. Parker 1998, S. 17.

[3] Vgl. Ehrenreich 2000, S. 88 und Stanton/Stam 2003, S. 152. Anders als in West-Europa, Kanada, Japan oder Australien gehört es in den USA in den meisten Unternehmen zur gängigen Praxis, Telefonanrufe, die Internetnutzung und E-Mail-Inhalte zu überwachen. Gesetze zum Schutz der Mitarbeiter sind hier weniger restriktiv als beispielsweise in Deutschland.

[4] Vgl. Brönnimann 1995, S. 53, AMA 2003, S. 2 und AMA 2004, S. 4. Noch weiter gehen solche Systeme, die in ‚Big-Brother-Manier' jeden Tastendruck protokollieren und an eine angegebene E-Mail-Adresse senden; vgl. Grote 2000.

[5] Vgl. Einstadter 1992, S. 294.

gefüge zwischen Arbeitgeber und Arbeitnehmer verschieben kann. Die Entmachtung des Mitarbeiters führt wiederum zu einer Entfremdung vom Arbeitgeber und einer Unterminierung von Loyalität und gegenseitigem Vertrauen.[1] In letzter Konsequenz verschärft sich auf diese Weise das Ursprungsproblem, zu dessen Lösung der Einsatz von Überwachungssystemen eigentlich beitragen sollte, nämlich die Neigung zu gegen die Interessen des Unternehmens gerichteten Verhaltensweisen.

3.2.2 Bedeutung von Informationen

Um der wachsenden Konvergenz und Vernetzung von Informationstechnik und Telekommunikationssystemen seit den achtziger Jahren Rechnung zu tragen, spricht man in jüngerer Zeit häufig von ITK-Systemen anstelle von EDV-Systemen.[2] Analog zur Vielzahl der Wissenschaftsbereiche, welche die Information als ihr Arbeitsgebiet betrachten,[3] finden sich in der Literatur vielfältige Definitionen des Begriffs ‚Information'. An dieser Stelle soll die Erkenntnis genügen, dass es sich bei Informationen um strukturierte Aufbereitungen von Daten handelt, die kontextabhängig unterschiedliche Bedeutungsinhalte repräsentieren und für den jeweiligen Benutzer einen semantischen und häufig auch wirtschaftlich messbaren Wert haben. Informationen können in unterschiedlichsten Formen, so z. B. in Papierform, in Form von statischen oder bewegten Bildern, in gesprochener Form oder in elektronischer bzw. digitaler Form gespeichert, verarbeitet und transportiert werden.[4] Im Unterschied zu Informationen stellen Daten in elektronischen Systemen gespeicherte Sammlungen von Symbolen und Zeichen dar. Sie sind ein wichtiger Baustein von Informationen, haben aber ohne entsprechende Struktur und außerhalb eines Verwendungskontextes keinen speziellen Wert.

Abweichendes Verhalten im Bereich der Computerkriminalität bezieht sich ad definitum immer auf informationsverarbeitende Systeme. Dabei lassen sich nach der Art des Fehlverhaltens drei Formen voneinander unterscheiden: Entweder eignet der Täter sich oder einem Dritten Informationen bzw. Komponenten von informationsverarbeitenden Systemen rechtswidrig

---

[1] Vgl. Einstadter 1992, S. 289f. und Stanton/Stam 2003, S. 173.

[2] Vgl. Gerber/Solms 2001, S. 577-579, Nathan et al. 2003, S. 13 und EITO 2004, S. 144-209. Am Beispiel der seit 1981 regelmäßig erscheinenden Studien zur Computerkriminalität der Audit Commission, einer unabhängigen britischen Behörde, lässt sich der Wandel ebenfalls sehr gut nachvollziehen: 1985 thematisiert die Audit Commission in ihrer ‚Computer Fraud Survey' „any fraudulent behaviour connected with computerisation..."; AC 1985, S. 9. Bereits 1987 wird der Untersuchungsgegenstand deutlich weiter gefasst als „unauthorized access to computer facilities and or sabotaging of facilities"; AC 1987, S. 12. 1994 schließlich bezeichnet ihn die Kommission als „deliberately gaining unauthorized access to a computer system usually through the use of telecommunication facilities"; AC 1994, S. 8. Im selben Jahr spricht auch das European Information Technology Observatory in seinen jährlich durchgeführten Untersuchungen des europäischen Marktes erstmals von ‚Information and Communication Technology (ICT)'; vgl. EITO 1994, S. 10.

[3] Mit Informationen beschäftigen sich unter anderem die Informatik, die Nachrichtentechnik, die Informationswissenschaft und die Semiotik.

[4] Vgl. BSI 2001, S. viii und Gerber/Solms 2001, S. 579.

zu (rechtswidrige Zueignung), er missbraucht sie entgegen ihrem eigentlichen Bestimmungszweck (Missbrauch) oder er fügt ihnen einen Schaden zu (Schädigung).[1]

Die nachfolgende Matrix verdeutlicht die Beziehungen zwischen der Art des täterbezogenen Fehlverhaltens und der Rolle der EDV im Rahmen der Computerkriminalität:

Fehlverhalten / Rolle der EDV	Rechtswidrige Zueignung	Missbrauch	Schädigung
Objekt	Komponenten von ITK-Systemen werden gestohlen oder unterschlagen.		Die Nutzbarkeit von ITK-Systemen oder deren Komponenten wird beeinträchtigt.
Werkzeug		ITK-Systeme werden zweckentfremdet, um in fremde Systeme einzudringen.	
Subjekt	Elektronisch in einem ITK-System verarbeitete oder gespeicherte Informationen werden gestohlen, unterschlagen und/oder veruntreut.	Schwachstellen einer EDV-Anlage werden missbraucht, um den Inhaber zu betrügen, oder es werden Dienste, die das System anbietet, entgegen ihrem Bestimmungszweck genutzt.	
Symbol		Informationen werden zweckentfremdet gesammelt, gespeichert und verwendet.	

Tab. 3-1: Täterbezogenes Fehlverhalten und Rollen der EDV im Rahmen der Computerkriminalität

---

[1] Im Unterschied zu dieser Arbeit spricht Parker (1998, S. 57) lediglich von ‚abuse' (harm done to information) und ‚misuse' (harm done with information).

3.2.3 Sicherheitsgrundlagen in der Informationstechnologie

Die Suche nach den Entstehungsbedingungen computerbezogener Kriminalität erfordert aufgrund der technischen Natur der betrachteten Deliktform eine Auseinandersetzung mit der Thematik der Sicherheit in der Informationstechnologie. Grundsätzlich ist Sicherheit immer kontextabhängig zu verstehen.

Im allgemeinen Sprachverständnis werden typischerweise Bedeutungsinhalte wie Geborgenheit, Schutz, Risikolosigkeit, Gewissheit und Verlässlichkeit mit dem Begriff verbunden.[1] In der Informationstechnologie ist im Optimum der Zustand eines Systems gemeint, „der durch die Abwesenheit von Gefährdung oder Bedrohung gekennzeichnet ist".[2] Angesichts der Tatsache, dass sich Sicherheitsrisiken in der Praxis niemals gänzlich ausschließen lassen, wird der Begriff im Folgenden jedoch weniger restriktiv als Zustand definiert, in dem „die Höhe der einzelnen Risiken die Risikohöhe nicht überschreitet, die insgesamt gerade noch akzeptiert werden kann".[3] Im Englischen werden in diesem Zusammenhang die Termini ‚Security' und ‚Safety' differenziert. Der Bedeutungsunterschied liegt in der Quelle der Gefährdung oder Bedrohung: Im ersten Fall geht die Gefahr von Menschen, im zweiten von nicht näher zu definierenden Umweltereignissen bzw. höherer Gewalt aus.

Das Ziel der IT-Sicherheit besteht darin, ITK-Systeme und die von ihnen verarbeiteten Informationen sowohl vor absichtlichen als auch vor nicht beabsichtigten Schädigungen und vor Missbrauch zu schützen. In der informationstechnischen Literatur werden dabei regelmäßig die Vertraulichkeit, die Integrität, die Verfügbarkeit und die Verbindlichkeit als Anforderungen an sichere Informations- und Kommunikationssysteme sowie die in ihnen gespeicherten Informationen und Daten gestellt:[4]

(1) Vertraulichkeit: Die Vertraulichkeit erfordert, dass nur berechtigte Personen Informationen einsehen können. Personenbezogene Daten von Mitarbeitern, Kunden oder Lieferanten gilt es beispielsweise in einer Unternehmung ebenso vor unberechtigten Dritten zu schützen, wie firmeninterne Daten über Umsatz, Marketing, Forschung und Entwicklung, die nicht an die Öffentlichkeit gelangen sollen. Aus der Perspektive des Informationsempfängers sind die Anonymität und die Unbeobachtbarkeit als mögliche Ausprägungen der Vertraulichkeit zu unterscheiden:[5]

---

[1] Vgl. Brockhaus 1993, Band 20, S. 227f.

[2] Heinrich/Roithmayr 1998, S. 477.

[3] Teufel/Schlienger 2000, S. 18.

[4] Vgl. Neumann 1995, S. 96-98, Pfleger 1997, S. 3-6, Parker 1998, S. 231-237, Schneier 2000, S. 121-123 sowie BSI 2001, S. viii und S. 1.

[5] Vgl. Federrath/Pfitzmann 1997, S. 87.

a.) Bei der Anonymität darf nicht berechtigten Dritten das Vorhandensein von Informationen bekannt sein, sie dürfen die Daten aber nicht mit einzelnen natürlichen oder juristischen Personen in Verbindung bringen können. Es darf folglich nicht möglich sein, einen Bezug zwischen den Handlungen einer Person und ihrer Identität herzustellen. Möchte ein Unternehmen beispielsweise Informationen über Kundenumsätze anonymisiert preisgeben, kann dies erreicht werden, indem Kunden und Umsätze des Unternehmens veröffentlicht werden, ohne jedoch Zuweisungen von einzelnen Kunden zu Umsätzen vorzunehmen.

b.) Die Unbeobachtbarkeit geht noch einen Schritt weiter: Hier darf eine Information selbst dann nicht in die Hände unberechtigter Dritter gelangen, wenn es dem Fremden unmöglich ist, eine Verbindung zum Urheber der Informationen herzustellen. In diesem Fall dürfen – um bei obigem Beispiel zu bleiben – weder Kunden noch Umsätze für einen Dritten ersichtlich sein.

(2) Integrität: Im allgemeinen Sprachgebrauch bedeutet Integrität Unverletzlichkeit, Unversehrtheit und Vollständigkeit. Im Rahmen der IT-Sicherheit erfordert Integrität entsprechend, dass Daten eines Systems weder absichtlich noch unabsichtlich durch unberechtigte Personen oder Prozesse modifiziert, entfernt oder erzeugt werden können. Integritätsverletzungen können beispielsweise dadurch entstehen, dass versehentlich fehlerhafte Daten eingegeben werden, Daten durch Übertragungsfehler während eines Kommunikationsprozesses verloren gehen oder aber durch einen Systemangreifer böswillig manipuliert werden. Auch im Rahmen der Integrität können zwei Ausprägungen differenziert werden:[1]

a.) Interne Konsistenz: Die Daten und Informationen innerhalb eines Systems müssen in sich stimmig und widerspruchsfrei sein.

b.) Externe Konsistenz: Aus einer übergeordneten Perspektive müssen Information eines Systems nicht nur in sich stimmig sein, sie müssen die Realität der Außenwelt auch korrekt widerspiegeln.[2]

(3) Verfügbarkeit: Die Verfügbarkeit eines Systems ist dann gewährleistet, wenn einem Benutzer die über das System zur Verfügung gestellten Funktionen und Dienste sowie alle in ihm gespeicherten Daten jederzeit zugänglich sind. Ein System ist in diesem Zusammenhang vor umweltbedingten Systemausfällen beispielsweise durch Spannungsschwankungen oder Stromausfälle, vor Datenverlusten durch Festplattendefekte oder sonstige nicht steuerbare Ereignisse ebenso zu schützen wie vor absichtlichen Sabotageakten.

---

[1] Vgl. Neumann 1995, S. 97.

[2] Eng verbunden mit der externen Konsistenz ist die häufig separat aufgeführte Authentizität. Diese fordert den verbindlichen Nachweis der Echtheit von Subjekt-Objekt-Relationen, d. h. die Gewähr, dass bestimmte Daten (Objekt) tatsächlich von einer bestimmten Person (Subjekt) stammen.

(4) Verbindlichkeit: Hierbei handelt es sich um die Eigenschaft eines Systems, eine zurechenbare, rechtsverbindliche Kommunikation sicherzustellen. Angesichts der zunehmenden Vernetzung von ITK-Systemen gilt es hierbei, nicht nur den Zustand eines Systems zu schützen, sondern auch die zwischen verschiedenen Systemen stattfindenden Transaktionen.[1] Teilaspekte der Verbindlichkeit sind die Nichtabstreitbarkeit, die Beweissicherheit, die Nachweisbarkeit und die Verantwortlichkeit.[2] Betrachtet man Sender und Empfänger im Kommunikationsprozess, muss es beiden Seiten möglich sein, den Versand bzw. Empfang einer Information nachzuweisen, und umgekehrt darf es keiner Partei möglich sein, den Empfang bzw. Versand abzustreiten. Die Möglichkeit eines zweifelsfreien Nachweises von Verantwortlichkeiten muss insbesondere in kritischen Prozessen wie z. B. bei Zahlungen oder der terminierten Lieferung von bestellten Waren gegeben sein.

Informationssicherheit lässt sich zusammenfassend als Zustand von Informationen und der sie verarbeitenden Systeme bezeichnen, der durch die Abwesenheit von Bedrohungen durch rechtswidrige Zueignung, Missbrauch oder Schädigung gekennzeichnet ist. Die nachfolgende Abbildung veranschaulicht den Zusammenhang von IT-Sicherheitsanforderungen und Bedrohungen durch die verschiedenen Rollen der EDV im Kriminalitätsgeschehen:

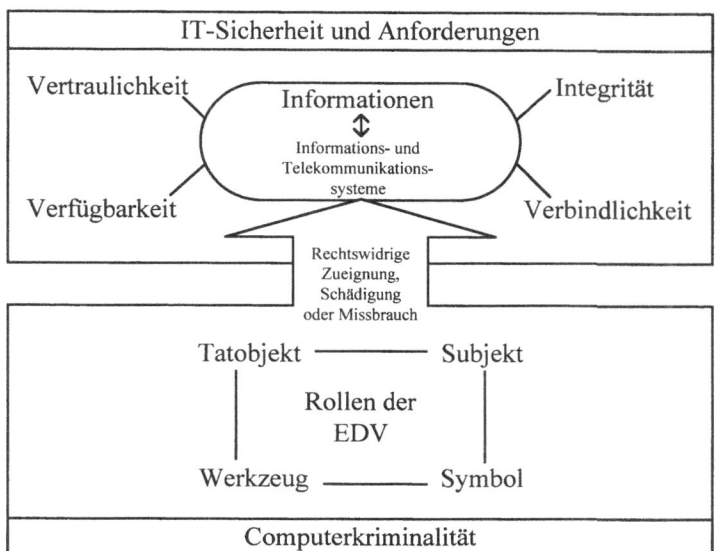

Abb. 3-1: Computerkriminalität als Bedrohung der IT-Sicherheit

---

[1] Aufgrund der Nicht-Greifbarkeit von Informationen und der physischen Trennung von Informationen und Unterschrift in der nicht-physischen Welt des Computers stellt die Gewährleistung der Verbindlichkeit eine besondere Herausforderung dar.

[2] Vgl. Grimm 1994, S. 117-126.

3.2.4 Strukturelemente

Im Folgenden werden die wichtigsten Strukturelemente von ITK-Systemen und ihre Beziehungen untereinander dargestellt, um die Vielschichtigkeit der mit ihnen einhergehenden Bedrohungs- und Gefährdungspotentiale aufzuzeigen.

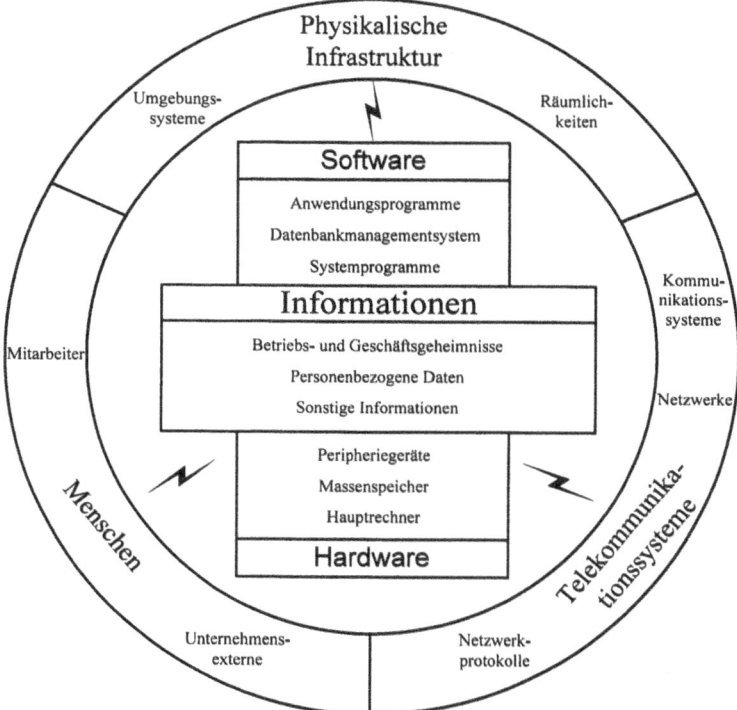

Abb. 3-2: Elemente eines Informations- und Telekommunikationssystems

Da dolose Handlungen nicht nur die physikalische oder elektronische Beeinträchtigung der Nutzbarkeit von EDV-Systemen oder den in ihnen gespeicherten Daten betreffen (EDV als Objekt),[1] genügt es nicht, Anforderungen an die Informationssicherheit lediglich innerhalb eines Computersystems und seinen verschiedenen Bestandteilen und Komponenten umzusetzen. Insbesondere die mögliche Rolle der EDV sowohl als Subjekt als auch als Symbol macht eine Berücksichtigung der mit einem EDV-System in Verbindung stehenden Umgebungsfaktoren notwendig. Hierzu gehören (1) die physikalische Infrastruktur, beispielsweise das Gebäude und die Räumlichkeiten, in denen eine Computeranlage steht, (2) die Telekommunika-

---
[1] Siehe Kapitel 3.2.1.

tionssysteme bzw. alle Objekte, mit denen Austauschbeziehungen aufgebaut werden und nicht zuletzt (3) die Menschen, die EDV-Systeme nutzen und mit ihnen interagieren.[1]

Nachfolgend werden die einzelnen Strukturelemente stichpunktartig erläutert:

Software

- Anwendungsprogramme: Alle für die anwenderspezifische bzw. individuelle Nutzung eines Computers benötigten Programme[2] (z. B. Textverarbeitung, Tabellenkalkulation, Internet-Browser, Grafikbearbeitungsprogramme, Kalendersoftware)
- Datenbankmanagementsystem (DBMS): Programm, welches die anwendungsunabhängige Speicherung und Administration von Daten ermöglicht
- Systemprogramme: Alle für den Betrieb eines Computers erforderlichen Programme[3] (Betriebssystem, Middleware[4], Compiler[5])

Informationen

- Betriebs- und Geschäftsgeheimnisse:[6] Alle Informationen, die einen strategischen Wert für eine Organisation haben (z. B. Produktinformationen, Informationen zur Finanz- und Ertragslage, Handelsgeheimnisse, Prozessabläufe)

---

[1] In der Literatur zur IT-Sicherheit werden diese Elemente häufig als ‚Assets' (dt. Vermögensgegenstände) bezeichnet; vgl. Icove et al. 1995, S. 96-98, BSI 2001, S. 8f. und EITO 2003, S. 198. Im IT-Grundschutzhandbuch, einem vor allem im deutschsprachigen Raum bekannten Standardwerk der IT-Sicherheit, bilden diese als Bausteine bezeichneten Elemente eines IT-Systems den Ausgangspunkt für eine anschließend Sicherheitsanalyse; vgl. BSI 2003, S. 14 und S. 83-272.

[2] Vgl. EITO 2003, S. 198.

[3] Vgl. EITO 2003, S. 198.

[4] Dt. Vermittlungsprogramme: Sammelbegriff für vermittelnde Softwareprogramme, welche ansonsten entkoppelten Komponenten über klar definierte Schnittstellen die Kommunikation miteinander ermöglichen; vgl. Claus/Schwill 2003, S. 393.

[5] Dt. Übersetzer: Computerprogramm, das ein in einer bestimmten Quellsprache geschriebenes Programm in ein semantisch äquivalentes Programm einer Zielsprache (meist Maschinensprache) umwandelt; vgl. Claus/Schwill 2003, S. 684.

[6] Nach Müller et al. (1997, S. 226) jede Tatsache, „die mit einem Geschäftsbetrieb im Zusammenhang steht, nur einem eng begrenzten Personenkreis bekannt, also nicht offenkundig ist und nach dem bekundeten Willen des Betriebsinhabers, der auf einem ausreichenden wirtschaftlichen Interesse beruht, geheim gehalten werden soll."

- Personenbezogene Daten:[1] Alle Daten über natürliche Personen, die wegen des (Grund-)Rechts auf informationelle Selbstbestimmung[2] besonders zu schützen sind (z. B. Daten von Mitarbeitern, Kunden und Lieferanten)

- Sonstige Informationen: Alle Daten ohne besondere Schutzbedarf (frei verfügbare Informationen, allgemein bekanntes Wissen, veraltete Informationen)

Hardware

- Peripheriegeräte: Alle an einen Computer angeschlossenen Geräte, die der Ein- und Ausgabe von Daten dienen (z. B. Drucker, Tastatur, Maus, Scanner)

- Massenspeicher: Alle Medien, die der dauerhaften Speicherung von Daten und Informationen dienen[3] (Magnetische Speicher (Festplatte, Diskette), optische Speicher (CD, DVD) und magnet-optische Speicher)

- Hauptrechner: Zentrale Bestandteile eines Computers (Arbeitsspeicher[4], Zentrale Verarbeitungs- und Steuereinheit bzw. central processing unit (CPU)[5], Ein- und Ausgabeeinheit[6])

Physikalische Infrastruktur

- Umgebungssysteme: z. B. Stromversorgung, unterbrechungsfreie Stromversorgung (USV), Klimatisierung, Verkabelung (Strom- und Netzwerkkabel)

- Räumlichkeiten: z. B. Gebäude, Serverräume, Büroräume, technische Schränke, Schutzschränke zur Datenträgeraufbewahrung

---

[1] Nach §3 Abs. 1 Bundesdatenschutzgesetz (BDSG) „Einzelangaben über persönliche oder sachliche Verhältnisse einer bestimmten oder bestimmbaren natürlichen Person (Betroffener)."

[2] Das Recht auf informationelle Selbstbestimmung definiert in Deutschland als Teilbereich des allgemeinen Persönlichkeitsrechts gemäß Artikel 2 in Verbindung mit Artikel 1 Grundgesetz „die Befugnis des Einzelnen, grundsätzlich selbst zu entscheiden, wann und innerhalb welcher Grenzen er persönliche Lebenssachverhalte offenbart und in welcher Weise seine ‚Lebensdaten' verwendet werden sollen." Kuhlmann 2003, S. 8. Auch auf internationaler Ebene gibt es in den meisten Ländern entsprechende gesetzliche Vorschriften, die jedem Individuum das Recht zugestehen, selbst darüber zu entscheiden, in welchem Ausmaß seine Gedanken, Gefühle und Emotionen anderen kommuniziert werden; vgl. Einstadter 1992, S. 293.

[3] Im Unterschied zum Arbeitsspeicher dienen Massenspeicher der dauerhaften (nicht-flüchtigen) Speicherung großer Datenmengen.

[4] Im Arbeitsspeicher, der häufig auch als Hauptspeicher bezeichnet wird, werden alle mit der Ausführung von Programmen im Zusammenhang stehenden Daten und Informationen während der Arbeit am Computer abgelegt. Es handelt sich hierbei um einen sog. flüchtigen Speicher, der alle Inhalte nach Abschalten der Stromversorgung wieder verliert.

[5] Die CPU ist als zentraler Kern eines Computers für die Verarbeitung von Daten und die Ausführung von Programmen zuständig.

[6] Die Ein- und Ausgabeeinheit dient dem Einlesen von Programmen und Daten sowie der Ausgabe von Ergebnissen an den Benutzer.

Telekommunikationssysteme

- Kommunikationssysteme: z. B. Telefonanlage, Telefax, Mobiltelefon, Modem
- Netzwerke: Zusammenschlüsse von verschiedenen, verteilten EDV-Systemen (lokale Netzwerke (Local Area Network – LAN)[1], großräumige Netzwerke (Wide Area Network – WAN)[2], Internet[3])
- Netzwerkprotokolle: Vereinbarungen, welche Regeln für den Austausch von Daten in einem Netzwerk festlegen (Internet-Protokoll (Transmission Control Protocol / Internet Protocol – TCP/IP[4]), Internet-Telefonie (Voice over IP, VoIP)[5])

Menschen

- Mitarbeiter:[6] Unternehmensangehörige aus den Fachabteilungen und aus der IT[7] (darunter Vollzeit- und Teilzeitkräfte, temporär beschäftigtes Personal, freie Mitarbeiter, ausgeschiedene Mitarbeiter)
- Unternehmensexterne: z. B. Partnerunternehmen, Subunternehmer, Berater, Lieferanten, Kunden, Hacker, Cracker, Industriespione

3.3 Merkmale

Anhand des vorangehenden Kapitels wird ersichtlich, dass in Verbindung mit einem ITK-System an vielerlei Stellen Verletzungen der Vertraulichkeit, Integrität, Verfügbarkeit und Verbindlichkeit auftreten können. Computerkriminalität unterscheidet sich dabei in vielerlei Hinsicht von herkömmlicher Gewaltkriminalität, was sich an zahlreichen Merkmalen festmachen lässt. So können Sicherheitskompromittierungen nicht nur durch vorsätzliche Handlungen herbeigeführt werden, sondern ebenso durch unbeabsichtigte Fehler von Systemanwendern. In Bezug auf das Täterprofil lassen sich verschiedene Vorgehensweisen und Motivationsgründe unterscheiden. Wichtig im Hinblick auf das Vorgehen des Täters, seiner Zugriffs-

---

[1] Unter einem LAN versteht man ein Netzwerk, das innerhalb eines räumlich begrenzten Bereichs, beispielsweise an einem Unternehmensstandort, eingesetzt wird.

[2] Ein WAN bezeichnet ein Netzwerk, dessen Endgeräte meist über große Entfernungen miteinander verbunden sind.

[3] Das Internet ist ein weltumspannendes, allgemein zugängliches Netzwerk, in dem viele Teilnetze und Einzelrechner miteinander verbunden sind; vgl. Claus/Schwill 2003, S. 309.

[4] TCP/IP bezeichnet das dem Internet zugrunde liegende Protokoll, welches zu übertragende Dateien in kleine Datenpakete zerlegt, sie transportiert und beim Empfänger wieder richtig zusammensetzt.

[5] Technologie zur Übertragung von Sprachinformationen über das Internet-Protokoll.

[6] Vgl. Shaw et al. 1998, S. 3-5.

[7] Computerspezialisten stellen aufgrund ihrer speziellen Kenntnisse und Fähigkeiten im Zuge der zunehmenden Durchdringung von Unternehmen mit Informationstechnologie ein besonderes Bedrohungspotential dar; vgl. Shaw et al. 1998, S. 5-10, Shaw et al. 1999 und Nathan et al. 2003, S. 16.

optionen und auch zur Beurteilung der Wirksamkeit von Präventionsmaßnahmen ist dabei in erster Linie die Frage, ob es sich um einen autorisierten Anwender handelt, der seine Vertrauensposition missbraucht, oder ob ein nicht-autorisierter Angreifer von außen in ein System eindringt. Möglichkeiten zum Missbrauch bieten dabei nicht nur technisch bedingte Schwachstellen eines ITK-Systems. Ebenso gefährlich sind auch strukturelle organisatorische Mängel wie beispielsweise fehlende Kontrollen, sowie unsichere Verhaltensweisen von Systemnutzern, z. B. der allzu sorglose Umgang mit Passwörtern. Nicht zuletzt ist die Art und Weise der Tatbegehung ein einprägsames Merkmal der Computerkriminalität. Sie zeichnet sich meist durch einen elektronischen und gleichzeitig gewaltlosen Zugriff des Täters aus, obwohl im weiteren Sinne auch physikalische Tatbegehungsweisen einen Bezug zur EDV haben können.

3.3.1 Vorsätzlichkeit der Handlung

Ein erstes grundlegendes Differenzierungsmerkmal zur Unterscheidung von Sicherheitsverletzungen ist das Kriterium der Intention.[1] Intentional sind dabei solche Handlungen, die vorsätzlich und bewusst zur Realisierung eines individuellen Nutzens begangen werden, während nicht-intentional bedeutet, dass es sich um ein unglückliches Missgeschick bzw. einen unbewusst begangenen Fehler handelt. Nur intentionale, also absichtliche begangene Handlungen werden im weiteren Verlauf der Arbeit als kriminell bzw. deviant bezeichnet.

Der Vorsatz und die bewusste Planung machen aus computerbezogenen Fehlverhaltensweisen rationale Handlungen, die persönliche Faktoren und das Arbeitsumfeld des Akteurs ebenso berücksichtigen wie die verfügbaren situativ bedingten Möglichkeiten.[2] In die Kategorie unbeabsichtigter Handlungen hingegen fallen nicht geplante Bedienungsfehler aufgrund von Stress, Unachtsamkeit oder mangelndem Wissen. Erhebliche Schäden können beispielsweise dadurch entstehen, dass Mitarbeiter aus Unwissenheit über die Verbreitungswege von Computerviren Anhänge von E-Mails ohne vorherige Virenprüfung öffnen und dadurch einen Virenbefall im Unternehmen auslösen.[3]

---

[1] Vgl. Neumann 1995, S. 126-129. Ähnliche Unterscheidungen wurden vorgenommen von Magklaras/Furnell 2002, S. 65 sowie Stanton et al. 2002, Tabelle 1 und Abbildung 1 im Anhang. Unbeabsichtigte Handlungen spielen in einer Vielzahl von bekannt gewordenen Vorfällen eine entscheidende Rolle.

Dhillon und Moores (2001, S. 715) schätzen den Anteil bewusst geplanter Handlungen auf bis zu 81%, also ein Verhältnis der intentionalen zu nicht-intentionalen Handlungen von 4:1. Die Studie des Department of Trade and Industry aus dem Jahr 2004 geht in eine ähnliche Richtung: Demnach berichteten 68% der befragten britischen Unternehmen von mindestens einem Sicherheitsvorfall, der bewusst geplant war, während nur 27% der Unternehmen einer nicht beabsichtigten Sicherheitsverletzung zum Opfer fielen; vgl. DTI 2004, S. 15. Dies entspricht einem Verhältnis von 5:2.

[2] Vgl. Dhillon/Moores 2001, S. 715.

[3] Besonders trickreich ging ein Virus vor, der im November 2004 entdeckt wurde. Der Schädling mit dem Namen ‚Win32.Golten.A' nutzte eine damals existierende Schwachstelle unter Windows, um über Bilder im EMF-Format (Enhanced Metafile) schadhaften Code in einen Rechner einzuschleusen; vgl. CA 2004 und

3.3.2 Tätertypologie

Hinter jedem computerbezogenen Fehlverhalten stecken Menschen, die aus verschiedenen Gründen mit unterschiedlichem Wissen und verschiedenartigen Methoden Schäden verursachen.[1] Das Spektrum der Personen, die im weitesten Sinne als Computerkriminelle bezeichnet werden können, ist dabei auffällig breit. Die meisten in der Literatur zu findenden Unterteilungen nehmen implizit Qualifizierungen in Bezug auf das technologische Know-how, die Motivation und das Vorgehen des Täters vor:[2]

- Hacker: Computerliebhaber, meist Programmierer, die sehr gute IT-Kenntnisse besitzen und in fremde Systeme eindringen (Outsider).[3] Sie tun dies vorwiegend, um ihre Neugier zu befriedigen und das Gefühl des ‚Triumphes' bei erfolgreichem Eindringen in ein fremdes System zu erleben.[4] Hacker verursachen keine oder zumindest keine mutwilligen Schäden an den Systemen, in die sie eindringen. Allerdings hat das Bild der Hacker in der Öffentlichkeit seit der erstmaligen Verwendung des Terminus in den siebziger Jahren einen Wandel erfahren. In der Anfangszeit der Computerisierung beinhaltete der Begriff eine Anerkennung für die besondere Begabung und Leistungsfähigkeit eines Computerkenners. Der ursprüngliche Traum der Hackersubkultur von einer Welt der frei verfügbaren Informationen wurde allerdings schon bald von denjenigen zunichte gemacht, die die Gewinnträchtigkeit der Mikroprozessortechnologie erkannten und mit dem Verkauf von Zugriffs- und Kontrollrechten auf die neuen Technologien die Kommerzialisierung vorantrieben.[5] Viele Hacker realisierten, dass man mit dem Verkauf von Informationen und Software im Gegensatz zum freien Austausch derselben viel Geld verdienen konnte. Die bis dato ausschließlich positiv altruistisch geprägte Subkultur der Hackergemeinschaft wurde daraufhin von Mitgliedern

---

Microsoft 2004. Bis zum Auftreten dieses Virus galt es sogar unter Computerexperten als sicher, Bilder zu öffnen, ohne dabei das Risiko einer Virusinfektion einzugehen.

[1] Parker (1998, S. 136-138) spricht in diesem Zusammenhang von Fähigkeiten, Wissen, Mitteln, Zugriffsrechten und Motiven.

[2] Für alternative Kategorisierungen vgl. Branscomb 1990, S. 26-30, Icove et al. 1995, S. 61-64, Parker 1998, S. 144-146, Shaw et al. 1999, S. 4-7, Schneier 2000, S. 43-58 und EITO 2003, S. 200f. Die hier verwendete Aufzählung ist nicht überschneidungsfrei und listet außerdem nicht alle möglichen, sondern nur häufig vorzufindende Tätertypen und -bezeichnungen auf.

[3] Vgl. Schmid 2001, S. 11 und siehe Kapitel 3.1.3.

[4] In einer 1998 von Dowland et al. (1999, S. 720) durchgeführten Befragung wurden von den Teilnehmern folgende (wahrgenommene) Motivationsgründe von Hackern genannt: Wunsch, das System zu schlagen (94%), wegen des Nervenkitzels (93%), aus Neugier (82%).

[5] Vgl. Hollinger 1991, S. 9.

belastet, die nach finanzieller Bereicherung strebten oder destruktive Neigungen verfolgten.[1]

- Cracker: Insbesondere in der Computerfachwelt werden heutzutage Hacker, die gutartige Motive verfolgen, von Crackern unterschieden, die in bösartiger Absicht in fremde Rechner eindringen und dabei vielfältige Arten von Schäden verursachen. Letztere können beispielsweise durch den Diebstahl strategisch bedeutsamer Informationen, die Zerstörung wichtiger Daten oder die Ausschaltung wichtiger Dienste des Systems entstehen.[2]

- Prankster: Als Prankster[3] werden junge Computerenthusiasten bezeichnet, die aus jugendlichem Überschwang heraus versuchen, in fremde Systeme einzudringen. Sie wollen damit in erster Linie ihre Gerissenheit unter Beweis stellen und haben in der Regel nicht die Absicht, Schäden zu verursachen.[4]

- Terroristen und Hacktivisten:[5] Diese Gruppe von Computerkriminellen nutzt ihre zumindest fortgeschrittenen technischen Fähigkeiten, um für ihre ideologisch motivierten, politischen, sozialen oder religiösen Ziele Aufmerksamkeit zu erregen. Dies erreichen sie meist mit geringem finanziellen Einsatz, aber technisch anspruchsvollen Mitteln beispielsweise durch die öffentlichkeitswirksame Verunstaltung einer bekannten Website im Internet.[6]

- Karrierekriminelle: Hierbei handelt es sich um Unternehmensangestellte, die traditionelle Verbrechen wie Betrug, Unterschlagung oder Spionage zur persönlichen Bereicherung in einem neuen technologischen Umfeld unter Nutzung neuer Mittel und Wege begehen. Als Insider sind ihnen die Geschäftsprozesse und -strukturen und damit häufig sowohl organisatorische als auch technische Schwachstellen gut bekannt.

---

[1] Der Wandel der Motive von Hackern wird einprägsam von Mulhall (1997, S. 292-294) und Mukhtar 2002 skizziert. In der bereits zitierten Studie von Dowland et al. (1999, S. 720) glaubten 68% der Befragten, Hacker würden aus bösartigen Gründen heraus agieren, während 62% meinten, Hacker wollten sich finanziell bereichern.

[2] Vgl. Icove et al. 1995, S. 62f. und Schmid 2001, S. 11. Mulhall (1997, S. 294f.) gibt an, dass 54% der im Zeitraum von Januar 1995 bis April 1996 in Großbritannien gefassten Hacker keinen Schaden verursachen wollten. 46% hingegen wären hingegen der Kategorie der ‚Cracker' zuzuordnen, da sie danach strebten, einen finanziellen Gewinn aus ihren Tätigkeiten zu realisieren.

[3] Englisch für Schelm, Witzbold, Schlingel; vgl. Breitsprecher et al. 1993, S. 903. Als Pranks werden im Englischen Possen bzw. Streiche von Jugendlichen bezeichnet.

[4] Vgl. Branscomb 1990, S. 28.

[5] Vgl. Schneier 2000, S. 53f. ‚Hacktivist' ist ein Kunstwort, das eine Verbindung von Hackern und Aktivisten symbolisiert und Hacker meint, die sich mit technischen Mitteln politisch engagieren; vgl. EITO 2003, S. 201.

[6] Eine solche in der Fachsprache als ‚Defacement' bezeichnete Attacke traf beispielsweise 2001 Regierungswebsites von Australien, Großbritannien und den USA; vgl. Medosch 2001.

- Vandalen und Saboteure:[1] In diese Kategorie Computerkrimineller fallen sowohl Outsider als auch Insider, in der Regel EDV-Nutzer mit zumindest fortgeschrittenen IT-Kenntnissen, die Sabotagehandlungen gegen die EDV begehen, um Rache an ihrem Arbeitgeber oder ehemaligen Kollegen zu üben oder um ihre Unentbehrlichkeit unter Beweis zu stellen. Racheakte werden häufig von Mitarbeitern begangen, die z. B. eine aus ihrer Sicht (vermeintlich) ungerechtfertigte Kündigung erhalten haben oder sich anderweitig ungerecht behandelt fühlen.

3.3.3 Täterbezogene Merkmale

Aus der Tätertypologie lassen sich Möglichkeiten zur Strukturierung der täterbezogenen Merkmale ableiten. Ein erstes wichtiges Merkmal zur Differenzierung sicherheitsrelevanter Vorfälle konstituiert die Herkunft des Täters, d. h. die Frage, ob es sich aus Sicht der betroffenen Organisation um einen Insider oder um einen Outsider handelt. Die besondere Bedeutung dieses Merkmals ergibt sich aus der Tatsache, dass das systemspezifische Wissen, die Zugriffsmuster und die Motivationsgründe von Insidern und Outsidern fundamental verschieden sind und daher sowohl die Erklärung des Entstehens als auch die Prävention von Delikthandlungen jeweils völlig andere Ansatzpunkte aufweisen müssen.[2]

Herkunft des Täters:

- Insider: Personen, die eine Berechtigung zur Nutzung des betroffenen Systems besitzen, diese aber für unerwünschte Zwecke missbrauchen.[3] In diese Kategorie fallen die im vorherigen Kapitel als Karrierekriminelle bezeichneten Personen sowie Vandalen und Saboteure.

- Outsider: Personen, die nicht autorisiert sind, auf das betroffene EDV-System zuzugreifen.[4] Hierzu gehören Hacker, Cracker, Prankster, Terroristen und Hacktivisten.

Angesichts zunehmender Arbeitnehmermobilität und der Vielzahl heutzutage üblicher Anstellungsformen, die von der klassisch unbefristeten Vollzeitanstellung bis zur temporären Arbeitnehmerüberlassung über Zeitarbeitsverträge reichen, ist eine dichotome Aufteilung in Insider und Outsider alleine nicht hinreichend fein spezifiziert.[5] Der Trend geht zu einer unternehmensintern differenzierteren Rollenverteilung parallel zur systemtechnischen Anbindung und Integration der Stakeholder in die EDV-Systeme. Neben den Mitarbeitern bekommen in

---

[1] Vgl. Icove et al. 1995, S. 64.
[2] Vgl. Parker 1997, S. 579f. und Schultz 2002, S. 527.
[3] Vgl. Schultz/Shumway 2001, S. 189.
[4] Vgl. Shackelford 1992, S. 482.
[5] Vgl. Parker 1997, S. 579.

zunehmendem Maße auch Zulieferer, Outsourcing-Dienstleister, Kunden, Behörden und Interessenten Zugriff auf die internen Systeme von Unternehmen.[1] Im Folgenden wird daher innerhalb der Gruppe der Insider weiter nach der Systemrolle, d. h. nach IT-spezifischen Kenntnissen und Fähigkeiten differenziert:[2]

Systemrolle des Benutzers:

- Administratoren: Systemnutzer, die volle administrative Rechte auf die Mehrzahl der Ressourcen besitzen. Hierzu gehören beispielsweise System- und Netzwerkadministratoren.

- Fortgeschrittene Benutzer: Systemnutzer, die keine Administratoren sind, aber dennoch über substanzielles IT-spezifisches Wissen verfügen. In diese Kategorie gehören Anwendungs- und Systemprogrammierer, Datenbankadministratoren sowie solche Mitarbeiter, die aufgrund einer intensiven privaten oder beruflichen Auseinandersetzung mit diesen Technologien über sehr gute Kenntnisse verfügen.

- Anwender: Einfache Nutzer von Standard-Anwendungsprogrammen (z. B. Textverarbeitungen, Tabellenkalkulationen, E-Mail oder WWW) sowie Bediener von abteilungs- und fachspezifischer Anwendungssoftware.

Ein weiteres wichtiges Merkmal kriminellen Verhaltens ist das dominante Motiv. Entsprechend lässt sich hinsichtlich des erwarteten Nutzens wie folgt differenzieren:

- Finanzieller Gewinn – Analog der möglichen Motivationsgründe von Wirtschaftskriminellen ist auch für Computerkriminelle der Wunsch nach materieller Befriedigung ein bedeutsames Motiv.[3]

- Persönliche Genugtuung – Möchte sich der Täter durch Zerstörung und Vandalismus eine persönliche Genugtuung verschaffen, etwa weil er sich ungerecht behandelt, unterfordert oder zu schlecht bezahlt fühlt?

- Herausforderung, Neugier oder Statusgewinn – Handelt der Täter, weil er in der Tat eine persönliche Herausforderung sieht, weil er seine eigene Neugier befriedigen will oder weil er innerhalb der Peergroup an Ansehen und Status gewinnen möchte?

- Politischer, sozialer oder religiöser Gewinn – Handelt der Täter, weil er politisch, sozial oder religiös legitimierte Ziele verfolgt und mit seiner Tat Aufmerksamkeit für seine ‚höhere' Sache erreichen möchte?

---

[1] Vgl. Standage 2002, S. 17.

[2] Vgl. Magklaras/Furnell 2002, S. 64f.

[3] Siehe Kapitel 2.2.2.

3.3.4 Systembezogene Merkmale

Die heutzutage vor allem auf einfache und benutzerfreundliche Anwendbarkeit ausgelegten Technologien eröffnen im Gegensatz zu früher auch wenig spezialisierten Anwendern zahlreiche Gelegenheiten, Informationen und informationsverarbeitende Systeme rechtswidrig zuzueignen, zu schädigen oder zu missbrauchen.[1] Potentielle Schwachstellen können sich in einem komplexen System, wie es etwa ein Unternehmen darstellt, an verschiedensten Stellen ergeben. Wichtig ist hierbei die Erkenntnis, dass Sicherheitslücken nicht nur aus den einzelnen konstituierenden Elementen herrühren können, sie können sich vielmehr auch aus der (mangelhaften) Interaktion der einzelnen Teile ergeben. Aus analytischen Gründen bietet es sich an, das Gesamtsystem Unternehmen in die Komponenten Organisation, Technik und Mensch zu zerlegen.

- Eine Organisation umfasst zunächst einmal Strukturen, die Regelungen umschreiben, welche das Verhalten der Organisationsmitglieder auf ein übergeordnetes Ziel ausrichten.[2] Im Sinne der Zielerreichung sind den Mitgliedern innerhalb der Aufbauorganisation Stellen zugewiesen, die Zuordnungen von Aufgabenkomplexen zu Personen darstellen und häufig durch Stellenbeschreibungen formal umrissen werden. Zur zeitlichen und räumlichen Koordination von Aufgabenerfüllungsvorgängen sind Arbeitsprozesse eingerichtet, die Abläufe und Verantwortlichkeiten beschreiben. Im Hinblick auf die Informationssicherheit spielt dabei innerhalb der Organisationsstruktur und innerhalb der Arbeitsprozesse das informelle Sicherheitsbewusstsein eine gleichermaßen bedeutsame Rolle wie formelle Richtlinien und Kontrollmaßnahmen.

- Technische Systeme kommen in einer Unternehmung zum Einsatz, damit die Aufgaben erledigt und die gesetzten Ziele erreicht werden können. Darüber hinaus werden sie häufig neu eingeführt, um die Gesamtproduktivität und Effektivität zu verbessern. Die Anwendung neuer Technologien erfordert dabei zwangsläufig eine enge Verflechtung mit den organisatorischen Prozessen und Strukturen. Technische Systeme bestehen aus verschiedenen logisch aufeinander abgestimmten Struktur-Elementen, insbesondere der Systemhardware, der Software, den Telekommunikationseinrichtungen und der physikalischen Infrastruktur. Technik und Organisation sind zwangsläufig eng miteinander verbunden, weil sie im Rahmen der Aufgabenerfüllung eine Einheit bilden müssen. Sowohl technische Systeme als auch organisatorische Strukturen und Prozesse unterliegen durch die fortschreitende Entwicklung einem ständigen Wandel, der sich gleichsam zyklisch in folgenden Phasen vollzieht:[3] (1) Konzeptualisierung,

---

[1] Vgl. Bequai 1987, S. 55 und S. 59.
[2] Vgl. Gabler 1997, S. 2893.
[3] Vgl. Neumann 1995, S. 6.

(2) Anforderungsanalyse, (3) Architektur und Design, (4) Implementierung, (5) Instandhaltung und Pflege, (5) ggf. Außerbetriebnahme.

- Menschen nehmen im Rahmen der genannten Entwicklungsprozesse elementare Rollen ein. Die einzelnen Phasen werden von ihnen geplant, gesteuert, koordiniert und kontrolliert.[1] Dazu werden Informationen eingeholt, Alternativen miteinander verglichen, Risiken abgewogen und beurteilt und Entscheidungen getroffen. In jeder der genannten Phasen können sicherheitsrelevante Schwachstellen entstehen: Zum einen begehen Menschen unbeabsichtigte Fehler, beispielsweise weil relevante, aber für unwichtig befundene Informationen nicht berücksichtigt wurden oder weil vergessen wurde, bestimmte Tests durchzuführen. Zum anderen missbrauchen sie bewusst und vorsätzlich das ihnen entgegengebrachte Vertrauen, etwa indem sie bewusst Hintertüren in einen Programmcode einbauen, damit ihre Arbeit später nicht durch lästige Sicherheitsvorkehrungen behindert wird.[2]

3.3.5 Merkmale des Tathergangs

Ein wichtiges Merkmal zur Differenzierung von Computerdelikten stellt die Art und Weise des Zugriffs durch den Täter dar, d. h. die Frage, ob das Verhalten eine greifbare oder nichtgreifbare Handlung beinhaltet.

Art und Weise des Zugriffs auf die ITK-Systeme:[3]

- Physikalisch – Umfasst alle körperlich bzw. materiell greifbaren Handlungen wie Diebstahl, Manipulative Veränderung oder Zerstörung von Hardware (Rechner, Peripheriegeräte, Speichermedien).

- Elektronisch – Unter diese Kategorie fallen alle Tatbegehungsmethoden, die durch EDV-Systeme ermöglicht werden, d. h. alle Deliktformen, in denen die EDV entweder Werkzeug, Subjekt oder Symbol ist, sowie zusätzlich die Fälle, in denen eine nichtphysikalische Schädigung von EDV-Systemen intendiert wird.

Die Gesamtmenge der über einen elektronischen Zugriff angesichts existierender Schwachstellen denkbaren Fehlverhaltensweisen umfasst den Großteil dessen, was im engeren Sinne

---

[1] „It is people who design the systems, people who attack the systems, and understanding the psychology of information systems criminals is crucial to protecting those systems"; Shaw 1998, S. 1.

[2] Diese sog. ‚trapdoors' oder ‚backdoors' erleichtern den Programmierern auf der einen Seite die zukünftige Erweiterung und Modifikation von Programmen, weil sie einen eleganten und schnellen Zugriff auf den Programmcode erlauben. Andererseits stellen sie ein großes Sicherheitsrisiko dar, weil Hacker, Cracker oder andere professionelle Computernutzer bei Bekannt werden einer solchen Hintertür ebenfalls unbemerkt in Systeme eindringen können; vgl. Icove et al. 1995, S. 42f. und Parker 1998, S. 90f.

[3] Vgl. EITO 2003, S. 199.

unter dem Begriff der Computerkriminalität zu subsumieren ist.[1] Die ‚Entdinglichung der Kriminalität' stellt in diesem Kontext ein wesentliches Merkmal der Computerkriminalität dar. Sie ist im Gegensatz zu klassischen Deliktformen wie beispielsweise Gewaltkriminalität deutlich schlechter fassbar und entzieht sich so dem Zugriff klassischer Kontrollinstrumente.

Methode des elektronischen Zugriffs:[2]

- Manipulation und Missbrauch bei der Ein- oder Ausgabe von Daten: Bei dieser Zugriffsart werden zum einen manipulierte Informationen in Anwendungsprogramme oder Datenbanksysteme eingegeben. Zum anderen werden ausgegebene bzw. gespeicherte Daten verändert oder aber sie werden entgegen ihrem Bestimmungszweck verwendet. Die Manipulation von Datenausgaben erfolgt häufig in Verbindung mit einer Manipulation bei der Dateneingabe, um Spuren zu verschleiern. Beispiele für nicht bestimmungsgemäße Verwendungen ausgegebener Daten stellen das Raubkopieren von Software, das Kopieren geheimer Firmendaten oder der Versand von vertraulichen Informationen per E-Mail dar. Diese Zugriffsformen erfordern typischerweise wenig IT Know-how, da sie direkt an der Schnittstelle des Anwenders über frei verfügbare und gut bekannte Funktionen vorgenommen werden können.[3]

- Missbräuchliche Verwendung von Programmen oder Diensten: ITK-Systeme und Programme werden entgegen ihrem eigentlichen Bestimmungszweck genutzt.[4] Hierzu gehören etwa Mitarbeiter eines Unternehmens, die eigene Softwareprogramme (Spiele oder Anwendungen) auf einem Firmenrechner installieren oder aber Raubkopien für sich oder andere erstellen. Darüber hinaus umfasst diese Kategorie die geschäftlich unerwünschte Nutzung von ITK-Diensten wie dem Internet. Auch diese Zugriffsformen erfordern wenig technisches Know-how, da im Wesentlichen das tagtäglich notwendige IT Grundwissen bezüglich der Verwendung von Standardanwendungen gefragt ist.

- Eingriffe bei der Verarbeitung von Daten oder Programmen: Über einzelne Systembefehle auf der Kommandoebene werden gespeicherte oder in der Verarbeitung befindli-

---

[1] „If we are not careful, soon all crime which in some way involves an electronic microprocessor will be defined as computer crime. For example if someone were to hit another person over the head with a laptop, this act could be defined as computer assault." Hollinger 1991, S. xx.

[2] Diese Aufstellung erfolgt in enger Anlehnung an die Ausarbeitung von Howard (1997, Kapitel 6.4.4). Howard hat in seiner Arbeit eine Taxonomie von Computer- und Netzwerkattacken erstellt, so dass per Definition nur Outsider-Angriffe auf die EDV thematisiert wurden. Die von ihm als ‚tools of attack' beschriebenen Werkzeuge lassen sich nach Vornahme einiger Modifikationen in einer Systematik verwenden, die neben Outsider-Angriffen auch das Fehlverhalten von Insidern betrachtet. Für alternative Klassifikation vgl. Neumann 1995, S. 101.

[3] Vgl. Dhillon 1999, S. 173.

[4] Vgl. Snider 2001, S. 112f.

che Daten verändert, gelöscht oder zerstört. Ein möglicher Angriffspunkt sind Schnittstellendateien, welche zur Übergabe von Daten zwischen den Programmen eingesetzt werden. Ein Beispiel für einen manipulativen Eingriff stellt die Öffnung einer sog. Telnet-Sitzung auf einem Client-Rechner dar. Dabei wird eine Verbindung zu einem entfernten Server aufgebaut und die Eingabe von Befehlen auf der Betriebssystemebene (beispielsweise Windows 2003) ermöglicht. Darüber hinaus lassen sich auch sog. Skripte nutzen. Hierbei handelt es sich um einfache Textdateien, die mit einem normalen Editor bearbeitet werden können und mehrere Systembefehle enthalten. Sowohl Skripte als auch Computerprogramme gibt es in vorgefertigter Form.[1] Auf bestimmten Hackerseiten im Internet finden sich beispielsweise sog. Crackerprogramme, mit denen sich vollständig automatisiert passwortgeschützte Dateien entschlüsseln lassen.[2]

- Verwendung autonomer Agenten:[3] Hierbei handelt es sich um Programme mit Schadensfunktionen,[4] die nach der Initiierung durch Insider oder Outsider völlig selbständig arbeiten. Häufig vorzufindende Beispiele sind Computerviren, Würmer und trojanische Pferde: „Ein Computervirus ist eine nicht-selbständige Programmroutine, die sich selbst reproduziert und dadurch vom Anwender nicht kontrollierbare Manipulationen in Systembereichen, an anderen Programmen oder deren Umgebung vornimmt."[5] Nicht selbständig bedeutet in diesem Zusammenhang, dass der Virus ein Wirtsprogramm zur Ausführung benötigt. Ihnen sehr ähnlich sind Computerwürmer. Dies sind selbständige Programmroutinen, die sich selbst reproduzieren, also eine Vielzahl von Computern in einem Netzwerk infizieren. Beide Varianten verursachen in der Regel sehr hohe Schäden an den betroffenen Systemen. Trojanische Pferde schließlich „sind Programme, die neben scheinbar nützlichen auch nicht dokumentierte, schädliche Funktionen enthalten und diese unabhängig vom Computer-Anwender und ohne dessen Wissen ausführen. Im Gegensatz zu Computer-Viren können sich Trojanische Pferde jedoch nicht selbständig verbreiten."[6] Ein trojanisches Pferd ist beispielsweise ein sog. ‚Password-Sniffer', der beim Anmelden am PC Benutzername und Kennwort protokolliert und damit dem Angreifer die nicht autorisierte Nutzung desselben er-

---

[1] Im Gegensatz zu Skripten enthalten Programme Systembefehle in Maschinencode. Sie müssen entsprechend während der Ausführung nicht erst noch in Maschinensprache übersetzt werden.

[2] Englisch für ‚Code knacken' oder ‚Problem lösen'; vgl. Breitsprecher et al. 1993, S. 256.

[3] Vgl. Howard 1997, Kapitel 6.4.4.3.

[4] Diese Programme verursachen auf den Systemen, die sie befallen, Schäden, indem sie beispielsweise Daten überschreiben, verändern oder löschen.

[5] BSI 2003c.

[6] BSI 2003b.

möglich.[1] Andere trojanische Pferde merken sich Kreditkartendaten oder zeichnen bei Bankgeschäften die Eingabe von PIN[2] und TAN[3] auf.

- Nutzung von Toolkits:[4] Toolkits bezeichnen Softwarepakete, die Skripte, Programme und autonome Agenten zusammenfassen und meist über anwenderfreundliche grafische Bedienungsoberflächen gesteuert werden können. Der Vorteil eines Toolkits besteht darin, dass es verschiedenartige Programme zur Manipulation und Schädigung von Systemen und Daten in einer einfach zu bedienenden Form quasi als Werkzeugkasten zur Verfügung stellt. Ein Beispiel für ein solches Toolkit ist Phatbot, eine Software mit öffentlichem zugänglichem Quellcode. Phatbot erlaubt über eine grafische Oberfläche die individuelle Zusammenstellung eines Computerwurms, der gleichzeitig als Trojaner fungiert und Funktionen wie beispielsweise die Fernsteuerung der durch ihn infizierten Rechner oder die Extraktion von vertraulichen Daten anbietet.[5]

- Abfangen elektromagnetischer Strahlung: Jedes elektronische Gerät strahlt elektromagnetische Wellen aus, die Informationen über die gerade verarbeiteten Informationen preisgeben können.[6] Diese sog. bloßstellende Abstrahlung kann abhängig von der Strahlungsart und Strahlungsintensität über unterschiedliches technisches Equipment abgefangen werden. So lässt sich beispielsweise die akustische Abstrahlung eines Druckers mit einer Wanze oder einem Richtmikrofon, die Abstrahlung eines Monitors hingegen mit einer Kamera aufnehmen und auswerten, während Netzwerkkabel oder Telefonleitungen angezapft werden können. Die von drahtlosen Funknetzwerken, sog. WLANs[7] ausgestrahlten Daten lassen sich mit WLAN-fähigen Notebooks oder PDAs empfangen. Die Schwierigkeit der Auswertung abgefangener Strahlung hängt neben der Strahlungsart, davon ab, ob und wie gut die übertragenen Daten verschlüsselt wurden.

---

[1] Vgl. Parker 1998, S. 89 und S. 129-133.

[2] **Persönliche Identifikationsnummer** – Die PIN ist eine Geheimzahl, mit der man sich gegenüber einem Rechner identifiziert.

[3] **Transaktionsnummer** – Bei einer TAN handelt es sich um Einmalpasswort, das ein Teilnehmer im Electronic Banking zur Authorisierung einer wichtigen Transaktion, z. B. für Überweisungen oder Wertpapierkaufaufträge benötigt.

[4] Vgl. Howard 1997, Kapitel 6.4.4.4.

[5] Vgl. Heise 2004.

[6] Vgl. BSI 2003, S. 1684.

[7] **Wireless Local Area Network**.

4 Computer Related Occupational Deviance

Bei der Rekonstruktion des Mehr-Ebenen-Modells wurde im zweiten Kapitel das zu erklärende Makrophänomen auf den Bereich der unternehmensschädigenden Handlungen eigener Mitarbeiter (Occupational Crime) beschränkt. Für sich genommen beschreibt Occupational Crime jedoch keine ausreichend homogene Deliktkategorie, wenn das Ziel in einer gehaltvollen Erklärung der Ursachen und Entstehungsbedingungen besteht.[1] Demzufolge bietet es sich an, eine weitere Eingrenzung des Gegenstandsbereichs über den Kontext vorzunehmen, in dem sich heutzutage ein Großteil devianter Handlungen abspielt. Im dritten Kapitel wurde in diesem Zusammenhang gezeigt, dass infolge der stetig ansteigenden Durchdringung unserer Lebenssphären mit Informations- und Kommunikationstechnologien seit den siebziger Jahren ein immer größer werdender Anteil delinquenter Verhaltensweisen einen Bezug zur EDV aufweist. Dieser neu entstandene Handlungskontext strukturiert den Rahmen, innerhalb dessen der Täter agieren kann, und gibt bezogen auf das zugrunde gelegte Akteursmodell Motive, Gelegenheiten, Methoden sowie Rationalisierungsmöglichkeiten vor. Verschiedenartige organisatorisch, technisch und menschlich bedingte Schwachstellen, die einen direkten Bezug zu Informations- und Telekommunikationssystemen aufweisen, bieten dem im Umgang mit neuen Technologien versierten Mitarbeiter zahlreiche Gelegenheiten für unternehmensschädigendes Fehlverhalten.

Logisch deduktiv ergibt sich der im Folgenden interessierende Deliktbereich Computer Related Occupational Deviance (CROD) aus der Schnittmenge von Computer Crime und Occupational Deviance, wobei dieses Konstrukt innerhalb des Mehr-Ebenen-Modells ausschließlich auf der Mesoebene, d. h. aus der Perspektive von Wirtschaftsunternehmen betrachtet wird und dabei explizit auch nicht-kriminalisierte, aber gleichwohl geschäftsschädigende Normverstöße beinhaltet (Kapitel 4.1).[2] Im Anschluss erfolgt eine feinere Ausdifferenzierung der konstituierenden Deliktkategorien, um einen tieferen Einblick in die Materie zu gewinnen (Kapitel 4.2). Abschließend wird die unternehmerische Notwendigkeit einer intensiven Auseinandersetzung mit computerbezogenem Fehlverhalten der eigenen Mitarbeiter dargelegt (Kapitel 4.3).

4.1 Betrachteter Gegenstandsbereich

Um den Erklärungsgehalt des konstruierten Erklärungsmodells zu maximieren und die Ableitung bzw. Formulierung von Präventionsmaßnahmen zu ermöglichen, ist es notwendig, ein möglichst homogenes Explanandum zu bilden.[3] Nachfolgend wird über das Konstrukt

---

[1] Siehe Kapitel 2.3.3.

[2] ‚Occupational Deviance' umfasst im Gegensatz zu ‚Occupational Crime' nicht nur Zuwiderhandlungen gegen geltendes Recht, sondern auch Verletzungen von Normen, die (durch den Arbeitgeber) für allgemeinverbindlich erklärt wurden; vgl. Friedrichs 2003, S. 89.

[3] Siehe Kapitel 1.1.

,CROD' die notwendige Konkretisierung des in dieser Arbeit zu untersuchenden Gegenstandsbereichs vorgenommen. Die dabei vorgenommene Einschränkung auf unternehmensschädigendes Fehlverhalten im Kontext neuer Technologien kann einerseits dadurch begründet werden, dass der Anteil geschäftsschädigenden Fehlverhaltens mit Bezug zur EDV steigt, so dass die Reichweite des konstruierten Erklärungsmodells nicht zu sehr eingeschränkt wird. Andererseits soll die spezifische Natur der dabei ausgenutzten Schwachstellen eine gehaltvolle Erklärung der Entstehungsbedingungen und damit gleichzeitig eine Ableitung wirksamer Präventionsmaßnahmen erlauben.[1]

4.1.1 Abweichendes und kriminelles Verhalten

Bevor in den anschließenden Kapiteln eine Konkretisierung des zu untersuchenden Gegenstandsbereichs auf der Mesoebene erfolgt, wird zunächst auf die notwendige Unterscheidung zwischen kriminellem und abweichendem Verhalten eingegangen. Definitorisch gilt Kriminalität als ein Verhalten, „das im Widerspruch steht zu ausdrücklich als allgemeinverbindlich erklärten Normen, die mit einer geregelten Sanktionsdrohung gekoppelt sind und daher Strafgesetze heißen."[2] Problematisch an einer im Sinne des (strafrechtlichen) Kriminalitätsbegriffs sehr eng umrissenen Begrenzung abweichender Verhaltensweisen ist die Tatsache, dass generalisierte Aussagen über ein Phänomen, welches zeitlichen und sozialräumlichen Einflüssen unterliegt, kaum möglich erscheinen.[3] Eine ausschließliche Analyse ‚kriminellen' Verhaltens würde den Untersuchungsgegenstand dieser Arbeit zu sehr einschränken, so dass dieser auf alle devianten Verhaltensweisen ausgedehnt wird.

Obgleich kodifizierte und somit klar nachvollziehbare Regelungen den Vorteil einer eindeutigen Differenzierung zwischen Recht und Unrecht bieten, hinkt das Kriminalitätsverständnis der sozialen Wirklichkeit in vielen Fällen hinterher. Dies lässt sich an den beiden bereits umfassend beschriebenen Deliktbereichen illustrieren. Auf der einen Seite machte Sutherland nicht zu Unrecht Anfang der vierziger Jahre darauf aufmerksam, dass die Instanzen sozialer Kontrolle einen großen Teil eindeutig strafbarer Handlungen – begangen von Mitgliedern der ‚White-Collar Klasse' – de facto nicht als Kriminalität erfassten.[4] Auf der anderen Seite lässt sich an den vielfältigen Erscheinungsformen der Computerkriminalität nachvollziehen, dass der strafrechtliche Kriminalitätsbegriff mitunter erst nach großer zeitlicher Verzögerung um offensichtlich schädigende Verhaltensweisen erweitert wird.

---

[1] Siehe Kapitel 6.2.

[2] Schellhoss 1993, S. 1.

[3] Vgl. Pfeiffer/Scheerer 1979, S. 13.

[4] Siehe Kapitel 2.1.2.

Hinsichtlich des Zusammenhangs von abweichendem und kriminellem Verhalten zeigt die folgende Abbildung, dass neben einem offensichtlichen Überlappungsbereich krimineller und gleichzeitig abweichender Verhaltensweisen (A) zwei weitere wichtige Teilbereiche existieren.[1]

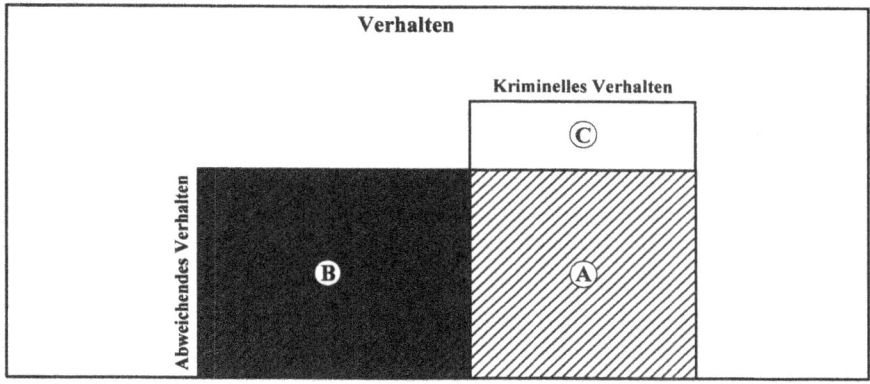

Quelle: Pfeiffer/Scheerer 1979, S. 15.

Abb. 4-1: Abweichendes und kriminelles Verhalten

Aus unterschiedlichen Gründen wird es immer Handlungen geben, die von der Mehrheit einer Gesellschaft oder Subsysteme derselben (z. B. Unternehmen) als abweichend betrachtet, aber nicht durch die relevanten Instanzen sozialer Kontrolle verfolgt und sanktioniert werden (B). Darüber hinaus existieren aber auch Straftatbestände, die von den meisten Mitgliedern einer Gesellschaft oder der betrachteten Subsysteme nicht missbilligt werden (C). Ein Beispiel für solche im allgemeinen Sprachgebrauch häufig als ‚Kavaliersdelikte' bezeichneten Vergehen stellt das Raubkopieren von Software dar.[2]

Die speziell im Bereich der Soziologie vorzufindende Beschäftigung mit sozialschädlichem Verhalten, welches auch Abweichungen von sozial dominanten, aber nicht formell kodifizierten Standards beinhaltet, entspricht einerseits dem Wunsch nach einer metaphysischen, allgemeingültigen Begriffsdefinition, die frei von jeglichen Beschränkungen des Strafrechts zwischen Gut und Böse unterscheiden kann.[3] Andererseits birgt eine derart weit gefasste Definition die Gefahr, dass zur Differenzierung einzelner Fälle das subjektive Urteil des Betrach-

---

[1] Vgl. Pfeiffer/Scheerer 1979, S. 14f.

[2] Siehe Kapitel 4.2.7.

[3] Vgl. Znaniecki 1928, S. 307.

ters erforderlich wird und somit die im kodifizierten Recht über eine generelle Normierung und abstrakte Beschreibung sichergestellte Objektivität verloren geht.[1]

Die Unschärfe eines nicht über das positive Recht eingegrenzten Begriffs devianten Verhaltens wird im weiteren Verlauf der Arbeit bewusst in Kauf genommen. Bei der in den folgenden Kapiteln vorgenommenen Konkretisierung mittels ‚CROD' wird sie zudem dadurch relativiert, dass über das materielle Kriterium der ‚Unternehmensschädlichkeit' ein an ökonomischen Größen ausgerichtetes Begriffsverständnis zugrunde gelegt wird. Im Sinne der Labeling-Theorie[2] ist jedoch bei der Untersuchung abweichenden Verhaltens – gleich ob als kriminell bezeichnet oder nicht – immer zu berücksichtigen, dass die ‚Etikettierung' eines Verhaltens als ‚kriminell' die Mitglieder in sozialen Systemen in ihrem weiteren Verhalten beeinflusst, da sie die gesellschaftliche Reaktion implizit und antizipativ bei ihren Handlungen berücksichtigen. Da angesichts der Entwicklungsdynamik der Informations- und Kommunikationstechnologien nie alle relevanten Tatbestände strafrechtlich erfasst sein können,[3] ist eine weitergefasste Auslegung devianten Verhaltens in dieser Arbeit, die technologiegetriebene Deliktformen in den Mittelpunkt ihrer Analyse stellt, angebracht.

4.1.2 Zusammenhang zwischen Wirtschafts- und Computerkriminalität

Die bereits vorgestellten Konstrukte ‚Wirtschaftskriminalität' und ‚Computerkriminalität' konkretisieren den zu betrachtenden Gegenstandsbereich in zweierlei Hinsicht:[4]

(1) Betrachtetes soziales Gebilde: Mit der Beschränkung auf alle sozial schädlichen Verhaltensformen im Wirtschaftsleben wurde implizit eine Festlegung des sozialen Gebildes vorgenommen, auf dem im weiteren Verlauf der Arbeit der Schwerpunkt liegen wird. Die Menge aller denkbaren devianten Verhaltensweisen wird somit auf diejenigen Handlungen begrenzt, in denen primär Wirtschaftsunternehmen zu Schaden kommen.

(2) Handlungskontext: Mit der Computerkriminalität wurde eine Eingrenzung auf diejenigen sozial schädlichen Verhaltensweisen vorgenommen, die einen Bezug zu Informations- und Kommunikationstechnologien haben. Betrachtet werden also immer Informationen und die sie verarbeitenden Systeme. Letztere können gleichermaßen Tat-

---

[1] Vgl. Tappan 1947, S. 50-51 und S. 54.

[2] Im Zentrum der Labeling-Theorie steht die Analyse der gesellschaftlichen Reaktion auf Kriminalität und nicht die kriminelle Handlung selbst; vgl. Tannenbaum 1938, Lemert 1951 sowie Becker 1970, S. 167.

[3] Vgl. Janke 1996, S. 549.

[4] Siehe Kapitel 2 und 3.

werkzeug, -objekt, -subjekt und -symbol sein und damit verschiedene Rollen im Kriminalitätsgeschehen einnehmen.[1]

Aus den auf der Makroebene häufig wahrgenommenen Phänomenen Wirtschaftskriminalität und Computerkriminalität ergibt sich als Schnittmenge die computerbezogene Wirtschaftskriminalität:

Betrachtetes soziales Gebilde

		Privathaushalte	Unternehmen	Verbände	Staat
Handlungskontext	Sozialschädliche Handlungen — ohne Bezug zur EDV		Wirtschaftskriminalität		
	mit Bezug zur EDV	Computerkriminalität	Computerbezogene Wirtschaftskriminalität		

Abb. 4-2: Schnittmenge von Wirtschaftskriminalität und Computerkriminalität

4.1.3 Empirische Indikatoren der Konvergenz beider Deliktformen

Die zunehmende Verbreitung von EDV-Systemen sowohl im privaten wie auch im beruflichen Bereich lässt vermuten, dass ein ebenfalls größer werdender Anteil unternehmensschädlichen Verhaltens in Wirtschaftsunternehmen einen Bezug zur EDV hat. Die Nutzung von fortgeschrittenen Technologien konzentriert sich nicht nur auf einzelne hoch spezialisierte Personengruppen, sondern erstreckt sich über den Großteil der Mitarbeiter eines Unternehmens hinweg. Die Frage, ob ihre berufliche Tätigkeit die Nutzung von computerisierten oder automatisierten Geräten umfasst, bejahten in verschiedenen in Großbritannien durchgeführten Studien 1986 40%, 1992 56% und 2001 bereits 74% aller befragten 20- bis 60-Jährigen.[2] Dabei wiesen Felstead et al. nach, dass die im Beruf benötigten fachspezifischen Fähigkeiten und Kenntnisse seit 1986 kontinuierlich zunehmen. Von 36 erhobenen Kategorien beruflich relevanter Fähigkeiten und Kenntnisse verzeichnete die mit ‚Using a computer, PC, or other types

---

[1] Siehe Kapitel 3.2.1.

[2] Vgl. Felstead et al. 2002, S. 56-58.

of computerised equipment' bezeichnete Kategorie im Zeitraum von 1997 bis 2001 den mit Abstand stärksten Anstieg.¹

Die Erkenntnis, dass Veränderungen der technologischen Basis weitreichende Auswirkungen auf die Funktionsweise der Wirtschaft haben, ist nicht neu und theoretisch gut fundiert.² Analog weisen auch die Entwicklungen im Bereich der Wirtschaftsdelikte darauf hin, dass der Anteil devianter Handlungen mit Bezug zur EDV stetig wächst.³ Bereits 1987 äußerte Bequai die Vermutung, dass computerunterstützte Betrugsdelikte die am schnellsten wachsende Kategorie der Wirtschaftskriminalität sind.⁴ Janke spricht von der Computerkriminalität als „moderne[r] Hauptausprägung der Wirtschaftskriminalität, geschuldet den Tatsachen, dass in der gegenwärtigen Wirtschaft ohne Computer kaum noch etwas geht."⁵ Ein aktuelles Lagebild zur erwarteten künftigen Bedrohung durch verschiedene Deliktformen der Wirtschaftskriminalität vermittelt die von der Prüfungs- und Beratungsgesellschaft PwC Deutsche Revision im Jahr 2003 durchgeführte Studie ‚Wirtschaftskriminalität 2003'.⁶ Die Antworten auf die Frage, welche Arten von Wirtschaftskriminalität das eigene Unternehmen in den nächsten fünf Jahren betreffen könnten, ergaben für die deutschen Unternehmen folgende Häufigkeitsverteilung:

---

¹ Vgl. Felstead et al. 2002, S. 42-44 und S. 126f. Andere Kategorien waren z. B. ‚Umgang mit Menschen', ‚Fähigkeit, Menschen auszubilden oder zu unterrichten', ‚rhetorische Fähigkeiten', ‚verkäuferische Fähigkeiten', ‚Teamfähigkeit' usw.

² Vgl. Coyle/Quah 2002, S. 4.

³ Vgl. Friedrichs 2003, S. 184f.

⁴ „Computer-assisted fraud appears to be the fastest growing category of white-collar crime..." Bequai 1987, S. 110.

⁵ Janke 1996, S. 549.

⁶ Weltweit wurden für diese Studie über Telefoninterviews Vorstände, Geschäftsführer bzw. Verantwortliche für die Entdeckung oder Prävention von Wirtschaftskriminalität aus 3.623 Unternehmen befragt; vgl. PWC 2003, S. 21.

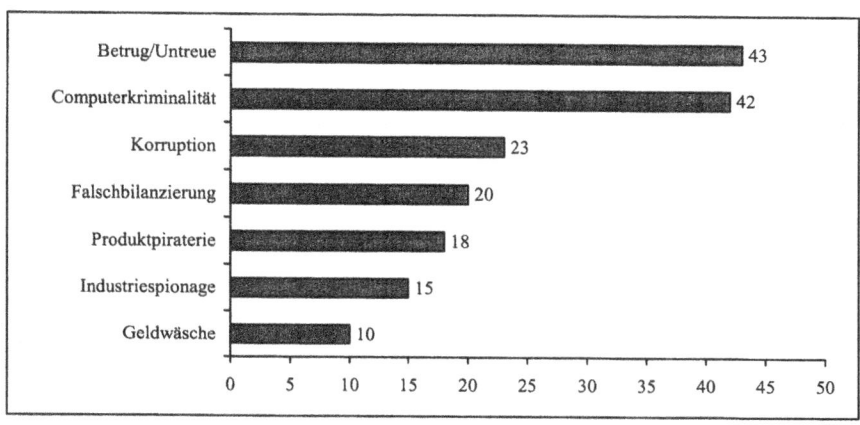

In Anlehnung an: PWC 2003, S. 20.

Abb. 4-3: Deliktformen der Wirtschaftskriminalität – Erwartung in den nächsten fünf Jahren

Unter Computerkriminalität wurden in der Studie alle wirtschaftskriminellen Handlungen subsumiert, die mittels Informationstechnologien begangen wurden.[1] Kritisch anzumerken ist jedoch, dass die einzelnen Deliktformen keineswegs eindeutig und überschneidungsfrei sind. Computerkriminalität wird in dieser Arbeit weitergehend verstanden und beschränkt sich nicht ausschließlich auf die Rolle der EDV als Werkzeug. Dennoch vermittelt die Befragung einen guten Eindruck von der erwarteten Bedeutung computerbezogenen Fehlverhaltens in Unternehmen.

4.1.4 Definition von CROD

Nachfolgend wird die bereits getroffene Differenzierung der Wirtschaftskriminalität in Occupational Crime und Corporate Crime erneut aufgegriffen.[2] Innerhalb der Computerkriminalität kann nach der Herkunft des Täters zwischen solchen Personen unterschieden werden, die zur Nutzung der EDV-Systeme eines Unternehmens befugt sind (Insider) und solchen, die keine Zugriffsberechtigung besitzen (Outsider).[3] Die Beschränkung auf kriminelles Verhalten erscheint aus den in Kapitel 4.1.1 beschriebenen Gründen insbesondere aus der auf der Mesoebene eingenommenen Perspektive eines Wirtschaftsunternehmens wenig sinnvoll. Daher werden im Folgenden unter Computer Related Occupational Deviance (CROD) als Schnittmenge von Computer Crime und Occupational Deviance nicht nur kriminelle Handlungen mit Bezug zu ITK-Systemen von Unternehmensangehörigen bzw. Insidern verstanden, sondern auch

---

[1] Vgl. PWC 2003, S. 22.

[2] Siehe Kapitel 2.3.3.

[3] Siehe Kapitel 3.3.3.

nicht kriminalisierte, aber deviante Handlungen, die einen wirtschaftlichen Schaden für das betrachtete Unternehmen implizieren. Nicht zur Kategorie von CROD zählen Taten ohne EDV-Bezug sowie computerbezogene geschäftsschädigende Handlungen von Outsidern, die nicht zum Personenkreis der Mitarbeiter eines Unternehmens gehören. Die nachstehende Abbildung verdeutlicht diesen Zusammenhang.

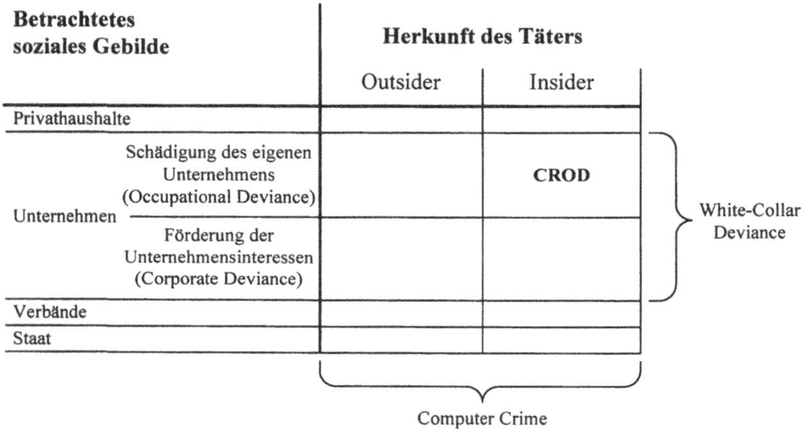

Betrachtetes soziales Gebilde		Herkunft des Täters	
		Outsider	Insider
Privathaushalte			
Unternehmen	Schädigung des eigenen Unternehmens (Occupational Deviance)		CROD
	Förderung der Unternehmensinteressen (Corporate Deviance)		
Verbände			
Staat			

White-Collar Deviance (umfasst Unternehmen-Zeilen)

Computer Crime (umfasst alle Zeilen)

Abb. 4-4: CROD – Eingrenzung des Gegenstandsbereichs

Das Ausmaß der abweichenden Handlungen, die dem Bereich von CROD zuzurechnen sind, lässt sich aufgrund des hohen Dunkelfeldes nur schwer abschätzen. Als gesichert gilt lediglich, dass der Anteil unternehmensschädigender Verhaltensweisen von Mitarbeitern mit EDV-Bezug stetig ansteigt. Ursächlich hierfür ist die zunehmende Durchdringung der Wirtschaftswelt mit Informations- und Kommunikationstechnologien in Verbindung mit immer vorhandenen EDV-bedingten Schwachstellen sowie das eng mit der vermehrten Computernutzung zusammenhängende sog. Upskilling-Phänomen.[1] Upskilling meint hierbei die auf allen Mitarbeiterebenen zu beobachtende Verbesserung IT-bezogener Kenntnisse und Fähigkeiten.

Zu Pionierzeiten der EDV war die Nutzung von Computern in der Hauptsache auf einfache Routinetätigkeiten von Verwaltungsangestellten beschränkt und umfasste im Wesentlichen die Eingabe und Verwaltung von Daten, die später höher gestellten Mitarbeitern zur Verfügung gestellt wurden.[2] Mittlerweile werden ITK-Systeme wesentlich differenzierter und intensiver eingesetzt. Das mittlere und obere Management hat in der Regel ebenfalls direkten

---

[1] „Rather than being confined to a relatively small sector of highly skilled information technology experts, the direct impact of computers has spread through a very diverse range of jobs." Felstead et al. 2002, S. 56. So auch Rosenblatt (1990, S. 36): „Our society is about to feel the impact of the first generation of children who have grown up using computers."

[2] Vgl. Thomson/Solms 1998, S. 168.

Zugriff auf die EDV-Systeme und nutzt diese als Informations- und Kommunikationsinstrument. Daneben bilden verschiedenste Arten von Anwendungsprogrammen die notwendige Voraussetzung für eine effektive Arbeitsorganisation. Hierzu zählen sog. Personal Information Management (PIM) - Systeme zur Verwaltung von Terminen, Aufgaben, E-Mails, Notizen und Kontakten ebenso wie sog. Management-Informationssysteme (MIS), die der Unternehmensführung einen Echtzeit-Zugriff auf zentral bereitgestellte, zur Analyse, Planung und Entscheidung benötigte Informationen bieten, aber auch Textverarbeitungsprogramme, Tabellenkalkulationen und das WWW mit seinen breit gefächerten Nutzungsmöglichkeiten.

All diese Systeme eröffnen nicht nur dem Management eine Vielzahl neuer Anwendungsbereiche, sondern verändern auch das Einsatzspektrum der EDV im Bereich der einfacheren Verwaltungs- und Ausführungstätigkeiten unterer Ebenen und bedingen somit eine Verbesserung der IT-Kenntnisse und Fähigkeiten aller Mitarbeiter eines Unternehmens. Verwaltungs- und Sekretariatsaufgaben erfordern oft mindestens ebenso gute EDV-Kenntnisse wie Tätigkeiten von Spezialisten, die heutzutage auf komplexe, maßgeschneiderte Anwendungen zurückgreifen.[1]

4.1.5 CROD als Mesophänomen

Innerhalb des Mehr-Ebenen-Modells, das im Rahmen dieser Arbeit konstruiert wird, lassen sich Computerkriminalität, Mitarbeiterkriminalität und CROD auf verschiedenen Ebenen lokalisieren. Mitarbeiterkriminalität und Computerkriminalität können gleichermaßen als überindividuelle, gesellschaftlich konstruierte Phänomene bezeichnet werden. Sie sind entsprechend der Makroebene zuzuordnen. Dabei fällt auf, dass die beiden Phänomene in den verschiedenartigen gesellschaftlichen Instanzen etwa im Strafrecht, in der Kriminalstatistik, in den Medien oder auch ganz allgemein im Öffentlichkeitsdiskurs vorwiegend als wenig verbunden wahrgenommen werden.

Der Gesetzgeber führt in der einzigen in Deutschland existierenden Legaldefinition von Wirtschaftskriminalität (§ 74c GVG)[2] lediglich den Computerbetrug (§ 263a StGB) auf, andere Straftatbestände der Computerkriminalität[3] werden nicht erwähnt.[4] Gleichzeitig negiert auch die Kriminalstatistik[5] die Tatsache, dass abweichendes Verhalten zum Schaden von Unter-

---

[1] Vgl. Felstead et al. 2002, S. 42-44 und S. 113-116.

[2] Siehe Kapitel 2.3.2.

[3] Siehe Kapitel 3.1.4.

[4] Analog merkt Hollinger (1991, S. 10) an, dass sich die Bemühungen des Gesetzgebers fast ausschließlich auf (unternehmensexterne) Hacker konzentrieren. Die im Unternehmen ansässigen Computerkriminellen werden dabei stark vernachlässigt.

[5] Die Kriminalstatistik umfasst „alle diejenigen amtlichen Veröffentlichungen, in denen Ergebnisse staatlicher Ermittlungs- und Strafverfolgungsbehörden nachgewiesen werden." Kerner 1993, S. 294.

nehmen häufig einen direkten Bezug zur EDV hat. So weist beispielsweise die PKS Wirtschaftskriminalität und Computerkriminalität als separate Deliktformen aus.[1] Auch in den Medien werden beide Phänomene überwiegend losgelöst voneinander dargestellt. Hier unterscheidet sich das Porträt des typischen White-Collar Kriminellen diametral von dem des jugendlichen Computerhackers, der als stereotype Darstellung des Computerkriminellen herhalten muss.[2] Der in seinen Meinungen und Ansichten wesentlich durch die Medien geprägte Normalverbraucher vermag auf den ersten Blick wenig Gemeinsamkeiten zwischen beiden festzustellen: Auf der einen Seite steht ein in feste Organisationsstrukturen eingebetteter, reifer und sozial gut vernetzter Manager, der sich selbst oder sein Unternehmen auf oftmals spektakuläre Art und Weise finanziell bereichert. Auf der anderen Seite wird ein sozial ausgegrenztes, pubertierendes Computergenie porträtiert, das mit verschlagener Raffinesse zur Befriedigung der eigenen Neugier auf einer dem Normalsterblichen völlig undurchschaubaren Art und Weise in fremde Computersysteme eindringt oder Viren programmiert und in Umlauf bringt, die Tausende von Rechnern lahm legen.[3] Auffällig ist, dass die Öffentlichkeit dem Wirtschaftskriminellen wie auch dem Computerdelinquenten gleichermaßen mit einem gewissen Grad an Bewunderung gegenübertritt.[4]

Mit der Fokussierung auf CROD wird in dieser Arbeit die beschriebene, in der Öffentlichkeit wie auch in der Kriminologie fehlende Verbindung von Mitarbeiterkriminalität und Computerkriminalität vorgenommen. Dabei erfolgt gleichzeitig eine Neuausrichtung der eingenommenen Perspektive auf Unternehmen als relevanten sozialen Kontext, verbunden mit einer Erweiterung um solche Verhaltensweisen, die nicht kriminalisiert sind,[5] aber gleichwohl mit einer wirtschaftlichen Schädigung einhergehen. Dazu gehört beispielsweise die strafrechtlich nicht erfasste Nutzung von Internetdiensten zu privaten, d. h. geschäftlich nicht veranlassten Zwecken. Selbst wenn ein Mitarbeiter ausschließlich gesetzlich erlaubte Seiten beim privaten Surfen im WWW besucht, führt die nicht-geschäftliche Nutzung dieses Mediums am Arbeitsplatz zwangsläufig zu Produktivitätseinbußen.[6] Auffällig ist, dass auf gesamtgesellschaftlicher Ebene in erster Linie solche Verhaltensweisen als gravierend eingestuft werden, die greifba-

---

[1] Vgl. PKS 2004, S. 236f. und S. 240f.

[2] Vgl. Dowland et al. 1999, S. 720.

[3] Vgl. BloomBecker 1990, S. 38f. und Schneier 2000, S. 44.

[4] Auf der einen Seite fasst es Gibney (1978, S. 14) in Bezug auf den Wirtschaftskriminellen sehr treffend in Worte: „Americans have always held a sneaking sympathy for the sharper, the gay rogue, the lad who cheats in examinations and never gets caught..." Auf der anderen Seite wird der Computerhacker als ‚hero of the computer revolution' porträtiert. Die ihnen entgegengebrachte Bewunderung verdanken Hacker der Bewältigung einer Technologie, die schon sehr früh mystifiziert und mit besonders intelligenten Personen assoziiert wurde; vgl. Pfuhl 1987, S. 121.

[5] Beim ‚Information Security Breaches Survey' des Department of Trade and Industry aus dem Jahr 2002 lag der Anteil solcher Fälle bei 20%; vgl. DTI 2002, S. 13.

[6] Vgl. Snider 2001, S. 113.

ren realweltlichen Verbrechen am nächsten kommen.[1] Die Verletzung von Urheberrechten durch Raubkopieren von Software, der Diebstahl von Daten oder die bloße Einsichtnahme in Daten Dritter werden von einem Großteil der Bevölkerung als weitaus weniger ‚kriminell' eingestuft als beispielsweise der Diebstahl von Hardware, Sabotage oder Computerbetrugsdelikte.[2]

Auf der Mesoebene intendiert das in dieser Arbeit betrachtete gesellschaftliche Subsystem nicht nur die Prävention spektakulärer Einzelfälle. Vielmehr geht es aus gesamtunternehmerischer Perspektive darum, alle abweichenden Handlungen von Mitarbeitern zu vermeiden, die im weitesten Sinne Risiken darstellen oder Produktivitätsverluste mit sich bringen.[3] Im Unterschied zur Makroebene handelt es sich auf der Mesoebene in den meisten Fällen um alltägliche, wenig spektakuläre Verhaltensweisen, die dennoch in der Summe hohe Kosten verursachen. Ebenfalls interessieren jedoch komplexere Fälle devianten Mitarbeiterverhaltens, d. h. solche Taten, die für einen unbeteiligten Dritten in Unkenntnis der internen Abläufe, Prozeduren und Systeme kaum nachzuvollziehen sind und daher nur selten in den Medien thematisiert werden.

Neben diesen qualitativen Unterschieden in der Wahrnehmung zwischen Makro- und Mesoebene gesellt sich der durch das große Dunkelfeld bedingte quantitative Unterschied hinzu.[4] Selbst innerhalb einer Unternehmung wird nur ein Bruchteil der unerwünschten Verhaltensweisen wahrgenommen. Von den der Unternehmensführung bekannt gewordenen Fällen wird wiederum nur ein geringer Prozentsatz an die zuständigen Behörden gemeldet. Aktuelle Studien beziffern diesen Anteil auf 16% bis 30%.[5] Ein häufig genannter Grund für diese Verschwiegenheit ist die Tatsache, dass ein Vergehen als nicht schwerwiegend genug eingeschätzt wurde.[6] Ohnehin besteht in einem Unternehmen generell eine Tendenz, Probleme schnell, leise und unbürokratisch zu klären, um negative personelle und organisatorische Konsequenzen zu vermeiden.[7] Bekannt gewordene Sicherheitsverfehlungen können auf das Si-

---

[1] Vgl. Ball/Friedman 1965, S. 300.

[2] Vgl. Dowland et al. 1999, S. 719f. Von den Teilnehmern der Studie wurden folgende Delikte als gravierend bzw. sehr gravierend eingestuft: Diebstahl von Hardware (97%) Sabotage (96%), Manipulation von Daten (95%), Computerbetrug (90%), Verbreitung von Viren (88%), Einsichtnahme in Daten Dritter (66%), nicht autorisiertes Kopieren von Daten (59%) und Raubkopieren von Software (40%).

[3] Risiken werden in diesem Fall verstanden als negative Abweichungen von explizit geplanten oder implizit vorausgesetzten Zielen und Erwartungen eines Unternehmens; vgl. Ackermann 1999b, S. 58.

[4] Siehe Kapitel 2.3.4, 2.4.1 sowie 4.2.2 bis 4.2.7.

[5] Vgl. DTI 2002, S. 13 und Richardson 2003, S. 18.

[6] Vgl. DTI 2002, S. 13.

[7] Vgl. Shaw et al. 1998, S. 2.

cherheitsimage, das Kundenvertrauen und die Investitionsbereitschaft in das Unternehmen starke negative Auswirkungen haben.[1]

4.2 Deliktformen

In Verbindung mit ITK-Systemen auftretende sicherheitsrelevante Vorfälle lassen sich auf verschiedenste Arten und Weisen untergliedern. Einzelne Deliktformen werden im Folgenden in disjunkte Kategorien eingeordnet und näher beschrieben, um Merkmale und Eigenschaften der Materie präziser zu erläutern. Anschließend erfolgt über eine Taxonomie von CROD eine zusammenfassende Darstellung der in den vorangegangenen Kapiteln gewonnenen Erkenntnisse.

4.2.1 Kategorisierung

Die nachstehende Kategorisierung dient der aus Sicht betroffener Unternehmen sinnvollen Abgrenzung in der Praxis feststellbarer Fälle. Dabei werden ausgehend von ausgewählten, regelmäßig durchgeführten empirischen Untersuchungen zum Themengebiet von CROD zunächst mögliche Deliktformen miteinander verglichen.

Folgende Herausgeber wurden hierbei berücksichtigt:

(1) Seit 1981 führt die Audit Commission (AC), eine unabhängige britische Behörde zur Überwachung staatlicher Ausgaben, etwa alle drei Jahre Befragungen im öffentlichen wie auch im privatwirtschaftlichen Sektor durch, um den Umfang und die Struktur computerbezogenen Fehlverhaltens zu ermitteln.[2]

(2) Das Computer Security Institute (CSI) ist eine 1974 gegründete Organisation, welche das Ziel verfolgt, IT-Sicherheitsspezialisten auszubilden und mit Informationen zu versorgen. Seit 1996 veröffentlicht das CSI gemeinsam mit dem ‚Computer Intrusion Squad' des FBI-Büros in San Francisco jährlich Studien, welche ein Lagebild der Informationssicherheit vermitteln sollen.[3]

---

[1] Vgl. Richardson 2003, S. 19 und siehe Kapitel 2.4.1. Manchmal verursacht eine negative Berichterstattung der Presse höhere Kosten als das eigentliche Verbrechen; vgl. Schneier 2000, S. 37.

[2] Vgl. AC 2005, S. 5. In der hier herangezogenen Studie wurden Fragebögen von 407 Organisationen aus dem öffentlichen Sektor ausgewertet.

[3] Vgl. Gordon et al. 2004, S. 2. 2004 wurden die Antworten von 494 Sicherheitsverantwortlichen aus privatwirtschaftlichen Unternehmen und öffentlichen Institutionen ausgewertet.

(3) Das European Information Technology Observatory (EITO) ist eine seit 1993 existierende Institution, die jährlich umfassende Analysen und Statistiken zu den europäischen Informations- und Telekommunikationsmärkten veröffentlicht.[1]

(4) Das britische Wirtschaftsministerium (engl. Department of Trade and Industry, DTI) schließlich unterstützt seit 1991 die Erforschung von Verletzungen der Informationssicherheit. Der 2004 zum siebten Mal veröffentlichte ‚Information Security Breaches Survey' wurde im Auftrag des DTI durch die Wirtschaftsprüfungs- und Beratungsgesellschaft PricewaterhouseCoopers erstellt.[2]

Die vier betrachteten Studien setzen im Detail unterschiedliche Schwerpunkte, weisen jedoch auch einige Gemeinsamkeiten auf: Die angesprochenen Unternehmen wurden u. a. nach aufgetretenen Verletzungen der Informationssicherheit befragt, und es wurde in allen Fällen eine Kategorisierung der erfragten Sicherheitsvorfälle vorgenommen. Die nachstehende Tabelle gibt einen Überblick über die im Weiteren als Deliktformen bezeichneten Kategorisierungen.[3] Die acht aufgeführten Deliktformen lassen sich im Bezug auf die Herkunft des Täters nicht völlig überschneidungsfrei einem Typus zuweisen. Es ist jedoch davon auszugehen, dass die Sicherheitsvorfälle der Deliktkategorien 1 bis 4 vorwiegend von Insidern und die der Kategorien 7 und 8 überwiegend von Outsidern begangen werden, während für die Kategorien 5 und 6 keine eindeutige Aussage getroffen werden kann.

---

[1] Vgl. EITO 1994, S. 1 und EITO 2003, S. 1. Der Auswertung über erlittene Beeinträchtigungen der Informationssicherheit lagen Befragungen von 200 Unternehmen im Jahr 2002 und 100 Unternehmen im Jahr 2001 zugrunde.

[2] Vgl. DTI 2004, S. 1. PricewaterhouseCoopers führte Telefoninterviews mit 1.001 Unternehmen, wobei vorzugsweise mit der für Informationssicherheit verantwortlichen Person gesprochen wurde.

[3] Zum Teil wurden innerhalb einzelner Studien weitere Untergliederungen einzelner Deliktformen vorgenommen. Diese werden jeweils über einen kurzen Kommentar im Fußtext erläutert. Darüber hinaus führen Gordon et al. (2004, S. 10) nachfolgende Kategorien auf, die in Tabelle 4-1 aus Platzgründen und aufgrund ihrer vergleichsweise geringen empirischen Bedeutung nicht weiter betrachtet werden: ‚Web Site Defacement', ‚Misuse of public Web application' und ‚Telecom Fraud'.

Deliktformen \ Publikationen	ICT fraud and abuse 2004[1]	ICT Security Breaches 2003[2]	Computer Crime and Security Survey 2004[3]	Information Security Breaches Survey 2004[4]
1. Betrug (Unterschlagung von Vermögen)	X	X	X	X
2. Verrat von Geschäftsgeheimnissen (Ausspähen von Informationen/Spionage)	X		X	X
3. Missbräuchliche Nutzung von ITK-Diensten	X		X	X
4. Sabotage	X	X	X	X
5. Diebstahl von Hardware			X	X
6. Diebstahl von Software	X			
7. Viren (Programmierung und/oder Verbreitung schadhafter Software)	X	X	X	X
8. Nicht-autorisierter Zugriff auf Systeme (Hacking)	X	X	X	X

Tab. 4-1: Formen abweichenden Verhaltens mit Bezug zur EDV

---

[1] Vgl. AC 2005, S. 4. Die Kategorien ‚Invasion privacy' und ‚Inappropriate material' wurden den Deliktformen #2 bzw. #3 zugeordnet.

[2] Vgl. EITO 2003, S. 202. Die Kategorien ‚Data Corruption', ‚OS Corruption' (Operating System) und ‚Denial of Service' wurden der Deliktform #4 zugewiesen, da sich bei ihnen lediglich die Art und Weise des elektronischen Zugriffs, nicht aber die verletzten Sicherheitsanforderungen (Integrität und Verfügbarkeit) und die Intention des Täters unterscheiden.

[3] Vgl. Gordon et al. 2004, S. 10. Die Kategorien ‚Denial of Service' und ‚Abuse of wireless network' wurden den Deliktformen #4 und #8 zugeordnet.

[4] Vgl. DTI 2004, S. 17-22. Die Deliktformen #6 und #1 wurden in dieser Studie unter einer gemeinsamen Kategorie ausgewiesen. Angesichts fundamental verschiedener Tatbegehungsweisen (physikalischer vs. elektronischer Zugriff) werden sie in dieser Arbeit jedoch getrennt behandelt. Darüber hinaus weist die Studie unterhalb der Kategorie ‚Systems Failure and Data Corruption' anders als bei der hier aufgeführten Deliktform #4 auch nicht-intentionale Handlungen aus, die auf Fehler der Hardware, Software oder der Anwender zurückzuführen sind.

In den folgenden Kapiteln 4.2.2 bis 4.2.7 werden die spezifischen Merkmale der ersten sechs Deliktformen näher beschrieben, da diese überwiegend oder zumindest teilweise von Mitarbeitern begangen werden. Nicht weiter betrachtet werden solche Fälle, in denen die EDV in ihrer Rolle als Symbol lediglich als Motivator für andere Formen abweichenden Verhaltens dient.[1]

4.2.2 Betrug

Betrug bedeutet, sich einen rechtswidrigen Vermögensvorteil durch Vorspiegelung falscher oder Entstellung oder Unterdrückung wahrer Tatsachen zu erschleichen.[2] Anders etwa als beim Diebstahl von Software führt die avisierte finanzielle Bereicherung des Täters beim Betrug zwangsläufig zu einem direkt messbaren wirtschaftlichen Schaden beim betroffenen Unternehmen. Folgende Merkmale sind kennzeichnend für computerbezogene Betrugsdelikte:

(1) Tatbegehung in der Nähe von Geldmittelzu- oder -abflüssen

(2) Manipulation und Missbrauch bei der Ein- oder Ausgabe von Daten bzw. Eingriffe bei der Verarbeitung von Daten oder Programmen

(3) Typischerweise fortgeschrittene IT-Kenntnisse des Täters

(4) Verletzung der Integrität von Informationen

(5) Verheimlichung der Tat

(6) Umwandlung der entwendeten Werte

Betrugsdelikte finden in der Regel nahe am Geld statt, da der Täter durch Diebstahl bzw. Unterschlagung Gelder aus der Unternehmenssphäre in die Privatsphäre umleitet (1).[3] Speziell bei computerbezogenen Betrugsfällen erfolgt immer ein elektronischer Zugriff auf Daten oder Programme. Entweder werden die Daten bei der Ein- oder Ausgabe an den Schnittstellen zum Benutzer manipuliert oder aber es finden über Befehle auf der Systemebene Eingriffe während der Verarbeitung der Daten statt (2).[4] Abhängig von der Art des elektronischen Eingriffs werden in der Regel zumindest fortgeschrittene Benutzerkenntnisse benötigt (3). 70% bis 80% aller Betrugsfälle sind dabei auf die erfolgreiche Umgehung existierender Sicherheitskontrollen zurückzuführen.[5] Hinsichtlich der Anforderungen an die Informationssicherheit[6] führt eine manipulative Datenveränderung unweigerlich zu einer Verletzung der Datenintegri-

---

[1] Siehe Kapitel 3.2.1.

[2] Vgl. Benson 1985, S. 596-598, Gabler 1997, S. 579, Stichwort ‚Betrug' sowie § 263 (1) StGB.

[3] Vgl. Odenthal 1997, S. 247.

[4] Vgl. AC 2001, S. 13.

[5] Vgl. Dhillon 1999, S. 173.

[6] Siehe Kapitel 3.2.3.

tät (4). Bei Betrugsdelikten ist dem Täter verständlicherweise viel an der Verheimlichung seiner Tat gelegen (5). Er ergreift alle ihm zur Verfügung stehenden Maßnahmen, die dazu dienen, die Spuren des Verbrechens zu verwischen und so die interne Konsistenz der Daten wiederherzustellen, damit die vorgenommenen Manipulationen nicht auffallen. In der EDV gehören hierzu beispielsweise die Veränderung von Datenbeständen der Finanzbuchhaltung oder die Beseitigung elektronischer Spuren innerhalb von Protokolldateien, welche auf System- oder Programmebene Änderungen von Datenbeständen aufzeichnen. Nicht zuletzt erfordert die finanzielle Verwertbarkeit solcher Betrugsdelikte, die gleichzeitig Diebstahl bzw. Unterschlagungsdelikte darstellen, eine Umwandlung der entwendeten Werte durch Verkauf, Einzahlung und/oder Überweisung (6).[1]

Mit Verweis auf das Dunkelfeld, das bei Betrugsdelikten als hoch einzuschätzen ist, lässt sich festhalten, dass diese Verbrechensform auf der Makroebene vergleichsweise selten beobachtet wird. Bei Befragungen gaben zwischen 2% und 8% aller Unternehmen an, im vergangenen Jahr Opfer von computerbezogenen Betrugsfällen geworden zu sein.[2] Zwei Drittel der im Information Security Breaches Survey 2004 von einem Betrugsfall betroffenen Unternehmen bewertete den Schadensfall mindestens als gravierend.[3] Derselbe Anteil an Unternehmen gab an, dass es sich hierbei um den schwerwiegendsten Sicherheitsvorfall des vergangenen Jahres handelte.[4] Ein Grund hierfür könnte darin liegen, dass anders als bei traditionellen Betrugsformen, die ohne elektronische Manipulation bewerkstelligt werden, die Buchgelder im Fall von Delikten mit EDV-Bezug der Höhe nach kaum Beschränkungen unterliegen.

4.2.3 Verrat von Geschäftsgeheimnissen

Alle Informationen, die strategische Bedeutung für eine Unternehmung besitzen und gleichzeitig einen potentiellen finanziellen Wert für Dritte darstellen, sind besonders durch das Gesetz geschützt.[5] Dabei stellen insbesondere Lieferantenverzeichnisse, Einkaufskonditionen, Kundendaten und Aufzeichnungen über Projekte der Konkurrenten lohnenswerte Ziele dar. Sie können Mitbewerbern dabei helfen, Angebotsstrategien zu unterlaufen, Kosten z. B. beim Einkauf von Vorprodukten zu senken und Entwicklungskosten durch den illegalen Transfer von Know-how zu sparen. Wirtschaftsspionage wird mittlerweile nicht mehr nur von Ge-

---

[1] Vgl. Albrecht 1996, S. 33.

[2] Vgl. EITO 2003, S. 202 (8%), Gordon et al. 2004, S. 9 (5%) und DTI 2004, S. 22 (2%).

[3] Vgl. DTI 2004, S. 21.

[4] Vgl. DTI 2004, S. 22.

[5] In erster Linie betroffen ist § 17 (2), Nr. 1a und 2 UWG (Verrat von Geschäftsgeheimnissen), wenn der Täter sich ein Geschäfts- oder Betriebsgeheimnis durch Anwendung technischer Mittel verschafft, sichert, es unbefugt verwertet oder jemandem mitteilt. Sofern personenbezogene Daten tangiert werden, wird zusätzlich § 43 (1) BDSG verletzt. Auch § 202a StGB (Ausspähen von Daten) belegt den unbefugten Zugriff auf Daten, die nicht für die zugreifende Person bestimmt und gleichzeitig besonders gesichert sind, mit einer Strafe.

heimdiensten betrieben, sondern in zunehmendem Maße auch von Großunternehmen, die gezielt Stäbe zur Informationsbeschaffung aufbauen.[1] Folgende Merkmale kennzeichnen Delikte der Wirtschaftsspionage:

(1) Missbräuchliche Verwendung von ausgegebenen Daten

(2) Leichtigkeit der Tatbegehung

(3) Geringe IT-bezogene Kenntnisse des Täters

(4) Leichtigkeit der Informationsverwertung

(5) Verletzung der Vertraulichkeit von Informationen

(6) Einfachheit der Verheimlichung

In der heutigen Unternehmenswelt haben immer mehr Personen Zugriff auf eine wachsende Anzahl schützenswürdiger Informationen.[2] Fast alle unternehmensspezifischen Vorgänge werden mittlerweile mit Hilfe von EDV-Systemen abgewickelt.[3] Die Anzahl der Gelegenheiten zur Spionage ist dabei durch die massenhafte, häufig auch redundante Speicherung von Daten ebenso schnell gewachsen wie die technischen Möglichkeiten ihrer Verwertung an den Ausgabeschnittstellen (1). Der Zugriff auf sensible Informationen fällt in der vernetzten Unternehmenswelt in erster Linie deswegen so leicht (2), weil praktisch alle unternehmensrelevanten Daten in digitaler Form an zahlreichen Stellen im Dateisystem, in Datenbanken, im E-Mail-System, in Kopie auf dem Firmennotebook, auf dem PDA usw. gespeichert werden und effektive Zugriffsrestriktionen angesichts der Vielzahl der möglichen Speicherorte und -technologien praktisch kaum implementierbar sind. Bei der Erstellung von verlustfreien Datenkopien bieten sich selbst technisch wenig versierten Anwendern vielfältige Optionen (3).[4] Häufig ist dabei nicht einmal mehr das Verlassen des Arbeitsplatzes notwendig, um beispielsweise einen Kopierer aufzusuchen. Aufwändige Maßnahmen, wie etwa das Abfangen elektromagnetischer Strahlung oder das Abfotografieren von Bildschirmen sind für einen spionierenden Mitarbeiter selten eine interessante Option, da ihm über den eigenen PC in der vernetzten Organisation zahlreiche weitaus einfachere Alternativen zur Verfügung stehen. Diese reichen vom Versand der Daten via E-Mail[5] oder über Instant Messaging Systeme,[1]

---

[1] Vgl. Janke 1996, S. 549f.

[2] Vgl. Fischer 1994 und Heuer 2000, S. 91.

[3] Vgl. Müller et al. 1997, S. 228.

[4] Vgl. Rosenblatt 1990, S. 36.

[5] Bei einer Umfrage eines britischen Anbieters von Software zur Surfkontrolle in über 400 Unternehmen gaben 26% der Befragten an, schon einmal falsch versandte geheime Informationen über die elektronische Post von externen Quellen erhalten zu haben; vgl. Meyer 2004. Anhand der Vielzahl dieser nicht vorsätzlich fehlgeleiteten Informationen lässt sich die Leichtigkeit eines vorsätzlichen Missbrauchs des Mediums E-Mails erahnen.

dem Einstellen in Internetforen des WWW, bis hin zum Kopieren auf immer kleinere und leistungsfähigere transportable Speichermedien wie DVDs oder USB-Sticks.[2] Noch vor wenigen Jahren existente Hürden wie eine zu geringe Speicherkapazität damals verwendeter Speichermedien (Disketten), hohe Kosten von Internetverbindungen oder beschränkte Übertragungskapazitäten spielen im heutigen Unternehmensalltag faktisch keine Rolle mehr.

Auch die wirtschaftliche Verwertung von Informationen fällt in der heutigen globalisierten Welt leichter als früher (4).[3] Ein Anbieter von Geschäftsgeheimnissen kann sich beispielsweise über das Internet in verschiedensten Foren nach potentiellen Interessenten aus einer Vielzahl von Ländern umsehen und Kontakte knüpfen, ohne dabei notwendigerweise seine Identität preiszugeben und Gefahr zu laufen, entdeckt zu werden. Die neuen Kanäle erlauben den Transaktionspartnern im Extremfall sogar eine völlig anonyme Abwicklung des Austausches von Leistung und Gegenleistung.

Anders als bei Betrugsdelikten wird bei der Spionage nicht die externe Konsistenz als Ausprägung der Integrität, sondern schwerpunktmäßig die Vertraulichkeit der Daten kompromittiert (5). Dabei können beide Erscheinungsformen der Vertraulichkeit betroffen sein.[4] Eine Verletzung der Anonymität liegt vor, wenn die Zuordnung von Informationen direkt zu einem Unternehmen oder indirekt zu einer dem Unternehmen verbundenen Person (Kunden, Lieferanten) möglich ist. Ersteres ist beispielsweise der Fall, wenn einem Konkurrenzunternehmen interne Zahlen zur Ertragslage zugespielt werden, letzteres, wenn Mitarbeiter eines Unternehmens unerlaubterweise die eigenen Kundendaten weiterverkaufen. Als zweite, strengere Ausprägung der Vertraulichkeit kann die Unbeobachtbarkeit von Informationen verletzt sein, wenn diese ohne Möglichkeit einer personellen Zuordnung in die Hände Fremder gelangen, so z. B. im Fall von (noch) nicht patentierten Herstellungsverfahren oder geheimen Preisabsprachen.

Das Verwischen der Spuren der Tatbegehung gestaltet sich bei Spionagedelikten in der Regel weitaus weniger schwierig als etwa bei Betrugsdelikten (6). Der Täter muss sich nicht um die externe Konsistenz der Daten sorgen, weil das Original einer Datei oder der Inhalt eines Datenbankfeldes durch das Erstellen einer Kopie nicht beschädigt wird. Allein die Protokoll- und Filterfunktionen der ITK-Systeme können einen späteren Nachweis unerlaubter Datenzugriffe

---

[1] Instant Messaging Systeme wie etwa Microsofts ‚MSN Messenger' oder ‚AOLs Instant Messenger' ermöglichen die Kommunikation und den Austausch von Daten in Echtzeit zwischen zwei oder mehreren Personen sowohl über private bzw. lokale Netzwerke wie auch über öffentliche Netze, speziell das Internet. Interessant ist in diesem Zusammenhang, dass beinahe 80% aller Verbindungen über öffentliche Netze erfolgen und somit auch unternehmensfremde Personen kontaktiert werden können; vgl. King 2004.

[2] USB-Sticks sind elektronische Speicherbausteine, die in Form eines Steckers an einen Port des Universal Serial Bus (USB) angeschlossen werden.

[3] Vgl. Heuer 2000, S. 91.

[4] Siehe Kapitel 3.2.3.

ermöglichen. Lesende Zugriffe werden allerdings eher selten automatisch protokolliert, weil die Menge der dann aufgezeichneten Daten dem Ziel einer einfachen Auswertbarkeit zuwider läuft. Darüber hinaus werden Protokolldaten meist nach kurzer Zeit mit neuen Werten überschrieben, so dass die Spuren mit der Zeit auch ohne Zutun des Täters verblassen. Schwieriger gestaltet sich aus Sicht des Täters die Umgehung von Filtersystemen, welche die Inhalte von ausgehenden E-Mails oder Internet-Verbindungen überprüfen.[1] So überwachen in den USA mittlerweile etwa 60% der Unternehmen ausgehende E-Mails,[2] in Großbritannien protokollieren geschätzte 20% der Unternehmen, auf welche Internetseiten ihre Mitarbeiter zugreifen.[3] Was sich auf den ersten Blick als effektives Mittel zur Prävention von Spionagedelikten darstellt, erweist sich auf den zweiten Blick angesichts der Vielzahl an alternativen Übertragungswegen jedoch mitunter als Kampf gegen Windmühlen. So kontrollieren beispielsweise nur 10% der US-amerikanischen Unternehmen Instant Messaging Systeme,[4] obwohl mit ihnen fast ebenso leicht Daten über das Internet verschickt werden können wie mittels elektronischer Post. Häufig sprechen auch praktische Erwägungen gegen allzu restriktive Überwachungsfunktionen der IT-Systeme, da diese immer auch Einschränkungen in der Nutzbarkeit mit sich bringen. Beispielsweise bedingt das steigende Bedürfnis nach räumlicher Flexibilität und Mobilität de facto den Einsatz von Notebooks und/oder die Anbindung externer Rechner via DFÜ an das Firmennetzwerk.[5] Nicht zuletzt müssen Unternehmen zahlreiche gesetzliche Bestimmungen insbesondere aus dem Bereich des Datenschutzes beachten, die eine technische Regelung und Kontrolle geschäftlicher Internetverbindungen vor Probleme stellen.[6]

Empirische Studien weisen ein sehr geringes Hellfeld bekannt gewordener Fälle computerbezogenen Geheimnisverrats aus. Der Anteil der Firmen, die im vergangenen Jahr mindestens einen entsprechenden Fall meldeten, beträgt abhängig von der jeweiligen Studie 2% bis 10%.[7] Ein selbst im Gesamtkontext von CROD überdurchschnittlich hohes Dunkelfeld kann vermutet werden, weil davon auszugehen ist, dass nicht nur den Strafverfolgungsbehörden, sondern sogar den Unternehmen selbst nur die wenigsten diesbezüglichen Vergehen bekannt werden. Zum einen begünstigt die Deliktform eine vergleichsweise risikoarme Tatbegehung.[8] Zum

---

[1] Vgl. Shaw et al. 1999.

[2] Vgl. AMA 2004, S. 4.

[3] Vgl. DTI 2004, S. 27.

[4] Vgl. AMA 2004, S. 4. Etwa 10% aller Geschäftsleute, die ein E-Mail-Konto haben, nutzen ebenfalls einen Instant Messenger; vgl. King 2004.

[5] Nathan et al. (2003, S. 16) zufolge arbeiteten 1998 bereits 25% der britischen Arbeitnehmer mindestens einen Tag pro Woche von zu Hause aus und nutzten dabei in der Regel ITK-Systeme, um Kunden oder Kollegen zu kontaktieren.

[6] Siehe hierzu Kapitel 4.2.4.

[7] Vgl. DTI 2004, S. 17 und S. 21 (2%) sowie Gordon et al. 2004, S. 9 (10%).

[8] Siehe Punkt 2 in diesem Kapitel.

anderen wirken sich die Konsequenzen eines Geheimnisverrats selten in Form monetär und mit geringer Zeitverzögerung messbarer wirtschaftlicher Schäden aus. Stattdessen werden die Folgen erst deutlich später wirksam, beispielsweise durch einen eingebüßten Wettbewerbsvorsprung in der Kostenstruktur, wenn günstige Einkaufskonditionen an Mitbewerber verraten werden. Solche langfristigen Wirkungen bringen analog zu den Betrugsdelikten fast immer schwerwiegende Konsequenzen für ein Unternehmen mit sich.

4.2.4 Missbräuchliche Nutzung von ITK-Diensten

Die missbräuchliche Nutzung von ITK-Diensten umfasst in der Hauptsache die unerwünschte Nutzung von geschäftlichem Internet- und E-Mail-Zugang für private Zwecke. Folgende Merkmale sind kennzeichnend für diese Deliktform:

(1) Leichte Vermischung beruflich legitimierter und privater Nutzungszwecke

(2) Vielfalt der Ausprägungsformen

(3) Leichtigkeit der Tatbegehung und Einfachheit der Verheimlichung

(4) Kein Bedarf spezieller IT-bezogener Kenntnisse

(5) Variationsbreite der hervorgerufenen Schädigungen

(6) Strafrechtliche Hindernisse einer geregelten gemischt beruflichen und privaten Nutzung in Deutschland

Die Thematisierung des ‚Diebstahls von Zeit' durch Arbeiter und Angestellte als soziales Problem und die Diskussionen der sozialschädlichen Wirkung dieser Missbrauchsform lassen sich bis in das 18. Jahrhundert zurückverfolgen.[1] Mit der Erfindung von Zeitmessinstrumenten wurde es Fabrikbesitzern in der Zeit der industriellen Revolution erstmals ermöglicht, Arbeiter nach Stunden zu bezahlen und eine Verbindung zwischen produzierten Einheiten, Kosten und investierten Arbeitsstunden herzustellen. Das Konzept der Produktivität als Verhältnis von Output zu Input war geboren. Die Diskurse gewinnen im von der Computertechnologie geprägten Zeitalter der ‚New Economy' eine neue Dimension. Die Vermischung einer beruflichen und privaten Nutzung von ITK-Diensten am Arbeitsplatz wird zunehmend leichter möglich (1), bieten sich dem Arbeitnehmer in seinem heutigen Arbeitsumfeld doch vielfältige neue Möglichkeiten, die eigentlich dem Arbeitgeber zustehende Arbeitszeit ‚zu stehlen' (2). Es stellt sich indes weniger die Frage, ob ein Mitarbeiter heimlich Romane schreibt, indem er die Textverarbeitung seines Rechners zweckentfremdet. Der Fokus richtet sich vielmehr auf das Internet und die darüber zur Verfügung stehenden Dienste.

---

[1] Vgl. Snider 2001, S. 105-107 und Snider 2002, S. 91-95.

Eine Beurteilung der Gebührlichkeit der privaten Nutzung von ITK-Diensten am Arbeitsplatz fällt selbst bei einer rein wirtschaftlichen Analyse nicht leicht. Entsprechende Strafgesetze für diese Deliktform fehlen weitestgehend, was jedoch keine Rückschlüsse auf die unternehmerische Relevanz derselben zulässt. Aktuelle Untersuchungen zeigen, dass gut 90% aller Unternehmen ihren Mitarbeitern E-Mail und Webzugriff am Arbeitsplatz ermöglichen.[1] Dabei besteht die Gefahr, dass Mitarbeiter Zeit beim Surfen in der grenzenlos erscheinenden virtuellen Welt vergeuden und ihren privaten Hobbies und Interessen frönen oder den geschäftlichen E-Mail-Account nutzen, um elektronische Briefe von Freunden und Bekannten zu empfangen, lesen und zu schreiben. Die bereits erwähnten Instant Messaging Systeme schaffen zusätzlich attraktive, weil noch schnellere Kommunikationswege, da sie in Echtzeit erkennen lassen, ob der jeweilige Kommunikationspartner am Arbeitsplatz anwesend ist und in diesem Fall eine sofortige Ansprache mittels kurzer Textnachrichten ermöglichen. Ebenso können die vor allem in großen Unternehmen meist breitvolumigen Anbindungen an das Internet missbraucht werden, um urheberrechtlich geschützte Inhalte wie Spiele, Videos oder Musikdateien herunterzuladen. Beliebt sind insbesondere erotische und pornographische Werke. Im Extremfall überschreitet der Mitarbeiter die Grenzen des Strafrechts und lädt verbotene und/oder kompromittierende Inhalte auf den Firmenrechner herunter.

Besonders auffällig bei dieser Schädigungsform ist die Leichtigkeit der Tatbegehung (3). In den meisten Fällen steht ein leistungsfähiger Rechner inklusive Internetverbindung und DVD-Brenner sozusagen mit einem Mausklick parat. Mitunter ermöglichen moderne Client-Server-Strukturen sogar die Nutzung größerer zentral bereitgestellter Festplattenspeicher vom Arbeitsplatz aus. Spezielle IT-bezogene Kenntnisse sind nicht notwendig, die Nutzung der mit dem Internet in Verbindung stehenden Dienste gehört zum Standardrepertoire selbst wenig versierter Anwender (4). Hinzu kommt die für den Arbeitgeber zunehmende Schwierigkeit, nicht nur die Leistung des Arbeitnehmers, sondern generell dessen Handlungen zu beobachten, da an Computerarbeitsplätzen nur durch eine ständige Prüfung des Bildschirminhaltes festgestellt werden kann, ob der Mitarbeiter gerade beruflich oder privat aktiv ist.

Eine zentrale Position in der Schadensbilanz (5) nehmen die Produktivitätsverluste in Form entgangener Arbeitsleistungen der Mitarbeiter ein. Bedeutsam sind jedoch auch Haftungsrisiken. Ein Unternehmen haftet gegenüber Ansprüchen, die von Dritten eingeklagt werden, selbst wenn sie aus Handlungen von Mitarbeitern hervorgehen, die nicht vom Unternehmen legitimiert sind.[2] So gehen beispielsweise die Recording Industry Association of America

---

[1] Vgl. DTI 2004, S. 5. Im Jahr 2002 lagen diese Zahlen noch bei 69% (Webzugriff) bzw. 77% (E-Mail); vgl. DTI 2002, S. 4. Die Anzahl der geschäftlichen Internetzugänge hat sich in den vergangen Jahren drastisch erhöht. Das Marktforschungsunternehmen IDC rechnet für das Jahr 2005 mit weltweit 458 Millionen geschäftlichen Web- und 671 Millionen geschäftlichen E-Mail-Nutzern, was mehr als eine Verdopplung gegenüber dem Jahr 2000 bedeutet; vgl. Burke/Christiansen 2002, S. 4.

[2] In zivilrechtlicher Hinsicht sind juristische Personen selbst handlungs- und deliktfähig. Hingegen basiert im deutschen Strafrecht die strafrechtliche Verantwortung auf persönlicher Schuld. Eine Straftat ist abhängig vom

(RIAA)[1], eine Vereinigung der größten Musikfirmen in den USA, und die Motion Picture Association of America (MPAA)[2] als Vertreter der Filmindustrie nicht nur gegen Privatpersonen, sondern verstärkt auch gegen Unternehmen vor, die gegen Urheberrechtsbestimmungen verstoßen.[3] Des Weiteren können Schäden auch durch Einbußen der Verfügbarkeit der ITK-Systeme hervorgerufen werden. Blockierte Datenleitungen, die zeitweilig nicht oder nur mit verminderter Geschwindigkeit für legitime geschäftliche Zwecke zur Verfügung stehen, können ebenso Opportunitätskosten verursachen wie volle Festplattenspeicher oder eingeschleppte Viren und Trojaner.[4]

Auf der Habenseite kann ein Unternehmen bei zugestandener privater Nutzbarkeit des Internetanschlusses die vermeintlich motivierende Wirkung verbuchen. Allerdings stellt sich dann die Frage nach möglichen technischen und organisatorischen Mitteln zur Überwachung des Ausmaßes der privaten Internetnutzung. Eine inhaltliche Kontrolle aufgerufener Webseiten sowie versandter und empfangener E-Mails bietet nicht nur den Vorteil einer möglichen Überprüfung der Datenströme, die das Unternehmen auf elektronischem Wege verlassen. Sie erlaubt auch die Kontrolle der durch den Arbeitgeber abgesteckten Grenzen einer privaten Internetnutzung und eröffnet damit einen Mittelweg zwischen zwei extremen Handlungsoptionen, nämlich dem von Seiten des Arbeitgebers ohne Einschränkungen erlaubten Zugriff auf Internetdienste aller Art einerseits und dem über schriftliche Zusatzvereinbarungen abgesicherten strikten Verbot einer privaten Nutzung des Internets andererseits. Eine solche Kontrolle findet in vielen Unternehmen des angelsächsischen Sprachraums bereits Anwendung, stößt jedoch speziell in Deutschland auf nicht zu unterschätzende rechtliche Hindernisse (6): Die notwendige (schriftliche) Zustimmung des Arbeitnehmers und des mitbestimmungsberechtigten Betriebsrates stellt dabei noch die kleinste Barriere dar.[5] Problematischer sind die Hürden der umfangreichen Datenschutzbestimmungen,[6] welche die Persönlichkeitsrechte der

---

personalen Handlungsunrecht, so dass nur natürliche Personen strafrechtlich zur Verantwortung gezogen werden können; vgl. Kubica 2000, S. 119f.

[1] Zur RIAA gehören unter anderem BMG, EMI, Sony, Universal Music und Warner Music.
[2] Prominente Mitglieder der MPAA sind Walt Disney, Sony Pictures, Metro-Goldwyn-Mayer, Paramount Pictures, Twentieth Century Fox, Universal Studios und Warner Bros.
[3] Vgl. PRIMEDIA 2002 und Grygus 2003.
[4] Vgl. Grygus 2003, Shein 2003 und The Inquirer 2003.
[5] Vgl. § 87 (1) Nr. 6 Betriebsverfassungsgesetz (BetrVG).
[6] Vgl. Kuhlmann 2003, S. 8-19. Als Auffanggesetz kommt das BDSG zum Tragen, „soweit es keine anderen Regelungen oder Normen gibt, die den Sachverhalt schon abschließend regeln." Kuhlmann 2003, S. 9. Das Telekommunikationsgesetz (TKG) findet immer Anwendung, weil Unternehmen, die geschäftsmäßig Telekommunikationsleistungen erbringen, dem Fernmeldegeheimnis unterliegen; vgl. § 85 (2) TKG. Hinsichtlich des Datenschutzes ist zudem die Telekommunikations-Datenschutz-Verordnung (TDSV) zu berücksichtigen, welche auf dem in § 89 TKG festgelegten Datenschutz beruht. Darüber hinaus gilt es, im Fall einer erlaubten privaten Nutzung des Internetverbindung das Teledienstegesetz (TDSG) und das Teledienstedatenschutzgesetz (TDDSG) zu beachten.

Mitarbeiter schützen. Gestattet oder duldet ein Arbeitgeber die private Nutzung der Internetverbindung, ist er dem Arbeitnehmer gegenüber in selber Weise zur Einhaltung des Telekommunikationsgeheimnisses verpflichtet wie beim privaten Telefonieren.[1] Eine Protokollierung der Internetnutzung, welche Zeitpunkte und Dauer aufgebauter Verbindungen dokumentiert, ist nur für sehr eingeschränkte Zwecke erlaubt, eine inhaltliche Kontrolle abgerufener Webseiten und übertragener Daten ist völlig unzulässig.[2] Selbst die inhaltliche Kontrolle geschäftlicher Mails und Webseitenaufrufe ist bei einer Mischnutzung nicht gestattet, sofern diese technisch nicht eindeutig von den privaten Kontakten getrennt sind, was in der Regel nicht der Fall sein dürfte.[3]

Angesichts nicht vorhandener Strafgesetze für die meisten der in die Kategorie ‚Missbräuchliche Nutzung von ITK-Diensten' fallenden Tatbestände ist die Erstellung eines aktuellen Lagebildes mit erheblichen Problemen verbunden. Anders als z. B. beim Verrat von Geschäftsgeheimnissen oder bei Betrugsdelikten, für die das Strafrecht ein objektives Kriterium zur Differenzierung von Recht und Unrecht bietet, hängt die Klassifizierung einer Handlung als erlaubte oder missbräuchliche und damit unternehmensschädigende Nutzung von ITK-Diensten im Einzelfall vom jeweils betrachteten Unternehmen ab. Was in einem Unternehmen geduldet wird, kann in einem anderen mitunter als schwerwiegender Verstoß gegen die Unternehmensrichtlinie gewertet werden. In Bezug auf den Anteil der im vergangenen Jahr von dieser Deliktform betroffenen Unternehmen ergeben die in der vergleichenden Gegenüberstellung zitierten Studien kein kongruentes Bild.[4] Es lässt sich lediglich festhalten, dass in den letzten Jahren bei zwei der drei Studien eine Zunahme des Auftretens von Sicherheitsverletzungen in Verbindung mit der missbräuchlichen Nutzung von ITK-Diensten zu beobachten ist, woraus zumindest geschlossen werden kann, dass sich die Unternehmen der Problematik zunehmend bewusst werden. Nach einer im Jahr 2000 durchgeführten Befragung nutzen etwa

---

[1] Vgl. Kuhlmann 2003, S. 25.

[2] Vgl. § 85 (1) TKG.

[3] Vgl. Heidrich 2005, S. 96.

[4] Die Audit Commission weist für die unter der Kategorie ‚private work' subsumierten Vergehen folgende Anteile an allen in der jeweiligen Studie erfassten Delikte aus: 7% (1997), 12% (2001), 7% (2004). Für die Deliktform ‚unsuitable material' ergibt sich eine deutliche Steigerung der Werte: 8% (1997), 32% (2001), 47% (2004); vgl. AC 1998, S. 6, AC 2001, S. 6 und AC 2004, S. 9. Das Computer Security Institute verzeichnet hingegen eher sinkende Anteile von Unternehmen, die im vergangenen Jahr von der als ‚insider net abuse' bezeichneten Deliktform betroffen waren: 97% (1999), 79% (2000), 91% (2001), 78% (2002), 80% (2003) und 59% (2004); vgl. Richardson 2003, S. 10 und Gordon et al. 2004, S. 9. Das Department of Trade and Industry wiederum zeigt kontinuierliche Steigerung des Anteils der im vergangenen Jahr betroffenen Unternehmen in der Deliktkategorie ‚staff misuse of information systems': 8% (2000), 11% (2002), 22% (2004). Von den Großunternehmen gaben 2004 64% an, mindestens einen Missbrauchsfall im vergangen Jahr verzeichnet zu haben; vgl. DTI 2002, S. 10 und DTI 2004, S. 19.

60% aller Arbeitnehmer mindestens einmal täglich aus privaten Gründen das Internet, 20% sogar zehnmal oder häufiger.[1]

4.2.5 Sabotage

Bei computerbezogenen Sabotageakten wird absichtlich und gezielt in ITK-Systeme oder Datenverarbeitungsprozesse eingegriffen, um die EDV-Anlagen, Prozessabläufe oder die in den Systemen gespeicherten Daten zu schädigen. Betroffen ist die EDV in ihrer Rolle als Objekt. Sabotageakte zeichnen sich insbesondere durch folgende Merkmale aus:

(1) Verletzung von Verfügbarkeit, Integrität und/oder Verbindlichkeit

(2) Vielzahl möglicher Zielobjekte

(3) Unterschiedlichste Tatbegehungsoptionen

(4) Persönliche Genugtuung als Tatmotiv

(5) Tatbegehung häufig zeitnah zum Ende des Arbeitsverhältnisses

(6) Häufig hohes IT Know-how beim Täter

Sabotageakte zielen darauf ab, die Verfügbarkeit von ITK-Systemen oder die Integrität der Informationen zu verletzen (1). Sie können sämtliche Strukturelemente eines ITK-Systems betreffen und vielfältige Formen annehmen. Mit der zunehmenden Verbreitung und Abhängigkeit von ITK-Systemen potenzieren sich dabei die dem Täter zur Verfügung stehenden Optionen (2).[2] Es genügt oft, wenn es diesem gelingt, ein einziges Glied in der langen Kette der sicherheitsrelevanten Elemente eines EDV-Systems zu beschädigen, um das Gesamtsystem lahm zu legen.[3] Dem Täter stehen hierfür vielfältige elektronische Tatbegehungsweisen zur Verfügung (3),[4] die von der Löschung von Programmen und Dateien, der manipulativen Veränderung von Datenbeständen, dem Versenden gefälschter elektronischer Post unter Annahme gefälschter Identitäten bis hin zur Störung von Telekommunikationssystemen reichen. Bei einer missbräuchlichen Verwendung von Programmen oder Diensten durch den Täter, beispielsweise der Veröffentlichung vertraulicher Informationen im Internet oder der Falschinformation von Kunden per elektronischer Post, ist nicht die Verfügbarkeit des ITK-Systems betroffen, sondern die Verbindlichkeit und Integrität der kommunizierten Informationen. Besonders heimtückisch funktionieren sog. logische Bomben, die destruktiven Programmcode

---

[1] Bei der von der Agentur ‚Denkfabrik' durchgeführten Untersuchung wurden über 1.000 Unternehmen befragt; vgl. Grote 2000.

[2] Siehe Kapitel 4.3.3.

[3] Vgl. Schneier 2000, S. 334.

[4] Siehe Kapitel 3.3.5. Physikalische Schädigungsarten, z. B. die mechanische Störung von Hardware oder Peripheriegeräten, werden nicht weiter betrachtet; vgl. hierzu weiterführend Müller et al. 1997, S. 40.

enthalten und zu einem einprogrammierten Zeitpunkt explodieren, typischerweise erst dann, wenn der Täter das Unternehmen bereits verlassen oder alle verräterischen Spuren beseitigt hat. Auch bei der Verwendung autonomer Agenten, d. h. Programmen mit Schadensfunktionen wie z. B. destruktiven Computerviren, kann ein Innentäter, der hinter der schützenden Firewall agiert, große Schäden anrichten.

Auswirkungen von Sabotageakten für Unternehmen bestehen z. B. darin, dass einzelne Anwendungen nicht korrekt arbeiten, Dienste nicht zur Verfügung stehen, Fertigungs- und Dienstleistungsprozesse gestört sind und Mitarbeiter nicht oder nur noch eingeschränkt weiterarbeiten können. Selbst kurze Ausfälle der ITK-Systeme können dabei bereits die Existenz eines Unternehmens bedrohen, wenn beispielsweise Fertigungstermine nicht mehr eingehalten werden, Dienstleistungsunternehmen ihre Kunden nicht bedienen oder IT-Service-Provider (z. B. Outsourcing-Anbieter, Callcenter oder Internetprovider) ihre vertraglich garantierten Leistungen nicht mehr erbringen können.

Während bei den in den vorangegangenen Kapiteln dargestellten Deliktformen der Nutzen des Täters in der Befriedigung materieller Bedürfnisse lag, wird er bei Sabotageakten insbesondere durch die entstandenen Schäden beim Zielobjekt gestiftet. Das Motiv des Täters kann entsprechend als ‚persönliche Genugtuung' (4) bezeichnet werden, wobei diesem im Einzelnen sehr unterschiedliche Ursachen zugrunde liegen können. Ein Sabotageakt stellt häufig eine Art Wiedergutmachung für vermeintlich oder tatsächlich erlittene Ungerechtigkeiten dar, beispielsweise für eine ungewollte Versetzung, eine gehaltliche Verschlechterung bzw. Herabstufung oder eine als ungerecht empfundene Entlassung. Darüber hinaus kann die Tat Ausläufer eines Versuchs sein, sich oder seinen Vorgesetzten die eigene Unentbehrlichkeit zu beweisen, beispielsweise als Schutz vor einem möglichen Outplacement im Rahmen eines Outsourcing Prozesses.[1] Entsprechend häufig findet Sabotage kurze Zeit vor oder nach der faktischen oder zumindest inneren Kündigung des Mitarbeiters statt (5).

Auffallend bei bekannt gewordenen computerbezogenen Sabotagedelikten ist das meist überdurchschnittliche IT-Wissen der Täter (6). Abhängig von der spezifischen Art und Weise der Tatbegehung reichen gegebenenfalls auch sehr geringe EDV-Kenntnisse aus, um mit Hilfe der EDV Schäden anzurichten. Hingegen erfordern Sabotage-Handlungen, welche die Verfügbarkeit der Computeranlagen nachhaltig beeinträchtigen, in der Regel vertiefte Kenntnisse der im Unternehmen eingesetzten Hardware und Systemprogramme.

Die Täter lassen sich meist in eine bestimmte Persönlichkeitsgruppe einordnen und mit gewissen Charaktermerkmalen beschreiben, die innerhalb der Gruppe der IT-Mitarbeiter eines Unternehmens mit überdurchschnittlich hoher Wahrscheinlichkeit vorzufinden sind.[2] IT-

---

[1] Vgl. Janke 1996, S. 550.
[2] Vgl. Shaw et al. 1998.

Fachleute sind demnach besonders häufig introvertiert, wenig kontaktfreudig und aufgrund von schlechter ausgeprägten sozialen Fähigkeiten weniger gut in der Lage, mit persönlichen und beruflichen Frustrationen umzugehen.[1] Sie leben häufig in ihrer eigenen Gedankenwelt und sind als Abteilung sowohl räumlich, kulturell als auch strukturell vom Rest des Unternehmens losgelöst.[2] Gleichzeitig sind sie aufgrund ihrer isolierten Stellung und ihrer sozialen Naivität verletzlicher gegenüber Ausbeutung und Manipulation. EDV-Mitarbeiter sind darüber hinaus eher unabhängige, sich selbst motivierende Einzelgänger. Zeichen der Unzufriedenheit lassen sich bei ihnen weniger gut ablesen als bei solchen Personen, die ihre Gefühle offen nach außen tragen. Anstatt berufsbezogenen Stress direkt und offen anzugehen, neigen introvertierte Personen außerdem dazu, sich zurückzuziehen, zu kündigen oder in seltenen Fällen, die Frustrationen an der Arbeitsstelle auszulassen.[3] Ein Merkmal, das Shaw et al. als moralische Flexibilität bezeichnen, umschreibt darüber hinaus die Eigenschaft, sich weniger stark an vorgegebene Strukturen und Regeln zu halten.[4] Zusammenfassend lässt sich konstatieren, dass die Personengruppe, welche am besten geeignet ist, schwerwiegende Schädigungen an ITK-Systemen und Informationen vorzunehmen, auch diejenige ist, welche sie mit größter Wahrscheinlichkeit begeht.[5]

Was die Häufigkeit des Auftretens von Sabotagedelikten angeht, gilt es zunächst festzuhalten, dass die Dunkelziffer vermutlich niedriger ist als bei anderen Deliktarten von CROD. In der Natur der Sache liegt es, dass die Vergehen dem Unternehmen selbst mit hoher Wahrscheinlichkeit irgendwann auffallen. Zudem ist davon auszugehen, dass zumindest die schwerwiegenden Schadensfälle auch angezeigt oder gemeldet werden, weil meist nicht nur isoliert und ausschließlich die Unternehmung betroffen ist, sondern oftmals auch Kunden, Lieferanten, Dienstleister oder sonstige Geschäftspartner, mit denen das Unternehmen in Kontakt steht. Im Hellfeld finden sich dennoch vergleichsweise wenige Fälle. In den ausgewerteten Studien gab nur 1% bis 7% aller Unternehmen an, im vergangenen Jahr einen computerbezogenen Sabotagefall gehabt zu haben.[6] Allerdings handelt es sich überwiegend um schwerwiegende Delik-

---

[1] Vgl. Shaw et al. 1998, S. 5f.

[2] Vgl. Parker 1997, S. 581f. und Nathan et al. 2003, S. 70-76.

[3] Vgl. Shaw et al. 2000, S. 2.

[4] In diesem Zusammenhang berichten Shaw et al. 1999, dass etwa 7% aller IT-Fachleute keine moralischen Bedenken haben, in Computer einzudringen, zu sabotieren oder geheime Informationen zu verraten.

[5] Ähnlich auch Janke (1996, S. 549): „Besondere Gefahr droht zunehmend durch Computerspezialisten mit großen Manipulationsmöglichkeiten."

[6] Vgl. EITO 2003, S. 202 (7%), DTI 2004, S. 17 und 22 (1%) sowie Gordon et al. 2004, S. 9 (3%). Die Prozentangabe aus DTI 2004 wurde wie folgt berechnet: In der Kategorie ‚Systems Failure and Data Corruption' wurde der Anteil der Firmen mit einem Schadensfall mit 27% angegeben, davon wiederum waren 5% auf die Unterkategorie Sabotage zurückzuführen, so dass sich im Endeffekt 1,3% (=27% x 5%) ergeben.

te, wie sich aus dem Information Security Breaches Survey 2004 ergibt, in welchem 79% der Fälle als mindestens ernsthaft eingestuft wurden.[1]

4.2.6 Diebstahl von Hardware

Die im Folgenden beschriebene Verbrechensform lässt sich nicht eindeutig unter CROD subsumieren, da Diebstahldelikte auch von Unternehmensfremden begangen werden. Darüber hinaus ist diese Deliktform aufgrund der physikalischen Art und Weise des Zugriffs nicht zur Computerkriminalität im engeren Sinne zu rechnen.[2]

Der Diebstahl von Computern, Peripheriegeräten und Speichermedien gewinnt in der heutigen Zeit durch die zunehmende Miniaturisierung und Werthaltigkeit der Geräte an Brisanz.[3] Begehrt sind vorzugsweise leicht transportable Rechner wie Notebooks, die meist von Unternehmensfremden aus Büros, Hotelzimmern, Autos und Privatwohnungen entwendet werden. Hohe Schäden entstehen dabei insbesondere dadurch, dass der Wert der verloren gegangenen Firmendaten den Wert der Hardware regelmäßig um ein Vielfaches übersteigt.[4] Interessante Objekte, speziell auch für Innentäter sind PDAs und transportable Speichermedien wie externe Festplatten, USB-Sticks oder Speicherkarten[5], die in Verbindung mit Notebooks, PDAs oder digitalen Kameras gerade auch im privaten Bereich gut verwendet werden können.

Schätzungen zum allgemeinen Umfang von Diebstahldelikten eigener Mitarbeiter decken angesichts der nur sehr spärlich verfügbaren empirischen Daten eine sehr große Spannbreite ab. Die Angaben verschiedener Untersuchungen zum Anteil delinquenter Mitarbeiter reichen von 9% bis 75%.[6] Abhängig von der Unternehmensgröße gaben zwischen 10% und 49% aller Firmen aus den beiden betrachteten Untersuchungen[7] an, im vergangenen Jahr Opfer eines solchen Deliktes geworden zu sein, wobei 64% der Opfer die Konsequenzen des Vorfalls als mindestens ernsthaft bezeichneten.[8]

---

[1] Vgl. DTI 2004, S. 22.

[2] Siehe auch Kapitel 3.3.5.

[3] Vgl. Mulhall 1997, S. 288.

[4] Vgl. Hancock 2000.

[5] Speicherkarten sind transportable Speichermedien, die ohne bewegliche Elemente gefertigt sind. Die Daten einer Speicherkarte werden in einem wiederbeschreibbaren Flash-Speicher abgelegt.

[6] Vgl. Hollinger/Clark 1983, S. 5.

[7] Siehe Kapitel 4.2.1.

[8] Vgl. DTI 2004, S. 21 (10%) und Gordon et al. 2004, S. 9 (49%). Die beiden Angaben liegen auf den ersten Blick weit auseinander, die Differenz lässt sich jedoch dadurch erklären, dass der Anteil der Unternehmen mit über 500 Mitarbeitern bei Gordon et al. mit 65% wesentlich größer ist als der beim Department of Trade and Industry mit 11%. In letztgenannter Untersuchung ergibt sich innerhalb der Unterkategorie großer Unternehmen mit 46% ein ähnlich hoher Prozentsatz; vgl. DTI 2004, S. 21.

4.2.7 Diebstahl von Software

Ähnlich wie beim Hardwarediebstahl handelt es sich auch beim Diebstahl von Software, d. h. bei der unerlaubten Vervielfältigung und Verbreitung von Computerprogrammen, um eine Verbrechensform, die nicht überschneidungsfrei und ausschließlich in den Bereich von CROD fällt. Häufig genug geht es um Fälle, die von den Tätern im Sinne des Unternehmens begangen werden und demnach entgegen der Definition keine persönliche Bereicherung zum Schaden des Unternehmens darstellen.[1] Wirtschaftliche Schäden erleiden hier vor allem die Softwarehersteller, die für den Einsatz der von ihnen entwickelten Programme keine Lizenzgebühren erhalten.

Die Herstellung oder Verbreitung von Software, die ohne Erlaubnis des Rechteinhabers vorgenommen wird, stellt einen wichtigen Teilbereich der Computerkriminalität dar und wird umgangssprachlich als Software-Piraterie oder Raubkopieren bezeichnet. Nach deutschem Recht stellen Computerprogramme grundsätzlich urheberrechtlich geschützte Werke dar, sofern Sie das Ergebnis der eigenen Schöpfung ihres Urhebers sind.[2] Da das Urheberrecht vererblich, aber nicht übertragbar ist, wird Software üblicherweise über die Einräumung von Nutzungsrechten bzw. sog. Lizenzen Dritten nutzbar gemacht. Jede dauerhafte oder vorübergehende Vervielfältigung, ungeachtet des Mittels und der Form, steht dabei ausschließlich dem Urheber zu und darf vom Lizenznehmer nicht ohne dessen Zustimmung vorgenommen werden. In der Praxis wird mit dem Kauf eines Softwarepakets über die Lizenz meist ein unbefristetes Nutzungsrecht erworben, wobei eine Lizenz in der Regel nur für einen Arbeitsplatzrechner bzw. für einen Anwender gültig ist. Bei sog. Netzwerk- oder Firmenlizenzen ist die Anzahl der lizenzierten Kopien typischerweise im Software-Lizenzvertrag festgeschrieben.

Das Grundproblem der Wahrung von Urheberrechten besteht darin, dass im Gegensatz zu materiellen Gütern oder physikalisch erbrachten Dienstleistungen das zu schützende Werk im Fall eines Softwareprogramms aus einer Ansammlung nicht fassbarer bzw. immaterieller Informationen besteht. Es lässt sich ohne Qualitätsverlust relativ leicht sowie beinahe kostenfrei kopieren und somit kaum effektiv schützen.[3] Sämtliche bisherigen Versuche der Softwareindustrie, Verfahren oder Techniken einzuführen, die das illegale Kopieren von Informationsgütern verhindern oder zumindest deutlich erschweren, sind als gescheitert zu bezeichnen.[4]

---

[1] Siehe Kapitel 4.1.

[2] Vgl. §§ 69 a-g UrhG. Der Schutz entsteht, ohne dass ein Antrag, z. B. beim Patentamt, gestellt werden muss und endet grundsätzlich 70 Jahre nach dem Tod des Urhebers; vgl. § 64 UrhG. In ähnlicher Weise werden auch in anderen Ländern Europas und den USA Urheberrechte geschützt.

[3] Vgl. Poddar 2002, S. 1 und Hinnosaar 2003, S. 20.

[4] Vgl. Schneier 2000, S. 26.

In Verbindung mit Software auftretende Urheberrechtsverletzungen in Unternehmen können dreierlei Form annehmen: Im Fall der ‚Unterlizenzierung bzw. nicht lizenzgemäßen Nutzung' installieren Unternehmen Computerprogramme, ohne in ausreichender Anzahl Lizenzen hierfür zu besitzen, oder setzen anstelle von Vollversionen günstigere Versionen[1] anders als vertraglich vorgeschrieben ein. Die Versuchung für die Verantwortlichen ist groß, Anschaffungskosten zu umgehen und das IT-Budget zu schonen, da es technisch keinerlei Schwierigkeiten bereitet, ein Programm auf mehrere Rechner zu kopieren.[2] Bei der zweiten Missbrauchsform, der ‚Erstellung nicht erlaubter Kopien für den privaten Gebrauch bzw. Nutzung von Firmensoftware auf Privatrechnern' nutzen Mitarbeiter die ITK-Systeme des Unternehmens unrechtmäßig, um Kopien für den privaten Gebrauch zu erstellen. Und schließlich geht es bei der ‚Verbreitung nicht lizenzierter Software' darum, dass Mitarbeiter ohne Kenntnis des oder der EDV-Verantwortlichen nicht lizenzierte (private) Software auf Firmenrechnern installieren, im Firmennetz verbreiten oder sogar unter Nutzung der Firmeninfrastruktur, z. B. über das geschäftliche E-Mail-Konto oder die Internetverbindung, an Unternehmensfremde weiterleiten.

Das Raubkopieren von Software gehört zu den Deliktformen der Computerkriminalität, die von der Mehrheit der Bevölkerung als am wenigsten ‚kriminell' eingestuft werden. In einer von Dowland et al. durchgeführten Untersuchung sahen im Raubkopieren von Software lediglich 40% der Befragten ein ernsthaftes Verbrechen, die restlichen 60% standen der Thematik indifferent gegenüber bzw. stuften es im Extremfall nicht einmal als Verbrechen ein.[3] Nach einer von der Business Software Alliance (BSA) alljährlich veröffentlichten Studie zur Softwarepiraterie waren im Jahre 2002 weltweit 39% (Deutschland: 32%) aller Softwarekopien nicht lizenziert.[4] Auch für die Situation innerhalb der Unternehmen ist davon auszugehen, dass etwa ein Drittel aller genutzten Programme illegal im Einsatz ist.[5]

---

[1] Z. B. Original Equipment Manufacturer (OEM)-, Schul- oder Testversionen. In den meisten Fällen ist der Verkauf von OEM-Versionen eines Softwareprogramms lizenzrechtlich nur in Verbindung mit Hardware erlaubt.

[2] Vgl. Müller et al. 1997, S. 46.

[3] Vgl. Dowland et al. 1999, S. 719.

[4] Vgl. IPR 2003, S. 7f.

[5] Vgl. Höppner 2004.

4.2.8 Taxonomie

Die nachfolgende Abbildung fasst die möglichen Begehungsformen von Delikten aus dem Bereich von CROD zusammen:[1]

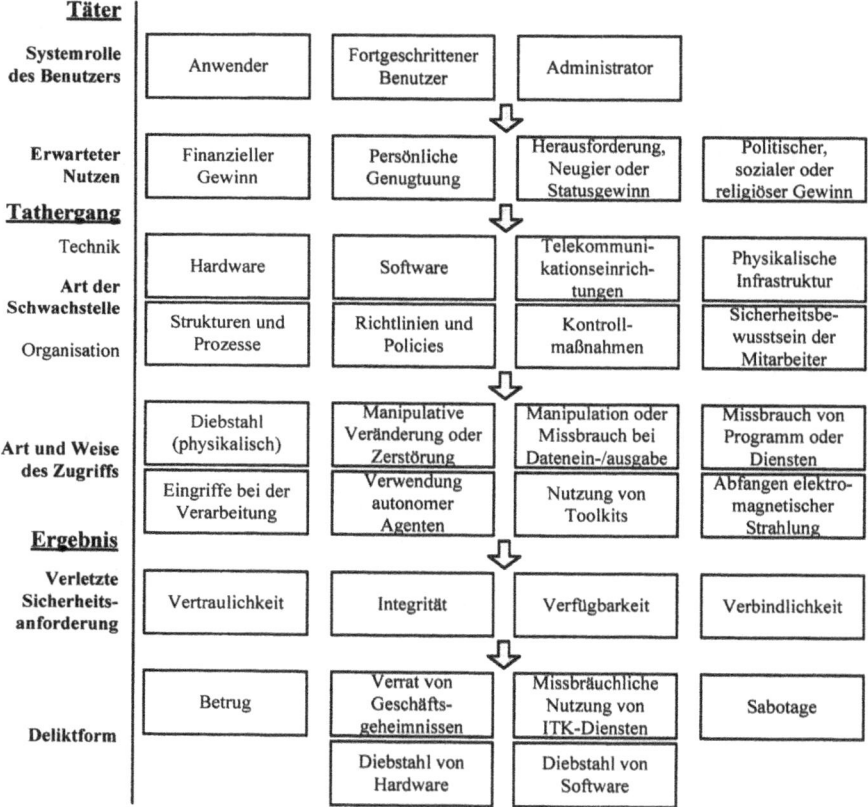

Abb. 4-5: Taxonomie von CROD

Unternehmensfremde Täter, welche die Informationssicherheit eines Unternehmens ebenfalls bedrohen, wurden in der Taxonomie nicht berücksichtigt, da sie im Rahmen dieser Arbeit

---

[1] Die Abbildung baut hauptsächlich auf Erkenntnissen des Kapitels 3.3 auf.

nicht weiter betrachtet werden sollen.[1] Die nachfolgende Tabelle beschreibt die wichtigsten Merkmale der einzelnen Deliktkategorien aus den Kapiteln 4.2.2 bis 4.2.7:

Deliktform	Systemrolle des Benutzers	Art und Weise des Zugriffs	Verletzte Sicherheitsanforderung
Betrug	Fortgeschrittener Benutzer oder Administrator	Elektronisch (Manipulation bei der Datenein- bzw. ausgabe oder Eingriffe bei der Verarbeitung)	Integrität
Verrat von Geschäftsgeheimnissen	Anwender, fortgeschrittener Benutzer oder Administrator	Elektronisch (Missbrauch bei der Datenausgabe)	Vertraulichkeit
Missbräuchliche Nutzung von ITK-Diensten	Anwender, fortgeschrittener Benutzer oder Administrator	Elektronisch (Missbrauch von Programmen oder Diensten)	Verfügbarkeit (oftmals auch Integrität und Vertraulichkeit)
Sabotage	Fortgeschrittener Benutzer oder Administrator	Elektronisch (verschiedenartige Tatbegehungsmöglichkeiten)	Verfügbarkeit (oftmals auch Integrität, Verbindlichkeit und Vertraulichkeit)
Diebstahl von Hardware	Anwender, fortgeschrittener Benutzer oder Administrator	Physikalisch (Diebstahl)	Verfügbarkeit (oftmals auch Integrität und Vertraulichkeit)
Diebstahl von Software	Anwender, fortgeschrittener Benutzer, oder Administrator	Elektronisch (Missbrauch von Programmen oder Diensten)	–

Tab. 4-2: Deliktformen von CROD und Merkmale der Tatbegehung

---

[1] Taxonomien, welche Tatbegehungswege unternehmensfremder Angreifer in den Mittelpunkt stellen, finden sich u. a. bei Neumann 1995, S. 101f., Parker 1998, S. 254, Howard 1997, Kapitel 6.5 sowie bei Furnell et al. 2001.

4.3 Bedeutung aus Unternehmenssicht

Vor dem Hintergrund der Gewährleistung eines reibungslosen Geschäftsbetriebs beschäftigen sich Unternehmen schon seit geraumer Zeit mit dem Schutz ihrer EDV-Systeme vor unerwünschten Schädigungen. Die kontinuierlich steigenden Investitionen in IT-Sicherheitslösungen und externe Beratungsleistungen sowie wachsende Ausgaben für Schulungen der eigenen Mitarbeiter weisen darauf hin, dass das von der Computerkriminalität ausgehende Gefahrenpotential zunehmend bekannt ist und mit entsprechenden Maßnahmen reagiert wird. Die Mehrzahl der ergriffenen Maßnahmen zielt indes darauf ab, Gefahren von außerhalb des Unternehmens abzuwehren, wobei unternehmensinterne Risiken oft völlig vernachlässigt werden. Der Bedarf einer intensiven Beschäftigung mit CROD wird dabei deutlich unterschätzt. Er ergibt sich nicht nur aus der strategischen Bedeutung von Informationen und informationsverarbeitenden Systemen, sondern auch aufgrund der hohen möglichen Kosten und zunehmenden Häufung von Missbrauchsfällen sowie der differenzierten Ansprüche von Kunden, Lieferanten und des Gesetzgebers.

4.3.1 Ausgaben für IT-Sicherheit

Um Informationen und informationsverarbeitende Systeme vor Missbrauch, Schädigung und rechtswidriger Zueignung zu schützen, reservieren mittlerweile viele Unternehmen einen Teil ihres IT-Budgets für Investitionen in Sicherheitsmaßnahmen. Dieses Budget lässt sich in zwei wesentliche Komponenten gliedern:[1]

(1) Externe Ausgaben für hard- und softwarebasierte Sicherheitslösungen von Drittanbietern sowie Ausgaben für den Einkauf von professionellen Dienstleistungen wie Beratung oder Systemintegration.

(2) Interne Ausgaben für Ausbildung und Schulung von Mitarbeitern sowie für Beschäftigung von Fachkräften, die sich um Aufbau, Wartung und Weiterentwicklung von Sicherheitslösungen kümmern.

Das stetig wachsende Budget für IT-Sicherheitsausgaben und insbesondere der zunehmende Anteil dieser Position am IT-Gesamtbudget spiegelt die steigende Bedeutung der Problematik für die Wirtschaft wider, wie die folgende Abbildung verdeutlicht:

---

[1] Vgl. EITO 2003, S. 207.

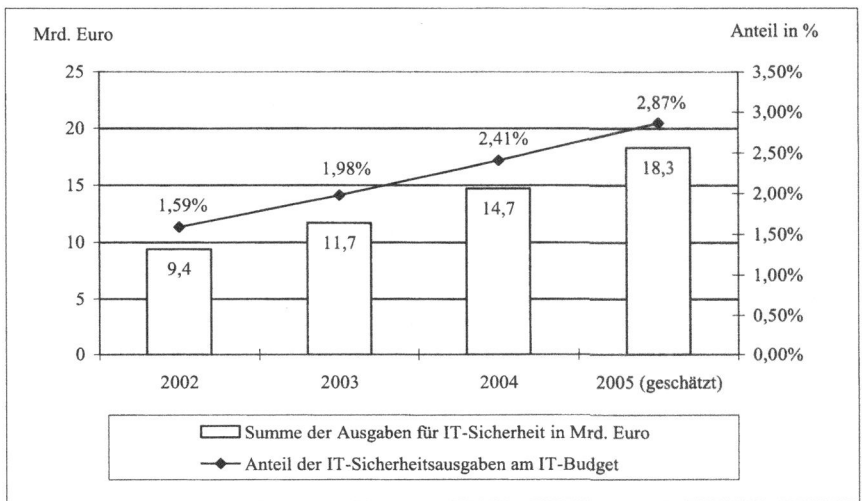

Abb. 4-6: **Absolute und relative Zunahme der Ausgaben für IT-Sicherheit in West-Europa in den Jahren 2002 bis 2005**[1]

Allerdings unterscheiden sich die für Sicherheitsinvestitionen verwendeten Anteile am IT-Budget von Unternehmen zu Unternehmen deutlich.[2] Demnach haben über die Hälfte (53%) aller Unternehmen einen starken Nachholbedarf, weil sie entweder nichts (18%) oder unter 2% ihres IT-Budgets (35%) in Sicherheitsmaßnahmen investieren und damit deutlich unter dem Durchschnitt liegen. Weitere 11% können oder wollen keine Angaben über die Ausgaben in ihrer Organisation machen. 30% der Unternehmen geben hingegen an, zwischen 2% und 10% des IT-Budgets in Informationssicherheit zu investieren, 6% liegen sogar noch darüber. Zusätzlich werden bei den Investitionen falsche Schwerpunkte gesetzt, da der Großteil der Ausgaben für Maßnahmen gegen externe Bedrohungen eingesetzt wird, während die Haupt-

---

[1] Die Ausgaben für IT-Sicherheit setzen sich aus den externen und internen Ausgaben zusammen; vgl. EITO 2003, S. 208. Für das Jahr 2005 wurden folgende Werte geschätzt:

(1) Externe Ausgaben für Sicherheitslösungen: 7,8 Mrd. Euro
(2) Externe Ausgaben für Dienstleistungen: 4,6 Mrd. Euro
(3) Interne Ausgaben: 5,9 Mrd. Euro

Das IT-Budget entspricht den Investitionen in ITK-Systeme, die folgenden Quellen entnommen wurden: EITO 2003, S. 345 (2002: 592 Mrd. Euro) und EITO 2004, S. 263 (2003: 592 Mrd. Euro, 2004: 611 Mrd. Euro und 2005: 638 Mrd. Euro). Zu West-Europa zählen folgende Länder: Belgien, Dänemark, Deutschland, Finnland, Frankreich, Griechenland, Großbritannien, Irland, Italien, Luxemburg, Niederlande, Norwegen, Österreich, Portugal, Schweden, Schweiz und Spanien.

[2] Dies lässt sich an den im ‚Information Security Breaches Survey 2004' erhobenen Zahlen nachvollziehen; vgl. DTI 2004, S. 13.

gefahr für die Informationssicherheit von den eigenen Mitarbeitern ausgeht.[1] Die Ursachen hierfür werden im folgenden Kapitel erläutert.

4.3.2 Verzerrte Wahrnehmung von Insiderdelikten

Ein auf den ersten Blick nur schwer verständliches Paradoxon offenbart sich im Bereich von CROD beim Vergleich von Daten zur Täterherkunft mit Aktivitäten der Strafverfolgungsbehörden, der akademischen Forschung sowie betroffener Unternehmen und IT-Dienstleister. Während empirische Studien zeigen, dass computerbezogene Delikte in der Mehrzahl der Fälle von den eigenen Mitarbeitern begangen werden[2] und sich vor allem die schweren Schäden zunehmend auf ‚autorisierte' Systemanwender zurückführen lassen,[3] konzentrieren sich Gesetzgeber, Forschung und Wirtschaft hauptsächlich auf die Abwehr von Außentätern. Eine Orientierung an volkswirtschaftlichen Schädigungen bzw. unternehmerischen Kosten-Nutzen-Aspekten sollte eigentlich zu einer starken Fokussierung auf den Innentäter führen.

Die Tatbegehungsweisen von Insidern und Outsidern unterscheiden sich fundamental, da sich Hacker über komplizierte technische Mittel erst den Zugriff verschaffen müssen, den autorisierte Nutzer des Unternehmens bereits innehaben.[4] Sowohl Firewalls als auch sog. Intrusion Detection Systeme (IDS), die häufig zur Erkennung von Angriffen auf Computersysteme eingesetzt werden, wurden in erster Linie zur Abwehr von Angriffen durch externe Hacker oder Schadprogramme entwickelt.[5] Unternehmensangehörige kennen darüber hinaus aufgrund ihrer täglichen Arbeit die Infrastruktur der ITK-Systeme und insbesondere ihre Schwachstellen wesentlich besser als Unternehmensfremde. Sie wissen schon vor der Tatbegehung, auf wel-

---

[1] Problematisch ist dabei vor allem, dass auf externe Bedrohungen ausgerichtete Maßnahmen gegen deviantes Verhalten aus den eigenen Reihen wenig auszurichten vermögen; vgl. Schultz 2002, S. 527f.

[2] Hollinger (1991, S. 8) zitiert Studien, in denen zwischen 63% und 84% aller Sicherheitsverletzungen auf Mitarbeiter des betroffenen Unternehmens zurückgehen. Auch Caloyannides und Landwehr (2000, S. 61) gehen auf der Basis mehrerer Untersuchungen davon aus, dass 70% bis 80% aller erfolgreichen Angriffe auf EDV-Systeme von Insidern begangen werden. Untersuchungen des ‚Computer Security Institute' weisen in den Jahren 1999 bis 2004 ein etwa ausgeglichenes Verhältnis von Insider- zu Outsidervorfällen aus; vgl. Gordon et al. 2004, S. 8.

[3] Leach (2003, S. 685) verweist darauf, dass bis zu 80% aller schweren Sicherheitsverletzungen auf das schlechte Sicherheitsverhalten der eigenen Mitarbeiter zurückzuführen sind. Für die Quelle der schwerwiegendsten Sicherheitsverletzung des vergangenen Jahres weist das ‚Department of Trade and Industry' bei großen Unternehmen (>250 Mitarbeiter) 2004 erstmals einen deutlichen Überhang der Insiderdelikte aus: Anders als im Jahr 2002, in dem das Verhältnis noch bei 48 zu 52 lag, waren in der Studie von 2004 44% auf die eigenen Mitarbeiter und nur 38% auf Unternehmensfremde zurückzuführen, während 7% beiden Kategorien zugewiesen wurden; vgl. DTI 2002, S. 10 und DTI 2004, S. 16. Das in New York ansässige, unabhängige Forschungsunternehmen Vista Research geht davon aus, dass 70% aller computerbezogenen Delikte mit einem Schaden von über 100.000 US-Dollar den eigenen Mitarbeitern zuzuschreiben sind; vgl. Standage 2002, S. 15.

[4] Vgl. Einwechter 2002, Standage 2002, S. 15 und Conte 2003, S. 5.

[5] Vgl. Schultz 2002, S. 527-529. Nach Standage (2002, S. 15) liegt die Wahrscheinlichkeit, dass ein IDS eine Insiderattacke von einer legitimen Nutzung der Systeme unterscheiden kann, bei weniger als 40%.

chen Systemen wichtige Daten liegen und wie diese am einfachsten gelesen, verändert oder zerstört werden können.

Trotz dieser offensichtlichen Tatsachen wird der traditionelle Hacker sowohl von der Gesellschaft im Allgemeinen als auch von den Unternehmen im Speziellen nach wie vor als Hauptbedrohung wahrgenommen.[1] Als direkte Folge dieser Fehlwahrnehmung sind auch Präventionsmaßnahmen vor allem auf externe Täter abgestimmt.[2] Eine wichtige Ursache für die Diskrepanz zwischen tatsächlicher und wahrgenommener Bedrohung liegt in der Mediendarstellung der Gesamtproblematik begründet.[3] Die Aktionen eines (erfolgreichen) Virenprogrammierers oder Hackers, der eine Vielzahl von Unternehmen attackiert, werden darüber hinaus mit sehr viel größerer Wahrscheinlichkeit publik als die eines abtrünnig gewordenen Angestellten, dessen Handlungen von der Unternehmensführung vorzugsweise nicht an die Öffentlichkeit getragen werden.[4]

Der Gesetzgeber konzentriert sich im Rahmen der Computerkriminalität besonders auf den Hacker, weil er eine deutlich sichtbare Bedrohung für die zunehmend an Bedeutung gewinnenden ITK-Systeme und damit eine direkte Gefahr für das Funktionieren der Volkswirtschaft darstellt.[5] Gleichzeitig bietet er eine einfache und risikoarme Möglichkeit der politischen Profilierung.[6] Auch für die Sicherheitsverantwortlichen im Unternehmen ist der omnipräsente Hacker das lohnenswertere Ziel ihrer Präventionsaktivitäten.[7] Zum einen lässt sich die von einem externen Angreifer ausgehende Bedrohung mit den in der IT bekannten technischen Mitteln deutlich leichter bekämpfen als die kaum sichtbare Gefahr, die vom eigenen Personal

---

[1] Befragt nach dem vermuteten Verursacher von Sicherheits- bzw. Spionagefällen sahen in der IT-Security Studie der Informationweek 42% der Befragten im Computerhacker bzw. Terroristen den Hauptverdächtigen; vgl. Gerbich 2002. Auf den Rängen folgten autorisierte Benutzer, nicht autorisierte Benutzer, ehemalige Mitarbeiter, Kunden, Lieferanten und Wettbewerber. Im ‚Security Breaches Survey 2002' ergab sich als Antwort auf die Frage, ob man Besorgnis gegenüber Bedrohungen verschiedener Tätergruppen empfinde, nachfolgende Verteilung der Antworten: Hacker (50%), Unternehmensangehörige (37%), ehemalige Mitarbeiter (31%), Wettbewerber, organisiertes Verbrechen und Terroristen (jeweils 25%); vgl. DTI 2002, S. 22.

[2] Vgl. Shaw et al. 1998, S. 2, Caloyannides/Landwehr 2000, S. 61 und Magklaras/Furnell 2002, S. 62. PWC (2003, S. 9) stellt fest, dass „viele Unternehmen erhebliche Anstrengungen unternommen haben, um sich gegen Angriffe von außen zu schützen. Tatsächlich wird die überwiegende Zahl der Delikte aus dem Unternehmen heraus begangen, der Täter sitzt also hinter der Firewall." Dabei herrscht vielfach die irreführende Ansicht vor, Informationssicherheit ließe sich allein mit technischen Maßnahmen gewährleisten. So gaben beim ‚Information Security Breaches Survey 2004' etwa drei Viertel aller Unternehmen an, darauf zu vertrauen, dass ihre technischen Sicherheitsprozesse in der Lage wären, alle relevanten Sicherheitsverletzungen zu vermeiden; vgl. DTI 2004, S. 11.

[3] Siehe Kapitel 2.3.4.

[4] Siehe Kapitel 2.4.1.

[5] Vgl. Hollinger 1991, S. 10.

[6] Siehe Kapitel 3.1.4.

[7] „Corporations have an annoyingly schizophrenic attitude toward these two breeds of intruders. They willingly make an example of the amateur hacker but cover up the damage wrought by the pro. Fearful of negative publicity, embarrassed by their own vulnerability, they fire the guilty employee and swallow losses that may run into the millions rather than expose their weaknesses in court." Branscomb 1990, S. 27.

ausgeht. Bedingt durch die Schwierigkeit der Prävention geschäftsschädigenden Verhaltens durch die eigenen Mitarbeiter beschäftigen sich Sicherheitsverantwortliche lieber mit der einfacher fassbaren Bedrohung, die von Tätern außerhalb der Unternehmensgrenzen ausgeht. Zum anderen fällt die Begründung der eigenen Aktivitäten leichter, da die Wirksamkeit von Maßnahmen, die sich gegen die interne Bedrohung richten, nur schwer über ROI-Rechnungen[1] wirtschaftlich dargestellt werden kann.[2]

4.3.3 Strategische Bedeutung von Informationen und ITK-Systemen

CROD erhält seine Brisanz vor allem aufgrund der strategischen Bedeutung, die Informationen und informationsverarbeitende Systeme heutzutage für Wirtschaftsunternehmen besitzen. Gerber und von Solms sprechen in diesem Zusammenhang vom Anbruch einer informationszentrierten Epoche.[3] Die IT dient seit Anfang der neunziger Jahre zunehmend nicht mehr nur dazu, Prozesse zu automatisieren und die Effizienz der Geschäftsabläufe zu steigern, d. h. sie stellt nicht mehr nur Teil der Infrastruktur einer Unternehmung dar. Vielmehr können schon nicht rechtzeitig zur Verfügung gestellte oder unzureichend akkurate Informationen an sich den entscheidenden Nachteil gegenüber dem Wettbewerb bedeuten. Moderne Wirtschaftsunternehmen sind in hohem Maße abhängig von ihrer IT.[4] Die überwiegende Mehrheit der Unternehmen ist bei einem Ausfall seiner EDV-Systeme nicht mehr in der Lage, ihre Geschäfte fortzuführen. In höchstem Maße auf die IT angewiesen sind mittlerweile nicht nur Finanz- und Dienstleistungsunternehmen, die ohne automatisierte EDV-gestützte Informations- und Zahlungsabwicklungssysteme nicht handlungsfähig sind.[5] Alle Telekommunikationsdienstleistungen, das Festnetz, die mobile Telefonie und auch das Internet, basieren vollständig auf EDV-gestützten Lösungen. Computertechnologien werden branchenübergreifend in Fertigungsunternehmen, in Handelsbetrieben, in Krankenhäusern, in staatlichen Behörden und Institutionen eingesetzt. Auch innerhalb einer Organisation sind alle Ressorts, ob Einkauf, Vertrieb, Produktion oder Verwaltung, gleichermaßen vom Funktionieren der ITK-Systeme abhängig.

---

[1] **Return on Investment** – Der ROI gibt an, welche Rendite das gesamte im Unternehmen eingesetzte Kapital erwirtschaftet hat.

[2] Die Schwierigkeiten umfassen nicht nur die Quantifizierung der Kosten, sondern vor allem die der Nutzeneffekte. Erwartete Produktivitätsverbesserungen beispielsweise durch Einsparungen bis dato vergeudeter Mitarbeiterarbeitszeit lassen sich ebenso wenig monetär messen wie ein allgemein verbessertes Sicherheitsbewusstsein; vgl. DTI 2002, S. 18.

[3] Vgl. Gerber/Solms 2001, S. 579.

[4] Vgl. Hutter 2002, S. 31 und BSI 2004. Im ‚Information Breaches Security Survey 2004' gaben 87% der befragten Unternehmen an, in höchstem Maße abhängig zu sein von elektronischen Informationen und den Systemen, die sie verarbeiten; vgl. DTI 2004, S. 2. Im Jahr 2002 lag die Zahl noch bei 76%, im Jahr 2000 bei 69%; vgl. DTI 2002, S. 7.

[5] Vgl. Bequai 1987, S. 12-14.

4.3.4 Kosten und Häufigkeit von Schadensfällen

Die Absicherung gegen Risiken, die aus CROD resultieren, nimmt derzeit in Wirtschaftsunternehmen einen im Vergleich zu den potentiellen Schäden deutlich zu geringen Stellenwert ein. Nicht nur die strategische Bedeutung von Informationen und die Folgen einer missbräuchlichen Nutzung derselben, auch die direkten finanziellen Kosten werden erheblich unterschätzt. Aufgrund der uneinheitlichen Verwendung des Begriffs Computerkriminalität weisen aktuelle Untersuchungen zu den Kosten computerbezogener, geschäftsschädigender Verhaltensweisen von Unternehmensmitarbeitern eine große Spannbreite auf. Am oberen Ende werden dabei ca. 740.000 Euro als durchschnittliche Schadenssumme genannt.[1] Im ‚Information Security Breaches Survey 2004' werden die durchschnittlichen Kosten für den gravierendsten Schadensfall eines Jahres mit 10.000 bis 20.000 Euro beziffert, wobei große Unternehmen mit einer Spannbreite von 95.000 bis 277.000 Euro deutlich stärker betroffen sind.[2] Das Risiko, Opfer unternehmensschädigender Handlungen eigener Mitarbeiter zu werden, steigt mit der Unternehmensgröße nicht nur infolge der größeren Mitarbeiterzahl, sondern auch aufgrund der resultierenden „Anonymität und Gleichgültigkeit [der Mitarbeiter] gegenüber Unternehmenszielen und den (vermeidbaren) Schwachstellen und Lücken im Überwachungssystem".[3]

In Bezug auf die durchschnittlichen Kosten pro Deliktart lassen sich mit Verweis auf den geringen Stichprobenumfang der betrachteten empirischen Untersuchungen und der damit einhergehenden geringen Aussagekraft lediglich vage Klassifizierungen vornehmen:[4] Überdurchschnittlich hohe finanzielle Schäden entstehen in erster Linie beim Verrat von Geschäftsgeheimnissen und bei Betrugsdelikten, durchschnittliche Kosten bei Sabotageakten und unterdurchschnittlich hohe Kosten bei der missbräuchlichen Nutzung von ITK-Systemen sowie bei Diebstahldelikten.

---

[1] Vgl. PWC 2003, S. 12.

[2] Vgl. DTI 2004, S. 23-25. Berücksichtigt wurden bei den genannten Zahlen einerseits direkte finanzielle Kosten wie etwa Strafen oder Ausgleichszahlungen sowie Aufwendungen für die Instandsetzung betroffener Systeme und die Beseitigung von Schäden. Andererseits wurden aber auch indirekte und damit schwer quantifizierbare Kosten einbezogen, so z. B. die monetär bewerteten Störungen des Geschäftsablaufs oder Schädigungen des Unternehmensimages.

[3] Janke 1996, S. 549.

[4] Von den vier im Kapitel 4.2.1 aufgeführten Herausgebern empirischer Studien aus dem Bereich von CROD weist lediglich das Computer Security Institute in seinen Untersuchungen durchschnittliche Kosten pro Deliktform und Jahr aus. Dabei ergeben sich über die Jahre hinweg bedingt durch den kleinen Stichprobenumfang pro Deliktart große Schwankungen, so dass die einzelnen Werte nur eine geringe Aussagekraft besitzen. Die Durchschnittswerte pro Jahr liegen bei Betrugsdelikten in einem Bereich von 328.594 $ (2003) bis 4.632.000 $ (2002), beim Verrat von Geschäftsgeheimnissen zwischen 2.699.842 $ (2003) und 6.571.000 $ (2002), bei der Sabotage reichen die Werte von 108.717 $ (2000) bis 1.427.028 $ (2003), bei der missbräuchlichen Nutzung von ITK-Diensten von 135.255 $ (2003) bis 536.000 $ (2002) und beim Diebstahl von Hardware von 47.107 $ (2003) bis 89.000 $ (2002); vgl. Richardson 2003, S. 20.

Angesichts einer zunehmenden Durchdringung der Unternehmen mit IT-Technologien und stetig wachsenden IT-Kenntnissen und Fertigkeiten der eigenen Mitarbeiter ist auch weiterhin mit einem Anstieg von Fällen aus dem Bereich von CROD zu rechnen. Aktuelle Erhebungen zeigen, dass der Anteil der Unternehmen, die mindestens einen Fall geschäftsschädigenden Verhaltens mit Bezug zu ITK-Systemen angeben, seit Jahren kontinuierlich ansteigt:

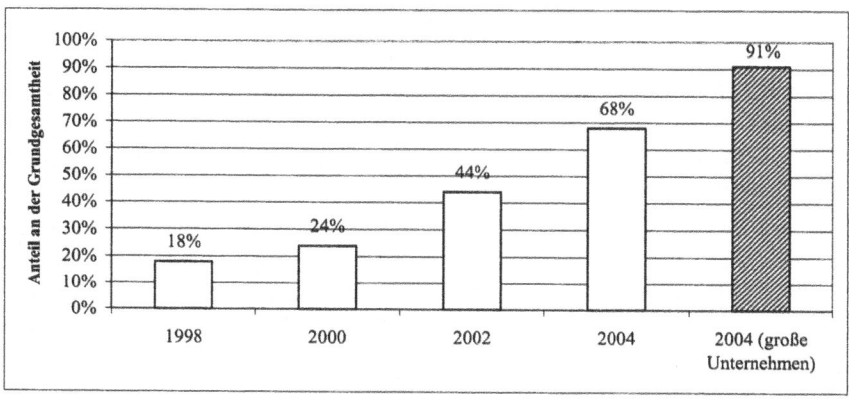

In Anlehnung an: DTI 2004, S. 15.

Abb. 4-7: **Anteil der Unternehmen mit mindestens einem computerbezogenen Missbrauchsfall (eigene Mitarbeiter und Unternehmensfremde) im vergangenen Jahr**[1]

Im Durchschnitt aller befragten Unternehmen traten beim ‚Information Security Breaches Survey' im Jahr 2004 zehn computerbezogene Missbrauchsfälle auf, in großen Unternehmen 38.[2] Da sich gleichzeitig das Verhältnis in Bezug auf die Täterherkunft immer weiter in Richtung der eigenen Mitarbeiter verschiebt,[3] ergibt sich allein aufgrund der Fallzahlen ein deutli-

---

[1] Die Werte in den Studien der Audit Commission, des Computer Security Institutes und des Department of Trade and Industry vermischen entweder bewusst herbeigeführte und unabsichtliche Sicherheitsverstöße (Computer Security Institute) oder differenzieren nicht zwischen Insider- und Outsiderdelikten (Audit Commission und Department of Trade and Industry); vgl. DTI 2004, S. 15f., Gordon et al. 2004, S. 8 und AC 2005, S. 6. Keine der aufgeführten Studien liefert daher eine im Hinblick auf CROD optimale Auswertung, die lediglich intentionale Verstöße der eigenen Mitarbeiter berücksichtigt. In Anbetracht des größeren Stichprobenumfangs und der ausschließlichen Berücksichtigung von bewusst geplanten Handlungen werden die Zahlen des Department of Trade and Industry gegenüber denen des Computer Security Institutes für die in dieser Arbeit interessierende Deliktform als aussagekräftiger eingestuft.

Die Zahlen der Audit Commission ergeben ein ähnliches Bild: 1994 (36%), 1997 (45%), 2000 (67%) und 2004 (49%); vgl. AC 1998, S. 5, AC 2001, S. 5 und AC 2005, S. 5. Die Zahlen umfassen allerdings sowohl nicht intentionale Handlungen als auch Missbrauchsfälle von Unternehmensfremden. Beim Computer Security Institute sind die Häufigkeitszahlen für Schadensfälle, welche auf die eigenen Mitarbeiter zurückzuführen sind, seit Jahren in etwa konstant: 1999 (65%), 2000 (63%), 2001 (59%), 2002 (64%), 2003 (68%), 2004 (66%); vgl. Gordon et al. 2004, S. 8. Auch diese Zahlen umfassen jedoch nicht intentionale Handlungen.

[2] Vgl. DTI 2004, S. 15. Lässt man die Unternehmen unberücksichtigt, die 2004 keinen Missbrauchsfall meldeten, beträgt der Durchschnittswert 15 bzw. 44 (große Unternehmen).

[3] Siehe Kapitel 4.3.2.

cher Handlungsbedarf, zumal die Unternehmen selbst für die Zukunft von weiter steigenden Zahlen ausgehen.[1]

4.3.5 Ansprüche der Stakeholder

Als Stakeholder werden alle Parteien bezeichnet, die einen Anspruch gegenüber einer Unternehmung innehaben. Hierzu gehören neben den Shareholdern (dt. Anteilseigner), die Lieferanten, die Mitarbeiter, die Kunden, die Kapitalmärkte (insbesondere Kreditgeber), der Staat und die Öffentlichkeit. Die Erfüllung der Erwartungen seitens dieser Anspruchsgruppen erfordert die Gewährleistung eines sicheren Geschäftsbetriebs im Allgemeinen und die Prävention der mit CROD einhergehenden Gefahren und Risiken im Besonderen.

Lieferanten setzen beispielsweise im Rahmen einer Geschäftsbeziehung voraus, dass eine den aktuellen Standards und Normen entsprechende vertrauliche Behandlung von Geschäftsdaten erfolgt. Die eigenen Mitarbeiter verlassen sich auf den sorgsamen Umgang mit personenbezogenen Informationen, die ihrem Arbeitgeber vorliegen[2], und sind im Regelfall daran interessiert, über die Preisgabe und Verwendung persönlicher Daten selbst zu bestimmen. Außerdem erwarten sie ein auf Vertrauen basierendes Arbeitsverhältnis, das die Überwachung bei der Nutzung der ihnen zur Verfügung gestellten Technologien weitestgehend ausschließt.[3] Für (prospektive) Kunden spielt nicht nur der Datenschutz, sondern auch das Sicherheitsimage eines Unternehmens eine wichtige Rolle. Der gedankliche Brückenschlag von den Sicherheitsstandards einer Organisation auf die Sicherheit und Qualität ihrer Produkte lässt sich allzu einfach vollziehen.[4]

Auch aus Haftungsgründen stellen dolose Handlungen von Mitarbeitern ein erhebliches Risikopotential dar. In zivilrechtlicher Hinsicht sind Unternehmen als juristische Personen grundsätzlich selbst handlungs- und deliktfähig. Schadensersatzansprüche externer Parteien richten sich somit zunächst immer gegen das Unternehmen. Das Strafrecht basiert hingegen auf persönlicher Schuld, so dass ausschließlich natürliche Personen strafrechtlich zur Verantwortung gezogen werden können.[5] Strafprozessuale Maßnahmen, wie z. B. Durchsuchungen, können sich jedoch auch gegen juristische Personen richten. Die großen Schwierigkeiten beim Nachweis persönlicher Schuld einzelner Mitarbeiter führen in der Regel dazu, dass Wirtschafts-

---

[1] Vgl. PWC 2003, S. 20 und DTI 2004, S. 7. Auch in der übergeordneten Kategorie wirtschaftskrimineller Handlungen ist künftig mit einem Anstieg der Fallzahlen zu rechnen; vgl. Edelhertz 1970, S. 48f., Blinkert 1988, S. 399f. und KPMG 2003, S. 10.

[2] Vgl. Einstadter 1992, S. 293f.

[3] Vgl. Stanton/Stam 2003, S. 152-154.

[4] Vgl. Trompeter/Eloff 2001, S. 389. Dabei ist es unerheblich, ob das Fehlverhalten eindeutig auf einzelne Mitarbeiter zurückgeführt werden kann oder nicht, da die allgemeine Öffentlichkeit in geschäftlichem Fehlverhalten typischerweise die Firma und nicht das Individuum als Täter sieht; vgl. Randall 1987, S. 112.

[5] Vgl. Kubica 2000, S. 119.

strafverfahren sehr langwierig sind und darüber hinaus fast zwangsläufig Eingriffe der Ermittlungsbehörden in die internen Abläufe eines Unternehmens zur Folge haben.[1] Dazu gehören einfache Nachfragen zur Klärung der Beweislage ebenso wie Durchsuchungen oder die Beschlagnahmung ganzer EDV-Systeme.[2]

In diesem Kontext stellt nicht zuletzt auch der Gesetzgeber als Anspruchsgruppe gewisse Forderungen an das Unternehmen. So legt beispielsweise das 1998 in Kraft getretene Gesetz zur Kontrolle und Transparenz im Unternehmensbereich (KonTraG) die Einrichtung eines angemessenen Risikomanagement- und Früherkennungssystems in den Verantwortungsbereich des Vorstandes einer Aktiengesellschaft.[3] Aus der Gesetzesbegründung zum KonTraG lässt sich darüber hinaus schließen, „dass für Gesellschaften mit beschränkter Haftung (GmbH) je nach ihrer Größe, Komplexität, ihrer Struktur usw. nichts anderes gilt."[4] Kommt es zu einer den Fortbestand der Gesellschaft gefährdenden Entwicklung beispielsweise aufgrund wirtschaftskrimineller Handlungen, müssen Vorstand bzw. Geschäftsführung den Beweis erbringen, dass sie sich pflichtgemäß verhalten haben. Daneben gilt es, die zahlreichen gesetzlichen Regelungen zum Schutz des Rechts auf informationelle Selbstbestimmung zu beachten.[5] Nicht nur in Deutschland sind Bürger darüber zu informieren, wenn personenbezogene Daten gespeichert, verarbeitet oder übertragen werden, sie haben als Dateneigentümer auch ein aktives Mitbestimmungsrecht.

Schließlich trägt der Gesetzgeber auch selbst dazu bei, dass Informationstechnologien vermehrt in Unternehmen zum Einsatz kommen.[6] § 147 Abs. 6 Abgabenordnung (AO) etwa gewährt der Finanzbehörde das Recht, im Rahmen einer Außenprüfung einen elektronischen Zugriff auf alle maschinell verarbeiteten steuerlich relevanten Daten zu erhalten. Ein weiteres Beispiel stellt die mit dem Steueränderungsgesetz (StÄndG) 2003 neu eingeführte Pflicht für Arbeitgeber dar, Lohnsteueranmeldungen elektronisch an die Finanzämter zu übermitteln.[7]

---

[1] Siehe auch Kapitel 2.2.1.

[2] Vgl. Müller et al. 1997, S. 59f.

[3] Vgl. § 91 Abs. 2 AktG.

[4] Müller 2000, S. 12. Zwar gibt es für Geschäftsführer einer GmbH keine direkte gesetzliche Verpflichtung zur Einrichtung eines Überwachungs- und Früherkennungssystems, nach § 43 Abs. 1 GmbHG sind sie jedoch angehalten, bei den Angelegenheiten der Gesellschaft die Sorgfalt eines ordentlichen Geschäftsmannes anzuwenden.

[5] Siehe Fußnote 6, S. 104.

[6] Vgl. AC 2001, S. 18.

[7] Vgl. StÄndG 2003, § 41a Abs. 1 Einkommensteuergesetz (EStG) und §52 Abs. 52b EStG.

5 Handlungstheorie

Nachdem in den vorangegangenen Kapiteln das Explanandum auf der Makro- und Mesoebene eingegrenzt wurde, besteht der nächste wichtige Schritt bei der Rekonstruktion des Mehr-Ebenen-Modells in der Identifikation einer geeigneten Handlungstheorie für die Mikroebene. Diese muss das Verhalten von Individuen so zu modellieren in der Lage sein, dass unter den situativ konstituierten Bedingungen der Makro- und Mesoebene – deren Untersuchung Gegenstand von Kapitel 6 sein wird – die Entstehung von CROD erklärt werden kann. In einem ersten Schritt (Kapitel 5.1) werden hierzu die Kriterien für die Bewertung verschiedener in Frage kommender Handlungstheorien spezifiziert. Auf Basis dieser Kriterien erfolgt im zweiten Schritt (Kapitel 5.2) im Sinne einer Vorauswahl ein Vergleich verschiedener Klassen kriminologischer Theorien. Aus dem Bereich der rationalistischen Theorien zur Erklärung abweichenden Verhaltens wird abschließend (Kapitel 5.3) der Rational Choice Ansatz in seinen Grundlagen vorgestellt und hinsichtlich seiner Eignung als Handlungstheorie beurteilt.

5.1 Bewertungskriterien

Als Kriterien zur Beurteilung einer potentiell geeigneten Handlungstheorie eignen sich zunächst die explizit von Lindenberg und Esser in diesem Zusammenhang definierten Anforderungen. Außerdem ist die Kompatibilität ihrer Grundannahmen mit dem implizit jeder kriminologischen Theorie zugrunde liegenden Menschenmodell zu überprüfen.

5.1.1 Anforderungen an eine Handlungstheorie

Eine Handlungstheorie muss, um ihre Funktion innerhalb des soziologischen Erklärungsmodells zu erfüllen,[1]

(1) mit wenigen Informationen über das betrachtete Individuum auskommen.

(2) über präzise benannte Parameter verfügen und eine explizite funktionale Beziehung zwischen diesen Parametern und der abhängigen Variablen – der zu erklärenden Handlung – angegeben.

(3) einfach und allgemein gehalten sein, wobei die Möglichkeit gegeben sein sollte, vereinfachte Prämissen jederzeit durch komplexere Annahmen zu ersetzen (Methode abnehmender Abstraktion).

(4) die Formulierung von Brückenhypothesen zulassen, so dass die Verbindung der Makroebene mit der Meso- und Mikroebene auf einfache Art und Weise möglich ist.

---

[1] Vgl. Lindenberg 1983, Lindenberg 1985, S. 108f., Wippler/Lindenberg 1987, S. 141-144 sowie Esser 1999, S. 137-140.

(5) (empirisch) gut bestätigt sein und berücksichtigen, dass Individuen in der Regel autonom handeln sowie kreativ, findig und initiativ sind.

(6) neue Erkenntnisse über das Verhalten von Menschen aus angrenzenden Wissenschaftsdisziplinen, etwa aus der Sozialpsychologie, aufnehmen können.

5.1.2 Menschenmodelle

Ein weiteres wichtiges Merkmal für die Klassifizierung und Bewertung kriminologischer Theorien ist das implizit zugrunde liegende Menschenbild, das zum Zwecke der Modellbildung vereinfachte anthropologische Annahmen beschreibt. Typischerweise wird dabei in den Geisteswissenschaften das Bild des homo sociologicus demjenigen des homo oeconomicus gegenübergestellt.

Der Ende der fünfziger Jahre in die Soziologie eingeführte Begriff des homo sociologicus[1] sieht im Menschen in erster Linie einen Träger sozial vorgeformter Rollen. Diese bezeichnen Bündel von Verhaltenserwartungen, die sich aus den Vorgaben gesellschaftlicher Institutionen, ihren Normen, Regeln und Sanktionen ergeben. Das Konzept wirft verschiedenartige Probleme auf.[2] Zum einen erscheint eine von sozialen Strömungen getriebene, gewissermaßen fremdgesteuerte Marionette, überspitzt als ‚judgemental dope' bezeichnet,[3] mit der Vorstellung eines autonomen Individuums mit freiem Willen nur schwer vereinbar. Unrealistisch ist darüber hinaus die fehlende Berücksichtigung von Restriktionen bei der Auswahl von Handlungsalternativen, Regel- und Normvorgaben werden nämlich unabhängig von jeglichen Kosten und Schwierigkeiten befolgt. Aufgrund der vorfixierten Verbindung zwischen Situation und Akteur lässt das Modellbild des homo sociologicus außerdem keine Formulierung von Brückenhypothesen zu und entbehrt einer präzisen Selektionsregel für das Handeln.

Der homo oeconomicus[4] versteht den Menschen als Träger stabiler, geordneter Präferenzen. Er wägt vor dem Hintergrund vollkommener Informationen und im Rahmen gegebener Restriktionen Nutzen und Kosten der verfügbaren Alternativen gegeneinander ab und führt dabei, dem Selbstinteresse folgend, eine den persönlichen Gewinn maximierende Entscheidung herbei.[5] Da realweltliche Entscheidungssituationen üblicherweise durch unvollständige Information gekennzeichnet sind, ist die fehlende Berücksichtigung individueller Erwartungen und Bewertungen unter Unsicherheit kritisch zu beurteilen. Implizit wird zudem vorausgesetzt, dass der Akteur über unbegrenzte kognitive und zeitliche Ressourcen zur Verarbeitung

---

[1] Vgl. Dahrendorf 1977, S. 20 und Hug 1989.

[2] Vgl. Esser 1999, S. 235f.

[3] Vgl. Garfinkel 1967, S. 66.

[4] Vgl. Frank 1997, S. 20f.

[5] Vgl. Simon 1978, S. 2 und Simon 1997, S. 87.

von Informationen verfügt. Die Verbindung zwischen Situation und Akteur ist schließlich ebenso fixiert wie beim homo sociologicus.[1]

Beide Menschenmodelle weisen im Hinblick auf die in Kapitel 5.1.1 definierten Anforderungen an eine Handlungstheorie erhebliche Defizite auf. Sie sind für die Formulierung von Brückenhypothesen (Punkt 4) ebenso ungeeignet wie für die Abbildung menschlichen Verhaltens im Rahmen des soziologischen Erklärungsmodells (Punkt 5). Ein angemesseneres Menschenmodell mit der Bezeichnung ‚RREEMM' wurde 1985 von Lindenberg vorgeschlagen.[2] Das Akronym benennt fünf grundlegende Eigenschaften eines typischen Akteurs, wobei der letzte Buchstabe für das englische ‚Man' (dt. Mensch) steht:

- Resourceful: Menschen sind findig, einfallsreich und lernfähig. Sie machen sich Gedanken über Veränderungen in ihrer Umwelt und in ihrem eigenen Verhalten.
- Restricted: Menschen sehen sich gleichermaßen Opportunitäten wie Restriktionen ausgesetzt und müssen zwischen konkurrierenden Alternativen auswählen.
- Expecting: Menschen weisen (zukünftigen) Ereignissen subjektive Erwartungen bzw. Wahrscheinlichkeiten zu.
- Evaluating: Menschen haben geordnete Präferenzen und evaluieren (zukünftige) Ereignisse.
- Maximizing: Menschen intendieren bei der Selektion einer Handlungsalternative die Maximierung ihres (erwarteten) Nutzens.

RREEMM vermeidet die Nachteile des homo sociologicus wie auch die des homo oeconomicus, indem es die positiven Eigenschaften beider Modelle vereint. Trotz der fünf getroffenen Annahmen bleibt das Modell einfach und überschaubar. Es erlaubt die „schrittweise und an weiteren Erkenntnissen orientierte inhaltliche Füllung von Brückenhypothesen" und entspricht insgesamt „in besonderer Weise den Kriterien der erklärenden Formulierung sozialer Prozesse und den wichtigsten Aussagen der Anthropologie zur conditio humana."[3]

5.2 Verschiedene kriminologische Theorien im Vergleich

Die potentiell in Frage kommenden Handlungstheorien lassen sich in mehrere Klassen einteilen. Ein Vergleich dieser Klassen erlaubt die schnelle Vorauswahl einiger weniger verbleibender Ansätze, die im Anschluss intensiver beleuchtet werden.

---

[1] Vgl. Esser 1999, S. 237.
[2] Vgl. Lindenberg 1985, S. 100.
[3] Esser 1999, S. 239.

5.2.1 Theorieklassen

Die Kriminologie hat im Laufe ihrer über 200-jährigen Geschichte eine Fülle heterogener Theorien zur Erklärung abweichenden Verhaltens hervorgebracht.[1] Dabei lassen sich folgende drei Theoriekategorien und mit ihnen assoziierte Leitgedanken identifizieren:[2]

(1) Soziale Lerntheorien: Konformes als auch nicht konformes Verhalten ist in erster Linie erlerntes Verhalten und wird entscheidend durch das soziale Umfeld eines Individuums beeinflusst.

(2) Anomie- und Straintheorien: Das Auseinanderklaffen kulturell vorgegebener Ziele und Wertvorstellungen auf der einen Seite sowie nur begrenzt zugänglicher legitimer Mittel zur Zielerreichung auf der anderen Seite (Anomie) führt zu einem Druck (Strain) bzw. dem Verlangen, die Ziele mit illegitimen Mitteln zu verfolgen.[3]

(3) Rationalistische Theorien: Es herrscht die Vorstellung eines Werte- und Normenkonsens in der Gesellschaft (Konsensmodell). Menschen sind allerdings autonome Akteure, die grundsätzlich dazu neigen, gegen Werte und Normen zu verstoßen. Kosten und Nutzen konformer und nicht-konformer Handlungsalternativen werden individuell und gleichberechtigt unter dem Aspekt der Gewinnmaximierung gegeneinander abgewogen.

Die meisten kriminologischen Theorien greifen mindestens einen dieser Leitgedanken auf und erweitern diesen. Soll eine Handlungstheorie mit dem RREEMM-Modell[4] vereinbar sein und darüber hinaus die in Kapitel 5.1.1 explizierten Anforderungen erfüllen, lässt sich die Vielzahl potentieller Ansätze schnell deutlich reduzieren.

5.2.2 Soziale Lern-, Anomie- und Straintheorien

Soziale Lerntheorien, wie z. B. Sutherlands Theorie differentieller Assoziation oder die Theorie differentieller Verstärkung von Burgess und Akers, kommen als Handlungstheorien nicht

---

[1] Da an dieser Stelle keine umfassende Darstellung der Vielzahl an Theorien erfolgen kann, sei für eine weitergehende Information auf die Übersichtswerke von Eifler (2002), Schwind (2003) sowie Cullen und Agnew (2003) verwiesen.

[2] Hirschi (1969) spricht in der Einleitung zu seiner sozialen Bindungstheorie von strain-, control- und cultural deviance-theories. Mit letzteren bezeichnet er die Klasse von Theorien, die hier als soziale Lerntheorien bezeichnet werden; vgl. Kornhauser 1978, S. 34. Eine analoge Klassifizierung wird von Cullen und Agnew (2003, S. 9f. und S. 219) vorgenommen.

[3] Vgl. Eifler 2002, S. 27-30.

[4] Siehe Kapitel 5.1.2.

in Frage, da sie mit dem homo sociologicus ein Menschenmodell unterstellen, dem essentielle Eigenschaften von RREEMM fehlen.[1]

Die meisten Ansätze der Anomie- und Straintheorien betrachten nicht mikroperspektivisch deviantes Verhalten von Akteuren, sondern makroperspektivisch kollektive Phänomene. Da die Ebene soziologischer Analyse ein wichtiges Ausschlusskriterium darstellt und sich nur mikroperspektivisch am Individuum ausgerichtete Ansätze als Handlungstheorie eignen, können beispielsweise Durkheims Anomietheorie[2] oder die Theorie sozialer Desorganisation[3] von Shaw und McKay fallen gelassen werden.

Die General Strain Theorie von Agnew hingegen orientiert sich am Handeln des einzelnen Akteurs und ist somit einen genaueren Blick wert. Er beschreibt in seinem Ansatz drei verschiedene Formen sozialer Belastungen, die auf ein Individuum einwirken können und dabei negative Emotionen wie Wut und Ärger evozieren.[4] Diese wiederum erzeugen beim betroffenen Individuum einen allmählich steigenden Druck, welcher das Auftreten nicht-konformen Verhaltens begünstigt. Zu diesen sozialen Belastungen gehören 1. das wahrgenommene individuelle Versagen, positiv bewertete Ziele zu erreichen, 2. der Entzug positiv bewerteter Stimuli und 3. die Konfrontation mit negativen Stimuli. Das Hauptmanko der Theorie besteht darin, dass sie keine Kriterien spezifiziert, die in der Lage sind, präzise und funktional zu begründen, weshalb bei gegebenem Druck manche Individuen delinquent werden, andere jedoch nicht.[5] Zur Vervollständigung seiner Theorie listet Agnew zwar zahlreiche interne wie externe Faktoren auf, die einen nachgewiesenen Einfluss auf das Entscheidungsverhalten haben, die logische Verknüpfung mit der Ursprungstheorie bzw. die Formulierung einer präzisen Selektionsstrategie bleibt er jedoch schuldig. Außerdem werden durch die vorgenommene Fokussierung auf negative Beziehungen des Individuums zu anderen Personen möglicherweise re-

---

[1] Sutherlands (1956) Theorie differentieller Assoziation zufolge ist kriminelles Verhalten erlerntes Verhalten und besonders wahrscheinlich, wenn ein Individuum in seiner sozialen Umwelt überwiegend mit Einstellungen konfrontiert wird, die kriminelles Verhalten positiv bewerten. Für Burgess und Akers (1966) lässt sich kriminelles Verhalten als Ausdruck instrumenteller und operanter Konditionierung über erlernte Einstellungen erklären, die sich auf der Grundlage von Erfahrungen in der sozialen Umwelt herausbilden.

[2] Durkheim (1968) stellte nicht nur fest, dass Kriminalität ein normaler und notwendiger Bestandteil der gesellschaftlichen Ordnung ist, er beobachtete auch einen Zusammenhang zwischen Kriminalität und gravierenden sozialen Wandlungsprozessen, wie sie etwa in Folge von Industrialisierung, Verstädterung oder Kriegen vorkommen.

[3] Shaw und McKay (1942) führen abweichendes Verhalten auf das Versagen sozialer Kontrollen in desorganisierten sozialen Umgebungen (sog. ‚natural areas of delinquency', z. B. Slumgebiete) zurück. Dabei entstehende, kriminellem Verhalten zuträgliche kulturelle Normierungen und Werte werden von einer Generation auf die nächste übertragen.

[4] Vgl. Agnew 1992, S. 50-59.

[5] Dieser Kritikpunkt trifft im Übrigen auch für alle klassischen Anomie- und Straintheorien zu; vgl. Lamnek 1979, S. 265 sowie Sack 1993b, S. 276.

levante situations- oder tatbezogene Merkmale bei der Analyse nicht berücksichtigt. Gerade dieser letzte Punkt spielt jedoch bei CROD eine besondere Rolle.[1]

In der notwendigen Ausführlichkeit kann und soll die Frage nach der Eignung der General Strain Theorie als Handlungstheorie im soziologischen Erklärungsmodell hier nicht diskutiert werden. Trotz der offensichtlichen Schwierigkeiten stellt sie jedoch eine interessante Alternative zu den im Folgenden detaillierter betrachteten rationalistischen Theorien dar, insbesondere angesichts der Tatsache, dass die wenigen empirischen Studien, welche zur Überprüfung der relativ jungen Theorie bislang vorgenommen wurden, ihre Aussagen gut bestätigen.[2]

5.2.3 Rationalistische Theorien

Zur Kategorie rationalistischer Theorien zählen aufgrund gleichförmiger Orientierungen und ähnlicher Prämissen die Rational Choice Theorie, die Kontrolltheorie und die Routine Activity Theorie.[3] Im Folgenden werden die Unterschiede und Gemeinsamkeiten dieser eng miteinander verbundenen Ansätze erläutert.

Die Kernaussage des Rational Choice Ansatzes besteht darin, dass Individuen in Entscheidungssituationen eine rationale Lösungsstrategie verfolgen und diejenige Handlungsalternative auswählen, bei der die erwartete Nutzen-Kosten-Relation am größten ist.[4] In der mikroperspektivisch ausgerichteten Kontrolltheorie wird analog zur Rational Choice Theorie davon ausgegangen, dass ein Abwägen von Kosten und Nutzen alternativer legaler und illegaler Handlungsoptionen stattfindet, wobei die Akteure diejenige Alternative auswählen, die ihre Sinneslust am ehesten maximiert.[5] Zwar beinhaltet die Kontrolltheorie die Vorstellung eines Werte- bzw. Normenkonsens innerhalb eines Gemeinwesens, allerdings neigen die Mitglieder aufgrund fehlender interner und externer Kontrollen grundsätzlich dazu, gegen diese Werte zu verstoßen. Dabei wird unterstellt, dass das Ausmaß zwischenmenschlicher Sensibilität (attachment), ökonomischer bzw. finanzieller Investitionen (commitment), zeitlicher Restriktionen (involvement) und moralischer Bedenken (belief) die Bewertung potentieller Kosten und Nutzen eines Verbrechens beeinflusst.[6] Gemein mit dem Rational Choice Ansatz ist dieser Theorie darüber hinaus, dass ein Modell der Wahl und eine ubiquitäre Grundneigung zur Delikthandlung gleichsam als ‚conditio humana' unterstellt werden. In Bezug auf die Bedeutung des Konstrukts der Kontrollen ist vor allem relevant, dass sich der Mensch in der modernen

---

[1] Siehe Kapitel 3.3.4, 4.1.4 und 6.1.2.

[2] Vgl. beispielsweise Agnew/White 1992, S. 493 und Agnew et al. 1996, S. 700.

[3] Die Gemeinsamkeiten der Rational Choice- und Kontrolltheorien wurden in der jüngeren Literatur sowohl von Hirschi (1986, S. 108f.) als auch von Karstedt und Greve (1996, S. 181) hervorgehoben.

[4] Vgl. Cornish/Clarke 1986.

[5] Vgl. Hirschi 1969.

[6] Vgl. Hirschi 1986, S. 109.

Gesellschaft zunehmend an der ihn umgebenden sozialen Umwelt mit ihren wechselnden Bezügen und Richtungen zu orientieren scheint und dabei die internen auf Kosten der externen Kontrollen an Bedeutung verlieren.[1]

Der von Cohen und Felson postulierte Routine Activity Approach wurde ursprünglich entwickelt, um die unterschiedlichen Kriminalitätsraten verschiedener Bevölkerungsgruppen über die Unterschiede in den alltäglichen Mustern der Lebensführung zu erklären. Während der mikroperspektivisch ausgerichtete Rational Choice Ansatz ganz allgemein den Blick auf den situativen Kontext einer Delikthandlung lenkt, hebt der auf der Makroebene angesiedelte Routine Activity Approach drei Elemente besonders hervor und betont dabei die Relevanz der zeitlichen und räumlichen Kongruenz, welche die Entstehung abweichenden Verhaltens erst ermöglicht: Motivierte Täter, geeignete Opfer bzw. Gelegenheiten und die Abwesenheit von Kontrollen, die die Ausführung krimineller Handlungen verhindern können.[2] Steht im Sinne einer praktischen Kriminologie das Präventionsziel im Vordergrund, liefern diese drei Elemente wichtige Ansatzpunkte.

Ebenfalls von Bedeutung ist das Konzept der Abschreckung, das häufig im Zusammenhang mit rationalistischen Theorien diskutiert wird. Dabei handelt es sich um eine deduktiv aus dem Rational Choice Ansatz abgeleitete, praktische kriminalpolitische Anwendung, die im Rahmen einer sekundären Prävention über die Androhung von Sanktionen darauf abzielt, das Kriminalitätsaufkommen zu mindern.[3] Die Kernaussage des Konzepts besteht darin, dass kriminelle Handlungen mit zunehmender Sicherheit, Härte und Geschwindigkeit[4] einer Bestrafung derselben unwahrscheinlicher werden.[5] Daher gilt es, über die Erhöhung der wahrgenommenen potentiellen Kosten das Verbrechen insgesamt zu einem Verlustspiel werden zu lassen. In der Literatur werden mit der generellen und der spezifischen Abschreckung zwei Abschreckungsarten voneinander unterschieden, wobei im Regelfall implizit die generelle Form der Abschreckung (Generalprävention) thematisiert wird. Sie geht makroperspektivisch von einem negativen Zusammenhang zwischen Kriminalitätsaufkommen und Strafandrohungen aus. Die spezifische Abschreckung hingegen thematisiert die Wirkung erlebter Sanktio-

---

[1] Vgl. Sessar 1997, S. 7.

[2] Vgl. Cohen/Felson 1979, S. 589.

[3] Vgl. Kerner 1994, S. 171 und Schwind 2003, S. 15.

[4] Mit der Geschwindigkeit ist die Zeitdauer gemeint, die zwischen der Ausübung des Verbrechens und seiner Bestrafung verstreicht; vgl. ausführlich Gibbs 1975, S. 105-135.

[5] Alle drei Faktoren lassen sich logisch aus dem Rational Choice Ansatz herleiten: Während die Härte einer Bestrafung als negativer Nutzen in das Entscheidungskalkül einfließt, wird die Sicherheit über die Wahrscheinlichkeit erfasst. Beide werden in dem normativen Modell multiplikativ miteinander verknüpft und somit implizit als gleichwertig angesehen. Die Geschwindigkeit lässt sich über das Modell erklären, wenn man – wie in der Ökonomie üblich – in der Zukunft liegende Alternativen über einen Diskontierungszins abwertet, so dass ein in der Gegenwart liegender Nutzen im Vergleich zum zukünftigen Nutzen als günstiger bzw. ein negativer Nutzen als schlechter bewertet wird.

nen auf künftiges kriminelles Handeln einzelner Individuen.[1] Seit den siebziger Jahren wurden zahlreiche Studien zur empirischen Überprüfung der Annahmen durchgeführt, die u. a. aufgrund der zahlreichen Messprobleme[2] ein sehr uneinheitliches Bild abgeben.[3] Hinsichtlich der spezifischen Abschreckung stellen Agnew und Cullen fest, dass Strafen die Wahrscheinlichkeit nachfolgender Straftaten nicht senken, während hinsichtlich der generellen präventiven Wirkung für den Faktor Sicherheit der Bestrafung in den meisten Studien ein schwacher Zusammenhang beobachtet wurde, die Wirkung der Härte und Geschwindigkeit einer Bestrafung jedoch nach wie vor umstritten ist.[4] Neben den drei klassischen Faktoren wird vermehrt auf die Bedeutung der subjektiven Wahrnehmung von formellen, informellen und sozialen Sanktionen im Unterschied zum Wissen um den objektiven Strafrahmen hingewiesen.[5]

5.2.4 Vorbehalte gegenüber rationalistischen Theorien

Typischerweise werden in der Kriminologie Theorien, welche in irgendeiner Form Rationalität menschlichen Verhaltens unterstellen, mit großer Skepsis bedacht.[6] Diskurse über den Gehalt des Rational Choice Ansatzes nehmen häufig ideologische Züge an, was sich mit dem interdisziplinären Anspruch der Kriminologie nur schwer vereinbaren lässt. Obwohl die Annahme, dass Belohnungen und Bestrafungen Entscheidungen und die Wahl zwischen möglichen Handlungsalternativen beeinflussen, vielen ökonomischen, soziologischen, psychologischen und juristischen Ansätzen zur Erklärung menschlichen Verhaltens zugrunde liegt, kann sich die Kriminologie mit dem Bild eines logisch reflektierenden Täters, der dieselbe Art kognitiver Strategien bei der Abwägung von Für und Wider einer sozialschädlichen Handlung einsetzt wie eine normkonform handelnde Person, nur schwer arrangieren.[7]

Für ein Verständnis dieser Vorbehalte ist zunächst ein kurzer Rückblick auf die Historie erforderlich. In den Anfängen Ihrer Entstehung als selbständige Forschungsdisziplin war die Kriminologie noch eng mit der Biologie verzahnt.[8] Das damals dominierende Menschenbild lässt sich treffend mit dem eines von seiner sozialen Umwelt geprägten, ohne eigenen Willen agierenden ‚sozialen Herdentieres' umschreiben.[9] Kriminalität ließ sich dabei als deviantes

---

[1] Vgl. Gibbs 1975, S. 4.

[2] Vgl. Gibbs 1968, Chiricos/Waldo 1970, S. 214 sowie Gibbs 1975, S. 18-21.

[3] Für eine Übersicht vgl. Nagin 1998.

[4] Vgl. Cullen/Agnew 2003, S. 263-266.

[5] Vgl. Albrecht 1993, S. 161.

[6] Simon (1997, S. 87) drückt diesen Sachverhalt bezeichnenderweise wie folgt aus: „The social sciences suffer from acute schizophrenia in their treatment of rationality."

[7] Vgl. Hirschi 1986, S. 111, Clarke 1980, S. 136 und Esser 1996, S. 235.

[8] Vgl. Lombroso 1911.

[9] Vgl. Lindenberg 1985, S. 99f. und Hirschi 1986, S. 106.

Verhalten eines schadhaften Tieres der Herde erklären. In der Soziologie hingegen, die sich mit der von Regeln und Rollen als Vorgaben gesellschaftlicher Institutionen geleiteten sozialen Natur des Menschen einen eigenen Platz in der Wissenschaft zu sichern suchte, wurde Kriminalität als ein durch Rollenkonflikte oder abnormale Umstände der den Menschen umgebenen sozialen Umwelt bedingtes Verhalten erklärt.[1] Im Zuge der Verschmelzung der Kriminologie mit der Soziologie zu Beginn des vorigen Jahrhunderts musste zur Schaffung einer Kompatibilität der Leitmotive das Bild vom Kriminellen als nicht funktionierendem Herdenwesen fallengelassen werden. Ansonsten überwogen jedoch die Gemeinsamkeiten: die beiderseitige Ablehnung von rationalistischen, voluntaristischen Theorien einer vom Positivismus geprägten Wissenschaftsgemeinde. Weitab von sachlogischen Argumenten sind Bedenken von Soziologen gegenüber kriminologischen Theorien, die sich an den vom freien Willen des Menschen geprägten Gedanken des Rational Choice Ansatzes anlehnen, häufig eng verwurzelt mit der in der historischen Entwicklung begründeten Furcht vor einer schleichenden Kontamination ihres Wissenschaftszweiges durch ökonomische Theorien.[2]

In der Moderne sind zudem unterschiedliche Denkweisen und eine für die jeweils andere Seite nur schwer verständliche Sprache ursächlich für die gegenseitige Ablehnung.[3] Ökonomen betonen häufig ihre zeitgemäße, einer deduktiven Wissenschaftstradition folgende Vorgehensweise bei der Modellbildung, die sich sowohl durch ihre Genauigkeit als auch durch ihre Fähigkeit auszeichnet, Wissen zu akkumulieren.[4] Sie werfen Soziologen bzw. Kriminologen vor, mit ungleichen Waffen zu kämpfen, wenn sie dem präzise formulierten und axiomatisierten Rational Choice Ansatz auf der einen Seite vergleichsweise leicht mit widersprüchlichen empirischen Befunden gegenübertreten können, auf der anderen Seite aber bei ihren eigenen, überwiegend induktiv gebildeten positivistischen Theorien aufgrund der vagen Ausdrucksweise empirisch kaum belangbar sind. Soziologen halten dem entgegen, dass Ökonomen jeglichen Versuch, irrationales Verhalten zu beweisen, mit eilig formulierten und kaum begründbaren ad hoc Hypothesen zu widerlegen suchen.[5] Zusammenfassend lässt sich konstatieren, dass überholte Antipathien und tradierte Denkmuster eine Versachlichung der Diskussion im

---

[1] Zu ihren Schwerpunkten gehörten insbesondere die Suche nach nicht-logischen Handlungsgründen bzw. das Erfassen „irrationaler (mystischer, prophetischer, pneumatischer, affektueller) Erscheinungen in theoretischen und zwar sinnadäquaten Begriffen"; Weber 1922 (Erster Teil: Die Wirtschaft und die gesellschaftlichen Ordnungen und Mächte, I. Soziologische Grundbegriffe, §1 Begriff der Soziologie und des ‚Sinns' sozialen Handelns)

[2] Vgl. Hirschi 1986, S. 107.

[3] Zeckhauser (1987, S. 254) drückt dies sehr plastisch aus: Er sieht die Protagonisten, d. h. die Gegner und Verfechter rationalistischer Gedanken in einem vier-dimensionalen Raum, in dem jede Partei ihre eigenen drei Dimensionen besetzt. Argumente, welche sich beide gegenseitig vorwerfen, vergleicht er mit drei-dimensionalen Wurfgeschossen, die deswegen so gut wie nie treffen, weil die drei Dimensionen beider Parteien sich nur in zwei Dimensionen überlappen.

[4] Vgl. Lindenberg 1985, S. 105.

[5] Vgl. Hirschi 1986, S. 106.

Sinne einer genuin interdisziplinären Ausrichtung der Kriminologie dringend erforderlich machen.

5.3 Rational Choice Ansatz

Die Beurteilung der Eignung des Rational Choice Ansatzes als Handlungstheorie für das Erklärungsmodell anhand der in Kapitel 5.1.1 aufgeführten Anforderungen und des in Kapitel 5.1.2 skizzierten Menschenmodells ‚RREEMM' erfordert eine ausführliche Diskussion seiner ökonomischen Grundlagen. Darüber hinaus ist die Frage nach der Rationalität menschlicher Entscheidungsfindung zu stellen und damit implizit der Erklärungsgehalt der Rational Choice Theorie zu diskutieren.[1]

5.3.1 Ökonomische Grundlagen

Der historische Ursprung des kriminologischen Rational Choice Ansatzes ist in der klassischen Schule begründet.[2] In Anlehnung an die dichotome Vorgehensweise in der Entscheidungstheorie, die sich explizit mit der Struktur von Entscheidungsfindungsprozessen befasst, ist es zweckmäßig, die Ziele der normativen und der deskriptiven Entscheidungstheorie voneinander zu unterscheiden:[3] Erstere formuliert eine systematische Prozedur zur Transformierung komplexer Entscheidungsprobleme in transparente Einzelschritte mit dem Ziel der Herbeiführung rationaler Entscheidungen. Hingegen versucht die deskriptive Entscheidungstheorie das tatsächliche Entscheidungsverhalten des Menschen funktional zu beschreiben.

Im Rahmen der normativen Entscheidungstheorie stellt die subjektive Erwartungsnutzentheorie (SEU-Theorie[4]) die am weitesten anerkannte Grundlage zur Herbeiführung rationaler Entscheidungen in Risikosituationen dar.[5] Entscheidungen unter Risiko bzw. Unsicherheit sind dadurch gekennzeichnet, dass der Entscheider die für das Ergebnis relevanten Umwelteinflüsse nicht exakt determinieren kann.[6] Die SEU-Theorie ist eine Erweiterung der durch von

---

[1] Diese bedeutsame Frage stellt die theoretische Verlängerung des von verschiedenen Autoren erhobenen Tautologie-Vorwurfs dar; vgl. beispielsweise Sen 1977, S. 325.

[2] Die auf Cesare Beccaria bis ins das 18. Jahrhundert zurückführbare klassische Schule der Kriminologie widmete sich vornehmlich Fragen der gesellschaftlichen Reaktion auf kriminelles Verhalten, postulierte aber gleichzeitig und erstmals ein Konzept vom rationalen, vernunftbetonten Handeln des Menschen, welches sich über die Jahre hinweg als unverrückbares Fundament erwies und auf dem in der heutigen Zeit viele moderne handlungstheoretische Ansätze der Kriminalsoziologie beruhen; vgl. Beccaria 1998.

[3] Vgl. Gabler 1997, S. 1132, Stichwort ‚Entscheidungstheorie'. Die normative Entscheidungstheorie wird synonym auch häufig als präskriptive Entscheidungstheorie bezeichnet.

[4] Subjective Expected Utility.

[5] Vgl. Eisenführ/Weber 1994, S. 210-212.

[6] Die in der Literatur oftmals vorgenommene Unterscheidung zwischen Risiko und Unsicherheit wird hier nicht getroffen, da sie in diesem Kontext unnötig ist und darüber hinaus nicht einheitlich vorgenommen wird.

Neumann und Morgenstern begründeten Erwartungsnutzentheorie (EU-Theorie[1]),[2] welche ein aus Axiomen abgeleitetes Präferenzkalkül umschreibt. Der erwartete Nutzen einer Alternative (A) wird dabei in Analogie zum Erwartungswert in der Statistik als Summe des über alle relevanten Umweltzustände einer Entscheidungssituation zu bestimmenden Produktes aus Eintrittswahrscheinlichkeit (p) und Nutzen (U) der Konsequenzen der Alternative definiert. In Rückgriff auf den in der Entscheidungstheorie gerne verwendeten Begriff der Lotterie[3] wird dabei vorausgesetzt, dass die Präferenz eines Entscheiders eine vollständige und transitive Ordnung darstellt und darüber hinaus die Axiome der Stetigkeit und Unabhängigkeit erfüllt werden, so dass für jede Präferenzordnung über Lotterien bzw. Alternativen (a, b und c) Folgendes gilt:[4]

(1) $a \geq b$ oder $b \geq a$ (Vollständigkeit),

(2) wenn $a \geq b$ und $b \geq c$, dann folgt $a \geq c$ (Transitivität),

(3) wenn $a \geq b \geq c$, dann gibt es ein p, so dass $b \approx p \bullet a + (1-p) \bullet c$ (Stetigkeit) und

(4) gilt wenn $a \geq b$, dann gilt für alle c und p: $p \bullet a + (1-p) \bullet c \geq p \bullet b + (1-p) \bullet c$ (Unabhängigkeit)

Die EU-Theorie setzt dabei vollkommene Information voraus und impliziert somit die Kenntnis aller relevanten objektiven Wahrscheinlichkeiten von Umweltzuständen. In der SEU-Theorie axiomatisierte Savage ergänzend, wie aus Präferenzaussagen eines Individuums sog. subjektive Wahrscheinlichkeiten (p_s) hergeleitet werden können.[5] Elementar ist auch dessen als ‚sure-thing principle' bezeichnetes Unabhängigkeitsaxiom: Haben zwei Alternativen für bestimmte Ereignisse identische Konsequenzen, dürfen sie im Entscheidungsprozess für das Individuum nicht von Bedeutung sein. Anders ausgedrückt darf die Art und Weise der Darstellung keinen Einfluss auf das Ergebnis eines Entscheidungsproblems haben, vorausgesetzt, die verschiedenen Darstellungen sind inhaltlich äquivalent. Der Erwartungsnutzen und der subjektive Erwartungsnutzen lassen sich formal wie folgt darstellen:

$$EU = \sum p \bullet U(A) \quad \text{und} \quad SEU = \sum p_s \bullet U(A)$$

Die Grundidee eines auf der SEU-Theorie basierenden Rational Choice Ansatzes und aller verwandten kriminologischen Theorien besteht darin, dass menschliches Handeln von der

---

[1] Expected Utility.

[2] Vgl. ausführlich von Neumann/Morgenstern 1970.

[3] Die Lotterie dient der Veranschaulichung von Entscheidungen unter Risiko. Beispiele mit Lotterien bzw. Wetten sind leicht und intuitiv verständlich und entsprechen rein logisch Alternativen bei unsicheren Umweltzuständen.

[4] Vgl. von Neumann/Morgenstern 1970, S. 26-31.

[5] Vgl. Savage 1972, S. 69-91.

Prämisse geleitet wird, diejenigen Handlungen zu wählen, die den größten subjektiven erwarteten Nutzen bringen. Im Kern behauptet die Theorie, dass Menschen zweckrational bzw. folgerichtig handeln oder, anders formuliert, mit einer rationalen Lösungsstrategie die beste Handlungsalternative bei gegebenen subjektiven Prämissen (Nutzen, Kosten, Erwartungen, Zeit) auswählen.[1]

5.3.2 Rationalität menschlichen Verhaltens – Erklärungsgehalt der Theorie

Bevor eine Analyse des Erklärungsgehalts der Rational Choice Theorie erfolgen kann, ist zunächst der Begriff der ‚Rationalität' zu spezifizieren, da mit ihm verschiedenste Konnotationen assoziiert werden.[2] Im allgemeinen Sprachgebrauch bedeutet Rationalität Vernunft bzw. die Betätigung des eigenen Verstandes. Moralisch betrachtet ist der Begriff wertneutral, da die Vernunft rein instrumentell das Mittel zur Erlangung eines ggf. auch irrationalen Zieles darstellen kann.[3] Deviantes Verhalten ist entsprechend genauso ‚normal' wie konformes Verhalten, da die Entscheidung für eine möglicherweise normabweichende Handlung auf denselben Kalkülen aufbaut wie die Entscheidung für eine normkonforme Handlung.

Die SEU-Theorie, welche die Subjektivität der Entscheidungsfindung explizit anerkennt, setzt im Sinne einer ‚prozeduralen' Rationalität[4] voraus, dass eine Person unter den kognitiven und zeitlichen Restriktionen, denen sie unterliegt, mit einem dem Problem angemessenen Aufwand eine für sie optimale Entscheidung auswählt. Prozedurale Rationalität bedeutet also, dass der Prozess der Entscheidungsfindung gewisse Rationalitätskriterien erfüllt. Der Entscheidungsprozess umfasst dabei den gesamten Weg von der Suche nach Alternativen und ihrer Bewertung, bis hin zur Auswahl einer Handlungsoption. Gemeint ist somit nicht, dass das objektiv feststellbare Handlungsergebnis immer optimal ist (‚substantive' Rationalität), sondern lediglich die Strategie, die dafür sorgt, dass unter Berücksichtigung der individuellen Prämissen und der Vielzahl an Entscheidungen, die ein Individuum im Laufe seines Lebens trifft, insgesamt eine subjektiv möglichst vorteilhafte Auswahl erfolgt.[5]

Ein wichtiger Aspekt beim Konzept ‚prozeduraler' Rationalität ist die Anerkennung der Tatsache, dass Informationen nicht frei verfügbar sind und die Beschaffung von Informationen ebenso begrenzt ist wie andere Aktivitäten auch. Da typischerweise ab initio die relevanten Alternativen und Umweltzustände nicht allesamt bekannt sind, sollte der Entscheider solange entscheidungsrelevante Informationen sammeln, wie zu erwarten ist, dass die Grenzkosten der

---

[1] Vgl. Esser 1991, S. 256.

[2] Für eine Übersicht über mögliche Bedeutungsinhalte des Rationalitätsbegriffs vgl. Follesdal 1982.

[3] Vgl. Sessar 1997, S. 7.

[4] Vgl. Simon 1978, S. 2.

[5] Vgl. Simon 1987, S. 26-28.

Informationsbeschaffung den Grenznutzen möglicher besserer Alternativen überwiegen.[1] Die Präferenzen des Entscheiders müssen konsistent sein und den oben genannten axiomatisch formulierten Anforderungen entsprechen. Darüber hinaus darf die Wahl zwischen verschiedenen Möglichkeiten nur von in der Zukunft liegenden Konsequenzen abhängen, und dominierte Alternativen, die hinsichtlich keiner Zielausprägung besser sind als andere verfügbare Alternativen, dürfen bei der Entscheidungsfindung nicht von Bedeutung sein.[2]

Die (prozedurale) Rationalität menschlichen Verhaltens und damit der Gehalt der Rational Choice Theorie lässt sich durch die Beantwortung der folgenden drei Fragen einschätzen, die jeweils einen Teilaspekt der Rationalität beleuchten:[3]

1. Erfüllen Individuen die Axiome der SEU-Theorie, d. h. sind Präferenzen von Menschen in dem Sinne konsistent, dass sie den Anforderungen der Vollständigkeit, Transitivität, Stetigkeit und Unabhängigkeit genügen?

2. Wählen Individuen unter angemessenem Aufwand mittels intelligenter Strategien zur Bewältigung der realweltlichen Komplexität die für sie optimale Alternative aus?

3. Verfolgen Individuen bei der Nutzenmaximierung ausschließlich ihre eigenen Interessen?

Da die SEU-Theorie auf ein Konzept der Subjektivität von Präferenzen (und damit auch von Bewertungen) basiert, lassen sich die Fragen nur schwer anhand von empirischen Beobachtungen beantworten. Ebenso wenig, wie sich aus den tatsächlich eingetretenen Konsequenzen einer Entscheidung (z. B. ‚man wurde bei einer kriminellen Tat nicht erwischt') Schlüsse in Bezug auf die Richtigkeit der Entscheidung treffen lassen, können aus beobachtetem Verhalten Aussagen über die Präferenzen hergeleitet werden.[4] Somit sind die gestellten Fragen nicht einfach zu beantworten, und es drängt sich eine differenzierte Analyse auf.

In Bezug auf die erste Frage zeigen zahlreiche Studien, dass Menschen häufig die Axiome der SEU-Theorie und somit die Anforderungen an die persönlichen Präferenzen verletzen.[5] So-

---

[1] Die Begriffe Grenznutzen und Grenzkosten spezifizieren den zusätzlichen marginalen Nutzen bzw. die zusätzlichen marginalen Kosten, verursacht durch die letzte jeweils betrachtete Einheit.

[2] Vgl. Eisenführ/Weber 1994, S. 6-8.

[3] Vgl. Etzioni 1987, S. 2.

[4] Jeder Versuch, die Rationalität eines Individuums anhand des beobachtbaren Verhaltens determinieren zu wollen, ist von vornherein zum Scheitern verurteilt, da Entscheidungen nicht in einem homogenen Raum, sondern in einem hoch komplexen zeitlich-räumlich-sozialen Umfeld getroffen werden, in dem vielfältige Interdependenzen bestehen. Somit sind die für das Individuum in einer spezifischen Situation wirksamen Kontextvariablen für den Beobachter kaum nachvollziehbar; vgl. Simon 1987, S. 26.

[5] Vgl. Slovic/Lichtenstein 1983, Allais 1953, Hershey/Schoemaker 1980, Slovic et al. 1980 und Levin et al. 1998.

- Slovic und Lichtenstein schildern das Phänomen der Präferenzumkehr, das einen Verstoß gegen das Transitivitätsaxiom darstellt und einen Zustand kennzeichnet, in dem ein Individuum einer bestimmten Alternative den Vorzug gibt, obwohl gleichzeitig der nicht gewählten Alternative ein höherer (monetärer) Wert zugewiesen wird.

wohl die Form der Unsicherheit als auch die individuelle Wahrnehmung des Risikos haben dabei einen Einfluss auf die Entscheidungsfindung.[1] Darüber hinaus verstoßen nicht nur Laien, sondern sogar statistisch geschulte Wissenschaftler in intuitiven Urteilen gegen die statistisch-mathematischen Grundregeln der Informationsverarbeitung.[2] Von großer wissenschaftlicher Bedeutung sind insbesondere die zahlreichen Arbeiten von Tversky, Kahneman und Slovic zu diesem Themengebiet. Sie konnten nachweisen, dass Individuen regelmäßig gegen die Regeln der SEU-Theorie verstoßen, dabei aber oftmals Heuristiken einsetzen, die kognitive Strategien zur Reduktion der komplexen Realität darstellen und ihre Daseinsberechtigung dadurch erhalten, dass sie schnelle Entscheidungen unter Berücksichtigung begrenzter Informationen und beschränkter kognitiver Kapazitäten der Informationsverarbeitung ermöglichen.

Die wichtigsten Heuristiken sind

- die Verfügbarkeitsheuristik,[3] nach der die Wahrscheinlichkeit eines Ereignisses anhand der Leichtigkeit beurteilt wird, mit der entsprechende Beispiele ins Gedächtnis gerufen werden können,

- die Repräsentativitätsheuristik,[4] welche besagt, dass die individuelle Einschätzung von Wahrscheinlichkeiten unsicherer Ereignisse entweder stark abhängt von der wahrgenommenen Ähnlichkeit des Ereignisses mit Basismerkmalen derjenigen Klasse bzw. Struktur, aus der es stammt, oder aber stark korreliert mit der wahrgenommenen Ähnlichkeit mit den hervorstehenden Merkmalen des Prozesses, aus dem es hervorgeht und

---

- Beim Allais-Paradoxon und bei den von Hershey, Schoemaker, Slovic et al. sowie Levin et al. dargestellten Framing- bzw. Kontext-Effekten handelt es sich um Verletzungen des Unabhängigkeitsaxioms, die zeigen, dass die Art und Weise der Darstellung eines Entscheidungsproblems trotz inhaltlicher Äquivalenz zu unterschiedlichen Ergebnissen führt.

[1] Vgl. Kahneman/Tversky 1982, Ellsberg 1961 und Einhorn/Hogarth 1987, S. 43-46.

- Kahneman und Tversky unterteilen Unsicherheit in vier verschiedene Grundformen. Sie zeigen, dass für die spezielle Form unsicherer Ereignisse, die ein Individuum nicht selbst beeinflussen kann (externe Attribution) und die sich als Häufigkeitsverteilung darstellen lassen, die Gesetze der Wahrscheinlichkeitsrechnung noch am ehesten zutreffen.

- Das Ellsberg-Paradoxon belegt, dass die subjektive Glaubwürdigkeit einer Wahrscheinlichkeit einen Einfluss auf die Entscheidung hat und Individuen ambiguitätsscheu sind, d. h. sie scheuen sich, Alternativen zu wählen, bei denen sie unsicher bezüglich der Wahrscheinlichkeitsverteilung sind.

- Einhorn und Hogarth vermuten, dass die Wahrscheinlichkeit und der Nutzen eines bestimmten Ereignisses nicht unabhängig voneinander sind, wie es die SEU-Theorie verlangt, sondern dass die subjektive Wahrscheinlichkeit, die einer unsicheren Alternative zugewiesen wird, von ihrem potentiellen Nutzen beeinflusst wird.

[2] Besonders häufig sind Verletzungen des Bayes-Theorems, einer formellen Regel, die beschreibt wie a priori Wahrscheinlichkeiten auf der Basis neuer Informationen revidiert werden sollten; vgl. Ward 1982, Kahneman/Tversky 1973, Nisbett et al. 1982 und für zusammenfassende Darstellungen Schoemaker 1982 oder Lattimore/Witte 1986, S. 134-137.

[3] Vgl. Tversky/Kahneman 1973 und Taylor 1982.

[4] Vgl. Bar-Hillel 1982, S. 69.

- die Verankerungsheuristik,[1] nach der eine unzureichende Anpassung ausgehend von einem anfänglichen Referenzpunkt vorgenommen wird und somit die Varianz von Schätzungen typischerweise zu gering ist.

Hinsichtlich der zweiten Frage lässt sich festhalten, dass Heuristiken einen klaren Effizienzgewinn mit sich bringen und somit zur Komplexitätsreduktion beitragen. Ob die durch den eingeschränkten Suchaufwand zwangsläufig entstehenden Opportunitätskosten und die in spezifischen Entscheidungssituationen entstehenden systematischen Verzerrungen annehmbar sind, ist hingegen nach dem derzeitigen Stand der Forschung nicht eindeutig klärbar. Angezweifelt wird allerdings, dass ein Entscheider in einer spezifischen Entscheidungssituation beurteilen kann, wann die Suche nach weiteren Alternativen sinnvollerweise abzubrechen ist, d. h. ob er im ökonomischen Sinne erkennt, wann die Grenzkosten der weiteren Suche nach Alternativen den Grenznutzen überwiegen. Forschungsergebnisse weisen darauf hin, dass Menschen ihre kognitiven Suchstrategien und Entscheidungsprozesse nur unzureichend an neue Erfahrungen anpassen und nur wenig aus diesen lernen,[2] und lassen somit Zweifel an der ‚Intelligenz' der angewandten Strategien zur Entscheidungsfindung aufkommen. Zudem nehmen die meisten Menschen eine fehlerhafte Allokation der ihnen zur Verfügung stehenden Zeit vor. Typischerweise passen sie die Zeit, die für die Suche nach Alternativen und für deren Bearbeitung aufgewendet wird, nur mangelhaft an die Bedeutung des Entscheidungsproblems an.[3]

Mit Blick auf die dritte Frage wird von einigen Autoren das den Grundgedanken des Rational Choice Ansatzes zugrunde liegende hedonistische Prinzip der Fixierung eines Individuums auf das Selbstinteresse in Zweifel gestellt, wobei zum Beweis häufig auf empirisch beobachtbares altruistisches Verhalten verwiesen wird. Auch wenn Verfechter des Rational Choice Ansatzes dieses Verhalten auf das Streben nach sozialer Anerkennung und damit letztlich wieder auf die Erreichung egoistischer Ziele zurückführen, gibt es zunehmend Hinweise auf authentisch selbstloses Verhalten, welches sich nicht mit einer Logik der Zweckrationalität in Einklang bringen lässt.[4]

Da die drei zur Beurteilung der Rationalität menschlichen Verhaltens herangezogenen Kriterien nur eingeschränkt erfüllt werden, kann in der Summe nicht mehr von einem ‚vollkommen' rational handelnden Individuum gesprochen werden. Stattdessen wird das bereits 1957 von Herbert Simon skizzierte Bild eines ‚beschränkt' rational handelnden Menschen bestä-

---

[1] Vgl. Slovic/Lichtenstein 1971 und Tversky/Kahneman 1974.
[2] Vgl. Einhorn/Hogarth 1978, Einhorn 1982, S. 272-276 und Eisenführ/Weber 1994, S. 172f.
[3] Vgl. Zeckhauser 1987, S. 259.
[4] Vgl. Sen 1977, S. 317. Für eine Übersicht über zahlreiche Beispiele für altruistisches Verhalten vgl. Etzioni 1987, S. 11-14.

tigt.[1] Dieser führt in der komplexen Realität und mit den ihm zur Verfügung stehenden begrenzten kognitiven Fähigkeiten im Regelfall nicht optimale, sondern nur befriedigende Lösungen herbei. Empirische Untersuchungen aus dem Bereich der kriminologischen Forschung für verschiedene Verbrechensarten, welche die typischen Restriktionen von Zeitknappheit und beschränkten Kapazitäten der Informationsverarbeitung berücksichtigen, bestätigen dieses Bild des beschränkt rational handelnden Menschen.[2]

5.3.3 Beitrag zur Erklärung abweichenden Verhaltens

Obwohl in der Literatur Konsens darüber besteht, dass sich die dem Rational Choice Ansatz zugrunde liegende SEU-Theorie zur Beschreibung des tatsächlich beobachtbaren menschlichen Verhaltens aufgrund der hohen Anforderungen, welche die Axiome an die menschliche Rationalität stellen, nur bedingt eignet,[3] kann das Konzept dennoch einen Beitrag zur Erklärung abweichenden Verhaltens leisten.[4] Bevor im nächsten Kapitel die spezielle Eignung des Ansatzes als Handlungstheorie untersucht wird, gilt es zunächst den allgemeinen Erklärungsnutzen eines Konzeptes zu bewerten, das von der Annahme ausgeht, dass Menschen, die Normen befolgen und Menschen, die gegen sie verstoßen, denselben beschränkt rationalen Grundsätzen individuellen Handelns folgen.

Ein wesentlicher Vorteil des Rational Choice Ansatzes liegt darin begründet, dass eine von den sonst üblichen Apologien freie Perspektive eingenommen wird, die konsequent jeden Rückgriff auf pathologische Erklärungsmuster vermeidet.[5] Deviantes Verhalten wird als ubiquitär angesehen bzw. nicht über spezielle Dispositionen besonderer Personenkreise erklärt. Für die kriminologische Ursachenforschung, die meist an den individuellen Dispositionen des Täters ansetzt,[6] ist dies eine eher ungewöhnliche Perspektive, die jedoch eine vorurteilsfreie Analyse der spezifischen Umstände einer Tat ermöglicht. Sie entspricht zudem den empirischen Erkenntnissen, welche widerlegen, dass Opfer und Täter grundverschieden sind und aus unterschiedlichen Bevölkerungsgruppen stammen. Sie verstoßen vielmehr, zumindest gele-

---

[1] Vgl. Simon 1957 und Simon 1978, S. 2.

[2] Vgl. Carroll/Weaver 1986, S. 33 „This decision process is most aptly labelled heuristic rather than normative or optimal". Feeney (1986, S. 66) schließt über die Entscheidung von Räubern: „The decisions nonetheless easily meet the standards of minimum rationality", und Walsh (1986, S. 51) folgert in seiner Untersuchung, dass Wirtschaftskriminelle Rationalität im Sinne einer logisch-methodischen Vorgehensweise offenbaren und dass es sich dabei aber nicht um ein ‚reines Destillat' handelt.

[3] Vgl. Arrow 1987, S. 213.

[4] Vgl. Samuelson 1955, S. 91.

[5] Vgl. Cornish 1993, S. 365. Auch Katz (1988, S. 3) hebt hervor, dass sich die Kriminologie traditionell zu sehr mit der Suche nach im Hintergrund wirkenden Kräften, d. h. pathologischen Defekten des Täters oder seiner sozialen Umwelt beschäftigt.

[6] Clarke (1980, S. 136) konstatiert in diesem Zusammenhang einen „dispositional bias throughout social sciences".

gentlich, gegen Normen und Regeln bzw. verhalten sich zwar nicht überwiegend, aber doch ab und zu deviant.[1]

Gemein mit der kritischen Kriminologie[2] ist dem Rational Choice Ansatz die Fokussierung auf den situativen Kontext einer Tat. Anstelle der weit verbreiteten Annahme, dass es zur Ausübung einer Tat lediglich eines motivierten Täters bedarf, wird ein reziproker Wirkungszusammenhang unterstellt, bei dem ein Akteur von einer sich ihm bietenden Gelegenheit zur Ausübung einer (normabweichenden) Handlung motiviert wird.[3] Weder wird der Täter noch die Tat alleine betrachtet, vielmehr ist die Subjekt-Objekt-Interaktion Gegenstand des Erkenntnisinteresses. Hingegen strebt die traditionelle Kriminologie meist implizit danach, ein Ereignis (Vergehen) linear und monokausal über ein vorangegangenes Ereignis (Ursache) zu erklären, obwohl die komplexe Wirklichkeit eher durch multikausale Abhängigkeiten gekennzeichnet ist.[4] Vielfach scheint sie dabei von einer – irrationalen – Angst beherrscht, anzuerkennen, dass viele Normverstöße von derselben opportunistischen, mundanen und letztlich rationalen Natur bestimmt werden wie gesellschaftlich akzeptierte ‚normale', nicht deviante Verhaltensweisen.[5]

Überträgt man die Logik des Thomas-Theorems, dem zufolge Menschen nur selten ausschließlich auf objektive Gegebenheiten einer Situation reagieren, sondern entsprechend ihrer subjektiven Wahrnehmung derselben handeln,[6] auf die vorherrschende Überzeugung, dass Normverstöße als nicht-normale Handlungen auch nur von nicht-normalen Menschen begangen werden, ergibt sich ein Kreislauf, der sich selbst bestätigend dazu führt, dass Devianz auch immer nur über nicht-normales Verhalten erklärt werden kann.[7] Mit Ausnahme weniger Deliktarten, bei denen die Unterstellung eines rational handelnden Akteurs aufgrund der Do-

---

[1] Vgl. Felson 2002, S. 6f.

[2] Die Unterschiede der kritischen zur traditionellen (positivistischen) Kriminologie lassen sich an drei zentralen Kritikpunkten darstellen, die Matza (1964) in seiner Skizze vom ‚positiven Delinquenten' aufführt (vgl. Sack 1993c, S. 330). Die kritische Kriminologie

(1) berücksichtigt, dass vor jedem Verbrechen das Gesetz steht, welches eine bestimmte Handlung erst zu einer kriminellen Handlung macht (siehe hierzu auch Kapitel 4.1.1);

(2) sieht den Menschen nicht als fremdgesteuertes, von seinen physischen, psychischen und sozialen Komponenten determiniertes Wesen an, sondern erkennt ihm eine eigene Handlungskompetenz und Verantwortlichkeit zu;

(3) vermeidet eine trennscharfe Differenzierung von kriminellen und nicht-kriminellen Mitgliedern einer Gesellschaft, welche in der Praxis nicht in dieser strikten Form aufrechterhalten werden kann.

[3] In den Worten von Hirschi (1969, S. 34) stellt sich dann weniger die Frage „Why do they do it?" als vielmehr „Why don't they do it?".

[4] Vgl. Hess/Scheerer 1997, S. 86f.

[5] Vgl. Cornish/Clarke 1986, S. v.

[6] Vgl. Esser 1996, S. 3.

[7] Die reißerische und polemisierende Darstellung der Unterschiede zwischen Kriminellen und Nicht-Kriminellen in den Medien trägt in nicht geringem Ausmaß zur weiten Verbreitung dieses Vorurteils bei.

minanz motivationaler Beweggründe (wie z. B. Lust oder Leidenschaft) wenig sinnvoll ist,[1] ermöglicht der Rational Choice Ansatz in diesem Zusammenhang über eine alternative Argumentationskette einen Ausweg. Wie beim definitorischen Labeling Ansatz liegt dabei die Überzeugung zugrunde, dass Verhalten erst über die normative Zuschreibung bestimmter gesellschaftlicher Gruppierungen zu deviantem Verhalten wird. In diesem Zusammenhang stellt der Rational Choice Ansatz auch das für die Analyse der Entstehung von Normen benötigte Instrumentarium zur Verfügung.[2]

Der Rational Choice Ansatz muss sich häufig den Vorwurf der Tautologie gefallen lassen.[3] Der Gehalt der normativen Entscheidungstheorie scheint dadurch beeinträchtigt, dass sie die zur Konstruktion der individuellen Nutzenfunktion benötigten Präferenzen sowie die für die Beschreibung des zu erwartenden subjektiven Nutzens notwendigen Erwartungen bzw. subjektiven Wahrscheinlichkeiten aus dem beobachteten Verhalten ableitet. Das Problem besteht dann darin, dass Präferenzen und Erwartungen einerseits aus beobachtetem Verhalten abgeleitet werden, es andererseits aber gleichzeitig erklären sollen. Das Dilemma lässt sich auflösen, wenn man die grundsätzliche Zielsetzung ökonomischer Ansätze im Allgemeinen und der SEU-Theorie im Besonderen betrachtet. Während die neo-klassische Ökonomie traditionell Stillschweigen über den Inhalt und das Zustandekommen von Präferenzen bewahrt und damit gleichsam die globale Konsistenz des Verhaltens von Individuen unterstellt, setzen die Sozialwissenschaften genau an diesem Punkt an und stellen die weiterführende Frage nach den kognitiven Prozessen, die den beobachtbaren Verhaltensweisen zugrunde liegen.[4] Richtet man diese Frage wiederum an einen Ökonomen, wird sie häufig unter Bezugnahme auf das tatsächliche, beobachtbare Verhalten beantwortet, indem Instrumente und Verfahren zur Hand gegeben werden, um Präferenzen und Wahrscheinlichkeiten aus den offenbarten Wahlhandlungen herzuleiten. Indes bleibt festzuhalten, dass die Zielsetzung der SEU-Theorie nicht darin besteht, die Aktualgenese individueller Dispositionen zu erklären. Vielmehr lässt sie die Frage nach der Entstehung von Präferenzen im Sozialisationsprozess unberücksichtigt und postuliert ausschließlich ein Konzept der inneren Folgerichtigkeit bzw. prozeduralen Rationalität von Entscheidungen.[5] Die Entstehung einer Handlung wird dabei unter Berücksichtigung des situativen Kontextes als Folge eines Prozesses des instrumentellen Abwägens von individuellem Nutzen und individuellen Kosten erklärt.

---

[1] Vgl. Johnson/Payne 1986, S. 171f. Das Ausmaß offenbarter Spontaneität lässt hingegen keinen Rückschluss auf die Rationalität zu, da auch bei Delikten, die mit einem geringen Ausmaß an vorangehender Planung begangen werden, situative Umfeldvariablen eine Rolle bei der letztendlichen Entscheidung des Täters spielen; vgl. Felson 2002, S. 40.

[2] Vgl. Karstedt/Greve 1996, S. 201f.

[3] Vgl. Sen 1977, S. 325, Etzioni 1987, S. 3 und Karstedt/Greve 1996, S. 186.

[4] Vgl. Simon 1987, S. 26 und Etzioni 1987, S. 2.

[5] Vgl. Karstedt/Greve 1996, S. 185.

Zusammenfassend lässt sich festhalten, dass der Rational Choice Ansatz für sich genommen nur einen geringen Beitrag zur Erklärung abweichenden Verhaltens leisten kann. Dies liegt insbesondere daran, dass sämtliche unabhängigen Variablen – die Alternativen und insbesondere die zur Bewertung von Kosten und Nutzen erforderlichen Präferenzen des Akteurs – als exogen, d. h. nicht über die Theorie erklärbar, angenommen werden. Gelingt es jedoch, diese unabhängigen Variablen im Rahmen eines soziologischen Erklärungsmodells über Brückenhypothesen mit den auf anderen Erklärungsebenen angesiedelten Merkmalen der Situationslogik zu verknüpfen, eignet sich der Rational Choice Ansatz sehr wohl zur Erklärung abweichenden Verhaltens. In besonderem Maße gilt dies bei der Analyse der Handlungen von Unternehmensmitarbeitern. Ein Großteil des in Unternehmen beobachtbaren Verhaltens ist aufgabenorientiert und darauf ausgerichtet, gesetzte Ziele zu erreichen. Daher muss auch eine Theorie zur psychologischen Erklärung menschlichen Verhaltens in Unternehmen die Rationalität des Verhaltens berücksichtigen.[1]

5.3.4 Bewertung der Eignung als Handlungstheorie

Die in den vorangegangenen Kapiteln gewonnenen Erkenntnisse ermöglichen die nachfolgende Bewertung der Eignung des Rational Choice Ansatzes als Handlungstheorie anhand der in Kapitel 5.1.1 aufgestellten Anforderungen.

Der Rational Choice Ansatz kommt innerhalb des Erklärungsmodells dieser Arbeit mit wenigen Informationen über das betrachtete Individuum aus (Punkt 1), da – im Sinne des analytischen Primats der Soziologie, welches auf der Ebene aggregierter Phänomene angesiedelt ist – nicht abweichende Verhaltensweisen einzelner Akteure erklärt werden sollen, sondern die Bedingungen, die das Entstehen von deviantem Verhalten begünstigen. Es reicht somit aus, typische „Modelle von typischen Situationen, für typische Erwartungen und Motivationen und für typische Muster von Handlungsalternativen zu erstellen."[2]

Der Theoriekern des Rational Choice Ansatzes lässt sich unter Zuhilfenahme der SEU-Theorie als mathematisches Optimierungsproblem auffassen[3] und gibt somit eine funktionale Beziehung zwischen der abhängigen Variablen und den Parametern der Formel an (Punkt 2). Die Parameter, d. h. die Ziele und Präferenzen des Entscheiders, die wahrgenommenen Alternativen und die in einer unsicheren Umwelt mit subjektiven Eintrittswahrscheinlichkeiten zu

---

[1] „Much behavior in organizations is, or seems to be, task-oriented – and often efficacious in attaining its goals. Hence, if we are to give a psychological account of human behavior in organizations, our theory must have room in it for rational behavior." Simon 1997, S. 88. Boers (2001, S. 347) stellt treffenderweise die Frage, „Wo sonst noch, wenn nicht im Bereich wirtschaftlichen Handelns, sollte die Nutzenmaximierung und damit der von Becker (1993) formulierte ‚ökonomische Ansatz zur Erklärung menschlichen Verhaltens' eine Rolle spielen"?

[2] Esser 1999, S. 138.

[3] Siehe Kapitel 5.3.1.

bewertenden Konsequenzen (Kosten und Nutzen) dieser Alternativen werden dabei über die Formel präzise benannt.

Die Forderung nach einer möglichst einfachen und allgemeinen Theorie (Punkt 3) wird vom Rational Choice Ansatz in besonderem Maße erfüllt, da er im Kern eine wenig komplexe Maximierungsregel beinhaltet. Unzweifelhaft stellt diese Selektionsregel eine extreme Abstraktion und für sich genommen ein unzureichendes Abbild der Wirklichkeit dar. Der von Wippler und Lindenberg als Problem ‚abnehmender Abstraktion' umschriebene Zielkonflikt zwischen Einfachheit und Realismus der Prämissen ist jedoch eine inhärente Eigenschaft jeder Theorie- bzw. Modellbildung, die immer eine mehr oder weniger starke Abstraktion von der Realität beinhaltet.[1]

Bei jeder der drei Logiken[2] stellt sich die Frage nach dem Abstraktionsgrad auf andere Art und Weise: Wie fein hat die Typisierung der Brückenhypothesen bei der Darstellung der Logik der Situation zu erfolgen? Ist die Annahme der prozeduralen Rationalität des Handelns bei der Logik der Selektion ausreichend? Und: Wie wirklichkeitsgetreu sind mathematisch formulierte Transformationsregeln? Grundsätzlich empfiehlt es sich, auf allen Ebenen im Erklärungsmodell mit der größtmöglichen Vereinfachung zu beginnen, da eine nachträgliche Lockerung der Prämissen und die Berücksichtigung feiner strukturierter Spezifizierungen leichter möglich ist als der umgekehrte Weg.[3] Der Weg abnehmender Abstraktion (ebenfalls Punkt 3) über die Aufnahme neuer Prämissen steht immer offen, sollte aber nur beschritten werden, wenn gleichzeitig eine Verbesserung des Verhältnisses von Erklärungsgehalt und Einfachheit erreicht werden kann.[4] Das Herunterbrechen der Gesamt-Komplexität auf verschiedene lo-

---

[1] Vgl. Wippler/Lindenberg 1987, S. 142.

[2] Siehe Kapitel 1.3.

[3] Vgl. Esser 1999, S. 139f.

[4] Vor diesem Hintergrund lassen sich in der jüngeren kriminologischen bzw. soziologischen Literatur zunehmend Beispiele für Erweiterungen des soziologischen Erklärungsmodells finden, so z. B. bei Runde et al. (1998), bei Giese und Runde (1999), bei Esser selbst (2001 und 2002) und bei Kroneberg (2005). Bei allen aufgeführten Ansätzen besteht die Grundidee darin, Entscheidungen nicht mehr nur als Prozesse des zweckrationalen Abwägens von Kosten und Nutzen der zur Verfügung stehenden Alternativen mit dem Ziel der Ergebnisoptimierung zu interpretieren. Da viele Entscheidungen in der Praxis sehr schnell getroffen werden, wird ein dem Handeln vorgeschalteter sog. Framing-Prozess unterstellt, der als Weichensteller dafür dient, ob die Auswahl einer Handlungsalternative in der jeweiligen Situation eher automatisch-spontan oder eher bewusst reflektiert erfolgt. Frames werden dabei von Giese und Runde als kognitive, kollektiv geteilte Orientierungs- und Ordnungsmuster definiert, welche im Sinne eines Selektions- und Motivationsfilters soziales (Entscheidungs-) Handeln vorstrukturieren und somit handlungsanleitende Qualität haben. Mit der Ausdifferenzierung der Makroebene in einen sog. Kommunikations- und einen Restriktions- bzw. Möglichkeitenkontext sowie der Aufnahme eines Konzepts sog. Situationsdefinition in die Mikroebene, deren Verbindung mit dem Kommunikationskontext über eine entsprechende Brückenhypothese erfolgt, werden von den letztgenannten Autoren verschiedentliche Erweiterungen des ‚einfachen' Makro-Mikro-Modells vorgenommen. Die Frage, ob der mit diesen Erweiterungen zwangsläufig einhergehende Verlust an Einfachheit des Modells über den höheren Erklärungsgehalt rechtfertigt werden kann, soll nicht Gegenstand dieser Arbeit sein. Da mit der Aufnahme einer Mesoebene in das Erklärungsmodell, die über Brückenhypothesen ihrerseits mit der Makro- und Mikroebene zu verbinden ist, die Komplexität des Grundmodells bereits erhöht wurde, soll an dieser Stelle auf mögliche zusätzliche Erweiterungen außerdem explizit verzichtet werden.

gisch getrennte Schritte konstituiert eine wesentliche Stärke des Erklärungsmodells. Dabei besteht der Zweck der Handlungstheorie als einer von mehreren Bausteinen des zu konstruierenden Mehr-Ebenen-Modells lediglich darin, eine Selektionsregel für das individuelle Handeln zu liefern. Schon den Inhalt und das Zustandekommen individueller Präferenzen und subjektiver Wahrscheinlichkeiten können die neo-klassische Ökonomie und mit ihr ein auf der SEU-Theorie basierender Rational Choice Ansatz nicht mehr erklären.

Die Überschreitung dieser Grenzen und eine damit einhergehende gehaltvolle Erklärung individuellen Handelns kann erst dann erfolgen, wenn die Logik der Selektion mit den Brückenhypothesen verbunden wird. Ebenso bedarf es zur Beschreibung kollektiver Phänomene zusätzlich der Verknüpfung mit den Transformationsregeln. Für die Einbindung von Brückenhypothesen (Punkt 4) ist die funktionale Logik der Theorie auf geradezu ideale Weise geeignet, da sie als unabhängige Variablen Ziele bzw. Präferenzen, Alternativen, subjektive Wahrscheinlichkeiten und individuelle Bewertungen gleichermaßen berücksichtigt. Cornish und Clarke sehen den Rational Choice Ansatz gar in der Lage, ein theoretisches Rahmenwerk zur Integration bislang unverbundener kriminologischer Theorien zur Verfügung zu stellen.[1]

Die Forderung nach einer (empirisch) gut bestätigten Theorie, die Autonomie, Kreativität, Findigkeit und Initiative menschlichen Handelns berücksichtigt (Punkt 5), wird vom Rational Choice Ansatz nur bedingt erfüllt. Zwar lässt sich die dem Ansatz zugrunde liegende SEU-Theorie durchaus mit dem in Kapitel 5.1.2 als ‚RREEMM' umschriebenen Menschenmodell vereinbaren,[2] da Menschen aber wie gezeigt nicht vollkommen, sondern nur ‚beschränkt' rational handeln,[3] wird der geforderten guten empirischen Bestätigung nur mit Einschränkungen entsprochen.[4] Während die Prämissen einer normativ ausgelegten SEU-Theorie für sich genommen bereits eine näherungsweise Beschreibung menschlichen Verhaltens erlauben,[5] lässt sich der Realitätsgrad jedoch weiter steigern, indem Erkenntnisse der deskriptiven Entscheidungsforschung berücksichtigt werden.[6] Diese zeigen, dass es sich bei den meisten Abwei-

---

[1] Vgl. Cornish/Clarke 1986b, S. 11.

[2] So führt beispielsweise Simon (1978, S. 2) an: „Economics itself has not by any means limited itself to the narrower definition of rationality". Lindenberg (1985, S. 100) geht davon aus, dass es sich bei dem vielen mikroökonomischen Theorien zugrunde liegenden Menschenmodell eigentlich um ‚RREEMM' und nicht um ‚homo oeconomicus' handelt: „Let me represent a short reconstruction of this model [RREEMM] (the heart of micro-economics) the way I think it has been conceived, explicitly or implicitly, since the day of Adam Smith."

[3] Siehe Kapitel 5.3.2.

[4] Mit Verweis auf zusammengefasste Resultate empirischer Überprüfungen von Atkinson (1975) kommt Esser (1996, S. 256) hingegen zu dem Schluss, die Theorie könne „als gut bestätigt gelten". Diese Bewertung wird angesichts der in Kapitel 5.3.2 dargestellten Forschungsergebnisse vom Autor dieser Arbeit nicht geteilt.

[5] Vgl. Einhorn/Hogarth 1987, S. 42.

[6] In zahlreichen Forschungsarbeiten wurden Erkenntnisse oder spezifische Modelle der deskriptiven Entscheidungstheorie auf kriminologische Fragestellungen übertragen; vgl. Lattimore/Witte 1986, Johnson/Payne 1986, Cohen/Knetsch 1992 und Schepanski/Shearer 1995.

chungen vom – objektiv betrachtet – optimalen Verhalten im Sinne einer ‚substantiven' Rationalität um systematische Verzerrungen handelt, die ihren Ursprung nicht im motivationalen, sondern im kognitiven Bereich haben.[1]

Der besondere Vorteil des mehrstufigen Erklärungsmodells liegt nun darin begründet, dass die theoretisch erforderlichen Ergänzungen nicht das von Karstedt und Greve heraufbeschworene ‚Ende der Sparsamkeit' bedeuten müssen.[2] Sie verweisen damit auf die Gefahr, dass mit jeder Erweiterung der einfache Kern der Handlungstheorie ausgehöhlt wird und an Präzision verliert. Werden die heuristischen Erkenntnisse der deskriptiven Entscheidungsforschung nämlich in den Kontext der Situationslogik eingebettet bzw. zur Formulierung von Brückenhypothesen herangezogen, kann bei der Logik der Selektion weiterhin die einfache Maximierungsregel für den erwarteten Nutzen unterstellt werden. Eine Brücke zwischen dem Einfluss sozialer Bedingungen auf die Alternativenauswahl kann beispielsweise mittels der Verfügbarkeitsheuristik hergestellt werden. Das soziale Faktum einer hoch komplexen Umwelt erklärt hierbei in Verbindung mit beschränkten Informationsverarbeitungskapazitäten die Notwendigkeit einer Regel, welche das Ziel verfolgt, die Anzahl der zu berücksichtigenden Alternativen schnell auf ein effektives Maß zu reduzieren.

Damit ist auch die Forderung nach der Fähigkeit zur Aufnahme wissenschaftlicher Einsichten aus anderen Forschungsdisziplinen (Punkt 6) erfüllt. Alternativ kann hierfür im Zuge einer abnehmenden Abstraktion auch eine Erweiterung des theoretischen Kerns vorgenommen werden. Die in der deskriptiven Entscheidungsforschung gewonnenen Einsichten haben zur Entwicklung zahlreicher neuer Theorien geführt, die das Ziel verfolgen, intuitives Entscheidungsverhalten besser zu modellieren und hierfür die SEU-Theorie entweder ergänzen oder bestimmte Aspekte modifizieren.[3]

Abschließend bleibt festzuhalten, dass die sechs Anforderungen durch den Rational Choice Ansatz insgesamt gut erfüllt werden. Daher wird der Ansatz im weiteren Verlauf der Arbeit als Handlungstheorie fungieren und damit den Kern des Erklärungsmodells bilden.

---

[1] Bei Cornish und Clarke (1986, S. 1), den beiden Hauptvertretern des Rational Choice Ansatzes, kann man nachlesen, dass die angenommenen Entscheidungsprozesse „exhibit a measure of rationality, albeit constrained by limits of time and ability and the availability of relevant information".

[2] Vgl. Karstedt/Greve 1996, S. 186f.

[3] Beispiele dafür sind die Theorie überlegten Handelns (vgl. Fishbein/Ajzen 1975), die Regret-Theorie (vgl. Bell 1982), die Prospect-Theorie (vgl. Kahneman/Tversky 1979) sowie die Kumulative Prospect-Theorie (vgl. Tversky/Kahneman 1992). Die von Kahneman und Tversky vorgestellte Prospect-Theorie hat hierbei die meiste Anerkennung erfahren. Das von ihnen entwickelte Modell fasst wesentliche Erkenntnisse der deskriptiven Entscheidungsforschung in einer stringenten Form zusammen und eignet sich deutlich besser zur Beschreibung menschlichen Handelns als die normative SEU-Theorie.

6 Ursachenanalyse

In diesem Kapitel erfolgt die Fertigstellung des Erklärungsmodells durch die Verknüpfung der Handlungs- bzw. Mikroebene mit der Meso- und Makroebene. Dazu werden zunächst die relevanten Faktoren des Entscheidungskalküls auf der Mikroebene herausgearbeitet (Kapitel 6.1). Das (Fehl-)Verhalten individueller Akteure wird dabei im Sinne des Rational Choice Ansatzes wertfrei als prozedural rationale Handlung verstanden. Im Anschluss folgt eine Darstellung des auf der Mesoebene betrachteten sozialen Gebildes, der Unternehmung. Über einen Ansatz der Principal-Agent-Theorie wird dabei erklärt, wie Transaktionsprobleme der relevanten Akteure in einer Unternehmensorganisation dazu führen können, dass Gelegenheiten zu computerbezogenem Fehlverhalten entstehen (Kapitel 6.2). Nach einer Beschreibung der Umweltfaktoren auf der Makroebene, die sowohl das korporative als auch das individuelle Handeln beeinflussen (Kapitel 6.3), erfolgt abschließend eine zusammenfassende grafische Darstellung des Gesamtmodells (Kapitel 6.4). Es erläutert CROD als aggregierte Folge von individuellen Handlungen, organisatorischen Reibungsverlusten und gesellschaftlichen Rahmenbedingungen und erfüllt damit die eingangs gestellte Anforderung,[1] alle Ebenen gleichermaßen zu berücksichtigen und menschliches Handeln in seinem Ablauf und in seinen Wirkungen ursächlich zu erklären.

6.1 Entscheidungskalkül (Mikroebene)

Die SEU-Theorie als theoretischer Kern des Rational Choice Ansatzes beschreibt normativ ein Vorgehen zur rationalen Entscheidungsfindung unter Risiko bzw. Unsicherheit. Der Leitgedanke der Theorie besagt, dass Individuen stets diejenigen Handlungen wählen, die den größten subjektiv erwarteten Nutzen versprechen. Hierbei wird die Subjektivität der Entscheidung explizit anerkannt: Die Rationalität lässt sich nicht am Ergebnis, sondern am zur Entscheidung führenden Prozess festmachen. Da der Mensch kognitiven und zeitlichen Restriktionen unterliegt, impliziert eine rationale Lösungsstrategie im Sinne prozeduraler Rationalität die Auswahl einer möglichst guten Alternative mit einem dem Entscheidungsproblem angemessenen Aufwand. Im Folgenden werden die für den Entscheidungsfindungsprozess relevanten Einflussfaktoren erläutert.

6.1.1 Ziele und Präferenzen

Während eine Präferenz eine Einstellung zu Konsequenzen oder Handlungsalternativen widerspiegelt, gibt ein Ziel die konkrete Ausprägung einer bestimmten Eigenschaft (z. B. ‚finanzieller Ertrag') in Verbindung mit einer Angabe über die Präferenz des Entscheiders bezüg-

---

[1] Siehe Kapitel 1.3.

lich dieser Eigenschaft an (z. B. „je höher, desto besser').[1] Kennzeichnend für typische Entscheidungsprozesse ist die Notwendigkeit, mehrere relevante Zielvariablen gleichzeitig berücksichtigen zu müssen. In der Regel wird ein Entscheider z. B. im Unternehmen nicht nur die Maximierung des finanziellen Ertrags anstreben, sondern die Befriedigung verschiedener Bedürfnisse bzw. Ziele, die zumindest teilweise miteinander in Konflikt stehen. Die Bedürfnishierarchie von Maslow unterscheidet in diesem Zusammenhang (1) fundamentale physiologische Bedürfnisse (Nahrung, Schlaf), (2) Sicherheitsbedürfnisse (eine feste Arbeitsstelle, Versicherungen etc.), (3) soziale Bedürfnisse (Verlangen nach Gesellschaft, Familie und Freunde), (4) Ich-Bedürfnisse (soziale Anerkennung, Prestige, Selbstachtung, Macht) und (5) das Bedürfnis nach Selbstverwirklichung (Selbstfindung, Selbstentfaltung).[2] Bedürfnisse aus den ersten drei Kategorien und teilweise auch aus der vierten Kategorie werden zu den sog. Defizitmotiven gezählt. Diese müssen befriedigt werden, erzeugen jedoch keine weitere Motivation in dieselbe Richtung; anders die verbleibenden sog. Wachstumsmotive, die niemals wirklich vollständig befriedigt werden können. Im Fall von CROD spielen in den seltensten Fällen Defizitmotive eine Rolle.[3] Das Bedürfnis nach materieller Bereicherung etwa entsteht weniger aufgrund fundamentaler oder sozialer Bedürfnisse, sondern eher aus der Tatsache heraus, dass finanzieller Reichtum soziale Anerkennung verspricht und neue Möglichkeiten zur Selbstverwirklichung eröffnet.[4]

Entscheidungen für ein bestimmtes Verhalten sind in der Regel mit Unsicherheit verbunden, da das Ergebnis von Umwelteinflüssen abhängt, die der Entscheider nicht oder nur unvollständig determinieren kann. Aus diesem Grund spielt die Risikoeinstellung des Entscheiders eine wichtige Rolle. Jede Handlungsalternative ist mit einem Bündel möglicher Konsequenzen verknüpft, die mit subjektiven Eintrittswahrscheinlichkeiten einhergehen. Im Allgemeinen sind Entscheider risikoavers, ihre Risikoaversion sinkt jedoch mit zunehmendem Vermögen.[5] Bei der Wahl zwischen zwei Alternativen mit gleichem Erwartungswert wird somit in der Regel die Alternative mit dem geringeren Risiko bevorzugt. Jedoch gilt es, zwei wichtige Ausnahmen hervorzuheben: Zum einen werden häufig Alternativen wie die des Lotterietickets gewählt, deren Konsequenzen mit sehr extremen Wahrscheinlichkeiten einhergehen.[6] Zum anderen hängt die Risikoeinstellung entscheidend von der Wahrnehmung einer Situation

---

[1] Vgl. Eisenführ/Weber 1994, S. 30.

[2] Vgl. Nieschlag et al. 1997, S. 562f.

[3] Siehe Kapitel 2.2.2.

[4] Vgl. Daly 1989, S. 772 und Geis et al. 1995, S. 14.

[5] Vgl. Lattimore/Witte 1986, S. 136f., Kahneman/Lovallo 1993, S. 395 und Eisenführ/Weber 1994, S. 216. Generell macht sich die Risikoaversion in einem konkaven Verlauf der Nutzenfunktion bemerkbar; vgl. Eisenführ/Weber 1993, S. 214.

[6] Ein Lotterieticket zeichnet sich durch eine sehr geringe Wahrscheinlichkeit eines sehr hohen Gewinns und eine sehr hohe Wahrscheinlichkeit eines sehr geringen Verlustes aus.

als Gewinn oder Verlust ab. Anders als die SEU-Theorie vorhersagen würde, lassen sich Menschen von unterschiedlichen Darstellungen ein und derselben Entscheidungssituation in ihrem Verhalten beeinflussen.[1] Wird ein Ereignis als Verlust wahrgenommen, tendiert der Entscheider dabei zu risikofreudigerem Verhalten.[2]

Abhängig von den jeweiligen Rahmenbedingungen kann allein die Risikobereitschaft den Ausschlag bei der Entscheidung für oder gegen abweichendes Verhalten geben.[3] Im Hinblick auf die betrachteten Deliktformen von CROD kann eine erhöhte Risikofreudigkeit in Verlustsituationen dann von Bedeutung sein, wenn die unternehmensschädigende Aktivität als Möglichkeit zur Reduktion eines vor kurzem erlittenen Verlustes wahrgenommen wird. Hierzu gehören beispielsweise der Verlust des Arbeitsplatzes, eine unerwünschte Versetzung innerhalb der Firma oder eine als ungerechtfertigt empfundene Kritik des Vorgesetzten. Computerbezogene Sabotageakte, die gegen Ende eines Arbeitsverhältnisses begangen werden, lassen sich zu einem großen Anteil über die erhöhte Risikobereitschaft des Täters in Verbindung mit persönlicher Genugtuung als dominantem Motiv erklären. Darüber hinaus kann die Fortsetzung eines Fehlverhaltens, z. B. die geschäftlich unerwünschte private Nutzung einer Internetverbindung am Arbeitsplatz, im Vergleich zur Einstellung dieser Aktivität aufgrund der Übergewichtung des wahrgenommenen Verlustes als weniger attraktive Option erscheinen.

6.1.2 Alternativen

Die dem Individuum bekannten Gelegenheiten zum Missbrauch werden als Handlungsalternativen bezeichnet. Sie können zum einen in einem von dominanten Motiven, den eigenen Fähigkeiten und Kenntnissen geleiteten kreativen Prozess aktiv generiert bzw. gesucht werden. Zum anderen entstehen Handlungsalternativen aber auch dadurch, dass sie ohne aktive Suche z. B. während der täglichen Arbeit, den Interaktionen mit Kollegen oder aus Lernerfahrungen als potentiell lohnenswerte Gelegenheiten wahrgenommen werden.[4] Einstufige Alternativen, die sich auf einen sehr begrenzten zeitlichen Horizont beziehen, sind in diesem Zusammenhang von mehrstufigen Alternativen, den sog. Strategien zu unterscheiden. Letztere beziehen sich auf längere Zeiträume und umfassen in der Regel mehrere aufeinander abgestimmte Ent-

---

[1] Dieser auch als Heuristik der Verankerung bekannte Framing-Effekt (siehe auch Kapitel 5.3.2) kann im Sinne prozeduraler Rationalität auch als sinnvolles Instrument zur Beschleunigung von Entscheidungen betrachtet werden.

[2] Beide Ausnahmen lassen sich über die von Kahneman und Tversky (1979) aufgestellte Prospect-Theorie, einer Erweiterung der subjektiven Erwartungsnutzentheorie erklären. Empirische Beweise finden sich unter anderem bei Tversky/Kahneman 1992.

[3] Vgl. Johnson/Payne 1986, S. 175f. und Karstedt/Greve 1996, S. 177f.

[4] Auf ähnliche Art und Weise betont Sutherland (1956, S. 396) in seiner Theorie differentieller Kontakte, dass die hier relevanten „Techniken zur Ausführung des Verbrechens [...] und die spezifische Richtung von Motiven, Trieben, Rationalisierungen und Attitüden" erlernt sind.

scheidungen.[1] Bei der Generierung des Alternativraums werden zunächst unvoreingenommen sowohl sozial akzeptierte als auch nicht akzeptierte Alternativen miteinander verglichen. Eine illegitime Handlungsoption kann aus zwei Gründen gegenüber einer legitimen Alternative präferiert werden: sie bietet entweder einen höheren erwarteten Nutzen oder ist Teil einer Strategie, d. h. einer Kette von Entscheidungen, die in Verbindung mit weiteren Handlungen einen höheren Gesamtnutzen erwarten lässt.

Aus Sicht eines Unternehmens stellt jede Missbrauchsgelegenheit eine potentielle Schwachstelle dar. CROD-relevante Schwachstellen mit Bezug zur Informationssicherheit entstehen hauptsächlich infolge einer mangelhaften Abstimmung von Organisation, Mensch und Technik,[2] wobei letztgenannter Bereich aufgrund der hohen Wachstumsdynamik als Hauptverursacher ausgemacht werden kann. Während die Computertechnologie mit schnellen Schritten voranschreitet, werden Sicherheitsfragen typischerweise erst mit großer Verzögerung in die Entwicklung integriert.[3] Die im Rahmen von Technologieeinführungen unzureichend stattfindende Einpassung in die unternehmensspezifische Organisationsstruktur führt in vielen Fällen zu einem wenig zufrieden stellenden Status quo, der von Nathan et al. treffend als ‚low tech equilibrium' bezeichnet wird.[4] So bietet beispielsweise das heutzutage in Unternehmen standardmäßig genutzte Internet die Möglichkeit einer missbräuchlichen Nutzung von ITK-Diensten. Die Schwachstelle entsteht hierbei durch die (technische) Bereitstellung eines Internetzugangs am Arbeitsplatz des Mitarbeiters in Verbindung mit einer fehlenden (organisatorischen) Richtlinie, welche das Ausmaß der erlaubten privaten Nutzung des neuen Mediums begrenzt. Ein weiteres Beispiel für eine Schwachstelle mit Relevanz im Hinblick auf Betrugsdelikte bildet eine durch organisatorische Kontrolle nicht erfasste und gleichzeitig technisch unzureichend geschützte Schnittstelle, über die unverschlüsselt Zahlungsdaten zwischen zwei Systemen ausgetauscht werden. In einem solchen Fall lassen sich mit entsprechendem Knowhow Manipulationen bei der Verarbeitung der Daten, etwa durch Veränderung einer Übergabedatei mit einem Texteditor, vornehmen.

---

[1] Vgl. Eisenführ/Weber 1994, S. 19.

[2] Siehe auch Kapitel 3.3.4.

[3] Vgl. Bequai 1987, S. 49, Schneier 2000, S. 202-211, Hutter 2002, S. 33 und McGraw 2002. Bei der Entwicklung von Software wird typischerweise während der Systementwicklung, d. h. in der Architektur- und Designphase, nicht an Sicherheit gedacht. Der Regelfall beinhaltet bestenfalls den nachträglichen Einbau von Sicherheitsfunktionen. In der Folge sind Sicherheitsmaßnahmen in der Summe kaum aufeinander abgestimmt und öffnen dadurch nicht selten weitere Lücken im ohnehin dünnmaschigen Sicherheitsnetz; vgl. Dhillon 1999, S. 174 und Dhillon/Moores 2001, S. 720. McDermott (2001, S. 1) zufolge legt der Großteil der Softwareentwickler den Schwerpunkt auf die Produktivität und nicht auf die Qualität. Diese Behauptung wird untermauert von Alexander (2004), wonach „neu eingeführte Software zusehends Mängel" aufweist. In Zahlen macht sich dies durch einen Anstieg der Fehlerrate pro 1000 Zeilen Softwarecode von 0,36 auf 0,68 in den letzten drei Jahren bemerkbar. Als Gründe werden verkleinerte Entwicklerteams, der anwachsende Zeitdruck und zunehmende komplexere und schnell wechselnde Anforderungen aufgeführt.

[4] Vgl. Nathan et al. 2003, S. 79.

6.1.3 Subjektiv erwarteter Nutzen

Der erwartete Nutzen ermöglicht den Vergleich der Attraktivität verschiedener Handlungsalternativen. Verfolgt ein Entscheider lediglich ein einziges Ziel, beispielsweise die Maximierung des finanziellen Ertrags, lässt sich die Nutzenfunktion grafisch vergleichsweise leicht in einem zweidimensionalen Schaubild darstellen. Abbildung 6-1 zeigt eine typische Nutzenfunktion U(x) für einen risikoaversen Entscheider mit positivem, jedoch abnehmendem Grenznutzen hinsichtlich der Zielvariablen ‚Vermögen':

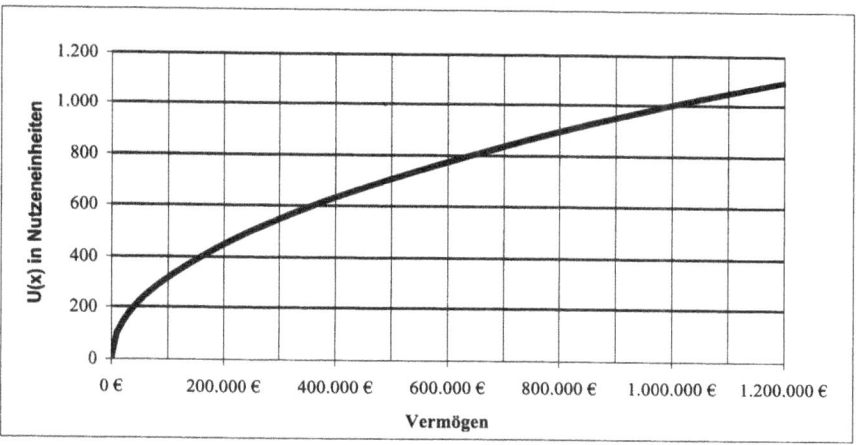

Abb. 6-1: Nutzenfunktion eines risikoaversen Entscheiders

Bei einer mehrdimensionalen Zielfunktion ist für die Darstellung einer Nutzenfunktion die Präferenz des Entscheiders über alle möglichen Ausprägungen aller Zielvariablen abzubilden. Gleichzeitig verfolgte Ziele sind beispielsweise die Sicherheit des Arbeitsplatzes, die soziale Anerkennung durch die Kollegen, die Wertschätzung seitens des oder der Vorgesetzten und die Zeitpräferenz. Der Nutzen einer Alternative ist nur dann mit dem erwarteten Nutzen gleichzusetzen, wenn Sicherheit bezüglich des Handlungsergebnisses besteht. Die Konsequenzen einer Alternative hängen normalerweise von zahlreichen Umweltfaktoren ab, die der Entscheider nicht beeinflussen kann. Aus diesem Grund müssen die möglichen Folgen für jeden relevanten Umweltzustand bewertet und mit der subjektiven Eintrittswahrscheinlichkeit multipliziert werden, bevor sich durch Addition der Einzelwerte der insgesamt erwartete Nutzen errechnen lässt.

Das folgende Beispiel illustriert den Umgang mit dem subjektiven Erwartungsnutzen zum Vergleich zweier Alternativen: Einem 45-jährigen Programmierer eines kleinen Softwareunternehmens bietet sich aufgrund seiner guten Geschäftskontakte die Möglichkeit, den Quellcode einer von ihm mitentwickelten Software an einen Mitbewerber im Ausland zu verkaufen. Seine Kontaktleute bieten ihm eine Summe von 200.000 Euro in bar. Für den Fall, dass er auf das Geschäft eingeht, erhält er die Hälfte des Betrages vor der Lieferung des Quellcodes ausgezahlt, den Restbetrag nach erfolgter Prüfung etwa zwei Wochen später. Der Programmierer geht davon aus, dass er bei guter Gesundheit und – sofern er sich nichts zu schulden kommen lässt – noch 20 Jahre im Unternehmen arbeiten und weiterhin unverändert 50.000 Euro pro Jahr verdienen wird. Gleichzeitig geht er angesichts seines fortgeschrittenen Alters nicht davon aus, dass er bei einem Arbeitsplatzverlust eine Neuanstellung finden würde. Entscheidet er sich gegen das Angebot des Mitbewerbers und bleibt er seinem Unternehmen treu (Alternative 1), berechnet sich der erwartete Nutzen bei einem Ausgangsvermögen von 100.000 Euro und einer angenommenen Nutzenfunktion $U(x) = \sqrt{x}$ wie folgt:[1]

$SEU(Alternative\ 1) = U(1.100.000) \approx 1.049$

Im Falle des Geheimnisverrats (Alternative 2) möchte er folgende drei Szenarien mit den subjektiven Eintrittswahrscheinlichkeiten p_i berücksichtigen:

(1) Niemand im Unternehmen bemerkt sein Vergehen und er erhält die vollen 200.000 Euro (p_1=80%).

(2) Niemand im Unternehmen bemerkt sein Vergehen, allerdings erhält er entgegen der Absprache nur 100.000 Euro für den Quellcode (p_2=10%).

(3) Sein Vergehen wird aufgedeckt, es kommt zur Kündigung und einer Geldstrafe (im anschließenden Gerichtsverfahren) von 100.000 Euro (p_3=10%).

$SEU(Alternative\ 2) = 0{,}8 \bullet U(1.300.000) + 0{,}1 \bullet U(1.200.000) + 0{,}1 \bullet U(0) \approx 1.022$

Der konkave Verlauf der Nutzenfunktion, der sich aus der Risikoaversion begründet, führt in diesem Beispiel dazu, dass der Programmierer sich, anders als bei einer komparativen Gegenüberstellung der Erwartungswerte, gegen das illegale Verhalten entscheidet.

Grundsätzlich ist aus Sicht der SEU-Theorie davon auszugehen, dass wahrgenommene Strafandrohungen ebenso wie informelle Sanktionen – beispielsweise aus dem Kreis der Kollegen – antizipativ in das Entscheidungskalkül einfließen.[2] Unterschätzt wird in diesem Zusammenhang mitunter die Bedeutung der Sichtbarkeit von Strafmaßnahmen. Weniger der objektive

---

[1] Siehe Kapitel 5.3.1.

[2] Siehe auch Kapitel 5.3. Die Wahrnehmung einer Bedrohung kann auf zwei Arten erfolgen (vgl. Gibbs 1975, S. 104):

(1) Der Prozess bezieht sich auf eine Erfahrung mit einer tatsächlich ausgeführten Bestrafung, d. h. das Individuum wird selbst bestraft, erfährt die Bestrafung anderer oder wird durch jemanden über die Bestrafung von Dritten informiert.

(2) Die Bedrohung hat einen normativen Ursprung, d. h. es besteht ein gemeinschaftliches Empfinden dessen, was als angebrachte Reaktion auf bestimmte Handlungen angesehen wird.

Strafrahmen als vielmehr die wahrgenommene Wahrscheinlichkeit und Schwere einer Bedrohung haben einen Einfluss auf die Bewertung abweichender Verhaltensweisen.[1]

6.1.4 Beschränkte Rationalität

Anhand des oben geschilderten Beispiels lässt sich leicht nachvollziehen, dass die Berechnung des subjektiven Erwartungsnutzens schnell sehr aufwändig wird. Auch formal ist die Aufstellung einer sog. multiattributiven Nutzenfunktion, die mehrere Ziele berücksichtigt und dabei die Abhängigkeiten zwischen diesen Zielen adäquat abbildet, mit nicht unerheblichen Schwierigkeiten verbunden.[2] Selbst unter der – unrealistischen – Annahme der Verfügbarkeit sämtlicher für die Entscheidungsfindung relevanten Informationen ist es dem ‚beschränkt rationalen' Menschen aufgrund begrenzter kognitiver Fähigkeiten nicht möglich, die gesamte sich ergebende Alternativenmenge in Verbindung mit den möglichen Umweltzuständen über seine subjektive (multiattributive) Nutzenfunktion zu bewerten und die Handlungsoptionen quasi gleichberechtigt miteinander zu vergleichen.[3]

Neben kognitiven Restriktionen spielt auch der Zeitfaktor im Entscheidungsfindungsprozess eine wichtige Rolle: Informationen sind typischerweise ab initio nicht vollständig verfügbar, sondern müssen unter zeitlichem Aufwand beschafft werden. Berücksichtigt man im Sinne ‚prozeduraler Rationalität', dass ein Entscheider tagtäglich hunderte von Entscheidungen zu treffen hat, wird schnell klar, dass ein rationaler Prozess Strategien umfassen muss, die es erlauben, auch bei komplexen Entscheidungsproblemen schnell zu einem Urteil zu gelangen. Unter diesem Gesichtspunkt wird der strategische Wert der in Kapitel 5.3.2 aufgeführten Heuristiken deutlich. Die Verfügbarkeits- und Repräsentativitätsheuristik ermöglichen auf Basis der zur Verfügung stehenden Informationen und unter Berücksichtigung der beschränkten Kapazitäten zur Informationsverarbeitung eine schnelle Entscheidung, die im Regelfall zu vernünftigen Ergebnissen führt. Die Heuristik der Verankerung erhält ihre Daseinsberechtigung durch die Tatsache, dass es deutlich leichter fällt, Veränderungen des Status Quo zu beurteilen als Veränderungen des Absolutvermögens oder der Absolutzufriedenheit: Im genannten Beispiel würde es dem Programmierer die Arbeit wesentlich erleichtern, wenn er ausgehend vom Status Quo nicht sein absolutes Gesamtvermögen, sondern nur relative Veränderungen desselben berücksichtigte.

Im Hinblick auf die Gewährleistung von Informationssicherheit stellt sich die Frage, ob die mit den eingesetzten Strategien zur Reduktion der komplexen Realität einhergehenden Opportunitätskosten und systematischen Verzerrungen den Effizienzgewinn bei der Entscheidungs-

---

[1] Vgl. Johnson/Payne 1986, S. 176 und Albrecht 1993, S. 161.
[2] Vgl. Eisenführ/Weber 1994, S. 259-274.
[3] Siehe auch Kapitel 5.3.2.

findung nicht überkompensieren. Die folgenden Beispiele zeigen, welche Folgen durch Fehleinschätzungen bei der Anwendung der drei genannten Heuristiken resultieren können.

Die sog. ‚Base Rate Fallacy' führt im Rahmen der Repräsentativitätsheuristik dazu, dass die generelle a priori Wahrscheinlichkeit eines Ereignisses typischerweise nur unzureichend berücksichtigt wird.[1] Beispielsweise sagt die Kenntnis der bedingten Wahrscheinlichkeit, dass 94% aller von einem bestimmten Trojaner betroffenen Unternehmen keine Firewall installiert hatten *p(keineFirewall/Trojaner)*, nichts über das Risiko aus, selbst Opfer des Trojaners zu werden, auch wenn bekannt ist, dass das eigene Unternehmen durch eine Firewall geschützt ist. Der über die wahrgenommene (Un-)Ähnlichkeit nahe liegende Schluss, das eigene Risiko *p(Trojaner/Firewall)* liege bei 6%, ist falsch, da dem Bayes-Theorem zufolge gilt:[2]

$$p(Trojaner/Firewall) = p(Firewall/Trojaner) \bullet \frac{p(Trojaner)}{p(Firewall)}$$

Daraus ergibt sich bei unterstellten a priori Wahrscheinlichkeiten von 80% für die generelle Wahrscheinlichkeit eines Unternehmens, den Trojaner zu bekommen, *p(Trojaner)*, und 10% für die generelle Wahrscheinlichkeit, dass ein Unternehmen eine Firewall einsetzt, *p(Firewall)*, ein unternehmensinternes Risiko von 48%.

Problematisch ist das Ähnlichkeitskriterium auch, wenn die Ausgangswahrscheinlichkeiten mit einem hohen Maß an Unsicherheit verbunden sind. Beispielsweise lässt sich kaum von der Häufigkeit, mit der über Fälle von Computerkriminalität in Fachzeitschriften berichtet wird, auf die Wahrscheinlichkeit des Auftretens eines solchen Falles im eigenen Unternehmen schließen. Zum einen wird über dieses Phänomen verzerrt informiert,[3] zum anderen existiert bei den Fällen, in denen die eigenen Mitarbeiter Täter sind, ein hohes Dunkelfeld.[4]

Ebenfalls zu Fehleinschätzungen führt die Tendenz, vom Ausgang eines bestimmten Ergebnisses auf die Güte der implizit oder explizit zugrunde gelegten Handlungsregel zu schließen. Kahneman und Tversky sprechen in diesem Zusammenhang von ‚illusorischer Validität', die hauptsächlich dann zum Tragen kommt, wenn a priori Wahrscheinlichkeiten missachtet und die Möglichkeiten der Einflussnahme auf das Ergebnis einer Handlung überschätzt werden.[5] Beispielsweise sagt die Häufigkeit im Unternehmen festgestellter computerbezogener Sabotageakte nichts über die Güte der IT-Sicherheitsmaßnahmen aus. Zunächst ist die Wahrscheinlichkeit, dass ein Mitarbeiter das eigene Unternehmen gravierend schädigt, im Allgemeinen sehr gering. Des Weiteren gilt es, in solchen Fällen die eingeschränkte Wirksamkeit her-

---

[1] Vgl. Kahneman/Tversky 1973 und Tversky/Kahneman 1982.
[2] Vgl. Ward 1982, S. 360.
[3] Siehe Kapitel 4.3.2.
[4] Siehe Kapitel 2.3.4, 2.4.1, 4.2.2 und 0.
[5] Vgl. Tversky/Kahneman 1974.

kömmlicher technischer Sicherheitsvorkehrungen zu berücksichtigen, da diese in erster Linie auf die Abwehr externer Angreifer ausgerichtet sind.[1]

Die Verfügbarkeitsheuristik versagt hauptsächlich in solchen Fällen, die generell selten auftreten oder mit denen ein Entscheider bislang keine Erfahrung sammeln konnte.[2] Das Abrufen von Assoziationen und die Orientierung an Beispielen ähnlicher Entscheidungssituationen der Vergangenheit mag bei der Einschätzung von täglich vorkommenden Ereignissen hilfreich sein. Kann jedoch – z. B. bei neuen Technologien – nicht auf eigene Erfahrungen zurückgegriffen werden oder sind diese wenig repräsentativ, kommt es zu Fehleinschätzungen. Zudem werden emotional aufrührende Informationen und Ereignisse sehr viel eher abgespeichert und damit später leichter abgerufen als nüchtern und abstrakt präsentierte Erkenntnisse z. B. in Fachzeitschriften.[3] Nicht nur das Abrufen von vergangenen Ereignissen, auch die Konstruktion neuer Assoziationen oder Szenarien setzt einen eigenen Erfahrungsschatz voraus. Probleme entstehen insbesondere, wenn sich ein Entscheider eine bestimmte Fallkonstellation nicht vorstellen kann oder deren Berücksichtigung schlicht vergisst. Hinzu kommt die menschliche Tendenz zur Bildung einfacher Szenarien. Komplexe Konstellationen, die viele mögliche Facetten und Varianten berücksichtigen, sind jedoch speziell in der IT-Systemwelt, in der viele Abhängigkeiten und Interdependenzen bestehen, eher die Regel als die Ausnahme.

Von Bedeutung sind darüber hinaus sog. ‚Nicht-Begebenheiten', d. h. Ereignisse, die niemals eingetreten sind oder deren Eintreten nicht wahrgenommen wurde.[4] Tendenziell wird bekannten Vorfällen ein höheres Gewicht bei der Erklärung von Ereignissen zugewiesen als Nicht-Begebenheiten. So wird beispielsweise ein Systemversagen eher auf eine fehlerhafte Handlung zurückgeführt als auf fehlende Sicherheitsmaßnahmen, wenn deren Implementation nie zur Debatte stand. Mitunter können nicht verfügbare Informationen somit auch ein falsches Sicherheitsgefühl vermitteln.[5]

Die sog. ‚Fallacy of Initiative' weist auf die menschliche Grundneigung hin, anderen Personen weniger Initiative und Kreativität zuzugestehen als sich selbst.[6] Die Handlungen von Dritten werden dabei als relativ konstant, wenig interdependent und unabhängig vom eigenen Verhalten wahrgenommen. Auch diese Fehlwahrnehmung lässt sich über die Verfügbarkeitsheuristik erklären, da die Gedanken fremder Dritter ungleich schwerer nachvollziehbar sind als die eigenen Empfindungen. Ein solches Unvermögen, sich in andere Personen hinein zu

---

[1] Siehe Kapitel 4.3.2.
[2] Vgl. Tversky/Kahneman 1973 und Taylor 1982.
[3] Vgl. Slovic et al. 1980, S. 464-470.
[4] Vgl. Ross/Anderson 1982, S. 140.
[5] Vgl. Slovic et al. 1980, S. 470-472.
[6] Vgl. Tversky/Kahneman 1973.

versetzen, kann im Zusammenhang mit CROD gravierende Folgen haben, beispielsweise wenn Sicherheitslücken nicht abgesichert werden, weil die Verantwortlichen sich nicht bewusst machen, dass ihre Mitarbeiter die Systeme und deren Schwachstellen weitaus besser kennen als sie selbst, und daher mögliche Schwachstellen nicht als Gelegenheiten zum Missbrauch wahrnehmen.

Die Verankerungsheuristik impliziert Verzerrungen von Schätzungen in Richtung des Ausgangswertes. In diesem Zusammenhang besagt die sog. ‚Conjunction Fallacy', dass die Wahrscheinlichkeit eines abhängigen Ereignisses, dessen einzelne Komponenten eine hohe Ausgangswahrscheinlichkeit haben, tendenziell zu hoch eingeschätzt wird.[1] Besteht beispielsweise ein Projekt aus zehn einzelnen aufeinander aufbauenden Teilschritten, die jeweils eine Erfolgswahrscheinlichkeit von 90% haben, beträgt die Wahrscheinlichkeit für das Gelingen des Gesamtprojektes nur noch 35%, wenn ein Misserfolg bei einem einzigen Schritt zum Scheitern des gesamten Projektes führt. Umgekehrt wirkt die Verankerungsheuristik bei disjunkten Ereignissen mit einer geringen Ausgangswahrscheinlichkeit. Dabei wird die Gesamtwahrscheinlichkeit, etwa eines Sicherheitsversagens in einem komplexen System, typischerweise zu niedrig eingeschätzt. Besteht ein System beispielsweise aus zehn unabhängigen Komponenten, die jeweils mit einer Wahrscheinlichkeit von 10% versagen, beträgt das Gesamtrisiko einer Systembeeinträchtigung 65%. Plant ein Mitarbeiter einen Sabotageakt, genügt ihm im Zweifelsfall die Kenntnis einer einzigen Schwachstelle im System, so dass trotz des häufig nur sehr geringen Bekanntheitsgrades einzelner Sicherheitslücken eine hohe Gefahr einer Systemkompromittierung besteht.

6.2 Missbrauchsgelegenheiten (Mesoebene)

Die hohe Komplexität der Thematik und das im Zusammenhang mit der Analyse und Prävention benötigte Spezialistenwissen machen eine Weiterdelegierung an unterschiedliche Stellen und Mitarbeiter im Unternehmen erforderlich. Die unter dem Dach der Transaktionsökonomik angesiedelte Principal-Agent-Theorie bietet in diesem Kontext einen Ausgangspunkt für die Analyse des Zusammenspiels der in einem Unternehmen mit der Herstellung von Informationssicherheit betrauten Akteure. In der hierarchischen Organisationsform einer Unternehmung auftretende Reibungsverluste zwischen den Akteuren werden dabei als ursächlich für die Entstehung von Missbrauchsgelegenheiten auf der Mesoebene gesehen.

6.2.1 IT-Sicherheitsverantwortliche

Innerhalb einer Unternehmung werden verschiedene Personen und häufig auch heterogen zusammengesetzte Teams damit betraut, Aufgaben zur Gewährleistung der Informationssi-

---

[1] Vgl. Bar-Hillel 1973 und Tversky/Kahneman 1982b, S. 90-98.

cherheit wahrzunehmen.[1] Hierzu gehören neben der Unternehmensrevision beispielsweise IT-Sicherheitscontroller, IT-Sicherheitsbeauftragte, Anwendungs- und Systementwickler sowie Netzwerk- und Systemadministratoren. Aus der Perspektive der Principal-Agent-Theorie stellen sie Auftragnehmer dar, die von der Geschäftsleitung, dem Auftraggeber, mit gewissen Aufgaben betraut werden. Abhängig von der Größe, der hierarchischen Struktur und dem Spezialisierungsgrad des Unternehmens existieren zwischen den involvierten Personen weitere Auftraggeber-Auftragnehmer- bzw. Vorgesetzten-Mitarbeiter-Beziehungen. Die Aufgabendelegation dient insbesondere dazu, die Gesamtkomplexität der Materie zu reduzieren und das Spezialistenwissen verschiedener Mitarbeiter zu nutzen. Wie Abbildung 6-2 veranschaulicht, handelt es sich bei der Informationssicherheit um einen Bereich, der von den wenigsten Unternehmen – und selbst dann nur partiell – an externe Dienstleister ausgelagert wird. Dieser geringe Anteil erklärt sich durch die Tatsache, dass sich nur wenige – überwiegend technische – Funktionen problemlos aus dem Gesamtzusammenhang herauslösen lassen.

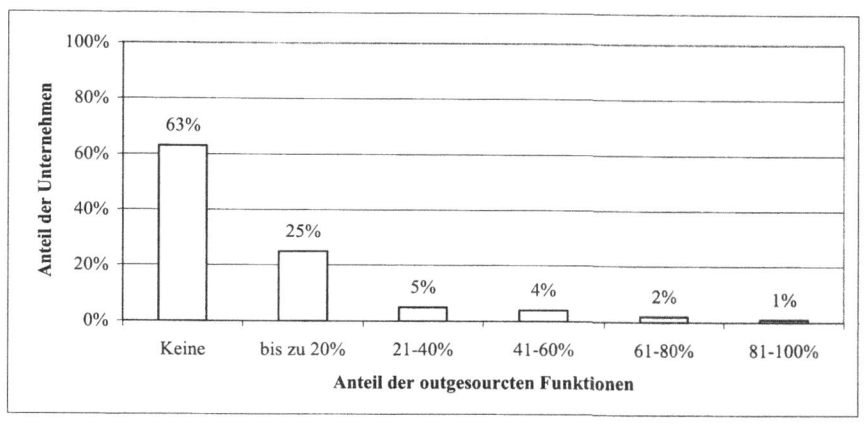

Quelle: Gordon et al. 2004, S. 6.

Abb. 6-2: Anteil der outgesourcten Funktionen im Bereich der Informationssicherheit[2]

Im Rahmen eines IT-Outsourcings könnte beispielsweise der komplette Betrieb der Serverhardware inklusive der damit in Verbindung stehenden Sicherheitssysteme und -anwendungen einem externen Dienstleister überlassen werden. Die Mehrzahl der in Verbindung mit der Prävention von CROD wahrzunehmenden Aufgaben betrifft jedoch direkt die Organisationsstruktur und die in diese Struktur eingebetteten Mitarbeiter, so dass eine vollständige Auslagerung nicht in Frage kommt. Externe Dienstleister können dennoch zur Unterstützung he-

---

[1] Vgl. beispielsweise Eggel 2000 und BSI 2003.

[2] In der Studie wurden Antworten von 494 Sicherheitsverantwortlichen aus privatwirtschaftlichen Unternehmen und öffentlichen Institutionen ausgewertet; vgl. Gordon et al. 2004, S. 2.

rangezogen werden, beispielsweise um nicht vorhandenes Expertenwissen einzukaufen oder Revisionsaufgaben durchführen zu lassen.[1]

6.2.2 Transaktionskostenökonomik

Das wirtschaftliche Handeln der Akteure in einem arbeitsteilig organisierten und auf Spezialisierungsvorteilen beruhenden Wirtschaftssystem ist dadurch gekennzeichnet, dass vielfältige Austauschbeziehungen zwischen den Wirtschaftssubjekten existieren, die durch Institutionen, d. h. Systeme von Regeln oder Normen, abgesichert werden. Die Existenz einer Unternehmung, hier verstanden als Institution inklusive der ihr angehörigen Personen, lässt sich dabei über ihre Fähigkeit zur Senkung von Transaktionskosten begründen.[2] Eine Transaktion ist in diesem Zusammenhang als Transfer von Waren oder Dienstleistungen über eine technologisch separierbare Schnittstelle definiert.[3] Die zentrale Erkenntnis der von Ronald Coase und Oliver Williamson[4] begründeten Transaktionskostenökonomik besteht darin, dass entgegen der der neoklassischen Ökonomie zugrunde liegenden hypothetischen Vorstellung vom ‚vollkommenen Markt' jegliches Handeln in einer Marktwirtschaft mit Kosten bzw. Reibungsverlusten verbunden ist. Es handelt sich hierbei in erster Linie um Informations- und Kommunikationskosten, die bei der Anbahnung, vertraglichen Festlegung, Kontrolle und Anpassung von Leistungsbeziehungen anfallen.[5] Die Suche nach Transaktionspartnern, das Einholen von Informationen z. B. über die Vertrauenswürdigkeit eines potentiellen Geschäftspartners oder das Aushandeln von detaillierten Verträgen zur Fixierung von Leistungsbeziehungen sind vor Vertragsabschluss ebenso mit Aufwand verbunden wie die nach Vertragsabschluss durchzuführenden Kontrollen oder später möglicherweise notwendige Anpassungen an geänderte Rahmenbedingungen.

Unter der hypothetischen Annahme einer freien und kostenlosen Verfügbarkeit aller relevanten Informationen auf einem Markt sowie der Möglichkeit einer perfekten Vertragsgestaltung sind Unternehmen zur Produktion von Waren und Dienstleistungen überflüssig.[6] In diesem Fall reichte der Markt als Koordinationsmechanismus völlig aus, da die gesamte Produktion bis auf die kleinsten unteilbaren Produktionsfaktoren zerlegt und über vertragliche Vereinbarungen mit einzelnen Individuen kontrahiert werden könnte. Von der marktlichen Organisationsform, die durch eine hohe Flexibilität aller Marktteilnehmer, die Möglichkeit spontaner

---

[1] Der Anteil der Ausgaben für externe Dienstleistungen an den Gesamtausgaben für die Informationssicherheit beträgt im Durchschnitt etwa 25%; vgl. EITO 2003, S. 208 bzw. Kapitel 4.3.1.

[2] Vgl. Coase 1937.

[3] Vgl. Bonus/Maselli 1997.

[4] Vgl. Williamson 1985.

[5] Vgl. Picot/Dietl 1990, S. 178.

[6] Vgl. Pratt/Zeckhauser 1991, S. 32.

Vertragsschlüsse, einer hohen Entscheidungsautonomie der Individuen und den Preis als zentralem Koordinationsinstrument gekennzeichnet ist, lässt sich die Unternehmung bzw. die hierarchische Form der Organisation klar abgrenzen. Grundlage einer Unternehmung ist ein Vertragswerk, das die Beziehung zwischen Arbeitgeber und Arbeitnehmern regelt und auf dieser Basis eine unkomplizierte Koordination mittels Weisungen von Vorgesetzten zu Mitarbeitern erlaubt. Generell nehmen mit steigendem Spezifitäts-, Unsicherheits- und Komplexitätsgrad einer Leistungsbeziehung die Transaktionskosten und damit die komparativen Vorteile der hierarchischen Organisationsform zu.[1] Transaktionskosten lassen sich zeitpunktbezogen einsparen, wenn die Koordination durch Weisungen anstelle der Koordination durch den marktlichen Preismechanismus das Aufsetzen von Verträgen zwischen den an der Leistungserbringung beteiligten Individuen überflüssig macht. Darüber hinaus können zeitraumbezogene Vorteile erzielt werden, indem über die Wahl längerer Laufzeiten die Anzahl der aufzusetzenden Verträge reduziert wird. Der marktliche Koordinationsmechanismus indes erhält seine Existenzberechtigung durch die mit einer zunehmenden vertikalen Integration von Leistungen in eine Unternehmung ansteigenden Organisationskosten. Diese entstehen bei wachsender Unternehmensgröße unter anderem durch Managementineffizienzen, Kompetenzstreitigkeiten und Fehlallokationen von Faktoren.

6.2.3 Organisatorische Reibungsverluste

Der Erfolg moderner Unternehmen hängt wesentlich vom Zusammenspiel der einzelnen, teilweise hoch spezialisierten Akteure ab. Der Nutzen einer hierarchischen Struktur besteht, wie dargelegt, vor allem darin, dass der Unternehmer durch die internalisierte Koordination von Aktivitäten Vorteile im Vergleich zu einer rein marktlichen Koordination erzielt und hierdurch Gewinne realisieren kann.[2] Die Principal-Agent-Theorie beschreibt und erklärt oben skizzierte Delegationsbeziehungen in der Hierarchie einer Unternehmung, in der die Koordination von Aktivitäten über Weisungen zwischen Vorgesetzten (Auftraggebern) und Mitarbeitern (Auftragnehmern) erfolgt. Die Begriffe des Auftraggebers und -nehmers sind dabei weit zu fassen, da jeder Empfänger einer Leistung als Auftraggeber und jeder Erbringer als Auftragnehmer bezeichnet werden kann.

Auftraggeber-Auftragnehmer-Beziehungen lassen sich in vielen Bereichen des täglichen Lebens sowohl inner- als auch außerhalb von Unternehmungen lokalisieren.[3] Ein zentrales Merkmal solcher Beziehungen besteht darin, dass beide Parteien nicht den gemeinsamen, sondern jeweils ihren individuellen Nutzen zu maximieren suchen.[4] Der Unternehmensinha-

---

[1] Vgl. Picot/Dietl 1990, S. 181.

[2] Vgl. Epstein 1991, S. 127.

[3] Vgl. Ross 1973, S. 134.

[4] Vgl. Pratt/Zeckhauser 1991, S. 2f.

ber beispielsweise möchte den Wert seiner Firma maximieren und beauftragt Manager, die in seinem Auftrag die Leitung der Firma übernehmen. Da den Managern das Unternehmen nicht selbst gehört, sind sie jedoch weniger an der Steigerung des Firmenwertes als an der Maximierung ihrer eigenen Einkünfte interessiert. Ähnliche Interessensdivergenzen herrschen innerhalb der Unternehmenshierarchie, die zahlreiche Vorgesetzten-Mitarbeiter-Verhältnisse umfasst. Bei der Erledigung einer ihm delegierten Aufgabe wird ein Mitarbeiter im Rahmen der ihm verbliebenen Handlungsspielräume beispielsweise versuchen, seinen eigenen Arbeitsaufwand zu minimieren. Auch im Zusammenhang mit den Stakeholdern einer Organisation lassen sich Auftraggeber-Auftragnehmer-Beziehungen ausmachen, z. B. zwischen einem Unternehmen und seinen Rechtsbeiständen oder einem Outsourcing-Dienstleister. Wesentlich ist in jedem Fall, dass der Auftragnehmer bei der Leistungserbringung unter gegebenen Nebenbedingungen zwischen verschiedenen Handlungsalternativen wählen kann, die nicht nur das eigene Wohlergehen, sondern auch das des Auftraggebers beeinflussen.[1]

Schwierigkeiten entstehen durch die individuelle Nutzenmaximierung hingegen nur in Verbindung mit den annahmegemäß existierenden Informationsasymmetrien, einem zweiten zentralen Merkmal der Principal-Agent-Theorie. Dabei wird davon ausgegangen, dass der Auftragnehmer in der Regel einen Informationsvorsprung im Hinblick auf die ihm übertragene Aufgabe besitzt.[2] Die in einer sog. Agency-Beziehung infolge der existierenden Informationsdefizite auftretenden Verluste werden als Agency-Kosten bezeichnet. Sie konstituieren ein Leistungsdefizit, welches auf die Nichterfüllung der an den Auftragnehmer gestellten Anforderungen zurückzuführen ist, wenn dieser seinen Arbeitseinsatz aufgrund eines angenommenen opportunistischen Verhaltenspotentials auf das notwendige Minimum beschränkt. Agency-Kosten entstehen vor allem deshalb, weil es dem Auftraggeber nicht bzw. nur unter Hinnahme hoher Kosten möglich ist, die Leistungen des von ihm beauftragten Leistungserbringers zu spezifizieren, zu bewerten und zu kontrollieren.

Die möglichen Arten von Informationsasymmetrien in Auftraggeber-Auftragnehmer-Beziehungen und ihre Ursachen lassen sich in folgende vier Kategorien unterteilen.[3] Sie werden jeweils anhand einer auf einen IT-Sicherheitsverantwortlichen delegierten Aufgabe der Gewährleistung von Informationssicherheit illustriert.

(1) *Hidden action*: Der Auftraggeber kann zwar das Ergebnis, nicht jedoch die Anstrengung des Auftragnehmers bei der Leistungserbringung beurteilen. Anstrengungen stiften einerseits einen negativen Nutzen in Form von Arbeitsaufwand für den Auftrag-

---

[1] Vgl. Arrow 1991, S. 37.

[2] Vgl. Pratt/Zeckhauser 1991, S. 3. Begründen lässt sich dies beispielsweise über unterschiedliche Vorkenntnisse, ungleiche Fähigkeiten zur Verarbeitung und Interpretation von Informationen sowie verschieden gute Zugänge zu Informationsquellen.

[3] Vgl. Arrow 1991, S. 38 und Kahle 2002, S. 26.

nehmer, haben jedoch andererseits einen positiven Einfluss auf das Leistungsergebnis. Dieses hängt zudem von exogenen Umwelteinflüssen ab, die von beiden Parteien nicht beeinflusst werden können. Beispielsweise haben auch finanzielle oder zwischenmenschliche Probleme der Mitarbeiter, deren Ursachen außerhalb der Unternehmensgrenzen liegen, einen Einfluss auf den antizipierten Nutzen geschäftsschädigender Verhaltensweisen.

(2) *Hidden information*: Aufgrund fehlender Informationen kann der Leistungsempfänger die Qualität der erbrachten Leistung nicht beurteilen. Speziell bei der Delegation hoch spezialisierter Aufgaben ist es dem Auftraggeber nicht möglich festzustellen, ob der Auftragnehmer alle ihm zur Verfügung stehenden Informationen adäquat berücksichtigt hat. Beispielsweise ist ein mit EDV-Technologien nicht vertrauter Manager kaum in der Lage, Sicherheitsprobleme und mögliche Präventionsmaßnahmen, die ein IT-Mitarbeiter erarbeitet hat, zu beurteilen.[1] Keine Rolle spielt in diesem Kontext die Frage nach der Beobachtbarkeit einer Information. Eine Information zu erhalten impliziert nicht, deren Inhalt auch zu verstehen, denn das Verständnis setzt hierfür ein Erklärungsmodell zur Verarbeitung und Interpretation voraus.[2] Selbst wenn der Auftraggeber beispielsweise feststellen kann, dass eine neue Technologie zur Erkennung und Analyse von Netzwerkangriffen existiert, ist es ihm nicht möglich, den Wert dieser Information im Gesamtkontext zu beurteilen.

(3) *Hidden Intention*: Dem Auftraggeber sind die wahren Ziele und Motive des Auftragnehmers nicht bekannt. Ein Bewerber kann bewusst irreführende und falsche Absichten äußern, um einen Auftrag zu erhalten. Da Ziele und Motive von Dritten nur schwer beeinflusst werden können, besitzt der Auftragnehmer nach Abschluss eines Vertrages die Möglichkeit, seine wahren Intentionen in die Tat umzusetzen.

(4) *Hidden Characteristics*: Die zu erbringende Leistung verfügt über Eigenschaften, die vom Auftragnehmer nicht offen kommuniziert werden. Besitzt der IT-Sicherheitsverantwortliche beispielsweise Kenntnis von einer Sicherheitslücke, die sich mit ihm bekannten technischen Mitteln nicht oder nur mit einem ihm unangemessen erscheinenden Aufwand schließen lässt und verheimlicht er diese Schwachstelle seinen Vorgesetzten, können sich hieraus für andere Mitarbeiter des Unternehmens Gelegenheiten zum Missbrauch ergeben.

Die Qualität vieler Tätigkeiten, speziell die in Verbindung mit komplexen Informationssicherheitsproblemen zu bewältigenden Denkarbeiten, ist angesichts der aufgeführten Informationsasymmetrien nur schwer messbar. Hilfsvariablen zur Quantifizierung sind häufig wenig

---

[1] Vgl. Standage 2002, S. 5.
[2] Vgl. Minkler 1993, S. 570.

aussagekräftig, etwa bei Heranziehung des beobachtbaren zeitlichen Arbeitseinsatzes als Gradmesser für die Qualität der Arbeit. Zudem sind Hilfsvariablen nicht selten fehlerbehaftet, wenn eine Vielzahl an Störgrößen das Leistungsergebnis beeinflusst. Die Anzahl beobachteter Sicherheitsverletzungen ist beispielsweise zur Beurteilung der Sicherheit eines Gesamtsystems nur beschränkt aussagekräftig.

Jede Delegationsbeziehung erfordert Kontrollen, die der Überprüfung und dauerhaften Gewährleistung der vom Auftragnehmer erbrachten Leistungen dienen. Abhängig vom Ausmaß der Informationsasymmetrien verursachen Kontrollen unterschiedlich hohe Kosten beim Kontrollierenden. Negative Effekte entstehen jedoch auch dadurch, dass Kontrollmaßnahmen vom Kontrollierten als störend und vertrauensschädigend empfunden werden.[1] Zahlreiche gesetzliche, insbesondere datenschutzrechtliche Vorgaben beschränken das Ausmaß erlaubter Kontrollen.[2] Da Agency-Beziehungen einer Spezialisierung der Akteure und der von ihnen erbrachten Leistungen zuträglich sind, lässt sich eine Tendenz zur Kontrollumkehr feststellen.[3] Sie besagt, dass im Extremfall nicht mehr der Auftraggeber den Auftragnehmer, sondern, bedingt durch das aufgebaute Expertenwissen, der Auftragnehmer den Auftraggeber kontrolliert.

Meist wird vor der Erbringung einer Leistung zwischen den beteiligten Parteien ein Vertrag geschlossen, der die vom Auftragnehmer im festgelegten Zeitraum zu erbringende Leistung ebenso spezifiziert wie die Kontroll- und Sanktionsmöglichkeiten des Auftraggebers. Im Mittelpunkt einer normativen Principal-Agent-Theorie stehen die dabei verfügbaren Möglichkeiten zur Gestaltung von Verträgen und Anreizmechanismen im Sinne des Auftraggebers.[4] Ähnlich wie der Rational Choice Ansatz kann die Theorie allerdings auch deskriptiv zur Analyse des Interaktionsverhaltens der beteiligten Akteure eingesetzt werden. Eine weitere, in diesem Zusammenhang wichtige Eigenschaft der Auftraggeber-Auftragnehmer-Beziehung ist die geringere Risikobereitschaft des Auftragnehmers gegenüber dem Auftraggeber.[5] Ohne diese ungleich verteilte Risikofreude bestünde eine einfache Lösung für die infolge der Informationsasymmetrien auftretenden Leistungskontrollprobleme darin, das gesamte Risiko der Leistungserbringung auf den Auftragnehmer zu wälzen.[6] Im Fall des Unternehmensinhabers und dem mit der Firmenleitung beauftragten Manager kann eine solche Lösung beispielsweise durch eine vertragliche Regelung erreicht werden, die festschreibt, dass bis auf einen (perio-

---

[1] Vgl. Rotter 1980, S. 1 und Stanton/Stam 2003, S. 152-154.
[2] Siehe hierzu auch Kapitel 4.2.4.
[3] Vgl. White 1991, S. 204f.
[4] Vgl. Arrow 1991, S. 38. Von einer Reduktion der Agency-Kosten können beide Seiten profitieren, d. h. sowohl Auftraggeber als auch –nehmer, und zwar dann, wenn die Verbesserung vor dem Beginn der wechselseitigen Beziehung herbeigeführt wird; vgl. Holmström 1979, S. 75.
[5] Siehe hierzu auch Kapitel 6.1.1.
[6] Vgl. Holmström 1979, S. 76 und Arrow 1991, S. 45.

disch) an den Inhaber abzutretenden Fixbetrag die gesamte Differenz zwischen Einnahmen und Ausgaben dem Manager im Erfolgsfall gutgeschrieben und im Verlustfall belastet wird.

Die individuelle Nutzenmaximierung opportunistisch orientierter und risikoavers eingestellter Akteure sowie die hohe Komplexität der Unternehmenswelt und damit einhergehende Informationsasymmetrien erzeugen Reibungsverluste in einer Organisation. Verbunden mit einem hohen Spezifitätsgrad der übertragenen Aufgaben einerseits und einer beschränkten Rationalität der Arbeitnehmer andererseits, führt dies zu einem Zustand, der von Oliver Williamson in dessen Rahmenwerk ‚organisatorischen Versagens' als ‚information impactedness' (dt. ‚Informationsverkeilung') bezeichnet wird.[1] Wie in den folgenden Kapiteln gezeigt wird, eignet sich dieser im Rahmen der Principal-Agent-Theorie konstituierte Erklärungsansatz zur Verbindung der Makro- und Mikroebene innerhalb des Erklärungsmodells, da sich die spezifizierten Inputvariablen gleichsam über die Logik der Situation (auf der Makroebene) und über die Logik der Selektion (auf der Mikroebene) herleiten lassen.

6.2.4 Opportunismus und Spezifität

Der Principal-Agent-Theorie liegt die zentrale Verhaltensannahme zugrunde, dass Menschen stets danach streben, ihre eigenen Interessen gegebenenfalls auch zum Nachteil Dritter durchzusetzen. Das Konzept individueller Nutzenmaximierung des Rational Choice Ansatzes wird dabei durch den expliziten Hinweis auf das strategische Handeln jedes Individuums präzisiert, das gegen existierende soziale Normen verstoßen und die wahren Beweggründe eines Akteurs verschleiern kann.[2] Opportunistisches Verhalten eines Auftragnehmers äußert sich dabei entweder in einer selektiven oder verzerrten Darstellung von Informationen oder in wissentlich unwahren Angaben zum eigenen künftigen Verhalten, infolgedessen beim Auftraggeber ein Schaden entsteht. Es kann in allen Phasen einer Austauschbeziehung auftreten, während der Verhandlung des Vertrags, während der Erbringung der vertraglich fixierten Leistungen und auch während der Erneuerung des Vertrags. Diese Annahme opportunistischen Verhaltens erlangt im Zeitalter der industriewirtschaftlichen Modernisierung besondere Aktualität.[3] Sie erlangt erst in einem Kontext Bedeutung, in dem durch einen hohen Spezialisierungsgrad nur noch wenige Arbeitnehmer eine den Arbeitgeber interessierende Leistung anbieten können.[4] Stünde eine ausreichend große Anzahl gut qualifizierter unabhängiger Anbieter zur Verfügung, könnte der Arbeitgeber trotz des opportunistischen Verhaltenspotentials über die sich selbst regulierenden Kräfte des freien Wettbewerbs die Realisierung eines fairen Ergebnisses sicherstellen.

---

[1] Vgl. Williamson et al. 1975, S. 258-261.
[2] Vgl. Picot/Dietl 1990, S. 179 und Kahle 2002, S. 24.
[3] Siehe Kapitel 6.3.1.
[4] Vgl. Williamson et al. 1975, S. 259.

Ein hoher Spezifitätsgrad hingegen führt zu monopolartigen Verhältnissen, die durch sog. idiosynkratische, d. h. auf bestimmte Transaktionen spezialisierte Investitionen begünstigt werden.[1] Williamson unterscheidet vier Formen idiosynkratischer Investitionen,[2] von denen im Kontext der Informationssicherheit vor allem die Investition eines Unternehmens in sein Humankapital interessiert:[3] Im Vordergrund steht hierbei die Erkenntnis, dass sich jeder Mitarbeiter gegenüber seinem Vorgesetzten bzw. seinem Arbeitgeber im Vorteil befindet, da seine Tätigkeit spezifische Fähigkeiten und Kenntnisse voraussetzt und er diesbezüglich einzigartige Informationen besitzt. Aus diesen kann nur dann ein allgemeiner Nutzen realisiert werden, wenn auf ihnen basierende Entscheidungen dem Vorgesetzten überlassen oder zumindest in aktiver Kooperation mit ihm getroffen werden. Die Aufgabenerfüllung in der heutigen Arbeitswelt erfordert unbestritten zunehmend Expertenwissen und Spezialisierungen.[4] Sind bestimmte unternehmensrelevante Fähigkeiten und Kenntnisse jedoch nur bei einzelnen Personen vorhanden, ist eine Beurteilung und Kontrolle der Leistungen dieser Personen de facto nicht mehr möglich. Im Kontext von CROD resultiert hieraus in Verbindung mit einer opportunistischen Grundhaltung der betroffenen Personen die Gefahr, dass aufgrund des idiosynkratischen Wissens von Spezialisten, die mit der Gewährleistung von Informationssicherheit und der Prävention geschäftsschädigenden Verhaltens im Unternehmen betraut sind, relevante Schwachstellen trotz Kenntnis derselben nicht behoben werden, wenn der Aufwand hierfür hoch, die Gefahr einer Entdeckung der Nichtbehebung jedoch gering erscheint.

Das Wissen, das bereits vor Antritt einer Arbeitsstelle bzw. vor Vertragsabschluss vorhanden ist, wird in diesem Zusammenhang als ex ante Spezifität bezeichnet. Von größerer Bedeutung ist indes häufig die ex post Spezifität, die Fähigkeiten und Kenntnisse, die ein Mitarbeiter erst allmählich im Laufe eines Arbeitsverhältnisses durch häufig wiederkehrende Leistungsbeziehungen und in Form von erlebten Erfahrungen erlangt.[5] Die Erkennung von Systemfehlern, Manipulationen und technischer oder organisationsbedingter Schwachstellen setzt detaillierte Kenntnisse der unternehmens- und arbeitsplatzspezifischen Strukturen, Prozesse sowie der eingesetzten Arbeitsmittel voraus. Durch die Individualität von Unternehmensorganisationen und aufgrund des hohen Spezifitätsgrades der eingesetzten, üblicherweise heterogenen Systeminfrastruktur lassen sich die benötigten Kenntnisse nicht allein über ein theoretisches Studium oder eine oberflächliche Analyse, sondern ausschließlich über eine intensive und praxisnahe, arbeitsplatzbezogene Einarbeitung („on the job') erwerben. Je höher die Komplexität der Aufgabe, desto mehr Informationen müssen dabei zwischen den involvierten Entschei-

---

[1] Vgl. Picot/Dietl 1990, S. 179.

[2] Vgl. Williamson 1985, S. 95.

[3] Vgl. Williamson et al. 1975, S. 253-258.

[4] Vgl. Miethe/Rothschild 1994, S. 328.

[5] Vgl. Williamson 1985, S. 61-63.

dungsträgern ausgetauscht werden.[1] Mit dem Umfang und der Komplexität eines Systems steigt demnach die Gefahr, dass die mit der Herstellung von Informationssicherheit betrauten Akteure ihre Aufgabe nicht adäquat erfüllen.

6.2.5 Komplexität und beschränkte Rationalität

Das auf Auftraggeberseite gegenüber dem Auftragnehmer vorhandene Wissensdefizit resultiert aus der Komplexität der zu erfüllenden Aufgabe in Verbindung mit einer zweiten zentralen Verhaltensannahme, der beschränkten Rationalität. Komplexität beschreibt dabei die „Gesamtheit aller voneinander abhängigen Merkmale und Elemente, die in einem vielfältigen aber ganzheitlichen Beziehungsgefüge stehen."[2] Sie resultiert aus der Vielfalt der Verhaltensmöglichkeiten der Elemente und der Veränderlichkeit der Wirkungsverläufe. Komplexitätstreiber lassen sich sowohl außerhalb als auch innerhalb einer Unternehmung lokalisieren und in vier Gruppen einteilen:[3]

- (Externe) kundenbezogene Komplexitätstreiber: z. B. Anforderungsvielfalt, Sortimentsgröße, Lieferantenvielfalt, Länderspezifika

- (Interne) strukturelle Komplexitätstreiber: z. B. Funktionsorientierung, Vielzahl von Hierarchieebenen, Schnittstellendichte, Übermaß an Kontrollinstanzen etc.

- (Interne) individuelle Komplexitätstreiber: z. B. Machtstreben, Bereichsegoismen, Mangel an Sozial- und Fachkompetenz, Mangel an Motivation und Identifikation mit Unternehmenszielen

- (Interne) informations- und kommunikationsbezogene Komplexitätstreiber:[4] z. B. Funktionsvielfalt und Leistungsdichte der Systeme und Anwendungen, Vielzahl an Schnittstellen, Medienbrüche

Die Komplexität der letztgenannten Gruppe lässt sich an einer Reihe von Indikatoren festmachen. Insbesondere gehört hierzu die stetig ansteigende Leistungsdichte und Funktionsvielfalt von Prozessoren, Betriebssystemen und Anwendungsprogrammen.[5] Selbst einfachste Programme bestehen heute aus tausenden Zeilen Quellcode, deren Funktionen in Module eingebettet sind und über vordefinierte Schnittstellen miteinander kommunizieren.[6] Die Vielfalt an

---

[1] Vgl. Ciborra 1987, S. 20.

[2] Gabler 1997, S. 2177, Stichwort ‚Komplexität'.

[3] Vgl. Wildemann 1998, S. 48-52.

[4] Vgl. Schneier 2000, S. 354-361.

[5] Vgl. Spinellis 1999.

[6] Dieser Trend zu ständig ansteigender Quellcode-Größe lässt sich am Beispiel des Betriebssystems Windows nachvollziehen: Verfügte Windows 3.1 im Jahr 1990 noch über 3 Millionen Codezeilen, waren es bei Windows NT (1995) 4 Millionen und bei Windows 95 (1997) bereits 15 Millionen Zeilen. Ähnlich geht es weiter

Funktionen in modernen Anwendungsprogrammen führt nicht selten dazu, dass der Endanwender den Zusatznutzen neuer Auswahlmöglichkeiten und Optionen wegen des Verlustes an Übersichtlichkeit und Beherrschbarkeit in Frage stellt. Komplexitätsfördernd wirkt des Weiteren die Interkonnektivität vielseitig vernetzter und miteinander kommunizierender Systembausteine. Mit der Anzahl zu integrierender Subsysteme und applikationsübergreifender Programme steigt die Anzahl notwendiger Schnittstellen und damit die Komplexität eines IT-Systems überproportional an.[1] Medienbrüche schließlich führen in einem Informationsverarbeitungsprozess zu einem Wechsel des informationstragenden Mediums und erhöhen dadurch die Komplexität für die an der Verarbeitung der Informationen beteiligten Personen. Als Beispiel hierfür mag der Erhalt einer Bestellung per Fax, die Eingabe dieser Bestellung in das EDV-gestützte Warenwirtschaftssystem und der anschließende Ausdruck des Auftrags zur internen Weiterleitung an die betroffene Fachabteilung dienen. Die Mitarbeiter sind während der Informationsverarbeitung gezwungen, medienabhängige Such- und Arbeitsweisen zu ändern. Darüber hinaus stellen die Ein- und Ausgabeschnittstellen zwangsläufig Bruchstellen dar, die vielfältige unerwünschte Fehler- und Manipulationsmöglichkeiten mit sich bringen.

Zum Problem wird die Komplexität erst in Verbindung mit der beschränkten Rationalität menschlicher Informationsverarbeitung und Entscheidungsfindung.[2] Rational zu handeln gelingt einem Entscheider aufgrund seiner begrenzten kognitiven Fähigkeiten immer nur in begrenztem Maße.[3] Diese Einschränkung lässt sich zum einen auf neurophysiologische Grenzen, zum anderen auf kommunikative bzw. sprachliche Barrieren zurückführen. Erstere äußern sich in der Unfähigkeit, Informationen fehlerfrei zu empfangen, zu bewerten, zu speichern, abzurufen und zu verarbeiten. Von Bedeutung ist hierbei insbesondere der Zeitfaktor, da nicht ausreichend Zeit für die Berücksichtigung aller Inhalte einer Information zur Verfügung steht. Sprachliche Probleme wiederum offenbaren sich in dem Versagen, das assimilierte Wissen über das zur Verfügung stehende Vokabular, über Zahlen oder mittels grafischer Abbildungen klar und unmissverständlich an andere Menschen zu kommunizieren. Aus dieser kognitiven Beschränkung resultiert das Unvermögen, komplexe Situationen in ihren Interdependenzen und Kausalitäten vollständig zu erfassen. In der Folge können potentiell wichtige Fakten sowie alternative Prozesse und Verfahren nicht in das Entscheidungskalkül einfließen und im Ergebnis Entscheidungen resultieren, die suboptimal und mit Fehlern behaftet sind.

---

in den Folgejahren: Windows NT 4.0 (1998) 16 Millionen, Windows 98 (1999) 18 Millionen, Windows NT 5.0 (2000) 20 Millionen, Windows 2000 (2001) 35 Millionen und Windows XP (2002) 40 Millionen; vgl. McGraw 2003.

[1] Vgl. Frohmüller/Kiefer 1999, S. 834.

[2] Vgl. Williamson et al. 1975, S. 258.

[3] Vgl. Williamson 1985, S. 45f.

In unmittelbarer Konsequenz der zunehmenden Komplexität verfügen telematische Systeme vermehrt über nicht antizipierte und unerwünschte Eigenschaften, die in Verbindung mit der Organisationsstruktur zu Lücken in der Informationssicherheit führen und damit Gelegenheiten zum Missbrauch bieten.[1] Besonders negativ wirkt sich hierbei die stetig steigende Anzahl an Codezeilen von Softwareprogrammen in Verbindung mit einer ebenfalls ansteigenden Anzahl an Fehlern pro 1000 Zeilen Programmcode aus.[2] Einen deutlichen Hinweis, dass ITK-Systeme und die mit ihnen einhergehenden Sicherheitsprobleme von ihren Entwicklern und Bedienern nicht mehr in Gänze beherrscht werden, liefert die vom ‚Computer Emergency Response Team Coordination Center' (CERT/CC) der Carnegie Mellon University jährlich veröffentlichte Anzahl an bekannt gewordenen Sicherheitslücken in Softwareprodukten.[3]

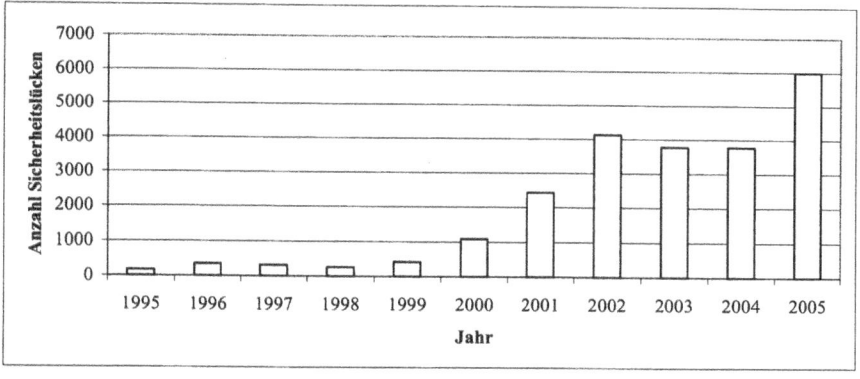

Quelle: CERT/CC 2006.

Abb. 6-3: Anzahl der dem CERT/CC jährlich gemeldeten softwarebezogenen Sicherheitslücken

Die zunehmende Komplexität informationsverarbeitender Systeme lässt sich nicht nur auf die an späterer Stelle[4] ausführlich erläuterten unternehmensexternen, sondern auch auf systemimmanente Faktoren zurückführen. Hervorzuheben ist die autokatalytische Wirkung der Komplexität, die aus nicht-optimalen Entscheidungen und aus einer situationsimmanenten Grundkomplexität resultiert und somit einen selbstverstärkenden Charakter hat.[5] Ihr wird typischerweise mit einem Mix aus organisatorischen und technischen Mitteln begegnet. Dabei besteht jedoch die Gefahr, dass die angestrebte Komplexitätsreduktion durch Komplexitäts-

---

[1] Vgl. Spinellis 1999, Schneier 2000, S. 6f. und S. 354f.

[2] Vgl. McGraw 2002, S. 231 und Alexander 2004.

[3] CERT/CC dient als zentrale Anlauf- und Sammelstelle für Sicherheitslücken, Sicherheitsvorfälle und Sicherheitslösungen.

[4] Siehe Kapitel 6.3.1 bis 6.3.3.

[5] Vgl. Frohmüller/Kiefer 1999, S. 833.

steigerungen in den sekundären Beherrschungsprozessen überkompensiert wird. Die Erweiterung bestehender Systemlandschaften beispielsweise erfordert die Beherrschung und Koordination nicht nur der existierenden, sondern auch der neu eingeführten Teilsysteme sowie deren Schnittstellen.[1] Nicht zuletzt besteht ab einem bestimmten Komplexitätsgrad die Gefahr, dass die Behebung von Fehlern und Systemschwachstellen lediglich zu neuen, nicht sofort ersichtlichen Sicherheitslücken führt,[2] insbesondere wenn mit sog. Patches[3] oder Hotfixes[4] lediglich oberflächlich Lücken geschlossen, nicht jedoch die tatsächlichen Ursachen von Sicherheitsproblemen behoben werden.[5]

6.2.6 Informationsverkeilung

Erst das gemeinsame Auftreten der beiden Umweltfaktoren ‚Komplexität' und ‚Spezifität' auf der einen und der beiden Humanfaktoren ‚beschränkte Rationalität' und ‚Opportunismus' auf der anderen Seite führt in der Summe zu einem Versagen der Koordinationsmechanismen in einer Organisation.[6] Der Mechanismus wird im Folgenden beschrieben.

Die Notwendigkeit des Einsatzes von Spezialisten, die dedizierte und hoch-spezifische Aufgaben übernehmen, ergibt sich im Bereich der Informationssicherheit zwangsläufig aufgrund der Komplexität der Aufgabenstellung und der beschränkten Rationalität der Akteure, denen es angesichts existierender kognitiver Beschränkungen nicht möglich ist, alle relevanten Informationen adäquat zu verarbeiten und optimale Entscheidungen zu treffen. Hinzu kommt, dass die vom Unternehmensinhaber mit der Prävention von computerbezogenem unternehmensschädigendem Mitarbeiterverhalten betrauten Experten wenig Anreize besitzen, diese Aufgabe tatsächlich im Sinne ihres Auftraggebers zu erfüllen, weil die Kosten ihres Versagens nicht bei ihnen selbst, sondern beim Auftraggeber anfallen.[7] Dieser wiederum ist aufgrund unzureichender Kenntnisse sowie einer asymmetrischen Informationsverteilung und der damit einhergehenden mangelhaften Kontrollmöglichkeiten nicht in der Lage, auf die Arbeitsleistungen seiner Mitarbeiter adäquat Einfluss zu nehmen. So führt ein möglicherweise

---

[1] Vgl. Frohmüller/Kiefer 1999, S. 834.

[2] Vgl. Geer et al. 2003, S. 15.

[3] Ein Patch ist ein ausführbares Programm, das Fehler in Anwendungsprogrammen oder Betriebssystemen behebt, indem eine oder mehrere Dateien mit einer neuen Version ersetzt werden.

[4] Ein Hotfix bezeichnet eine Programmaktualisierung geringen Umfangs, die kurzfristig bereitgestellt wird, um ein gravierendes (Sicherheits-)Problem zu beheben. Im Gegensatz zu Patches werden Hotfixes aufgrund ihrer Dringlichkeit vom Hersteller nicht immer vollständig durchgetestet, so dass ihre Installation nicht nur Risiken beseitigt, sondern auch neue mit sich bringt.

[5] Vgl. McGraw 2002, S. 229.

[6] Vgl. Williamson et al. 1975, S. 259f.

[7] Vgl. Standage 2002, S. 15.

vorhandenes opportunistisches Verhaltenspotential dazu, dass beispielsweise notwendige Prozessverbesserungen nicht initiiert oder bekannte Sicherheitslücken nicht geschlossen werden.

Wie Abbildung 6-4 verdeutlicht, resultiert aus dem Zusammenwirken der vier Faktoren ein Zustand, der von Williamson et al. als Informationsverkeilung bezeichnet wurde. Besondere Relevanz erhält der Ansatz, wie in den Kapiteln 6.2.4 und 6.2.5 dargelegt, im Kontext telematischer Systeme: Die Informationsverkeilung verschlechtert aufgrund zunehmend komplexer werdender IT-Infrastrukturen und einem damit einhergehenden, steigenden Spezifitätsgrad nachgefragter Arbeitsleistungen sowie aufgrund des opportunistischen Verhaltens der beauftragten IT-Spezialisten die Informationssicherheit des Unternehmens. In der logischen Konsequenz ergeben sich Gelegenheiten zum Missbrauch, zur rechtswidrigen Zueignung und zur Schädigung von Informationen und informationsverarbeitenden Systemen.

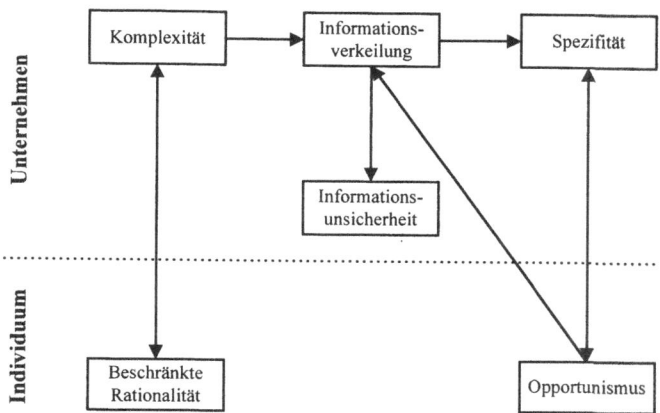

In Anlehnung an: Williamson et al. 1975, S. 260.

Abb. 6-4: Informationsunsicherheit als Folge organisatorischen Versagens

Steigende Transaktionskosten äußern sich somit im Bereich von CROD in Form höherer Wahrscheinlichkeiten für unternehmensschädigende Verhaltensweisen bedingt durch entsprechend attraktivere (Missbrauchs-) Gelegenheiten.[1] Angesiedelt auf der Mesoebene der Unternehmensorganisation leistet der Erklärungsansatz innerhalb des zu konstruierenden Erklärungsmodells dieser Arbeit die Verbindung von Mikro- und Makroebene. Die wesentlichen Eckpfeiler bilden einerseits die über die zugrunde gelegte Handlungstheorie bzw. Selektionslogik erklärbaren Humanfaktoren und andererseits die über die Situationslogik hergeleiteten Umweltfaktoren.

---

[1] Blinkert (1988, S. 397) sieht die zunehmende Kriminalitätsbelastung analog als Folgekosten der wachsenden industriellen Modernisierung.

6.3 Gesamtgesellschaftliche Rahmenbedingungen (Makroebene)

Auf der Makroebene konstituieren Prozesse der Individualisierung und Rationalisierung, der zunehmende Markt- und Wettbewerbsdruck sowie die Technologisierung unserer Gesellschaft den Handlungskontext, in dem Organisationen und Menschen agieren. Diese Entwicklungen stellen wichtige Umweltfaktoren dar, welche die Rahmenbedingungen sowohl unternehmerischen als auch individuellen Handelns wesentlich beeinflussen, und erhöhen nicht nur die unternehmensinterne Komplexität telematischer Systeme, sondern erklären auch die hohe Spezifität der organisationsintern benötigten Kenntnisse und Fähigkeiten der Arbeitnehmer. Gleichzeitig gewinnt die dieser Arbeit auf der Mikroebene zugrunde gelegte Handlungstheorie an Erklärungsgehalt, da die Prämissen des Rational Choice Ansatzes in der Realität immer besser erfüllt werden. In einer von instrumentellen und ökonomischen Logiken geprägten Industriegesellschaft, in der traditionelle Bezüge und Wertvorstellungen zunehmend an Bedeutung verlieren, lässt sich sowohl konformes als auch abweichendes Verhalten einleuchtend als Ergebnis eines utilitaristisch-rationalistischen Entscheidungskalküls interpretieren.

6.3.1 Individualisierung und Rationalisierung

Untrennbar verbunden mit der Modernisierung und Industrialisierung unserer Gesellschaft sind Prozesse der Individualisierung und Rationalisierung. Beide Prozesse konstituieren einen Trend zur Ökonomisierung westlicher Gesellschaften, in der ein Streben nach Effizienz, Wirtschaftlichkeit, Optimierung und Maximierung in allen Lebenssphären zentrale Eckpfeiler darstellen. Individualisierung bedeutet in diesem Zusammenhang die Herauslösung des Individuums aus der Bindung von Traditionen und Institutionen der sozialen und natürlichen Umwelt, während die Rationalisierung die zunehmende Bedeutung zweckrational-abwägender, utilitaristischer Haltungen meint.[1]

Ausgehend von einer instrumentellen und ökonomischen Logik lässt sich in unserer modernen Industriegesellschaft ein Verlust traditioneller Sozialität feststellen.[2] Kollektive Bezugspunkte und identifizierbare Klassenstrukturen verlieren ebenso an Bedeutung wie vorfixierte und gesellschaftlich determinierte Haltungen. Zurückführen lässt sich dieser Individualisierungsprozess auf eine Vielzahl von Faktoren[3], zu denen beispielsweise verbesserte Bildungsmöglichkeiten und -chancen gehören. Diese haben nicht nur eine Herauslösung aus überkommenen Denkmustern, sondern auch Selbstfindungs- und Reflexionsprozesse sowie eine damit einhergehende individuelle Aufstiegsorientierung zur Folge. Eine Ausweitung von Konkurrenzbeziehungen führt des Weiteren dazu, dass individuelle Zwänge zur Abschottung

---

[1] Vgl. Blinkert 1988, S. 402.

[2] Vgl. Sack 1995, S. 452f.

[3] Vgl. Beck 1983, S. 38-40 und S. 45-47 sowie Dubiel 1986, S. 275f.

nicht nur früher, sondern auch in einer größeren Anzahl sozialer Beziehungen erfahren werden. Darüber hinaus bedingt eine neu gewonnene gleichermaßen soziale wie geographische Mobilität, dass Individuen schneller und flexibler ihre vertrauten, sozialen Beziehungsmuster auflösen und durch neue Formen des Zusammenlebens ersetzen. Diese und weitere Faktoren haben zur Folge, dass „Menschen in einem historischen Kontinuitätsbruch aus traditionellen Bindungen und Versorgungsbezügen herausgelöst und auf sich selbst und ihr individuelles ‚(Arbeitsmarkt-)Schicksal' mit allen Risiken, Chancen und Widersprüchen verwiesen wurden und werden".[1]

Die neu gewonnene Individualität und Flexibilität konfrontiert den Menschen mit einer wachsenden Auswahl an Handlungsalternativen. Dem Zugewinn persönlicher Freiheiten und Entscheidungsmöglichkeiten steht dabei der Verlust sozial-moralischer Bezüge und Bindungen gegenüber. In Ermangelung alternativer Handlungsgrundsätze und -leitlinien werden die eigenen Bedürfnisse und individuellen Wünsche zunehmend zum zentralen Kriterium der Entscheidungsfindung.[2] Die geringe soziale Verankerung fördert dabei ein opportunistisches Verhaltenspotential, da die in der Ökonomie als externe Kosten bezeichneten negativen Auswirkungen eigener Handlungen auf die soziale Umwelt kaum noch von Bedeutung sind.[3] Die subjektiv wahrgenommen Handlungsoptionen werden lediglich zweckrational unter Kosten-Nutzen-Aspekten bei gleichzeitiger Berücksichtigung von Erfolgs- und Misserfolgswahrscheinlichkeiten gegeneinander abgewogen, um den individuellen Nutzen zu maximieren.

Rationalistische Modelle eignen sich vor diesem Hintergrund immer besser zur Rekonstruktion menschlichen Verhaltens, da sich die sozial gelebte Realität den Prämissen dieser Modelle immer weiter annähert. Analog konstatiert Fritz Sack in den USA die sich durchsetzende gesellschaftliche Hegemonie eines ökonomischen Modells, dessen kriminalpolitischer Ausläufer sich nun auch, nach einer „gewissen zeitlichen Verzögerung" in Europa ausbreitet.[4] Die Grundausrichtung dieses Modells zielt im Sinne einer generalpräventiven Abschreckung darauf ab, die Kosten-Nutzen-Relation einer potentiellen Straftat so zu beeinflussen, dass die antizipierten Kosten den erhofften Nutzen übersteigen und in logischer Konsequenz von der Ausübung des Verbrechens abgesehen wird. Das diesen Gedanken zugrunde liegende Gesellschaftsmodell erhebt die individuelle Leistungsfähigkeit und persönliche Verantwortung zur zentralen Leitidee. Eine rein utilitaristisch-kalkulative Perspektive des Individuums hat dabei zur Folge, dass die Wahl zwischen Konformität und Abweichung zur bloßen Konsequenz einer Risiko-Nutzen-Kalkulation wird, bei der die zur Verfügung stehenden konformen und nicht-konformen Alternativen völlig wertneutral miteinander verglichen werden. Soziale

---

[1] Beck 1983, S. 41.

[2] Vgl. Bell 1973, S. 12.

[3] Vgl. Blinkert 1988, S. 403.

[4] Sack 1995, S. 433.

Normen besitzen keine richtungweisende Funktion mehr, sondern haben eher die Bedeutung von Alternativen, über deren Befolgung oder Missachtung im Rahmen von reinen Opportunitätserwägungen entschieden wird.[1]

6.3.2 Markt- und Wettbewerbsdruck

Unternehmen sehen sich heutzutage einem steigenden Markt- und Wettbewerbsdruck ausgesetzt, der sich seit dem Wandel von Verkäufer- zu Käufermärkten Anfang der sechziger Jahre zusehends verschärft.[2] Da auf den Verkäufermärkten ein Nachfrageüberhang herrschte, bestanden die traditionellen unternehmerischen Ziele vor allem in einer hohen Produktivität und Wirtschaftlichkeit, wobei es möglichst große Mengen zu möglichst günstigen Kosten zu produzieren galt. Diese Situation erfuhr durch den Marktwandel eine grundlegende Veränderung mit der Folge, dass neue strategische Erfolgsfaktoren hinzukamen. Aufgrund von Marktsättigung, Globalisierung und einer tief greifenden Veränderung des Käuferverhaltens wird das Marktverhalten auf Käufermärkten nicht mehr vom produzierenden Unternehmen mit seinem auf den Massenmarkt ausgerichteten Angebot beherrscht, sondern vom kritischen Kunden mit seinen ‚individualisierten' und spezifischen Wünschen. Verstärkt wird dieser Trend durch die Ausbreitung des Internet und der damit einhergehenden Entstehung neuer Handels-, Vertriebs- und Kooperationsformen. Heterogene Kundenanforderungen und der steigende Wettbewerbsdruck zwingen Unternehmen in der Folge dazu, individuell auf Kundenwünsche einzugehen. Diese Individualisierung der Nachfrage erfordert auf Unternehmensseite eine erhöhte Flexibilität und führt neben einer Segmentierung des Angebots in der Praxis auch zu einer deutlichen Steigerung der Produkt- und Variantenvielfalt.[3]

Der gestiegene Markt- und Wettbewerbsdruck ist ein wesentlicher Triebfaktor organisationsinterner Komplexität, da mit steigender Flexibilität und Variantenanzahl die Anforderungen an die Fertigungssysteme und den Verwaltungsapparat stark zunehmen.[4] Betroffen sind insbesondere unterstützende und gleichzeitig hoch integrative Systeme wie die elektronische Datenverarbeitung.[5] Entlang der Prozesskette resultieren durch umfangreiche Produktionsprogramme mit einer hohen Variantenvielfalt weitere komplexitätsfördernde Einheiten, die es organisatorisch und funktional abzugrenzen und über definierte Schnittstellen in die Gesamtorganisation zu integrieren gilt. Moderne und innovative Informations- und Kommunikationstechnologien versprechen in diesem Zusammenhang nicht nur die Erschließung von Rationalisierungspotentialen. Sie bieten darüber hinaus die Möglichkeit, Wettbewerbsvorteile zu er-

---

[1] Vgl. Beck 1983, S. 59 und Blinkert 1988, S. 406.

[2] Vgl. Dichtl 1994, S. 1f. und Adam/Johannwille 1998, S. 5f.

[3] Vgl. Eversheim et al. 1998, S. 30.

[4] Vgl. Adam/Johannwille 1998, S. 6-9.

[5] Vgl. Frohmüller/Kiefer 1999, S. 833.

langen und die Flexibilität sowie Reaktionsgeschwindigkeit der Unternehmung zu erhöhen und zwingen Unternehmen damit zu einer intensiven Auseinandersetzung mit der EDV.

Nicht Kontinuität, sondern der mit einer stetigen Veränderung von Funktionen, Systemen und organisatorischen Einheiten verbundene ständige Wandel ist elementares Kennzeichen heutiger Gesellschaften und moderner Unternehmen. Auffallend ist dabei nicht nur der Wandel an sich, sondern die sich beschleunigende Dynamik des Wandels, die sich vielerorts in Form von Verdopplungen oder exponentieller Kurven bemerkbar macht.[1] Probleme entstehen hierbei dadurch, dass sowohl innovative Systeme als auch die Einbindung neuer Funktionalitäten im Zuge der zunehmenden Technologisierung untrennbar mit einer Tendenz zur Komplexitätssteigerung verbunden sind.

6.3.3 Technologisierung

Technologisierung meint ein soziologisches Phänomen, das nicht nur innerhalb von Unternehmen, sondern gesamtgesellschaftlich die zunehmende Durchdringung aller Lebenssphären mit Informations- und Kommunikationstechnologien umfasst. Diese Entwicklung lässt sich sowohl quantitativ als auch qualitativ untermauern. So haben sich beispielsweise die Pro-Kopf-Ausgaben für Informations- und Kommunikationstechnologien in Deutschland seit 1991 von 716 auf 1568 Euro im Jahr 2004 mehr als verdoppelt.[2] Auch im Verhältnis zum Bruttoinlandsprodukt (BIP) lässt sich für diese Ausgaben seit 1991 eine deutliche Erhöhung verzeichnen, wie die nachfolgende Abbildung zeigt:

---

[1] Vgl. Bell 1973, S. 188-195 und EITO 2004, S. 148. Im Bereich der Informations- und Kommunikationstechnologie verweist ‚Moore's Law' beispielsweise darauf, dass sich Anzahl der Transistoren integrierter Schaltkreise bei gleich bleibender Chipfläche und damit die Rechenleistung von Mikroprozessoren etwa alle 18 Monate verdoppelt. Diese Entwicklung hält seit 1959 bislang ungebrochen an; vgl. Coyle/Quah 2002, S. 10 und EITO 2004, S. 92f.

[2] Die Pro-Kopf-Ausgaben bezeichnen den Quotienten aus den jährlichen Ausgaben für Informations- und Kommunikationstechnologien und der Anzahl der Einwohner in Deutschland im entsprechenden Jahr. Die Zahlen sind Berichten des European Information Technology Observatory und dem Statistischen Jahrbuch 2003 der Bundesrepublik Deutschland entnommen; vgl. EITO 1994, S. 291, EITO 2004, S. 276, Statistisches Bundesamt 2003, S. 44 und Statistisches Bundesamt 2004b.

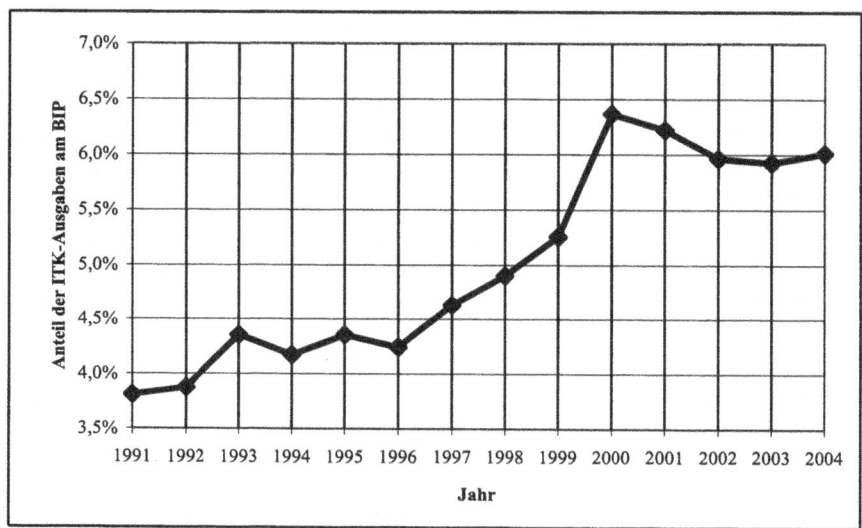

Abb. 6-5: Entwicklung der ITK-Ausgaben im Verhältnis zum Bruttoinlandsprodukt in Deutschland[1]

Auch verschiedene qualitative Indikatoren weisen auf die zunehmende Technologisierung hin.[2] Die zunehmend ubiquitäre Nutzung des Internet für die unterschiedlichsten Zwecke im Berufs- und Privatleben sowie ein allgemein zu beobachtender Trend zur Öffnung von Datennetzen und zur Verbindung von EDV-Systemen über räumliche Distanzen sind Beispiele hierfür.[3] Dabei bringt der technische Fortschritt neben den erwünschten positiven Effekten einer weltweiten Vernetzung auch viele nicht intendierte und häufig unbemerkte negative Nebenwirkungen mit sich.[4] Die vermehrte Öffnung von Systemen nach außen sowohl für eigene Mitarbeiter als auch für Lieferanten, Kunden und sonstige Anspruchsgruppen führt zu einer steigenden Durchlässigkeit von Unternehmen.[5]

Die zunehmende Digitalisierung ehemals analog verarbeiteter Daten stellt einen weiteren qualitativen Indikator für die wachsende Bedeutung der IT dar. Schrift- und Musikstücke, Bilder

---

[1] Die Investitionen in Informations- und Kommunikationstechnologien wurden folgenden Quellen entnommen: EITO 1994, S. 291 (Jahr 1991 und 1992), EITO 1996, S. 292 (Jahr 1993), EITO 1998, S. 333 (Jahr 1994 und 1995), EITO 1999, S. 357 (Jahr 1996), EITO 2000, S. 390 (Jahre 1997-1999), EITO 2003, S. 358 (Jahr 2000) und EITO 2004, S. 276 (Jahre 2001-2004). Das Bruttoinlandsprodukt wurde dem Statistischen Jahrbuch 2003 der Bundesrepublik Deutschland entnommen; vgl. Statistisches Bundesamt 2003, S. 657 (Jahre 1991-2002) und Statistisches Bundesamt 2004, S. 4 (Jahr 2003). Für das Jahr 2004 wurde ein Wachstum von 1% gegenüber 2003 unterstellt.

[2] Vgl. Brönnimann 1995, S. 33-37.

[3] Vgl. Standage 2002, S. 4, EITO 2003, S. 404 und EITO 2004, S. 321.

[4] Vgl. Bell 1973, S. 26f. und Schneier 2000, S. 354.

[5] Vgl. Standage 2002, S. 16f.

und Filme werden heute standardmäßig digital gespeichert und bearbeitet. Problematisch ist in diesem Zusammenhang weniger der ständig wachsende Speicherbedarf als vielmehr der Trend zur dezentralen, verteilten und zwangsläufig redundanten Datenhaltung.[1] Der Schutz von Daten, die gleichzeitig an mehreren Stellen zugreifbar sind, ist mit einem deutlich höheren Aufwand verbunden als die Sicherung einer einzigen zentralen Datenbasis.[2]

Voraussetzungen für die Technologisierung der Gesellschaft sind neben der steigenden Leistungsfähigkeit elektronischer Geräte, deren ständig sinkende Preise und die zunehmende Miniaturisierung. Die dezentrale und mobile Nutzung wird durch immer kleiner und effizienter gebaute, aufgabenspezifische Geräte vereinfacht,[3] die es in die IT-Infrastruktur einzubetten gilt. Gleichzeitig ist ein allgemeiner Trend zur Multifunktionalität zu verzeichnen, d. h. die zunehmende Integration verschiedenster Funktionen in ein einziges Gerät. Beispielsweise erlauben Multifunktionsdrucker das Scannen, Faxen, Kopieren und Ausdrucken von Dokumenten. Notebooks bieten digitalen Fernsehempfang, mobile Telefone werden zu tragbaren digitalen Assistenten bzw. miniaturisierten Computern, die zugleich Textverarbeitung, Tabellenkalkulation, E-Mail-Kommunikation, Fotografieren und das Surfen im WWW ermöglichen.

Die Technologisierung erhöht den Spezifitätsgrad von Leistungsbeziehungen, da die Bewertung, Implementation, Wartung und nicht zuletzt die Absicherung technischer Systeme hochspezifische Kenntnisse und Fertigkeiten voraussetzen. Ebenso geht die Technologisierung durch den evolutionären Charakter und das damit verbundene Heranwachsen heterogener Landschaften, in denen Systeme unterschiedlichster Art über Schnittstellen miteinander verbunden werden müssen, mit einer erhöhten Komplexität einher.[4] Erschwerend kommt die kurze Innovationsdauer heutiger IT-Systeme hinzu. „Sie wirklich sicher zu machen, dauert häufig länger als die Entwicklung der IT-Nachfolgegeneration selbst, so dass der erstrebte Sicherheitsstandard nie erreicht wird."[5]

---

[1] Vgl. Hancock 1999, S. 654 und Gammel 2004.

[2] Vgl. Heuer 2000, S. 91.

[3] Vgl. Ferscha 2004, S. 29.

[4] Vgl. Frohmüller/Kiefer 1999, S. 834.

[5] Hutter 2002, S. 33.

6.4 Das Gesamtmodell im Überblick

Die nachfolgende Abbildung fasst die Erkenntnisse der vorangegangenen Kapitel zusammen und skizziert die wesentlichen Elemente und Faktoren des konstruierten Erklärungsmodells. Was auf der Mesoebene als CROD bezeichnet wurde und auf der Makroebene abhängig von der eingenommenen Perspektive entweder als Computerkriminalität oder als Wirtschaftskriminalität wahrgenommen wird, lässt sich innerhalb des Modells über die Aggregations- und die Selektionslogik, über die Informationsverkeilung infolge von Transaktionsproblemen auf der Mesoebene und über die Situationslogik ganzheitlich verstehen.

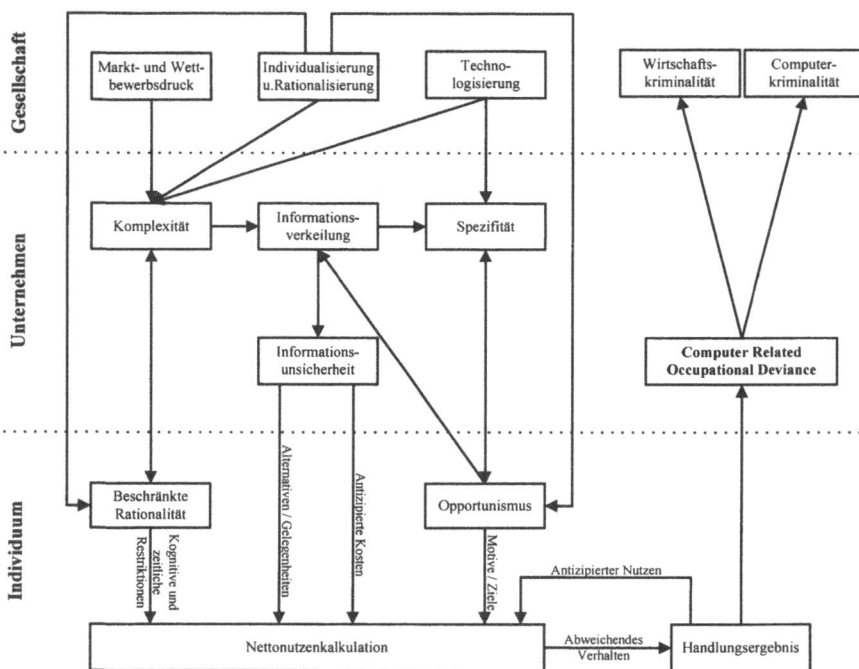

Abb. 6-6: Mehr-Ebenen-Modell zur Erklärung von CROD

7 Prävention

Das in den vorangegangenen Kapiteln entwickelte Erklärungsmodell bildet den Ausgangspunkt für eine theoriegestützte Ableitung von Präventionsmaßnahmen, die entgegen der sonst vorherrschenden Praxis, technische Maßnahmen in den Mittelpunkt zu stellen, die systematische Beeinflussung der auf der Meso- und Mikroebene wirkenden Faktoren zur Prävention computerbezogener geschäftsschädigender Verhaltensweisen von Unternehmensmitarbeitern bezweckt. Zunächst erfolgt eine Darstellung der Problematik staatlicher Präventionsbemühungen, die aus Sicht eines Unternehmens zur Herbeiführung von Verhaltenskonformität der Mitarbeiter alleine nicht ausreichen (Kapitel 7.1). Anschließend werden zwei grundsätzliche Ansatzpunkte zur Anhebung des informationstechnischen Sicherheitsniveaus in einer Unternehmung und zur Vermeidung von CROD geschildert. Der erste Ansatz beschreibt strukturierte Methoden zur Suche, Bewertung und zielgerichteten Behebung von Schwachstellen der Informationssicherheit (Kapitel 7.2) und enthält einen Vorschlag für ein speziell auf den Bereich von CROD abgestimmtes Analyseverfahren. Der zweite Ansatz sieht weitestgehend ohne vorausgehende Analysephase die Implementierung sog. Grundschutzmaßnahmen vor (Kapitel 0).

Ausgehend von den Erkenntnissen des entwickelten Erklärungsmodells werden danach Maßnahmen zur Reduktion des Risikos unternehmensschädigenden Verhaltens eigener Mitarbeiter im informationstechnischen Umfeld vorgeschlagen (Kapitel 7.4-7.6). Die spezifizierten Maßnahmen sind als heuristische, aus Unternehmenssicht zu beachtende Handlungsgrundsätze zu verstehen, welche die in Kapitel 0 angesprochenen Referenzwerke ergänzen. Sie erheben keinen Anspruch auf Vollständigkeit, sondern befassen sich mit den wichtigsten Aspekten der Informationssicherheit, die einen Bezug zum Schutz von CROD aufweisen. Methodische Grundlage der vorgeschlagenen Maßnahmen bilden unter anderem die Organisationstheorie, die Entscheidungstheorie und die Spieltheorie.[1] Den Anforderungen des Grundschutzes entsprechend wird auf aufwändige Analysen zur Bewertung von Schwachstellen und Risiken verzichtet. Stattdessen zielen die aufgeführten Maßnahmen, denen das einfache strategische Denkmuster ‚vorwärts denken, rückwärts argumentieren' zugrunde liegt, darauf ab, das Ergebnis eines Auswahlprozesses schon vor der Entscheidung zu determinieren.[2]

---

[1] Die Spieltheorie befasst sich schwerpunktmäßig mit der Untersuchung rationalen Entscheidungsverhaltens in sozialen Konfliktsituationen, in denen sich die Handlungen der Akteure gegenseitig beeinflussen; vgl. Güth 1997.

[2] Vgl. Dixit/Nalebuff 1991, S. 34 und S. 48.

7.1 Notwendigkeit aus Unternehmenssicht

Während die Kriminalitätskontrolle sämtliche gesellschaftlichen Einrichtungen, Strategien und Sanktionen zur Herbeiführung von Verhaltenskonformität umfasst, wird mit dem Begriff der Verbrechensvorbeugung unterhalb des Dachs der Kriminalitätskontrolle schwerpunktmäßig auf die dem Tatgeschehen vorgelagerten prophylaktischen Maßnahmen hingewiesen.[1] Bedingt durch den vorgezeichneten Rahmen des Strafrechts und der strafrechtlichen Nebengesetze setzen die Träger gesamtgesellschaftlicher Verbrechenskontrolle andere Schwerpunkte als die auf der Mesoebene angesiedelten sozialen Gebilde. Auch die dem Staat verfügbaren Mittel und Werkzeuge zur Verbrechensbekämpfung sind mit denjenigen des Unternehmens wenig kongruent. Nur dem Staat stehen repressive Instrumente wie Freiheitsentzug oder bestrafende Überwachungsmethoden zur Verfügung. Ein Repertoire präventiver Maßnahmen ist jedoch beiden Institutionen zugänglich. Innerhalb des gesetzlich vorstrukturierten Handlungsrahmens können Unternehmen ihre eigenen, typischerweise von betriebswirtschaftlichen Prinzipien der Risikominimierung und der Profitmaximierung geleiteten Normen und Regeln definieren. Verschiedene Faktoren zeigen in diesem Zusammenhang auf, wo die staatlich initiierten Maßnahmen zur Verbrechensbekämpfung an ihre Grenzen stoßen und begründen damit aus der Perspektive von Wirtschaftsunternehmen die Notwendigkeit, selbst Präventionsmaßnahmen zu ergreifen und Investitionen in die Informationssicherheit zu tätigen.

7.1.1 Gesellschaftliche Träger der Verbrechenskontrolle

Prävention und Sanktionierung von Straftaten können grundsätzlich sowohl auf der Makro- als auch auf der Mesoebene stattfinden: Auf der gesamtgesellschaftlichen Makroebene stellen Gesetzgeber, Öffentlichkeit, Polizei, Strafrechtspflege, Strafvollzug und Bewährungshilfe wesentliche Träger der Verbrechenskontrolle und -vorbeugung dar.[2] Der Gesetzgeber definiert über das Strafrecht und die strafrechtlichen Nebengesetze mehr oder weniger eindeutig, was als gesellschaftsschädigend einzustufen und damit als kriminell im strafrechtlichen Sinne zu verstehen ist. Der strafrechtliche Verbrechensbegriff stellt eine zentrale Determinante der staatlich ausgeübten Kriminalpolitik dar, da er den Aktionsradius der angeschlossenen Organe festlegt.[3]

Auf der Mesoebene wiederum üben unterschiedliche soziale Institutionen einen Einfluss auf die Entstehung devianten Verhaltens aus. In der Familie, in Religionsgemeinschaften, in Vereinen und Verbänden werden über die Erziehung, über das gelebte Glaubensverständnis, über Regularien und Satzungen sowie über die sichtbaren Handlungen der Mitglieder Normen und

---

[1] Vgl. Kaiser 1993c, S. 571.

[2] Vgl. Kaiser 1993c, S. 571.

[3] Vgl. Kaiser 1993b, S. 282.

Wertvorstellungen vermittelt sowie erwünschte bzw. unerwünschte Verhaltensweisen gefördert bzw. sanktioniert. Auch Unternehmen, in denen Berufstätige einen Großteil ihrer Zeit verbringen, nehmen in diesem Zusammenhang eine wichtige Funktion ein. Sie bilden Sozialisationsherde, die im Rahmen der gesetzlich vorstrukturierten Möglichkeiten für sich festlegen, welche Verhaltensweisen eigener Mitarbeiter gefördert oder sanktioniert und welche Risiken akzeptiert oder vermieden werden sollen. Über mannigfaltige technische, organisatorische und personelle Maßnahmen üben sie selbst einen wesentlichen Einfluss auf Art und Ausmaß des Auftretens von Normverstößen innerhalb und außerhalb der Organisationsgrenzen aus.

7.1.2 Arten der Verbrechensbekämpfung

Zentrale Bestandteile einer auf gesamtgesellschaftlicher Ebene betriebenen staatlichen Kriminalpolitik sind zum einen die innerhalb der Grenzen des Strafrechts stattfindende Repression und zum anderen die außerstrafrechtliche Prävention.[1] Im Rahmen der Kriminalpolitik ist dabei über den Verbrechensbegriff festgelegt, wann eine staatliche Reaktion zu erfolgen hat, und über das Sanktionsrecht determiniert, welche konkreten Maßnahmen den Strafverfolgungsinstanzen zur Verfügung stehen. Mögliche Sanktionen sind beispielsweise Freiheitsentzug, Geldbuße, Entmündigung, bestrafende Überwachung, Beschlagnahmung von Gegenständen oder ‚stigmatisierendes Beschämen'. Letzteres meint die negative Etikettierung einer Person mit dem Ziel, ein Exempel zu statuieren, welches als abschreckendes Beispiel für Dritte dient.[2] Gesellschaftliche Maßnahmen zur Verbrechensbekämpfung werden in der Literatur häufig in drei Kategorien eingeteilt.[3] Die primäre Prävention umfasst alle Vorbeugungsstrategien, die über die Beseitigung sozialer Mängellagen mittels entsprechender Familien-, Sozial-, Medien- und Wirtschaftspolitik das Ziel verfolgen, die sozialen Ursachen der Kriminalität zu beseitigen. Die sekundäre Prävention, auch als Repression bezeichnet, zielt über repressive Maßnahmen, d. h. Gesetze und deren Anwendung, auf die Abschreckung potentieller Straftäter ab, indem die Gelegenheitsstruktur einer Tat bewusst verschlechtert wird. Die tertiäre Prävention schließlich bezweckt die Rückfalleindämmung, setzt also im Gegensatz zur primären und sekundären Prävention den verurteilten Straftäter voraus.

Eine deutlich stärker untergliederte, jedoch auf der Unternehmensebene angesiedelte Differenzierung möglicher Reaktionen auf Risiken devianter Verhaltensweisen umfasst folgende Stufen:[4]

---

[1] Vgl. Schwind 2003, S. 13.

[2] Vgl. Gibbs 1975, S. 57-93, Kaiser 1993c, S. 572, Ahmed et al. 2001, S. 4f. und Braithwaite 2003.

[3] Vgl. Kerner 1994, S. 171 und Schwind 2003, S. 15f.

[4] Vgl. ähnlich Parker 1998, S. 253 und S. 315f.

(1) Vermeidung der Risiken abweichenden Verhaltens etwa durch Abschluss von Versicherungen und damit Transfer der Risiken auf Dritte.

(2) Abschreckung durch Androhung von Sanktionen, Erhöhung der Verbindlichkeit und Härte von Strafen sowie Steigerung der Reaktionsgeschwindigkeit.[1]

(3) Prävention durch Eliminierung attraktiver Gelegenheiten, Erhöhung der effektiven und wahrgenommenen Kosten der Tatbegehung sowie Reduzierung des erwarteten Tätemutzens.[2]

(4) Aufdeckung von Tatbeständen durch geeignete technische oder organisatorische Kontrollmittel und Abbau von Meldebarrieren für Zeugen.[3]

(5) Minimierung oder Vermeidung von Schäden durch rechtzeitige Reaktion und schnelle Einleitung von Gegenmaßnahmen.

(6) Aufklärung durch Suche und Identifikation der Personen, die eine Tat zugelassen, ermöglicht oder begangen haben.

(7) Bestrafung durch Anwendung rechtlich zur Verfügung stehender und angemessener Sanktionen als Reaktion auf nicht vermiedene Taten.

(8) Beseitigung entstandener Schäden.

(9) Verbesserung implementierter Kontrollen und Präventionsmaßnahmen zur künftigen Vermeidung identischer bzw. ähnlicher Tatbegehungsweisen.

(10) Lernen aus negativen Ereignissen durch Dokumentation der Schäden und begangenen Fehler.[4]

7.1.3 Grenzen staatlicher Präventionsbemühungen

Die Notwendigkeit, Systeme zur Gewährleistung von Informationssicherheit einzurichten und Maßnahmen zur Prävention von CROD zu implementieren, ergibt sich für jedes nach ökonomischen Prinzipien handelnde Unternehmen aus der begrenzten Wirksamkeit staatlicher Präventionsbemühungen. Die Grenzen solcher staatlich initiierter Maßnahmen zur Verbrechenskontrolle werden im Folgenden aufgezeigt.

Der über das Strafrecht definierte Verbrechensbegriff umfasst bei weitem nicht alle relevanten Verhaltensweisen und möglichen Vergehen, die als unternehmensschädlich einzustufen sind.[5]

---

[1] Siehe auch Kapitel 5.2.3.

[2] Vgl. Sack 1995, S. 431, Clarke 1997, S. 15-17 und siehe Kapitel 7.4 bis 7.6.

[3] Vgl. Miethe/Rothschild 1994, S. 332-337, Odenthal 1997, S. 242-246 und Odenthal 1997b.

[4] Vgl. Odenthal 1997b, S. 310 und siehe Kapitel 7.2.4.

[5] Siehe Kapitel 4.1.1 und 4.2.4.

Möchte ein Unternehmen Risiken vorbeugen, die durch die strafrechtlich fixierten Regelungen nicht erfasst werden, muss es daher selbst geeignete Maßnahmen treffen. Als Beispiel sei die missbräuchliche Nutzung betrieblich benötigter Internet-Dienste für private Zwecke genannt.[1] Die daraus resultierenden Produktivitätseinbußen können nur mittels eindeutiger, schriftlich dokumentierter Regelungen vermieden werden, die eine private Nutzung entweder ganz unterbinden oder den erlaubten Rahmen deutlich einschränken.

Ein weiterer Grund für unternehmensindividuell notwendige Präventionsbemühungen ist die überwiegend reaktiv ausgerichtete Struktur des Strafrechts. Trotz Geltung des Offizial- und des Legalitätsprinzips, nach denen Straftaten von Amts wegen und zwingend zu verfolgen sind, basiert die Strafverfolgungspraxis nach wie vor darauf, dass ihre institutionellen Träger auf Anstoß von außen tätig werden.[2] Im Falle von CROD wird die Wirksamkeit der Sanktionsmaßnahmen dabei durch das große Dunkelfeld stark eingeschränkt. Da ein Großteil der Schädigungen schon im Unternehmen selbst nicht erkannt wird und zudem bei intern aufgedeckten Straftatbeständen ein oftmals nur geringes Interesse der Unternehmen daran besteht, diese den Behörden zu melden,[3] wird den staatlichen Trägern strafrechtlicher Sozialkontrolle nur ein Bruchteil der tatsächlichen Verbrechen bekannt.

Des Weiteren befasst sich das Strafrecht schwerpunktmäßig mit abgeschlossenen Handlungen bzw. bereits begangenen Taten und impliziert dadurch eine retrospektive Steuerung sozialen Handelns.[4] Die auf dem Prinzip der Verbrechensverhütung durch Abschreckung basierende Funktionslogik des Strafrechts wird dabei durch die nur schwach ausgeprägte Präventionswirkung von Sanktionen in ihrer Effektivität gehemmt. Die starke Täterfixierung führt dazu, dass insbesondere solche Vergehen nicht vermieden werden, bei denen der Nachweis individueller Verantwortlichkeit schwer fällt. Zu diesen zählen auch Tatbestände aus dem Bereich der Wirtschaftskriminalität, deren Spuren sich häufig im komplexen und interdependenten Unternehmensnetz verlieren. Erschwerend kommt hinzu, dass der Täternachweis zwangsläufig mit der Notwendigkeit zur Offenlegung von vertrauenswürdigen Firmeninterna verbunden und somit häufig selbst vom Unternehmen selbst nicht erwünscht ist.

Auch im Falle einer strafrechtlichen Verfolgung werden erlittene Schäden, wenn überhaupt, nur partiell ersetzt. Selbst wenn der Nachweis individueller Schuld gelingt und der Täter für strafmündig befunden wird, stoßen Schadensersatzforderungen an natürliche Grenzen, beispielsweise durch die dem Täter zur Verfügung stehenden Finanzmittel. In nur 11% aller deutschen Unternehmen konnten nach einer Studie mehr als 60% der durch wirtschaftskrimi-

---

[1] Siehe Kapitel 4.2.4.

[2] Vgl. Sack 1995, S. 438.

[3] Siehe Kapitel 2.4.1.

[4] Vgl. Sack 1995, S. 440-442.

nelle Handlungen entstandenen materiellen Schäden ersetzt werden.[1] Nicht wiederherstellbar sind insbesondere moralische Schäden wie etwa Vertrauensverluste seitens der Kunden und Investoren eines Unternehmens oder Demoralisierungen der eigenen Belegschaft, die zwar Kosten verursachen, sich aufgrund ihrer speziellen Natur aber kaum monetär bewerten und insbesondere nicht durch Finanzmittel ersetzen lassen. Schutz vor den potentiell hohen Schäden bestimmter Betrugs-, Spionage-, Missbrauchs- oder Sabotagedelikte ist somit immer nur bedingt gewährleistet, und die Notwendigkeit zur Absicherung von Risiken ergibt sich aus Unternehmenssicht nicht nur aus rein monetären Gründen, sondern auch aufgrund der zu berücksichtigenden Anforderungen seiner Anspruchsgruppen. Zu diesen ist neben Lieferanten, Kunden und den eigenen Mitarbeitern auch der Gesetzgeber selbst zu zählen, der seine Anforderungen in Form von Gesetzen stellt, zu denen unter anderem das bereits angesprochene KonTraG[2] sowie die umfangreichen datenschutzrechtlichen Bestimmungen gehören.

7.2 Risikoanalyseverfahren

Die Implementierung von Präventionsmaßnahmen zur Gewährleistung der Informationssicherheit in einer Unternehmung stellt eine hoch komplexe Aufgabe dar und erfordert die Berücksichtigung verschiedenster Faktoren. Die unternehmensspezifischen Voraussetzungen erlauben aufgrund höchst unterschiedlicher organisatorischer, technischer und personeller Gegebenheiten in den wenigsten Bereichen Standardlösungen. Möchte eine Unternehmung beispielsweise die private Nutzung von Internetdiensten vermeiden, spielt es mit Hinblick auf die wirksamen Effekte sozialer Kontrolle eine wesentliche Rolle, ob die betroffenen Arbeitsplätze mit Internetzugang in einem Großraumbüro oder in Einzelbüros zur Verfügung stehen. Zudem unterliegen organisatorische Einheiten, Prozesse, Strukturen und die eingesetzten Systeme der Dynamik eines steten Wandels, der eine regelmäßige Anpassung der implementierten Schutzmaßnahmen an neue Gegebenheiten erfordert. Auch große Teile der zu schützenden Informationen verändern sich laufend, gleichzeitig steigen sowohl die zu verarbeitenden als auch die gespeicherten Datenmengen in Anbetracht der in allen Unternehmensbereichen zunehmenden Digitalisierung ständig an.

Die Implementierung von Schutzmaßnahmen setzt angesichts der skizzierten Faktoren ein strukturiertes und systematisches Vorgehen voraus. Vor diesem Hintergrund werden im Folgenden einige in der informationstechnischen Literatur häufig thematisierten quantitativen und qualitativen Verfahren zur Analyse von Risiken und zur Auswahl von Schutzvorkehrungen beschrieben und hinsichtlich ihrer Eignung zur Bewältigung der immanenten Komplexität dieser Aufgabe untersucht. Einer Bewertung des praktischen Nutzens sog. klassischer Analy-

---

[1] Vgl. PWC 2003, S. 14.
[2] Siehe Kapitel 4.3.5.

severfahren schließt sich dabei die Darstellung alternativer Lösungsansätze sowie die Vorstellung einer auf die besonderen Entstehungsbedingungen von CROD angepasste Szenarioanalyse an.

7.2.1 Klassische Analyseverfahren

Ziele einer Risikoanalyse sind die systematische Einschätzung potentieller Schäden sowie die gezielte Auswahl geeigneter Schutzmaßnahmen.[1] Aufgrund der von Unternehmen zu Unternehmen großen Unterschiede in den Strukturen, der Bedeutung und des Umfelds der Informationsverarbeitung erfordert jede Analyse ein unternehmensspezifisches Vorgehen. Dabei kann der Fokus entweder auf das gesamte Unternehmen oder auf einzelne Teilbereiche gerichtet sein.[2] Während es einerseits wegen des hohen Aufwandes kaum möglich ist, sämtliche Risiken der gesamten Informationsverarbeitung eines Unternehmens zu ermitteln, erfordert andererseits auch die punktuelle Analyse bestimmter Schwerpunktbereiche die Berücksichtigung von Schnittstellen zu angrenzenden, aber ausgeblendeten Teilbereichen.

Die genaue Abgrenzung des Analysebereichs stellt den ersten Schritt einer Risikoanalyse dar, an den sich die Erfassung der relevanten Objekte innerhalb des abgesteckten Rahmens anschließt. Hierbei gilt es, sowohl die physikalische Infrastruktur, die Hard- und Software als auch die verschiedenen Arten der in den Systemen verarbeiteten und gespeicherten Informationen, die mit ihnen in Verbindung stehenden Personen sowie die Wechselwirkungen zwischen den aufgeführten Objekten und Subjekten zu berücksichtigen.[3] Dieser Bestandsaufnahme folgt die Ermittlung der Schwachstellen aller Systemkomponenten, die sog. Bedrohungsanalyse, bei der die ermittelten Risiken zunächst inhaltlich beschrieben und anschließend im Kontext der Organisation bewertet werden. Diese Bewertung bildet die Grundlage für eine anschließende Festlegung der zu ergreifenden Sicherheitsvorkehrungen. Gleichzeitig erlauben sie die Beurteilung und Prüfung der Angemessenheit bereits bestehender Schutzmaßnahmen.[4]

In der Literatur werden zwei Arten der Risikoanalyse unterschieden:[5] Bei den sog. quantitativen Verfahren wird das Risiko als Produkt aus Eintrittswahrscheinlichkeit und Schadensausmaß eines möglichen schadensverursachenden Ereignisses mittels monetärer oder statistischer Größen bewertet, so dass ein Vergleich verschiedener Risiken ermöglicht wird. Ein monetäres Risikomaß sind die jährlich zu erwartenden Kosten. Diese ergeben beispielsweise für den Bereich der relativ selten auftretenden Sabotagedelikte in einem kleinen Unternehmen einen

---

[1] Vgl. Vogel 1994, S. 41.

[2] Vgl. Teufel/Schlienger 2000, S. 22.

[3] Vgl. Icove et al. 1995, S. 89-98. Eine umfassendere Aufzählung möglicher Komponenten von ITK-Systemen findet sich in Kapitel 3.2.4.

[4] Vgl. Stelzer 1994, S. 4f.

[5] Vgl. Vogel 1994, S. 41f. und Gerber/Solms 2001, S. 580f.

Betrag von 15.000 Euro, wenn sich die erwartete Häufigkeit mit 0,75 Fällen pro Jahr und der erwartete Schaden pro Fall mit 20.000 Euro beziffern lassen. Eine Schutzmaßnahme, z. B. eine Versicherung oder eine technische Vorkehrung, die das Risiko bzw. die jährlich zu erwartenden Kosten auf 5.000 Euro reduziert, dürfte folglich nicht mehr als 10.000 Euro kosten.

Qualitative Verfahren erlauben über Wertskalen die Klassifizierung von Risiken in bestimmte Schadensklassen. Hierbei können auch quantitativ nicht fassbare Werte wie das Risiko eines möglichen Imageverlusts oder anderer monetär nicht bewertbarer Faktoren berücksichtigt werden, indem Risiken verbal beschrieben und in Kategorien (z. B. hoch, mittel, gering) eingeordnet werden. Im Gegensatz zur Anwendung quantitativer Verfahren lassen sich dabei bedingt durch die nicht-metrischen Skalen Wirtschaftlichkeitsbetrachtungen, wie z. B. Kosten-Nutzen-Analysen, weniger gut durchführen. Da ihnen subjektive Einschätzungen zugrunde liegen, weisen qualitative Verfahren zudem das Problem einer möglichen Verzerrung auf. Quantitative Verfahren allerdings vermitteln wiederum ein Maß an Präzision, das angesichts der typischerweise zugrunde liegenden hohen Unsicherheiten bei der Ermittlung von Eintrittswahrscheinlichkeiten und Schadensausmaß nicht gerechtfertigt ist.

Zur Durchführung von Risikoanalysen stehen verschiedene softwaregestützte Verfahren zur Verfügung.[1] Zu den bekanntesten gehören das Mitte der achtziger Jahre in England entwickelte qualitativ-orientierte Verfahren CRAMM[2] oder das vor allem in Frankreich eingesetzte Verfahren MARION[3], das sowohl den qualitativen auch den quantitativen Analyse-Ansatz unterstützt.

7.2.2 Bewertung klassischer Verfahren

Die skizzierten klassischen Verfahren zur Risikoanalyse fördern eine systematische und strukturierte Auseinandersetzung mit den Gefahren der missbräuchlichen Verwendung von Informationen und informationsverarbeitenden Systemen. Sie vermeiden das willkürliche, unkoordinierte Schließen einzelner Sicherheitslücken, die von den Verantwortlichen aufgrund von eigenen Kenntnissen, Interessensgebieten oder aktuellen Medienberichten mehr oder weniger zufällig erkannt werden, und ermöglichen eine konsequente, zielorientierte Analyse und risikoorientierte Bewertung sämtlicher in Frage kommender Teilaspekte als Grundlage für die anschließende Implementierung von Schutzmaßnahmen zur Risikominimierung.

Risikoanalysen tragen außerdem zu einer Verbesserung des Sicherheitsbewusstseins und des Verständnisses für sicherheitsrelevante Zusammenhänge sowohl der am Analyseprozess be-

---

[1] Vgl. Schneier 2000, S. 302.

[2] **CCTA Risk Analysis and Management Method**; die CCTA (Central Computer and Telecommunications Agency) ist eine von der britischen Regierung mit der Entwicklung der Software beauftragte Behörde; vgl. Moses/Glover 1989 und Parker 1998, S. 267-269.

[3] **Méthodologie d'Analyse des Risques Informatiques et d'Optimisation par Niveau**; vgl. Lamère et al. 1987.

teiligten Mitarbeiter als auch der Unternehmensleitung bei.[1] Sie verdeutlichen die möglichen Konsequenzen unzureichender Schutzmaßnahmen und zeigen den mit der Durchführung der Analyse betrauten Mitarbeiten die Gefahren eigener Sicherheitsversäumnisse auf, die z. B. durch die Wahl trivialer Passwörter oder durch nicht erfolgte Benutzerabmeldungen beim Verlassen des Arbeitsplatzes Betrugsdelikten Vorschub leisten. Andererseits besteht die Gefahr, dass der strategische Wert von Informationen erst durch die im Rahmen der Risikoanalyse stattfindenden Evaluations- und Bewertungsprozesse von den im Unternehmen tätigen Mitarbeitern erkannt wird und infolgedessen vorher unbekannte Schwachstellen als interessante Gelegenheiten zum Missbrauch wahrgenommen werden.[2]

Risikoanalysen liefern Argumentationshilfen für die Notwendigkeit von Präventionsmaßnahmen.[3] Beispielsweise lassen sich die Kosten einer sog. ‚Awareness-Schulung', in der Endanwender anhand von Praxisbeispielen über die Gefahren computerbezogenen Missbrauchs aufgeklärt werden, rechtfertigen, wenn durch die Schulung bestimmte mitarbeiterinduzierte Schwachstellen beseitigt werden, hierdurch die Wahrscheinlichkeiten bestimmter Deliktformen gesenkt und somit die Risiken für das Unternehmen reduziert werden. Übertrifft die erwartete Kostenreduktion die Schulungskosten, begründet eine Risikoanalyse, dass die Schulungsmaßnahme durchgeführt werden sollte.

Mit einer Risikoanalyse sind jedoch auch Probleme und Schwierigkeiten verbunden, die ihre Notwendigkeit und Effektivität in Frage stellen. Die Berücksichtigung sämtlicher relevanten Aspekte geht mit einem hohen zeitlichen Aufwand einher.[4] Dieser hängt ab von der Größe und Komplexität der Systeminfrastrukturen, von der Menge an gespeicherten und verarbeiteten Informationen und von der Anzahl denkbarer Schwachstellen und Methoden zur Ausnutzung dieser Sicherheitslücken.[5] Erhöht wird er durch die Geschwindigkeit des technologischen und organisatorischen Wandels, da nur eine regelmäßige Wiederholung aller Phasen des Analyseprozesses die Aktualität und damit Validität der Ergebnisse gewährleisten kann. Nicht nur radikale Umschichtungen durch Fusionen, Akquisitionen und Reorganisationen in Großunternehmen, auch organisatorisch weniger spektakuläre Umgliederungen einzelner Abteilungen, Neustrukturierungen von Funktionsbereichen oder durch technologische Neuerungen bedingte Veränderungen von Arbeitsweisen und Abläufen bedingen eine erneute Durchführung des gesamten Risikoanalyseprozesses. Beispielsweise macht die Einführung eines Instant Messaging Systems[6] am Arbeitsplatz zum Zwecke eines schnellen, unbürokratischen

---

[1] Vgl. Stelzer 1994, S. 3 und Vogel 1994, S. 42.

[2] Vgl. Parker 1998, S. 274.

[3] Vgl. Stelzer 1994, S. 3 und Vogel 1994, S. 42.

[4] Vgl. Stelzer 1994, S. 9 und Vogel 1994, S. 42.

[5] Siehe Kapitel 6.2.5.

[6] Siehe Fußnote 1, S. 100.

und kostengünstigen Austauschs von Informationen zwischen Unternehmensangehörigen gleichzeitig die Übermittlung vertraulicher Daten an Unternehmensfremde auf einfachste Weise möglich und eröffnet so neue Schwachstellen, welche die erneute Durchführung einer Risikoanalyse erfordern. Eine weitere Schwierigkeit sowohl quantitativer als auch qualitativer Analyseverfahren liegt in der Notwendigkeit begründet, zukünftige Ereignisse oder Sachverhalte einschätzen und bewerten zu müssen. Diese Vorhersagen sind stets mit Unsicherheit verbunden und stellen damit die Verlässlichkeit des Verfahrens in Frage.[1] Grundlegende Probleme einer Risikoanalyse lassen sich anhand der einzelnen Phasen verdeutlichen:[2]

(1) Bereits die Bestandsaufnahme von Hardwarekomponenten und Softwaresystemen stellt aufgrund des bereits dargestellten dynamischen Wandels in der Organisation eine komplexe Aufgabe dar. Zur Bestandsaufnahme gehören auch die im Unternehmen verarbeiteten Informationen, bei denen es sich nicht um eine Bestandsgröße mit gleich bleibendem Inhalt und Wert, sondern um eine Stromgröße handelt, die sich im Zeitablauf schnell und unvorhergesehen ändern kann. Ebenso verhält es sich mit den Fähigkeiten und Kenntnissen der Personen, die mit den Systemen und Informationen in Verbindung stehen. Abhängig von der Mitarbeiterfluktuation sowie der Wachstumsgeschwindigkeit der Organisation und bedingt durch die laufende Aus- und Weiterbildung des Personals können einmal getroffene, die Mitarbeiterqualifikation betreffende Bewertungen schnell hinfällig werden.

(2) Die Aussagefähigkeit der Bedrohungsanalyse wird dadurch begrenzt, dass Schwachstellen und Methoden, diese auszunutzen, zum Zeitpunkt der Durchführung teilweise noch nicht existent oder zumindest nicht bekannt sind.[3] Komplexe Softwareprogramme verfügen über vielfältige Funktionen, die nur Experten in Gänze überblicken. Somit hängt es vom Qualifikationsniveau der mit der Analyse betrauten Personen ab, ob relevante Gefahrenquellen als solche erkannt werden. Unerwünschte Systemeigenschaften werden zudem häufig erst im Laufe der Zeit, d. h. mit der Nutzung durch eine steigende Anzahl an Anwendern in unterschiedlichen Einsatzbereichen, als Problembereiche erkennbar. Mitunter verzweifelt muten derweilen die Bemühungen von Softwareanbietern an, bekannt gewordene Sicherheitslücken ihrer Systeme über Updates, Sicherheitspatches oder, noch kurzfristiger, über Hotfixes zu beheben. Technologische Innovationen und Weiterentwicklungen tragen nicht zuletzt dazu bei, dass neue Methoden zur Ausnutzung von bestehenden, bislang jedoch wenig gefährlichen

---

[1] Parker (1998, S. 270) drückt diesen Sachverhalt pointiert wie folgt aus: „It [risk analysis] involves trying to estimate the future misbehavior of unknown people, using unknown methods with unpredictable motives, against unknown targets that may cause unknown losses."

[2] Vgl. Parker 1998, S. 277-279.

[3] Siehe ausführlich Kapitel 6.1.2.

Schwachstellen entstehen. Ein Beispiel hierfür ist der drastische Preisverfall von USB-Sticks, mit denen sich Daten auf wesentlich einfachere und unauffälligere Weise kopieren und nach außen transportieren lassen als etwa mit Hilfe von Aktenordnern oder den ebenfalls längst überholten Disketten.

(3) Die Werte für Schadenshäufigkeiten sind immer mit einem Schätzfehler behaftet, da die Wahrscheinlichkeit des Eintretens zukünftiger Ereignisse nie genau vorhergesagt werden kann, sondern deren Einschätzung auf vergangenen Begebenheiten und subjektiven Erfahrungen basiert.[1] Dabei kommt im Falle von CROD hinzu, dass die subjektive Wahrnehmung durch die hohe Dunkelziffer stark verzerrt wird. Auch aufgrund der beschränkten Rationalität des Menschen ergeben sich Zweifel hinsichtlich der Validität der berechneten Wahrscheinlichkeiten. Da selbst mathematisch-statistisch geschulte Wissenschaftler gegen die Regeln der Wahrscheinlichkeitsrechnung verstoßen, wenn verschiedenartige Informationen intuitiv zu einem Gesamturteil verarbeitet werden, ist anzunehmen, dass Schätzungen von Statistiklaien noch ungenauer sind.[2]

(4) Mit der Risikoanalyse alleine lässt sich das ihr zugrunde liegende betriebswirtschaftliche Ziel, die Minimierung der Kosten unternehmensschädigenden Fehlverhaltens, nicht erreichen. Die ermittelten Risiken liefern lediglich Anhaltspunkte in Form von Verweisen auf Bereiche, mit denen sich die Sicherheitsverantwortlichen umfassender auseinandersetzen sollten. Konkrete Hinweise auf Möglichkeiten zur Risiko- und damit Kostenreduktion etwa durch Generierung von Vorschlägen für geeignete Präventionsmaßnahmen fehlen, so dass für die Auswahl und Umsetzung von Schutzmaßnahmen weitere Analyseverfahren oder entsprechende Erfahrung und Expertenwissen notwendig sind. Nach Implementierung der Sicherheitsvorkehrungen ist der Analyseprozess zu wiederholen, um entscheiden zu können, ob weitere Maßnahmen umgesetzt werden müssen oder das erreichte Sicherheitsniveau akzeptiert werden kann.

Der beschriebene, auch als ‚bottom-up approach' bezeichnete Risikoanalyse-Ansatz[3] ist angesichts seines Vorgehens, bei dem die Infrastruktur von EDV-Systemen im Mittelpunkt steht, zusammenfassend als nicht mehr zeitgemäß zu beurteilen. Der Ansatz, von den Systemelementen ausgehend nach potentiellen Bedrohungen zu suchen, war zur Risikominimierung in den frühen Zeiten der EDV-Nutzung geeignet, als die Informationstechnologie vor allem als Tatobjekt oder als Werkzeug fungierte und nur wenige technisch hoch versierte Hacker überhaupt fähig waren, die Sicherheit der Systeme zu beeinträchtigen. Heute stehen nicht mehr

---

[1] Vgl. Brooke/Paige 2003, S. 258 und S. 261.
[2] Siehe Kapitel 5.3.2.
[3] Vgl. Gerber/Solms 2001, S. 581.

nur die Systeme und Anwendungen im Fokus, sondern insbesondere die Informationen, deren Vertraulichkeit und Verfügbarkeit es zu schützen gilt. Die EDV tritt zunehmend in ihrer Rolle als Subjekt auf und bildet den Handlungsrahmen für verschiedenartige Delikte.[1] Auch technisch weniger versierte Anwender sind zunehmend in der Lage, ITK-Systeme und die mit ihnen in Verbindungen stehenden Informationen entgegen ihrem eigentlichen Bestimmungszweck zu missbrauchen.[2] Die Informationen können dabei an unterschiedlichen Stellen in verschiedensten Anwendungen und Systemen kompromittiert werden. Dementsprechend reicht eine alleinige Absicherung der Infrastruktur heutzutage nicht mehr aus.

7.2.3 Alternative Verfahren

Aufgrund der beschriebenen Mängel des bottom-up Vorgehens der klassischen quantitativen bzw. qualitativen Risikoanalyse wurde von Gerber und von Solms ein top-down Ansatz als alternatives Verfahren zur Risikoanalyse vorgeschlagen.[3] In einem ersten Schritt des als ‚Security Requirements Analysis' bezeichneten Konzepts soll dabei ein Unternehmen für sich zunächst das Ausmaß der gewünschten Sicherheitsanforderungen festlegen. Anders als bei der klassischen Risikoanalyse werden folglich nicht ausgehend von einer Systeminfrastruktur mögliche Schwachstellen und Bedrohungen identifiziert, sondern umgekehrt auf Basis eines festgelegten angestrebten Sicherheitsniveaus die zu dessen Sicherstellung notwendigen Schutzmaßnahmen ausgewählt.

Auch mit diesem Ansatz, nicht die Systeminfrastruktur, sondern die Sicherheitsanforderungen des Unternehmens in den Mittelpunkt zu stellen, vermag das top-down Konzept wesentliche Kritikpunkte der klassischen Risikoanalyse jedoch nicht zu lösen. Es eröffnet sogar neue Problemfelder, so beispielsweise die Anforderung, zunächst das exakte Ausmaß gewünschter Sicherheit zu definieren. Es fehlen Hilfestellungen zur Ableitung geeigneter Schutzvorkehrungen aus den festgelegten Sicherheitsanforderungen. Nicht zuletzt ist wegen der vielfältigen Interdependenzen zwischen organisatorischer und technischer Infrastruktur und den geeigneten Sicherheitsmaßnahmen das beim top-down Vorgehen praktizierte Ausblenden der beiden erst genannten Elemente nicht angebracht. Entsprechend ist der Ansatz von Gerber und von Solms aus heutiger Sicht als noch nicht ausgereift zu bewerten.[4]

---

[1] Siehe Kapitel 3.2.1 und 3.2.2.

[2] Die Tabelle 4-2 zeigt, dass bei den Deliktformen ‚Verrat von Geschäftsgeheimnissen', ‚Missbräuchliche Nutzung von ITK-Systemen', ‚Diebstahl von Hardware' und ‚Diebstahl von Software' auch einfache Systemanwender als Täter in Frage kommen.

[3] Vgl. Gerber/Solms 2001, S. 582f.

[4] Diese Schlussfolgerung wird im Wesentlichen auch von den Autoren geteilt: „Security Requirements Analysis is a fairly new process and certainly a lot of research needs to be done to determine the security requirements of an organization and to deduce the most suitable set of security controls from these requirements." Gerber/Solms 2001, S. 583.

Aufgrund der Mängel der dargestellten Analyseverfahren werden im Folgenden drei alternative Konzepte, die den Schwerpunkt auf die Identifikation und Beschreibung der Risiken legen, vorgestellt und hinsichtlich ihrer Eignung zur Risikominimierung beurteilt.

(1) Bei der Delphi-Methode handelt es sich um eine in der Praxis weit verbreitete qualitative Methode zur Prognose von Entwicklungsprozessen abstrakter oder realer Systeme im Zeitablauf.[1] Das 1967 erstmals eingesetzte Verfahren basiert auf Befragungen von Experten und geht davon aus, dass diese in der Lage sind, zuverlässige Aussagen über künftige Entwicklungen in ihrem jeweiligen Fachgebiet zu treffen. Die Fachleute werden in mehreren Runden zu ihrer Meinung befragt, wobei ihnen die Meinungen ihrer Kollegen aus der vorangehenden Befragungsrunde vorliegen, so dass diese bei der eigenen Urteilsbildung berücksichtigt werden können. Das Ziel besteht in der Herbeiführung eines Gruppenvotums, das der Realität möglichst gut entsprechen soll. Die anonymisierte Bereitstellung der Vorrundenergebnisse trägt dazu bei, dass die Experten sich gegenseitig nicht unter Druck setzen. Das Verfahren vermag dennoch nicht zu überzeugen:[2] Die Vorgehensweise ist zu starr und trotz der Analyse eines sehr begrenzten Problembereichs mit einem hohen Zeitbedarf für die Beteiligten verbunden. Die Zuverlässigkeit der Ergebnisse ist darüber hinaus trotz der Fachkenntnisse der befragten Personen in einem durch vielfältige Einflussfaktoren und einer immensen Entwicklungsdynamik gekennzeichneten Umfeld in Frage zu stellen. Zuletzt sei noch auf das Problem verwiesen, für das Gremium die richtigen Fachleute zu finden.

(2) Die sog. Exposure-Analyse basiert auf der Annahme, dass das mit einer Information bzw. einem informationsverarbeitenden System einhergehende Risiko proportional von der Anzahl Personen abhängt, die Zugang zu dem jeweiligen betrachteten Objekt haben. Das Verfahren geht dabei beispielsweise für das Risiko, dass Informationen über Einkaufspreise im Rahmen eines Wirtschaftsspionagedelikts an Dritte weitergegeben werden, von einer Verdopplung aus, wenn sich die Anzahl der Personen mit Zugriffsberechtigung auf diese Daten ebenfalls verdoppelt. Schutzmaßnahmen müssen entsprechend vor allem für solche Bereiche getroffen werden, mit denen besonders viele Mitarbeiter in Verbindung stehen. Im Hinblick auf die Vielzahl der neben der Anzahl zugriffsberechtiger Personen weiteren wichtigen Einflussfaktoren auf das Risiko (Kosten einer Schädigung, möglicher Nutzen für den Täter, Schwierigkeit der Tatbegehung etc.) vermag das Verfahren jedoch nicht mehr als einen groben Hinweis auf sicherheitsrelevante Bereiche zu liefern. Hinsichtlich der möglichen Rollen der EDV bei der Entstehung devianten Verhaltens beschränkt es sich zudem zu einseitig auf die Funktion als Tatobjekt.

---

[1] Vgl. Nieschlag et al. 1997, S. 859f.

[2] Vgl. Nieschlag et al. 1997, S. 860 und Parker 1998, S. 280.

(3) Mit Hilfe der Szenarioanalyse lassen sich für im Vorhinein festzulegende Untersuchungsbereiche konkrete Schadensszenarien konstruieren.[1] Diese umfassen Beschreibungen einzelner hypothetischer Ereignisse, die in einem kausalen Wirkungszusammenhang stehen und am Ende zu einem Schaden für das Unternehmen führen. Dabei werden Prognosen zukünftiger Begebenheiten mittels Extrapolation vergangener Entwicklungen erstellt und die verschiedenen der Extrapolation zugrunde liegenden Szenarien in der Regel in Form sachlich formulierter kurzer Beschreibungen schriftlich festgehalten. Bei der Analyse der Szenarien werden die Ursache-Wirkungs-Beziehungen der im betreffenden Bereich möglichen Kombinationen von Schwachstellen, Zugriffsmethoden, Mitarbeitern und Schädigungsformen untersucht. Anschließend erfolgt eine ausführliche Diskussion möglicher Schutzmaßnahmen und ihrer Auswirkungen auf die verschiedenen Szenarien.

Wie die Delphi-Methode ist auch die Szenarioanalyse wenig geeignet, umfassende Analysen für sämtliche sicherheitsrelevanten Bereiche anzustellen.[2] In der Regel erfolgt eine Konzentration auf einige wenige wichtige Fallbeispiele, die relativ detailliert untersucht werden. Dabei besteht die Gefahr der Nichterkennung potentiell schwerwiegender Risiken in nicht untersuchten Bereichen. Ein wesentlicher Vorteil des Verfahrens besteht in der Beteiligung heterogen zusammengesetzter Personengruppen. In die Untersuchung mit einbezogen sind nicht nur vermeintliche Experten, sondern auch einfache Anwender, so dass auch Gefährdungspotentiale berücksichtigt werden, die den Experten ansonsten verborgen bleiben. Bei vielen spezifischen Arbeitsprozessen ist z. B. anzunehmen, dass Sachbearbeiter aufgrund ihrer praktischen Erfahrungen und der tagtäglichen Konfrontation mit Sondersituationen eher erkennen, wo einfache Ansatzpunkte zum Missbrauch existieren. Lösungsansätze werden in der Gruppe diskutiert, was der Qualität der letztlich implementierten Schutzmaßnahmen zugute kommt und die Eignung der Szenarioanalyse begründet, ein Sicherheitsbewusstsein auch bei solchen Personengruppen zu schaffen, die üblicherweise nicht mit Fragen der Informationssicherheit konfrontiert werden. Hierzu gehören auch Entscheidungsträger aus dem Top-Management, die sich mittels plastisch beschriebener und intuitiv nachvollziehbarer Schadensszenarien möglicherweise eher von der Notwendigkeit einer Investition in bestimmte Sicherheitsmaßnahmen überzeugen lassen als durch eine Konfrontation mit abstrakten, nur schwer fassbaren Risikogrößen.

---

[1] Vgl. Nieschlag et al. 1997, S. 858 und Parker 1998, S. 281.
[2] Vgl. Stelzer 1994, S. 6f.

7.2.4 Szenarioanalyse

Von den vorgestellten Analyseverfahren verspricht die Szenarioanalyse im Blick auf die Entstehungszusammenhänge von CROD trotz einiger Schwächen den größten Nutzen für ein Unternehmen. Anders als die quantitativen oder qualitativen Risikoanalyseverfahren geht sie nicht starr von vorgegebenen Organisations- und Systemstrukturen aus, deren vollständige Erfassung im Rahmen einer Bestandsaufnahme mit einem immensen Aufwand verbunden ist. Auch ist es nicht notwendig, alle denkbaren Schwachstellen und Bedrohungspotentiale für den abgesteckten Untersuchungsbereich zu identifizieren, um diese anschließend mit Eintrittswahrscheinlichkeiten und erwarteten Schadenssummen zu verbinden. Stattdessen stellt die Szenarioanalyse die Erfassung des komplexen Zusammenspiels der Elemente über die auch beim späteren Tatgeschehen involvierten Mitarbeiter in den Mittelpunkt. Dabei bedient sie sich zur Identifizierung von Schwachstellen der Kreativität und der Erfahrungen der unternehmenseigenen Mitarbeiter und vermeidet dadurch eine häufig zu einseitige technische Ausrichtung bei Durchführung einer Analyse durch die üblicherweise beauftragten IT-Spezialisten. Mit einer heterogenen Zusammenstellung der Analysegruppe wird daneben auch dem sog. ‚false consensus bias' entgegen gewirkt. Dieser Attributionsfehler verweist auf die systematische Neigung von Menschen, die eigenen Entscheidungen und Urteile als gängige und geeignete Reaktionen auf Ereignisse anzusehen und alternative Reaktionsmöglichkeiten als nicht üblich und ungeeignet zu betrachten.[1] Speziell im Fall der Risikoanalyse kann dies dazu führen, dass wichtige Schwachstellen und Bedrohungspotentiale wegen eigener Interessen und Kenntnisse übersehen oder als unbedeutend eingeschätzt werden.

Zur Identifikation und Beseitigung derjenigen Schwachstellen in einer Unternehmung, die für die eigenen Mitarbeiter attraktive Gelegenheiten zum Missbrauch bieten, wird in Anlehnung an die in Kapitel 4.2.8 vorgestellte Taxonomie von CROD das in Abbildung 7-1 dargestellte Vorgehen für eine Szenarioanalyse vorgeschlagen.

---

[1] Vgl. Ross/Anderson 1982, S. 140-144. Der Attributionsfehler lässt sich über verschiedene Faktoren erklären:
   1. Die Verfügbarkeitsheuristik (siehe Kapitel 6.1.4) beschreibt das Phänomen, dass insbesondere solche Informationen in ein Urteil einfließen, die kognitiv schnell verfügbar sind, und führt dazu, dass Fakten, mit denen man nicht täglich konfrontiert wird, tendenziell vernachlässigt werden.
   2. ‚Selective exposure' bezeichnet die Tendenz, sich im Unternehmensumfeld, im Freundeskreis und in Gruppen vor allem mit solchen Personen zu umgeben, die den eigenen Bildungshintergrund, die eigenen Erfahrungen, Interessen, Werte und Einstellungen teilen. Dies erhöht die Gefahr, dass abweichende Einschätzungen von Risiken im eigenen Wirkungskreis nicht wahrgenommen werden.
   3. Das ‚Streben nach kognitiver Konsistenz' führt dazu, dass Individuen danach streben, ihre Erfahrungen und Informationen einerseits sowie die persönlichen Einstellungen bzw. Entscheidungen andererseits in Einklang zu bringen, indem beispielsweise verfügbare Information oder Alternativen nicht berücksichtigt bzw. selektiv ausgeblendet werden.

Zusammenstellung eines heterogenen Analyseteams

Kriterien: Abteilungs- bzw. Ressortzugehörigkeit, Aufgabe im Unternehmen (z. B. EDV-Fachleute, Buchhalter, Controller, Auszubildende, Berater), Alter, Ausbildung, Dauer der Firmenzugehörigkeit, Hierarchieebene

Eingrenzung des Gegenstandsbereichs

Kriterien: Organisationseinheit (Standort, Abteilung) und Deliktform (Betrug, Verrat von Geschäftsgeheimnissen, missbräuchliche Nutzung von ITK-Diensten, Sabotage, Diebstahl von Software, Diebstahl von Hardware)

Generierung von Szenarien

A. Identifikation von Schwachstellen unter Berücksichtigung folgender Faktoren als Ideengeber:

Systemrolle des Täters (einfache Anwender, fortgeschrittene Benutzer, Administratoren)

- Abteilungsmitarbeiter
- Auszubildende
- Zeitarbeiter
- Leitende Mitarbeiter
- Mobile Anwender
- Ausgeschiedene Mitarbeiter
- Eigene Programmierer
- Administratoren
- Telearbeiter

Ursache der Schwachstelle (Organisation, Technologie)

- Strukturen und Prozesse
- Hardware
- Software
- Physikalische Infrastruktur
- Kontrollmaßnahmen
- Richtlinien und Policies
- Telekommunikationseinrichtungen
- Sicherheitsbewusstsein der Mitarbeiter

Zugriffsmethode (elektronisch, physikalisch)

- Missbrauch von Programmen oder Diensten
- Eingriffe bei der Verarbeitung
- Nutzung von Toolkits
- Manipulation oder Missbrauch bei der Datenein-/ausgabe
- Verwendung autonomer Agenten
- Manipulative Veränderung oder Zerstörung
- Abfangen elektromagnetischer Strahlung
- Diebstahl

Bekannt gewordene Schadensfälle aus verschiedenen Quellen

- Eigenes Unternehmen
- Kasuistik dieser Arbeit
- Fremde Unternehmen

B. Schriftliche Fixierung denkbarer Fallkonstellationen unter Berücksichtigung folgender Eckdaten:

- Deliktart
- Täterkonstellationen
- Ausgenutzte Schwachstelle(n)
- Zugriffsmethode
- Vorgehen
- Schaden im Unternehmen

Konzipierung von Präventionsmaßnahmen zur Verhinderung der skizzierten Fallkonstellationen

Hilfsmittel:

- Grundschutzmaßnahmen (Rückgriff auf Standardwerke; z. B. British Standard for Information Security Management, IT-Grundschutzhandbuch)
- Situative Verbrechensprävention (Reduktion von Tatgelegenheiten, Reduktion des Täternutzens, Erhöhung von Kosten der Tatbegehung - siehe Kapitel 7.3)
- Expertenwissen (externe Berater, Fachliteratur)

Einbeziehung neuer Erkenntnisse, Berücksichtigung organisatorischer und technologischer Entwicklungen

Wiederholung des Verfahrens

Prüfung der Effektivität von Gegenmaßnahmen

Abb. 7-1: Szenarioanalyse zur Prävention von CROD

Zur Unterstützung der Szenarioanalyse empfiehlt sich der Aufbau einer Erfahrungsdatenbank, in der Schadensfälle aus dem eigenen Unternehmen dokumentiert werden.[1] Eine solche Fallsammlung erleichtert durch konkrete Beispiele den mit der Analyse befassten Personen, sich ein Bild von der Gefahrensituation zu machen und sich Methoden zur Ausnutzung von Schwachstellen vorzustellen. Wird die Fallsammlung, beispielsweise im Intranet, allen Mitarbeitern zugänglich gemacht, kann sie darüber hinaus sowohl bei den Führungskräften als auch bei deren Mitarbeitern zu einem erhöhten Bewusstsein der Problematik beitragen.[2] Gleichzeitig zwingt sie die Sicherheitsverantwortlichen dazu, die aufgeführten Schwachstellen konsequent zu beseitigen, da Nachahmungstäter ansonsten leichtes Spiel hätten.

7.3 Grundschutzmaßnahmen

Alle in Kapitel 7.2 dargestellten Methoden zur Analyse von Risiken und zielgerichteten Beseitigung von Schwachstellen der Informationssicherheit sind mit einem nicht unerheblichen Aufwand verbunden, der den Nutzen insbesondere in solchen Bereichen fraglich erscheinen lässt, in denen a priori von einem niedrigen bis mittleren Schutzbedarf auszugehen ist.[3] Bedingt durch die Komplexität von Systeminfrastrukturen und der Vielfalt möglicher Schwachstellen, besteht darüber hinaus trotz des investierten Aufwands die Gefahr, dass wesentliche Sicherheitslücken übersehen werden. Diese Probleme können mit Hilfe des sog. Grundschutz-Ansatzes[4] teilweise vermieden werden.[5] Er umfasst in der Praxis bewährte und als sinnvoll erachtete Schutzmaßnahmen,[6] die ohne vorausgehende Sicherheitsanalyse aus einer Art Katalog ausgewählt und selektiv implementiert werden können. Ziel ist die Herstellung eines Sicherheitsniveaus, das für Unternehmen bzw. Organisationsbereiche mit einem normalen bzw. mittleren Schutzbedarf ausreichend ist.[7] Im Vergleich zur Risikoanalyse entsteht dabei ein deutlich geringerer Aufwand des Ansatzes, da lediglich ein Soll-Ist-Vergleich zwischen empfohlenen und bereits umgesetzten Maßnahmen durchzuführen ist. Auch setzt die Implementierung von Grundschutzmaßnahmen weitaus weniger Vorkenntnisse voraus als die Durchführung einer Risikoanalyse. Diesen relativen Vorteilen steht jedoch die Pauschalität der vorgeschlagenen Maßnahmen entgegen. In der Praxis erfolgt häufig ein kombiniertes Vorgehen: Dabei werden zunächst Grundschutzmaßnahmen implementiert und anschließend für Berei-

---

[1] Vgl. Odenthal 1997b, S. 310.

[2] Vgl. Willliams et al. 1989, S. 23-25.

[3] Vgl. Strauß 1991, S. 95.

[4] Engl. baseline security approach.

[5] Vgl. Vogel 1994, S. 42f.

[6] Im angelsächsischen Raum werden Grundschutzmaßnahmen als ‚best practices' oder ‚baseline controls' bezeichnet.

[7] Vgl. beispielsweise BSI 2003, S. 14.

che mit einem besonders hohen Schutzbedarf Risikoanalysen durchgeführt. Zur Herstellung des Grundschutzes bietet sich der Rückgriff auf eines der zahlreichen für diesen Bereich auf dem Markt verfügbaren Referenzwerke an. Im Folgenden werden daher die beiden bekanntesten dieser Werke vorgestellt.

7.3.1 Information technology – Code of practice for information security management

Das international bekannteste Werk zur Herstellung eines Grundschutzes ist gegenwärtig ein in England von der British Standards Institution (BSI) entwickelter Ansatz mit dem Titel ‚Information technology – Code of practice for information security management',[1] der 1993 erstmalig unter der Kurzbezeichnung ‚BS 7799' veröffentlicht wurde. Im Jahr 2000 wurde der erste Teil des Werks (BS 7799-1) nach einer Aktualisierung und Eliminierung seiner Ausrichtung auf das englische Rechtssystem von der ‚International Organization for Standardization' (ISO) zum internationalen Standard[2] erhoben. Er beinhaltet einen umfassenden Katalog technologie- und branchenunabhängiger Schutzmaßnahmen, die in zehn Kategorien unterteilt sind.[3]

Der zweite Teil des Werks (BS 7799-2) beschreibt ergänzend einen Prozess, der das kontinuierliche Management von Informationssicherheit in Unternehmen ermöglicht und aus folgenden sich zyklisch wiederholenden Phasen besteht:[4] Konzeptionierung, Implementierung, Betrieb, Überwachung, Überprüfung, Wartung und Verbesserung. Zusammenfassend lässt sich festhalten, dass der internationale Standard in einer sehr allgemein gehaltenen Form verfasst und dadurch in Unternehmen unterschiedlicher Größe und Ausrichtung einsetzbar ist. In vielen Ländern dient er als Grundlage für regionale bzw. landesspezifische Standards.[5] Bedingt durch die abstrakte Formulierung ergibt sich jedoch bei der konkreten Umsetzung der einzelnen Maßnahmen die Notwendigkeit einer deutlich feineren Spezifizierung und Anpassung an die organisatorischen und systemtechnischen Gegebenheiten.

---

[1] Vgl. BSI 2001.

[2] Der Standard wird unter der Abkürzung ‚BS ISO/IEC 17799:2000' geführt, wobei IEC für ‚International Electrotechnical Commission' steht.

[3] Die Kategorien sind wie folgt benannt: 1. Sicherheitspolicy, 2. Organisatorische Sicherheit, 3. Klassifizierung von Vermögenswerten und Kontrolle, 4. Sicherheit im personellen Bereich, 5. Physikalische Sicherheit und Umweltsicherheit, 6. Kommunikations- und Verfahrensmanagement, 7. Zugangskontrolle, 8. Systementwicklung und -wartung, 9. Gewährleistung der Geschäftsstabilität, 10. Befolgung gesetzlicher Anforderungen; vgl. BSI 2001, S. 1-65 oder BSI 2002, S. 11-27 (jeweils aus dem Englischen übersetzt).

[4] Vgl. BSI 2002, S. 1-3. Der Prozess wird in BS 7799-2 als Plan-Do-Check-Act (PDCA) Modell bezeichnet.

[5] Vgl. Höne/Eloff 2002, S. 406.

7.3.2 IT-Grundschutzhandbuch

Wesentlich detaillierter und konkreter gefasst als der ‚Information technology – Code of practice for information security management' ist das deutsche ‚IT-Grundschutzhandbuch', ein vom Bundesamt für Sicherheit in der Informationstechnik (BSI) herausgegebenes Standardwerk, das in seiner heutigen Form erstmals 1995 publiziert wurde. Es wird laufend überarbeitet und dem Stand der Technik angepasst, um seine Aktualität zu gewährleisten. Das Dokument ist nach dem Baukastenprinzip aufgebaut und empfiehlt für spezifische IT-Systeme Standardsicherheitsmaßnahmen aus dem organisatorischen, personellen, infrastrukturellen und technischen Bereich.[1] Die einzelnen Bausteine beschreiben jeweils eine durchschnittlich zu erwartende Gefährdungslage für typische Bereiche des IT-Einsatzes und schlagen darauf aufbauend konkrete Maßnahmen vor, die nach dem aktuellen Stand der Technik die Herstellung eines mittleren Schutzniveaus bezwecken. Ähnlich wie im zweiten Teil des BSI-Werkes schlägt auch das IT-Grundschutzhandbuch eine eigene Systematik zur Implementierung eines zyklischen Prozesses zur Gewährleistung von Informationssicherheit vor. Wesentliche Phasen sind hier die Erstellung einer IT-Sicherheitsleitlinie und eines IT-Sicherheitskonzeptes,[2] die Einrichtung eines IT-Sicherheitsmanagements, die Realisierung fehlender Maßnahmen sowie die Aufrechterhaltung der IT-Sicherheit im laufenden Betrieb.[3]

Im Vergleich ergeben sich für die beiden dargestellten Standardwerke folgende wichtige Unterschiede: Im Gegensatz zu BS 7799 ist das Grundschutzhandbuch kostenfrei und über das Internet auch in elektronischer Form verfügbar.[4] Angesichts der Tatsache, dass Anwender heutzutage gewohnt sind, schnell und unkompliziert auf aktuelle Informationen über Suchmaschinen des Internets zuzugreifen, wird in der kostenpflichtigen und nicht digitalisierten Form des internationalen Standardwerkes ein Haupthindernis für dessen schnelle Verbreitung und allgemeine Akzeptanz gesehen.[5] Für den deutschen Sprachraum relevant ist die Tatsache, dass das Grundschutzhandbuch nicht nur auf Englisch, sondern auch auf Deutsch erhältlich ist. Anders als BS 7799 ist es zum Teil auf bestimmte Technologien ausgerichtet, d. h. es enthält konkrete Sicherheitsvorgaben für einzelne Systeme und Anwendungen, z. B. für die verschiedenen Windows Derivate, Lotus Notes, Microsoft Exchange oder Microsoft Outlook.[6] Durch

---

[1] Vgl. BSI 2003, S. 14f.

[2] Zur Unterstützung bei der Erstellung, Fortschreibung und Verwaltung des IT-Sicherheitskonzeptes bietet das Bundesamt für Sicherheit in der Informationstechnik im Internet auf seiner Homepage ein passendes Softwaretool an; siehe http://www.bsi.de/gstool/index.htm (Zugriff geprüft am 31.7.2005).

[3] Vgl. BSI 2003, S. 35f.

[4] Siehe http://www.bsi.de/gshb (Zugriff geprüft am 31.7.2005).

[5] Vgl. DTI 2004, S. 10.

[6] Bei den beiden letzt genannten Produkten handelt es sich im weitesten Sinne um Systeme zur Unterstützung von Kooperationen über zeitliche und räumliche Distanzen hinweg. Sie bieten u. a. Funktionen zum Manage-

diesen sehr viel höheren Detaillierungsgrad ist es mit über 2500 Seiten deutlich umfangreicher, gleichzeitig aber auch deutlich komplexer und damit schwerer zu handhaben als BS 7799, dessen beide Teile zusammen nur knapp über 100 Seiten umfassen.

7.3.3 Grundschutz im Kontext von CROD

Wie in Kapitel 7.1.1 erläutert, kann die Bekämpfung devianten Verhaltens prinzipiell durch unterschiedliche gesellschaftliche Träger sowohl auf der Makro- als auch auf der Mesoebene erfolgen. Dies entspricht dem Grundgedanken des konstruierten Erklärungsmodells, demzufolge auch die Entstehung abweichender Verhaltensweisen von verschiedenen Faktoren auf unterschiedlichen Ebenen beeinflusst wird. Auf der Makroebene geben die gesamtgesellschaftlichen Rahmenbedingungen sowohl für das Unternehmen als auch für seine Akteure den Aktionsrahmen vor. Da sich diese Faktoren jedoch weitestgehend dem Einfluss einzelner Unternehmen entziehen, werden sie im Folgenden nicht weiter betrachtet. Im Fokus stehen vor allem die unternehmensseitig wesentlich besser beeinflussbaren Faktoren der Meso- und Mikroebene. Hierzu gehören die als ‚Opportunismus' und ‚Spezifität' sowie ‚beschränkte Rationalität' und ‚Komplexität' bezeichneten Human- und Umweltfaktoren, die durch ihr Zusammenwirken zu einem Versagen wichtiger Koordinationsmechanismen auf der Mesoebene führen und damit einen Zustand der Informationsunsicherheit begünstigen. Dieser Zustand ist durch das Entstehen neuer bzw. durch das Nicht-Beseitigen bestehender Sicherheitslücken gekennzeichnet und wirkt sich auf die Logik der Situation aus. Des Weiteren ergeben sich vielfältige Einflussmöglichkeiten in Bezug auf die der Mikroebene zuzurechnenden Inputfaktoren des individuellen Entscheidungskalküls, insbesondere den wahrgenommenen Nutzen und die erwarteten Kosten potentieller Schadenshandlungen.

Analog zur Theorie situativer Verbrechensprävention,[1] welche die Grundgedanken des Rational Choice Ansatzes vom Bereich der Analyse auf denjenigen der Prävention überträgt, werden daher in den folgenden Kapiteln 7.4 bis 7.6 im Sinne eines IT-Grundschutzes Maßnahmen vorgeschlagen, die angesichts der in Kapitel 6 identifizierten Entstehungsbedingungen geeignet sind, Missbrauch und Schädigungen durch eigene Mitarbeiter mit Bezug zu ITK-Systemen zu vermeiden. Die Maßnahmen bezwecken die Reduktion unternehmensseitig unerwünschter Handlungsoptionen oder zumindest die systematische Herabsetzung ihrer Attraktivität. Mit Ausnahme der individuellen Nutzenfunktion, welche über die Ziele und Präferenzen eines Individuums als gegeben vorausgesetzt wird, besteht das Ziel darin, alle Inputfaktoren des zweckrational agierenden Mitarbeiters und damit die Logik der Selektion so zu beein-

---

ment von Projekten, eine Adressenverwaltung, ein System zum E-Mail-Management, einen Terminkalender sowie ein Notizbuch.

[1] Im angelsächsischen Sprachraum werden Maßnahmen aus diesem Bereich unter dem Begriff ‚Situational Crime Prevention' subsumiert.

flussen, dass aus Unternehmenssicht erwünschte Verhaltensweisen aufgrund des höheren Nettonutzens gegenüber unerwünschten Verhaltensweisen der Vorzug gegeben wird.[1] Dabei wird ein zweckrational agierender Mitarbeiter vorausgesetzt, dessen Entscheidungskalkül über eine ökonomische Logik beeinflusst werden kann.

7.4 Reduktion von Tatgelegenheiten

Im Folgenden werden vier Ansatzpunkte zur Reduktion der Anzahl zur Verfügung stehender Tatgelegenheiten beschrieben.

7.4.1 Komplexitätsabbau

In Verbindung mit der beschränkten Rationalität menschlicher Entscheidungsträger wurde die organisationsinterne Komplexität als eine der wesentlichen Ursachen für das Versagen von Koordinationsmechanismen und das hierdurch bedingte Entstehen von Systemschwachstellen und Sicherheitslücken identifiziert. Die aus den Schwachstellen resultierenden Missbrauchsgelegenheiten können somit durch eine Reduktion der Komplexität eingeschränkt werden.

In der Praxis besteht die Tendenz, auf Komplexität mit weiteren komplexitätssteigernden Maßnahmen zu reagieren.[2] Ein Beispiel dafür ist der Einsatz von Firewalls[3] zur Verhinderung der Ausnutzung von Schwachstellen im Firmennetzwerk. Da eine Firewall einen erheblichen Pflege- und Konfigurationsaufwand verursacht, trägt sie nicht in jedem Fall zu einer Reduktion der Gesamtkomplexität bei. Wirkungsvolle Ansatzpunkte für eine Komplexitätsreduktion bieten die identifizierten strukturellen sowie informations- und kommunikationsbezogenen Komplexitätstreiber.[4] Die individuellen Komplexitätstreiber (z. B. Machtstreben, fehlende Sozialkompetenz oder mangelnde Motivation) werden wie auch die externen Komplexitätstreiber (etwa die zunehmende Differenzierung des Leistungsangebots oder die Erfüllung länderspezifischer Anforderungen in globalen Märkten) als im Wesentlichen nicht beeinflussbar angenommen und daher an dieser Stelle nicht weiter betrachtet.

Auf durch zunehmenden Koordinationsbedarf im Unternehmen verursachte Komplexitätssteigerungen kann beispielsweise durch dezentrale Entscheidungskompetenzen im Sinne einer strukturgetriebenen Komplexitätsreduktion reagiert werden, die den Wandel von einer funkti-

---

[1] Vgl. Clarke 1997, S. 2-4. Ebenfalls möglich ist eine Argumentation aus Sicht des Routine Activity Ansatzes. Im Sinne einer situativen Kriminalprävention ist dann das zeitliche und räumliche Zusammentreffen motivierter Täter, attraktiver Ziele bzw. Opfer und fehlender Kontrollen zu vermeiden; siehe Kapitel 5.2.3.

[2] Vgl. Adam/Johannwille 1998, S. 9 und Frohmüller/Kiefer 1999, S. 834.

[3] Unter einer Firewall versteht man ganz allgemein ein Hardware- oder Softwaresystem, das ein Teilnetz, welches Bestandteil eines Verbundnetzes ist, vor unerwünschtem Zugriff aus dem Verbundnetz schützt; vgl. Godschalk 1999, S. 61.

[4] Siehe Kapitel 6.2.5.

onalen zu einer marktähnlichen modularen Organisationsform durch die Schaffung unabhängig agierender und autonom handelnder Einheiten vorsieht.[1] Effektiv ist eine funktionale Organisation insbesondere in einem durch Kontinuität gekennzeichneten Marktumfeld, da sich unter diesen Bedingungen durch Standardisierung und Spezialisierung von Prozessen Komplexität reduzieren lässt und Synergieeffekte erzielt werden können. Andere Ausgangsvoraussetzungen liefern jedoch die enorme Entwicklungsdynamik und die häufigen Veränderungen heutiger Beschaffungs- und Absatzmärkte. Modulare, an der Wertschöpfungskette ausgerichtete Organisationseinheiten tragen in einem solchen Umfeld dazu bei, die Beziehungsvielfalt und die gegenseitigen Abhängigkeiten in einem Unternehmen auf ein sinnvolles Maß zu reduzieren und hierdurch den Koordinationsbedarf zu minimieren. Aufgaben sind dazu so zusammenzufassen, dass die Einheiten einen hohen Grad an Abgeschlossenheit aufweisen, die Transaktionshäufigkeit innerhalb der Module also hoch, zwischen den Modulen jedoch gering ist. Leistungen werden dann innerhalb eines Moduls soweit vorangetrieben, dass deren Übergabe an andere Organisationseinheiten keinen umfangreichen Wissens- und Informationstransfer mehr erfordert. Gleichzeitig muss entsprechend dem Subsidiaritätsprinzip gewährleistet bleiben, dass Entscheidungen nur so weit dezentralisiert werden, dass die Entscheidungsträger die Auswirkungen ihrer Entscheidungen auf das Gesamtunternehmen noch überblicken können.[2] Voraussetzungen dafür sind geeignete Controllinginstrumente, die auf einer zentralen, integrierten Informationsbasis aufbauen und in der Lage sind, die ökonomischen Wirkungen dezentraler Entscheidungen auf die Gesamtorganisation transparent zu machen.[3]

Ansatzpunkte für eine informations- und kommunikationsbezogene Komplexitätsreduktion bieten Hardware, Softwareprogramme und ihre Funktionen sowie die zahlreichen Schnittstellen zwischen den einzelnen Modulen. So lassen sich beispielsweise alleine mit einem strategischen Verzicht des Anspruchs auf Technologieführerschaft zahlreiche technikgetriebene Probleme vermeiden, da Fehler und Sicherheitslücken in neuen Systemen und Programmversionen überdurchschnittlich häufig vorkommen und erst mit zunehmender Produktreife allmählich behoben werden.[4] Folgewirkungen neuer Technologien, die im Anfangsstudium selbst für Experten kaum abzusehen sind, werden im Zeitablauf besser erkennbar, so dass eine Abschätzung von Risiken leichter fällt. Als Beispiel sei hier die derzeit aufkommende ‚Voice over IP'-Technologie genannt, die ein kostengünstiges Telefonieren über das Internet ermöglicht. Den Einsparpotentialen sind hierbei Investitionen in neue Hardwarekomponenten (Router, Telefone etc.) gegenüberzustellen, deren Qualität und Verlässlichkeit zum aktuellen Zeitpunkt noch nicht beurteilt werden kann. Auch die Sicherheitskonsequenzen von ‚Voice over

---

[1] Vgl. Picot/Freudenberg 1998, S. 77f. und Wildemann 1998, S. 60-63.

[2] Vgl. Adam/Johannwille 1998, S. 23.

[3] Siehe Kapitel 7.4.3.

[4] Siehe Fußnote 3, S. 148.

IP' sind bislang nur unzureichend bekannt, etwa die Folgen einer zunehmenden Internetabhängigkeit in Bezug auf Sabotageakte, Ausfälle beim Netzprovider oder das einfachere Abhören von Telefongesprächen, wenn diese über öffentliche IP-Netze transportiert werden.[1]

Angesichts allmählich heranwachsender heterogener Informations- und Telekommunikationslandschaften kann die Strategie, bei Systemwechseln grundsätzlich radikale Schritte zu vollziehen, ebenfalls zu einer Komplexitätsreduktion beitragen. Durch eine solche vollständige Neuausrichtung der IT-Infrastruktur wird neben der Fehleranfälligkeit auch der Pflegeaufwand reduziert, der mit dem Verbinden heterogener Systeme aus unterschiedlichen Epochen einhergeht.[2] Zu einem Abbau von Komplexität führt dabei insbesondere die Reduktion der Anzahl an notwendigen Schnittstellen in der Systemlandschaft. Software- und Benutzerschnittstellen bieten ebenso wie Hardware-Schnittstellen, d. h. physikalische Steckverbindungen wie USB-Ports oder Funkverbindungen wie WLAN oder Bluetooth, Möglichkeiten für Manipulationen bei der Datenein-, aus-, oder -weitergabe. Besonders anfällig sind die für den Datenaustausch zwischen Programmen oder Modulen eingesetzten Dateischnittstellen, die in der Regel den Eingriff über einfache Systemprogramme (z. B. einen Texteditor) erlauben. Besser abgesichert und weniger leicht manipulierbar sind standardisierte Schnittstellen, z. B. ein direkter programmseitig realisierter Zugriff auf Datenbanken über strukturierte Abfragesprachen (z. B. SQL[3]) oder Datenbanktreiber (z. B. ODBC[4]). Ansatzpunkte zur Komplexitätsreduktion bieten neben der Verwendung von Standards auch organisationsinterne Vereinheitlichungen von Schnittstellen, wenn dadurch der im Unternehmen insgesamt benötigte Aufwand zu deren Absicherung gesenkt werden kann. So können Sicherheitsvorgaben, beispielsweise hinsichtlich eines zu verwendenden Verschlüsselungsverfahrens, wesentlich einfacher erfolgen, wenn nur eine Art von Dateiformat, nur ein Netzwerkprotokoll und nur ein Standard zur Datenübertragung in einem Funknetzwerk verwendet werden.

Auch die Schnittstellen zwischen Mensch und Maschine bergen Potential zur Komplexitätsverminderung. Über seinen Arbeitsplatzrechner hat ein durchschnittlicher Anwender Zugriff auf eine Vielzahl von CRM[5]-, ERP[1]-, Datenbank- oder Spezialanwendungen seines Fachbe-

---

[1] Vgl. Kracke 2005, S. 31.

[2] Vgl. Frohmüller/Kiefer 1999, S. 836.

[3] **Structured Query Language.** SQL ist eine weit verbreitete Programmiersprache zur Definition, Manipulation und Abfrage von Daten aus relationalen Datenbanken.

[4] **Open DataBase Connectivity.** ODBC ist ein häufig eingesetzter Datenbanktreiber, der eine Programmierschnittstelle zur Anbindung von Anwendungen an vielfältige Datenbanksysteme bietet.

[5] **Customer Relationship Management.** Programme aus diesem Bereich ermöglichen die Verwaltung von Kundenbeziehungen. Sämtliche Daten eines Kunden und dessen Transaktionen mit dem Unternehmen werden dazu in einer Datenbank gespeichert und so aufbereitet, dass sie an unterschiedlichen Stellen des Unternehmens in der dort jeweils benötigten Form zur Verfügung stehen.

reichs, die in der Regel jeweils ein eigenes Log-In, beispielsweise durch Eingabe von Benutzername und Kennwort, erfordern. Diese Benutzeranmeldung dient zur Authentifizierung des Benutzers, um ihm in der jeweiligen Anwendung abhängig von seiner Stellung und Funktion im Unternehmen unterschiedliche Zugriffsrechte zuzuweisen. Diese Methode der Identifikation stellt insofern einen Problembereich in vielen Systemen dar, als angesichts der Fülle der im Unternehmen, aber auch im Privatbereich relevanten Identifikations- und Authentifizierungsprozeduren und der Menge der dabei auswendig zu lernenden Kombinationen aus Benutzernamen, PINs und anderen Passwörtern die persönlichen Grenzen der Merkfähigkeit schnell überschritten werden, so dass individuelle Strategien zur Komplexitätsreduktion eingesetzt werden. Folgen sind die Wahl einfach zu erratender Passwörter (z. B. durch Verwendung von Namen der Familienmitglieder oder Haustiere), die schriftliche Fixierung von Zugangsdaten (z. B. auf Post-it Zetteln) oder die Verwendung immer gleicher Passwörter für viele verschiedene Anwendungen.[2] Nicht die möglicherweise technisch ebenfalls nicht perfekt abgesicherten Anmeldeverfahren der einzelnen Anwendungen, erst das Zusammenspiel zwischen Mensch und Systemmodulen führt somit zur Kompromittierung der Sicherheit jeder einzelnen Komponente.

Zur Vermeidung dieser Schwachstellen bieten sich verschiedene organisatorische und technische Lösungen an, die mit einem unterschiedlich hohen Aufwand verbunden sind. Leicht umsetzbar ist die organisatorische Vorgabe, Log-In-Daten auf vorgeschriebene Art und Weise, z. B. über eine passwortgeschützte Textdatei, sicher zu verwahren. Um jedoch Komplexität nicht mit weiterer Komplexität zu begegnen, stellt aus Anwendersicht eine technische Lösung mit dem Ziel der Realisierung eines sog. Single-Sign-On (SSO) Verfahrens die bessere Lösung dar.[3] Eine einheitliche Anmeldung für alle genutzten Programmdienste kann über die Anbindung sämtlicher Anwendungen an einen zentralen Verzeichnisdienst oder auch über eine spezielle Software implementiert werden. Die Umsetzung einer entsprechend geeigneten technischen Lösung stellt abhängig von der Heterogenität der Anwendungen jedoch häufig keine triviale Aufgabe dar, insbesondere wenn vielfältige proprietäre sog. Legacy-Systeme zu integrieren sind oder nicht mehr dem Stand der Technik entsprechende Programme eingesetzt werden.

Auch bei der Datenverarbeitung notwendige Ein- und Ausgabeschnittstellen stellen Ansatzpunkte zur Verhinderung geschäftsschädigenden Verhaltens durch Komplexitätsreduktion dar. In diesem Zusammenhang bergen insbesondere sog. Medienbrüche die Gefahr von Miss-

---

[1] Enterprise Ressource Planning. ERP-Software-Systeme unterstützen Unternehmen beim Management wichtiger Geschäftsprozesse, z. B. bei Beschaffung, Materialwirtschaft, Produktion, Vertrieb, Finanz- und Personalverwaltung.

[2] Vgl. Parker 1998, S. 386-388 und Schneier 2000, S. 138f.

[3] Vgl. Spurling 1995, S. 23 und Gammel 2004b.

brauchsmöglichkeiten.[1] Zu deren Beseitigung müssen über einen gesamten Geschäftsprozess hinweg einheitliche Vorgaben zur Übernahme oder Eingabe, zur Verarbeitung und zur Ausgabe von Daten gemacht und implementiert werden. Dabei sind nicht nur unterschiedliche Funktionsbereiche im eigenen Unternehmen zu berücksichtigen, sondern auch Zulieferer, Dienstleister und Kunden, mit denen diverse Austauschbeziehungen unterhalten werden.

Abschließend sei auf den direkten Zusammenhang zwischen der Anzahl an verfügbaren Programmfunktionen und der Menge daraus resultierender (abweichender) Handlungsoptionen verwiesen. Da eine Großzahl der Anwendungsfunktionen in Standardprogrammen nicht benötigt wird, kann eine sinnvolle Strategie zur Komplexitätsreduktion darin bestehen, Funktionen in Standardprogrammen und eigenentwickelten Softwarelösungen auf das notwendige Minimum zu reduzieren und dadurch potentielle Schwachstellen und Missbrauchsmöglichkeiten zu eliminieren. Insbesondere die vielfältig vorhandenen Ausgabefunktionen in Form von Druckbefehlen, Exportroutinen oder Übergabemöglichkeiten an Office-Programme und E-Mail-Systeme stellen hier Ansatzpunkte dar.

7.4.2 Spezifitätsreduktion

Verfügen Unternehmensangehörige aufgrund von einzigartigen Kenntnissen und Fähigkeiten über ein Art Wissensmonopol, stellen sie im Falle einer opportunistischen Grundhaltung für den Arbeitgeber eine nicht zu unterschätzende Gefahrenquelle dar. Ein aufgrund seines Wissensvorsprungs bei Kündigung oder Entlassung nicht ersetzbarer Spezialist besitzt gegenüber seinem Arbeitgeber eine Machtstellung, die de facto eine Umkehr des eigentlich in einer Hierarchie vorgesehenen Kontrollverhältnisses von Vorgesetzten zu Mitarbeitern bedeutet. Dadurch entstehen zum einen neue Schwachstellen in der Informationsinfrastruktur, zum anderen besteht die Gefahr, dass infolge mangelnder Kenntnisse der beauftragten Kontrollinstanzen Manipulationen nicht als solche erkannt werden.[2] Entsprechende Missbrauchsmöglichkeiten entstehen beispielsweise, wenn im Rahmen eines IT-Projektes zur Einführung einer neuen Software lediglich ein einziger Mitarbeiter als Administrator ausgebildet wird oder ein Mitarbeiter der Abteilung Zahlungsabwicklung eine Möglichkeit zur systemseitigen Verschleierung von Geldtransaktionen ausnutzt, die mangels Fachkenntnissen weder Kollegen noch Vorgesetzte zu erkennen in der Lage sind.

Eine mögliche Gegenmaßnahme besteht entsprechend der als ‚opportunistische Risikobewältigung' bezeichneten Strategie darin, die Abhängigkeit des Unternehmens von einzelnen Mitarbeitern zu reduzieren.[3] Dies kann entweder mittels Substitution der Ressource Personal

---

[1] Siehe Kapitel 6.2.5.
[2] Siehe Kapitel 6.2.4.
[3] Vgl. Ackermann 1999, S. 82.

durch verstärkte Automatisierung oder durch Mehrfachqualifizierungen und Stellvertreterregelungen zum Aufbau von Redundanzen erreicht werden. Eine Automatisierung beschränkt sich zwangsläufig auf solche Bereiche und Aufgaben, die einen großen Anteil sich ständig wiederholender Tätigkeiten umfassen. Beispielsweise kann im oben skizzierten Fall des Mitarbeiters in der Zahlungsabwicklung die händische Eingabe von Überweisungen in die Electronic Banking Software durch eine automatische Übernahme von elektronischen Zahlungsanweisungen abgelöst werden, vorausgesetzt, die vorgelagerten Instanzen der Prozesskette sind in der Lage, die Daten über eine entsprechende Schnittstelle in der benötigten Form bereitzustellen. Durch eine solche Automatisierung wird zudem ein Medienbruch eliminiert und somit nicht nur eine Verbesserung der Informationssicherheit erreicht, sondern auch eine potentielle Fehlerquelle bei der Dateneingabe beseitigt.

Der Aufbau von redundantem Wissen bei den eigenen Mitarbeitern kann beispielsweise erreicht werden, indem Projekte verstärkt in Teams bearbeitet und dadurch projektspezifische Kenntnisse auf alle Teammitglieder übertragen werden. Die besonders im EDV-Bereich verbreitete Vorgehensweise, Spezialistenwissen von externen Dienstleistern zu beziehen, ist vor diesem Hintergrund kritisch zu prüfen. Wird ein Projekt völlig autark durch ein unternehmensfremdes Softwarehaus umgesetzt und erst mit der Fertigstellung an das beauftragende Unternehmen übergeben, entstehen dieselben Auftraggeber-Auftragnehmer-Probleme[1] in Form von einseitigen Abhängigkeitsverhältnissen wie bei der internen Beauftragung eines Spezialisten. Entsprechend empfiehlt sich auch bei Projekten, die von externen Firmen bearbeitet werden, die Partizipation eigener Mitarbeiter in allen Projektphasen, um einen Wissenstransfer in das eigene Unternehmen sicherzustellen.

Werden keine in sich geschlossenen Einzelprojekte bearbeitet, sondern sind sich regelmäßig wiederholende Aufgaben betroffen, bietet sich deren rollierende Bearbeitung an. Eine solche Personalrotation und wechselnde Aufgabenzuweisungen tragen zudem zur Verhinderung von Konspirationen bei und verringern die Gefahr, dass Manipulationen über einen längeren Zeitraum andauern.[2] Eine weitere mögliche Strategie zur Vorbeugung insbesondere gegen Missbrauchsschemata sind zufällige Aufgabenzuordnungen durch Poolbildung. Dabei werden mehrere Mitarbeiter ausgebildet, gleich gelagerte Sachverhalte zu bearbeiten. Konkrete Zuordnungen von Mitarbeitern zu Aufgaben werden dann nach dem Zufallsprinzip vorgenommen. Dieser Mechanismus beugt nicht nur längerfristig angelegten Manipulationen vor, sondern reduziert auch die Abhängigkeit von einzelnen Mitarbeitern, da jederzeit die Möglichkeit der Aufgabenbearbeitung durch eine andere Person besteht. Mehrfachqualifizierungen können schließlich bewusst vorangetrieben werden, indem präventiv Aus-, Fort- und Weiterbildungen für Themenbereiche initiiert werden, für die es im Unternehmen bislang entweder nur einige

---

[1] Siehe Kapitel 6.2.3.
[2] Vgl. Shapiro 1987, S. 639.

wenige oder gar keine Spezialisten gibt. Mitarbeiterschulungen sind unter diesem Aspekt als strategische Investition in die Informationssicherheit des Unternehmens zu betrachten.

Die Aneignung von IT-bezogenem Wissen auch von Mitarbeitern in weniger technologiegeprägten Teilen einer Organisation führt zu einer allgemeinen Verbesserung des Verständnisses für technische Zusammenhänge. Auch die in vielen Unternehmen existierenden räumlichen, kulturellen und strukturellen Barrieren zwischen der IT-Abteilung und den anderen Organisationseinheiten abzureißen und eine Veränderung der Funktion der IT-Mitarbeiter von einer passiven Supportrolle hin zu einer aktiveren Mentorenrolle anzustreben, fördert die bessere Integration von Technik, Organisation und Mensch und hilft diesbezügliche Schwachstellen zu vermeiden.[1] Räumliche Barrieren, etwa die Unterbringung der IT-Mitarbeiter in entfernt gelegenen Gebäudeteilen oder im Extremfall die Auslagerung an einen Outsourcing-Dienstleister können zu Kommunikationsstörungen und Missverständnissen führen, wenn sicherheitstechnische Maßnahmen nicht kommuniziert oder nicht verstanden werden. Die oftmals vorzufindende strenge strukturelle Trennung der IT-Abteilung vom Rest des Unternehmens kann über eine Dezentralisierung anwendungsbezogener IT-Funktionen erfolgen, die so auszurichten sind, dass Projektmanager nicht nur an den CIO[2] berichten, sondern auch an den Leiter des für das konkrete Projekt zuständigen Geschäftsbereichs. Lediglich IT-Bereiche, die für System-Architektur und -Infrastruktur zuständig sind, sollten weiterhin zentralisiert bleiben, damit Standards etabliert und Economies of Scale realisiert werden können.[3]

7.4.3 Zentralisierung der Datenhaltung

Die Manipulation und die unautorisierte Weitergabe von Daten ist für einen Täter oftmals mit nur wenig Aufwand verbunden, da Informationen in den EDV-Systemen eines Unternehmens in der Regel unkontrolliert und redundant an verschiedensten Stellen gespeichert werden. Liegen digitale Kopien von Daten an mehreren Orten vor, lassen sich diese deutlich schlechter vor Vertraulichkeits- und Integritätsverlusten schützen als im Falle einer zentralen Datenablage. Die Beschränkung des Zugriffs auf bestimmte Informationen ist ebenso wie die erwünschte Vernichtung bestimmter Daten mit erheblich größerem Aufwand verbunden, da sich kaum feststellen lässt, an welchen Speicherorten eine bestimmte Information vorhanden ist.[4]

---

[1] Vgl. Nathan 2003, S. 70-76.

[2] Ein Chief Information Officer ist der IT-Leiter eines Unternehmens

[3] Vgl. Lohmeyer et al. 2002.

[4] Vgl. Parker 1997, S. 577. Zwar gibt es mächtige Suchalgorithmen, die verschiedenste Knotenpunkte (Server, Clients) einer Systemlandschaft bei ihrer Suche berücksichtigen können, dennoch existieren zahlreiche Gründe, die mitunter dazu führen, dass eine bestimmte Information bei einer Suche nicht gefunden wird. Hierzu gehören u. a. ausgeschaltete Rechner, nicht angeschlossene, aktivierte oder eingelegte Speichermedien, nicht ausreichende Zugriffsrechte oder auch eine Datenablage in einem vom Suchalgorithmus nicht auswertbaren Dateiformat.

Im Falle einer zentralen Datenspeicherung lassen sich hingegen für einzelne Verzeichnisse im Dateisystem eines zentralen Serversystems funktions-, abteilungs- oder hierarchiebezogene Zugriffsrechte vergeben, da in der Regel ein unternehmensübergreifender Verzeichnisdienst existiert, in dem für jeden IT-Nutzer der Organisation bestimmte Eckdaten gepflegt werden.[1] Für Manipulationen bei der Datenein- und -ausgabe ergeben sich dann ungleich weniger Angriffspunkte, da sich Server nicht nur technisch, sondern auch physikalisch durch den Betrieb in speziell eingerichteten Räumlichkeiten besser schützen lassen. Einbußen im Bereich der Datenverfügbarkeit bei einer stärkeren Zentralisierung der Datenhaltung können dadurch kompensiert werden, dass bewusst Redundanzen bei den eingesetzten Systemen aufgebaut werden.[2]

Die Auswirkungen einer redundanten Datenhaltung lassen sich am Beispiel eines Informationsrundschreibens illustrieren, das die Unternehmensleitung als PDF[3]-Datei im Anhang einer E-Mail an alle leitenden Angestellten des Unternehmens verschickt. Das Ursprungsdokument wird zunächst im Dateisystem in einem Rundschreibenverzeichnis des zentralen Unternehmensservers gespeichert. Nach dem Versand wird – zumindest für eine begrenzte Zeit – in einem Postfach des E-Mail-Servers die erste Kopie abgelegt. Die Erstellung weiterer Kopien für alle E-Mail-Empfänger erfolgt im Zuge des Versands an die persönlichen Postfächer. Da die meisten Benutzer erfahrungsgemäß innerhalb des E-Mail-Systems eine eigene Dateiablage anlegen, ist anzunehmen, dass zumindest ein Teil der Empfänger des Rundschreibens dieses unabhängig von der weiteren Verarbeitung in einem Verzeichnis des E-Mail-Programms zwischenspeichert. Zusätzlich wird häufig auf der Systemebene im persönlichen Verzeichnis eine weitere Dateiablage gepflegt. Physikalisch kann dieses Verzeichnis entweder auf einem dezentralen Server, beispielsweise dem Abteilungsserver, oder auch auf dem Arbeitsplatzrechner selbst liegen. Es ist weiter davon auszugehen, dass der Empfänger das erhaltene Dokument im Zuge der Aufgabendelegation an seine Mitarbeiter weiterleitet, die wiederum im E-Mail-Programm und/oder auf der Systemebene eine eigene Datei-Ablage unterhalten. Die Anzahl (digitaler) Kopien vergrößert sich exponentiell, wenn Mitarbeiter des Weiteren PDAs oder Notebooks einsetzen und die empfangene E-Mail, etwa weil sie diese unterwegs benötigen, zusätzlich auf das mobile Gerät synchronisieren. Zusätzlich beschleunigen Datensicherungen, häufig vorgehalten in mehreren Versionen als Tages-, Wochen-, Monats- oder Jahres-

---

[1] Zugriffsrechte beschreiben dabei Relationen von Subjekten (Benutzer, Prozesse, Anwendungen), Objekten (Daten oder Ressourcen) und Rechten (u. a. Sehen, Lesen, Bearbeiten, Erzeugen, Löschen); vgl. Claus/Schwill 2003, S. 165f. Sie lassen sich in den meisten Dateisystemen, Datenbanken und Programmen sehr differenziert vergeben.

[2] Möglichkeiten bieten beispielsweise doppelte Server, häufig verbunden als sog. Cluster-Server, redundante Netzteile, Prozessoren und gespiegelte Festplatten.

[3] Das Portable Document Format ist ein von der Firma Adobe Systems entwickeltes Dateiformat für druckbare Dokumente, das die originalgetreue Wiedergabe auf verschiedensten Hardwareplattformen und unter allen gängigen Betriebssystemen ermöglicht.

sicherungen, die auf den Servern und möglicherweise zusätzlich auf den Clients erstellt werden, die Vervielfältigung digitaler Informationen. Auch Dokumentenmanagementsysteme, die u. a. der digitalen Archivierung dienen, können die Kopienanzahl vergrößern.

Unter Sicherheitsaspekten sollten aus Unternehmenssicht die Datenhaltung in vorgegebenen homogenen Strukturen zentralisiert und Redundanzen, d. h. Ablagen in verschiedenen Systemen, weitestgehend vermieden werden.[1] Dabei zeigt die Praxis, dass für bestimmte Informationsbereiche und Standorte, abhängig von den Anforderungen an die Datenhaltung und von der weiteren Bearbeitung durch organisationsinterne Benutzer oder externe Partner, eine in klaren Grenzen stattfindende Erstellung von Informationskopien dennoch in bestimmten Fällen sinnvoll und auch notwendig ist. Daten sind außerdem vorzugsweise in Datenbank- und Informationsmanagementsystemen abzulegen, da diese aufgrund ihrer ausgeklügelten Benutzerberechtigungssysteme den bestmöglichen Schutz von Vertraulichkeit und Integrität ermöglichen und zudem über sinnvolle Funktionen zur Suche und Auswertung von Datenbeständen verfügen. Die Absicherung des in jeder Unternehmung notwendigen Prozesses zum Austausch von Daten mit Anwendungsprogrammen kann ohne größeren Aufwand auf der Basis strukturierter und standardisierter Zugriffssprachen und Datenbanktreiber erfolgen.[2] Zusätzlich zum Gewinn an Informationssicherheit ergibt sich bei einer redundanzärmeren Datenhaltung ein deutlich geringerer Speicherplatzbedarf in den angeschlossenen Systemen. Trotz der genannten Vorteile zeigen empirische Untersuchungen, dass Unternehmen gemeinhin weit vom Ziel einer zentralen Datenbasis entfernt sind.[3] Gründe hierfür sind sowohl unternehmenspolitische als auch psychologische Gründe, etwa Widerstände gegen zentrale Vorgaben und Standards sowie der latente Wunsch vieler Anwender, nicht nur auf Informationen zugreifen zu können, sondern sie auch zu ‚besitzen'. Daneben können auch heterogene Anforderungen diverser Anwendungsprogramme an die Datenhaltung dazu führen, dass keine Zentralisierung der Datenspeicherung stattfindet.

Eine erste grundlegende Maßnahme besteht darin, eine Verzeichnisstruktur für die Speicherung von Dateien vorzugeben und die Vergabe von Zugriffsrechten zu regeln. Die Hierarchieebenen einer Verzeichnisstruktur lehnen sich dabei sinnvollerweise an der Unternehmenshierarchie an, also an den vorhandenen Gruppen, Abteilungen, Funktionsbereichen oder Cost Centern. Für die Vergabe der Zugriffsrechte auf Verzeichnisse bietet sich eine Orientierung an der Position eines Mitarbeiters in der Hierarchie bzw. seiner Zugehörigkeit zu Funktionsbereichen an. Des Weiteren sind Kriterien zur Ablage von Dateien festzulegen, z. B. wie Dateien zu benennen sind, in welchen Verzeichnisse diese gespeichert werden sollen und auf welchen Ebenen bzw. in welchen Bereichen durch die Anwender weitere Verzeichnisse ange-

---

[1] Vgl. Heyer 2005, S. 11f.
[2] Siehe auch Kapitel 7.4.1.
[3] Vgl. Ciborra 1987, S. 30f.

legt werden dürfen. Bei der Vorgabe einer Struktur für die Verzeichnishierarchie und bei der Benennung von Dateien sollte die Leichtigkeit des Suchens bzw. die Schnelligkeit des (Wieder-)Findens von Informationen im Vordergrund stehen. Dateien, die keinen besonderen Vertraulichkeitswert besitzen, sollten dabei innerhalb des Unternehmens möglichst vielen, als vertraulich eingestufte Dokumente hingegen möglichst wenigen Personen zugänglich sein, wobei die Unternehmensleitung festzulegen hat, welche Informationen im Einzelnen als vertraulich zu klassifizieren und damit besonders zu schützen sind. Dieses Prinzip der größtmöglichen Offenheit bei der Rechtevergabe stärkt nicht nur die Vertrauensbeziehung zwischen Managern und Mitarbeitern,[1] es entspricht auch den Bestrebungen des Wissensmanagements, in dessen Rahmen das Ziel verfolgt wird, das in einer Organisation verteilt vorhandene Wissen zu bündeln und möglichst vielen Mitarbeitern an einer zentralen Stelle zur Verfügung zu stellen.[2]

Das E-Mail-System sollte grundsätzlich nicht bzw. nur sehr kurzfristig als Dateiablage verwendet werden. Nach vorgegebenen Zeiträumen sind E-Mails entweder zu löschen oder – sofern geschäftlich erforderlich, etwa aufgrund von gesetzlichen Aufbewahrungspflichten – zentral zu archivieren. Zentralseitig vergebene Speichergrenzen für persönliche Datei- und E-Mail-Verzeichnisse können bei der Durchsetzung der Vorgaben helfen.

Zu regeln ist darüber hinaus, welche Arten von Informationen in Datenbanksystemen und welche auf der Betriebssystemebene in Verzeichnissen abzulegen sind. Einige Vorteile der ersten Variante lassen sich an einem Beispiel verdeutlichen: Die Verwaltung von Ausschreibungen in einer Einkaufsabteilung erfolgt künftig auf der Basis eines datenbankgestützten, online zugreifbaren Systems zum Management von Ausschreibungen und Auktionen, wobei das System zu großen Teilen einen Prozess ersetzt, bei dem die Kommunikation zwischen einem Einkäufer und verschiedenen Anbietern über diverse heterogene Medien (z. B. Telefon, E-Mail, Postweg, Datenträgeraustausch) vorgenommen wurde. Dabei waren erhebliche Aufwendungen nötig, um die von verschiedenen potentiellen Lieferanten eingehenden Angebote sicher abzulegen und miteinander vergleichbar zu machen. Über das neue Online-System wird nicht nur ein abgesicherter Kommunikationsweg (SHTTP[3]) vorgegeben, sondern auch die Art und Weise der Abgabe eines Angebots strukturiert. Das datenbankgestützte System bringt somit nicht nur Vorteile im Handling, sondern auch in der Informationssicherheit.

Eine weitere wichtige Maßnahme besteht in der Erarbeitung und schriftlichen Fixierung allgemeinverbindlicher Vorgaben zur Art und Weise des gewünschten Umgangs mit privaten

---

[1] Vgl. Spurling 1995, S. 23.

[2] Vgl. Parker 1998, S. 32f.

[3] Secure Hypertext Transfer Protocol ist ein Protokoll zum sicheren Austausch von Daten, welches primär für Datenübertragungen im WWW, beispielsweise für das Onlinebanking oder die Abwicklung von Einkaufstransaktionen, verwendet wird.

Daten. Dabei ist zu klären, ob und, wenn ja, wo persönliche Dateien und E-Mails gespeichert werden können. Hier empfiehlt sich die Ablage in einem persönlichen Verzeichnis auf einem Server, auf das aus Datenschutzgründen nur der Anwender selbst, also insbesondere kein Kollege oder Vorgesetzter, Zugriff haben darf.

Zur Vermeidung der redundanten Ablage von Dateien an mehreren Stellen ist sicherzustellen, dass alle Anwender über die getroffenen Vorgaben informiert werden und dabei die Notwendigkeit der Regelbefolgung verständlich gemacht wird. Ein entsprechendes Dokument, das die Ziele, Vorgaben und Strukturen der Datenspeicherung beschreibt, muss daher für alle Anwender einfach zugreifbar sein, um ein Nachlesen der Informationen jederzeit zu ermöglichen.[1]

7.4.4 Sicherheitsschulungen

Untersuchungen zur Wirtschaftlichkeit von Investitionen eines Unternehmens zeigen, dass Investitionen in das Humankapital in Form von Schulungen zu Themen der Informationssicherheit eine lohnenswerte Anlage darstellen. Auch im Vergleich zu anderen Sicherheitsmaßnahmen versprechen sie einen überdurchschnittlich hohen ROI.[2] Ursächlich hierfür ist das erhöhte Sicherheitsbewusstsein der Mitarbeiter, da die meisten Sicherheitsvorkehrungen eine aktive Partizipation der Mitarbeiter erfordern. Die Zugriffskontrolle beispielsweise kann nur funktionieren, wenn alle Mitarbeiter die Vorgaben der Sicherheitspolicy einhalten, schwer zu erratende Passwörter wählen, Kennwörter nicht an Dritte weitergegeben und sich beim Verlassen des Arbeitsplatzes vom PC abmelden.

In Schulungen ist den Unternehmensangehörigen bewusst zu machen, dass die Herstellung von Informationssicherheit und insbesondere die Vermeidung unternehmensschädigenden Mitarbeiterverhaltens vorwiegend eine organisatorische und nur zu einem begrenzten Teil ein technische Aufgabe darstellt, sowie dass die Nichtbeachtung von Richtlinien und Regeln Gelegenheiten zum Missbrauch schafft und die Prävention von CROD somit nicht unerheblich vom eigenen Verhalten abhängt.[3] Damit wird auch klar, dass es sich um einen Problemkomplex handelt, der nicht alleine von der IT-Abteilung eines Unternehmens gelöst werden kann.

Sinnvolle Inhalte von Schulungen sind generell die gewünschte Art und Weise des Umgangs mit (vertraulichen) Informationen, Vorgaben zur Speicherung von Dateien,[4] Regelungen zur Nutzung von E-Mail und Internet[5], einzuhaltende gesetzliche Vorschriften, etwa zum Daten-

---

[1] Siehe Kapitel 7.6.1.
[2] Vgl. Dhillon 1999, S. 175 und Schultz 2004, S. 1.
[3] Vgl. Schneier 2000, S. 255f.
[4] Siehe Kapitel 7.4.3.
[5] Siehe Kapitel 4.2.4.

schutz, allgemeine Informationen zur Problematik geschäftsschädigenden Mitarbeiterverhaltens und nicht zuletzt potentielle Gefahren durch sog. Social Engineering Attacken. Der letztgenannte Begriff umschreibt eine Methode zur Erlangung vertraulicher Informationen durch Annäherung an Unternehmensangehörige mittels sozialer Kontakte.[1] Eine einfache, aber oftmals erfolgreiche Social Engineering Attacke besteht beispielsweise darin, einen Mitarbeiter per Telefon oder E-Mail zu kontaktieren und sich als Systemadministrator auszugeben, um ihm unter einem plausibel erscheinenden Vorwand Benutzername, Passwort oder sonstige vertrauliche Informationen zu entlocken.

Trotz der nachgewiesen hohen Bedeutung von Sicherheitsschulungen stehen diese auf der Prioritätenliste in vielen Unternehmen typischerweise weit unten.[2] Hierfür sind zwei Faktoren verantwortlich: Zum einen tragen Schulungen dazu bei, ein Risiko zu minimieren, das vielfach erheblich unterschätzt wird. Als Gefahrenpotential wahrgenommen wird vor allem der omnipräsente Computerhacker und weniger der autorisierte Insider.[3] Zum anderen ist die Wirksamkeit einer Schulung kaum quantifizierbar, da sich beispielsweise eine Verbesserung des Sicherheitsbewusstseins oder die Verminderung des Risikos abweichenden Verhaltens der Mitarbeiter nicht in Zahlen ausdrücken lässt. Vergleichsweise einfach lassen sich technische Schutzvorkehrungen begründen, so z. B. die Investition in eine Firewall, deren Wirksamkeit über die Reduktion der Anzahl erfolgreicher externer Angriffsversuche quantifiziert werden kann.

Selbst eine gründlich erarbeitete, detaillierte Ausformulierung der Sicherheitspolicy und deren noch so intensive Kommunikation im Unternehmen vermag nicht sicherzustellen, dass die Mitarbeiter den auferlegten Regeln tatsächlich Folge leisten und sie sich selbst für die Sicherheit engagieren. Für Schulungen im Bereich der Informationssicherheit ist es daher erforderlich, sich damit auseinanderzusetzen, welche Faktoren auf das menschliche Sicherheitsverhalten einwirken und wie diese wirksam beeinflusst werden können:[4]

---

[1] Vgl. Icove et al. 1995, S. 37.

[2] Vgl. Schultz 2004, S. 1.

[3] Siehe Kapitel 4.3.2.

[4] Vgl. Leach 2003, S. 686-692.

Reduktion von Tatgelegenheiten

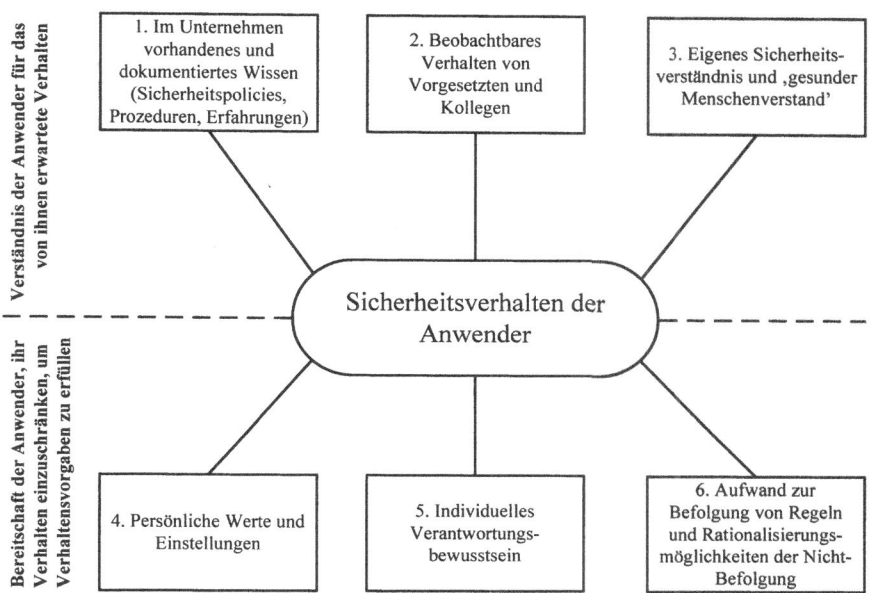

In Anlehnung an: Leach 2003, S. 686.

Abb. 7-2: Faktoren, die auf das Sicherheitsverhalten der Anwender einwirken

In Schulungen ist zunächst sicherzustellen, dass den Mitarbeitern das von ihnen erwartete Verhalten klar verständlich vermittelt wird. Hierzu ist ein schriftlich fixiertes Regelwerk mit allgemeinverbindlichen Vorgaben erforderlich (1).[1] Kollegen und Vorgesetzte nehmen für das (Sicherheits-)Verhalten der Mitarbeiter eine Art Vorbildfunktion ein und beeinflussen mit ihrem eigenen Verhalten das Sicherheitsbewusstsein im Unternehmen (2).[2] Schulungsmaßnahmen können aus diesem Grund nur erfolgreich sein, wenn Vorgesetzte das gewünschte Verhalten im Arbeitsalltag vorleben und im Unternehmen eine Konsistenz der über Sicherheitspolicies, informelle Regeln und Vereinbarungen, Schulungen und das beobachtbare Verhalten vermittelten Werte vorherrscht.[3] Sicherheitspolicies legen zwar Regeln für das Sicherheitsverhalten der Mitarbeiter fest, können dabei aber immer nur bestimmte Aspekte relevanter Themenbereiche hervorheben. Selbst mit vielfältigen und ausführlichen Beispielen können nicht alle Eventualitäten erfasst und alle relevanten Aspekte der Informationssicherheit adäquat berücksichtigt werden. Daher ist die Vermittlung eines Grundverständnisses für

---

[1] Wichtige Anforderungen an ein solches Regelwerk, welches in der Regel als Sicherheitspolicy bezeichnet wird, beschreibt Kapitel 7.6.1.

[2] Vgl. Thomson/Solms 1998, S. 170.

[3] Vgl. Dhillon/Moores 2001, S. 722.

die Gesamtproblematik unerlässlich (3).[1] Dieses umfasst die Kenntnis grundlegender Sicherheitstechnologien ebenso wie ein Verständnis für die möglichen Folgen einer Nicht-Einhaltung vorgegebener Verhaltensmaßnahmen. Weshalb sind beispielsweise Dokumente an bestimmten vorgegebenen Stellen auf dem Server abzulegen?[2] Welchen Wert besitzen in diesem Zusammenhang bestimmte als vertraulich eingestufte Informationen für Mitbewerber? Wieso sind die vorgeschriebenen An- und Abmeldeprozeduren am Rechner und an den Programmen unbedingt ernst zu nehmen? Wie können Verschlüsselungsmechanismen zu einem Schutz der Vertraulichkeit von Informationen beitragen und wann sind sie einzusetzen? Schulungen sollten individuell auf einzelne Mitarbeitergruppen zugeschnitten werden, damit deren unmittelbares Arbeitsumfeld, die jeweiligen Anforderungen an die Aufgabenerfüllung sowie gruppenspezifische Vorkenntnisse und Erfahrungen berücksichtigt werden können. Um die behandelten Themen verständlich präsentieren und Fragen kompetent beantworten zu können, kommt für die Durchführung von Schulungen nur ein Experte in Frage. Diesem sollte es gelingen, in der Schulung nicht nur einen direkten Bezug zu den spezifischen funktions- und aufgabenbezogenen Problembereichen des geschulten Personenkreises herzustellen, sondern auch jeweils konkrete und einprägsame Beispiele aufzuführen. Eine aktive Einbeziehung der Teilnehmer, etwa in Form von Rollenspielen, bei denen die Perspektive des Täters eingenommen wird, trägt des Weiteren dazu bei, das Verständnis für die Notwendigkeit bestimmter Sicherheitsvorkehrungen zu erhöhen.[3]

Diskrepanzen zwischen persönlichen Werten und Einstellung und den unternehmesintern vermittelten Wertesystemen führen bei der betroffenen Person zu einem Spannungszustand (4), den aufzulösen sie in der Regel von sich aus anstrebt. Da hierdurch beispielsweise die eigenen Grundsätze angepasst werden, ist im Rahmen einer Schulung kein weiterer direkter Einfluss auf die Einstellungen der Mitarbeiter auszuüben.[4] Die aus Unternehmenssicht hingegen wichtige Stärkung des Gefühls individueller Verantwortlichkeit kann erreicht werden, indem die Reziprozität des zwischen Arbeitgeber und Arbeitnehmer geschlossenen Vertrages betont wird (5).[5] Gelingt es dem Management einer Unternehmung, seinen Mitarbeitern das Gefühl zu vermitteln, ein wichtiger Baustein des Gesamterfolges zu sein, und wird nicht nur mit Worten, sondern auch mit Taten signalisiert, dass das Thema der Informationssicherheit ernst genommen wird, besteht eine größere Bereitschaft sich mit der Thematik auseinanderzusetzen.[6] Mit der verpflichtenden Teilnahme an Schulungen, die in regelmäßigen Abständen

---

[1] Vgl. Stanton et al. 2002, S. 3-5.

[2] Siehe Kapitel 7.4.3.

[3] Vgl. Thomson/Solms 1998, S. 171.

[4] Vgl. Leach 2003, S. 688f.

[5] Siehe auch Kapitel 7.5.1.

[6] Vgl. Siponen 2001, S. 18f.

wiederholt werden, gibt der Arbeitgeber nicht nur zu erkennen, dass er zur Investition in die Informationssicherheit bereit ist, er gesteht dem Mitarbeiter darüber hinaus Zeit zu, sich außerhalb seines Tagesgeschäftes damit auseinanderzusetzen und den gewünschten Umgang mit Informationen zu erlernen. Gleichzeitig eliminiert er eine Möglichkeit zur Rationalisierung unerwünschten Sicherheitsverhaltens (6). Über die Verpflichtung zur Teilnahme wird dem Mitarbeiter erschwert, die Befolgung von Sicherheitsvorgaben als unangemessenen, da nicht dem eigentlichen Kern seiner Aufgabe entsprechenden, Aufwand abzutun. Nicht nur die Befolgung von Sicherheitsvorschriften sollte über einfache und intuitive Maßnahmen möglichst leicht gemacht werden,[1] auch die in einer Schulung vermittelten Inhalte sollten diesen Ansprüchen genügen.

7.5 Nutzenreduktion

Im Folgenden werden zwei Ansatzpunkte zur Reduktion des aus der Tatbegehung subjektiv erwarteten Nutzens beschrieben.

7.5.1 Vertrauensaufbau

Angesichts der Vielfalt an Tatbegehungsmöglichkeiten und einem Mangel an gleichermaßen leicht umsetzbaren und wirksamen Maßnahmen zur Prävention von CROD hat ein Unternehmen in manchen Fällen keine andere Wahl, als auf das konforme Verhalten seiner Mitarbeiter zu vertrauen. Zudem sind Kontrollen in Auftraggeber-Auftragnehmer-Beziehungen, die sich durch eine hohe Komplexität und Spezifität auszeichnen, nur schwer zu bewerkstelligen, da aufgrund der Informationsasymmetrien häufig weder das Ergebnis der Leistungserbringung noch der Arbeitseinsatz des Mitarbeiters verlässlich gemessen werden können.[2] Misstrauen bzw. intensives Kontrollieren steht somit in vielen Bereichen gar nicht als Handlungsoption zur Verfügung.

Somit stellt sich die Frage, ob missbräuchliches Verhalten auch durch Vertrauensaufbau verhindert werden kann und wenn ja, welche Maßnahmen vertrauensfördernd auf das Verhältnis zwischen Unternehmensleitung und Mitarbeiterstab einwirken.[3] Auf den ersten Blick mag diese Fragestellung paradox erscheinen, wurde doch der Aspekt des Vertrauensmissbrauchs

---

[1] Im Widerspruch zu dieser Forderung steht z. B. die in der Praxis nach wie vor notwendige mehrfache Anmeldung mit unterschiedlichen Benutzernamen und Kennwörtern in verschiedenen Programmen; siehe auch Kapitel 7.4.1.

[2] Siehe Kapitel 6.2.3.

[3] Vertrauen aufzubauen bedeutet, dass ein Auftraggeber seinem Auftragnehmer einen Vertrauensvorschuss gewährt, damit dieser in seinem Namen handelt, ohne jedoch die Gewissheit zu haben, einen sicheren Ertrag aus der entsprechenden Investition zu erhalten. Das dem Beauftragten entgegengebrachte Vertrauen kann folglich jederzeit missbraucht werden; vgl. Shapiro 1987, S. 626.

als eines der kennzeichnenden Merkmale wirtschaftskrimineller Handlungen dargestellt.[1] Der Logik des Volksmunds entsprechend müsste demnach mehr in Kontrollen und weniger in einen Vertrauensaufbau investiert werden. Verschiedene Gründe sprechen hingegen dafür, vertrauensbildenden gegenüber kontrollierenden Maßnahmen den Vorzug zu geben. Vertrauen steigert die Fähigkeit eines Systems zur Beherrschung von Komplexität, da es ein Surrogat für fehlende Informationen liefert und Entscheidungen in komplexen Situationen erleichtert, indem es Unsicherheit durch Sicherheit ersetzt.[2] Darüber hinaus trägt Vertrauen zur Senkung von Transaktionskosten (Kontroll- und Informationskosten) bei, so dass die Investition in vertrauensbildende Maßnahmen zum beiderseitigen Gewinnspiel werden kann, wenn die Mitarbeiter die in sie gesetzten Erwartungen erfüllen.[3] Kontrollen hingegen signalisieren Misstrauen und wirken sich negativ auf die Motivation des Mitarbeiters aus, im Sinne des Arbeitgebers zu handeln.[4] Einerseits nimmt der Arbeitnehmer eine als störend empfundene Einschränkung seiner Handlungsautonomie wahr, anderseits vermitteln die mit Kontrollen implizit verbundenen Zielvorgaben mitunter ein niedrigeres Anspruchsniveau, so dass der Arbeitnehmer sein Leistungsniveau reduzieren kann, ohne Gefahr zu laufen, die in ihn gesetzten Erwartungen zu verfehlen. Allerdings schafft das Gewähren von Vertrauen zwangsläufig auch Gelegenheiten zum Missbrauch, so dass gleichzeitig das Risiko ansteigt, Verluste zu erleiden.[5]

Dass Vertrauen tatsächlich eine sinnvolle Strategie zur Verminderung von CROD sein kann, lässt sich spieltheoretisch anhand des sog. Gefangenendilemmas[6] begründen. Bei diesem Zwei-Personen-Spiel besitzen beide Akteure die Möglichkeit, zwischen den Alternativen ‚Kooperation' oder ‚Betrug' zu wählen, wobei das Ergebnis des Spiels nicht nur von ihrer eigenen Entscheidung, sondern auch von der ihres Mitspielers abhängt.[7] Der höchste Gewinn lässt sich für den Einzelnen erzielen, wenn er selbst betrügt, sein Mitspieler sich aber für die

---

[1] Siehe Kapitel 2.2.1.

[2] Vgl. Luhmann 1979, S. 93.

[3] Vgl. Misztal 1996, S. 78f. und Kahle 2002, S. 25.

[4] Vgl. Falk/Kosfeld 2004, S. 1-4. Die Autoren sprechen in diesem Zusammenhang von einer Kontrollaversion der Auftragnehmer in einer Auftraggeber-Auftragnehmer-Beziehung.

[5] Vgl. Rotter 1980, S. 1 und Shapiro 1987, S. 625.

[6] Beim Gefangenendilemma in seiner ursprünglichen Form werden zwei Personen verdächtigt, eine Straftat begangen zu haben, deren Höchststrafe zehn Jahre beträgt. Ihnen wird ein Handel angeboten, der beiden bekannt ist: Wenn nur einer gesteht und somit seinen Komplizen belastet, kommt er ohne Strafe davon, der andere muss die vollen zehn Jahre absitzen. Entscheiden sich beide zu schweigen, bleiben nur Indizienbeweise, die aber ausreichen, beide für drei Jahre hinter Gitter zu bringen. Gestehen beide die Tat, erwartet jeden eine Gefängnisstrafe von fünf Jahren. Die Gefangenen werden unabhängig voneinander befragt und haben weder vor noch während der Befragung die Möglichkeit, sich untereinander abzusprechen. Das Dilemma besteht nun darin, dass aus Sicht beider Gefangenen die Variante ‚beide schweigen' die beste Lösung darstellt, die optimale (dominante) Strategie aus Sicht jedes Einzelnen aufgrund der nicht möglichen Kontaktaufnahme jedoch darin besteht, die Straftat zuzugeben, so dass am Ende beide gestehen.

[7] Vgl. Frank 1997, S. 224-227.

Alternative ‚Kooperation' entschieden hat, der zweithöchste Ertrag ergibt sich, wenn beide kooperieren, während für den Fall des beiderseitigen Betrugs keiner der Mitspieler einen Profit für sich verbuchen kann. Das Dilemma beim einmalig gespielten Gefangenendilemma besteht darin, dass sich rational handelnde Akteure für die Variante ‚Betrug' entscheiden.[1] Gibt man die isolierte Analyse eines einzelnen Spiels jedoch zugunsten einer Reihe von Spielen unbestimmter Anzahl auf, wird kurzfristig egoistischem Verhalten entgegengewirkt und die Variante ‚Kooperation' kann zu einer rationalen Strategie werden.[2] Ein solches Spiel, bei dem den Spielern die Anzahl der Runden unbekannt ist, bildet das typische Arbeitgeber-Arbeitnehmer-Verhältnis ab, da dieses in der Regel eine Vielzahl an Leistungstransaktionen umfasst. Arbeitnehmer, die sich in einer solchen Beziehung unkooperativ verhalten, berauben sich der Chance, in weiteren Spielrunden zusätzliche Gewinne zu erzielen. Als gewinnträchtigste Strategie hat sich im Falle des unendlichen Spiels die sog. ‚Tit-for-tat'-Strategie erwiesen.[3] Sie funktioniert nach dem Prinzip, grundsätzlich in der ersten Runde zu kooperieren und anschließend das Verhalten des Mitspielers aus der Vorrunde zu übernehmen. Unkooperatives Verhalten wird damit automatisch bestraft, während auf Kooperation des Mitspielers ebenfalls mit Kooperation reagiert wird.

Die Erkenntnisse der Spieltheorie legen somit nahe, dass in Auftraggeber-Auftragnehmer-Beziehungen der Aufbau von Vertrauen eine lohnenswerte Strategie darstellen kann. Mit Schwierigkeiten verbunden ist dabei jedoch die Festlegung von Kriterien, die als Differenzierungsmerkmal für die Höhe des zu gewährenden Vertrauensvorschusses dienen können. Ein in der Praxis üblicherweise intuitiv verwendetes Kriterium stellt die wahrgenommene Vertrauenswürdigkeit des Empfängers dar. Eine hohe Vertrauenswürdigkeit wird dabei solchen Personen attestiert, die als besonders sympathisch wahrgenommen werden. Da sich Sympathie jedoch nicht objektiv messen lässt, kann hieraus keine rationale Strategie zur Vertrauenszuweisung abgeleitet werden. Zudem können auch sympathische Menschen das ihnen entgegengebrachte Vertrauen missbrauchen, so dass das Verlustrisiko nicht zwangsläufig abnimmt. In einer Unternehmung gelten unabhängig von der empfunden Sympathie auch langjährige Mitarbeiter, die das ihnen entgegengebrachte Vertrauen nie missbraucht haben, als vertrauenswürdig. Allerdings ist auch die Dauer der Firmenzugehörigkeit kein zuverlässiger Maßstab für die Vertrauenswürdigkeit, da viele Missbrauchsformen, etwa Betrugs- oder Spionagede-

---

[1] Als sog. dominante Strategie erbringt der Betrug nicht nur den höchsten Ertrag, wenn der Gegenspieler die Alternative ‚Kooperation' wählt, sie minimiert auch die Verluste, wenn er sich für die Variante ‚Betrug' entscheidet. Die Verluste eines Akteurs sind maximal, wenn er selbst kooperiert, der Mitspieler jedoch betrügt.

[2] Die Akteure müssen nun immer fürchten, dass unkooperatives Verhalten in einer der Folgerunden durch Nichtkooperation des Mitspielers bestraft wird. Dadurch besteht ein Anreiz, sich von Anfang an kooperativ zu verhalten.

[3] In einem Turnier, bei dem Spieltheoretiker aus der ganzen Welt ihre Strategien in Form von Computerprogrammen gegeneinander antreten ließen, erzielte Tit-for-tat über alle Spiele hinweg das beste Gesamtergebnis; vgl. Dixit/Nalebuff 1991, S. 107.

likte, dem Unternehmen nicht bekannt werden und die Integrität eines Mitarbeiters somit nicht verlässlich prüfbar ist. Darüber hinaus bedeutet selbst langjährige Loyalität nicht, dass ein Mitarbeiter nicht doch eines Tages eine besonders attraktive Gelegenheit zum Vertrauensmissbrauch ausnutzt.[1]

Grundsätzlich ergeben sich wie dargelegt aus einer wechselseitigen Kooperation für beide Parteien Vorteile, vorausgesetzt zwei wesentliche Voraussetzungen sind erfüllt: Zum einen muss das Spiel über eine nicht vorhersehbare Anzahl Runden gespielt werden. Sobald für den Auftragnehmer das Ende der Geschäftsbeziehung absehbar ist, besteht spieltheoretisch auch dann ein Anreiz, sich opportun zu verhalten, wenn noch eine bestimmte Anzahl weiterer Aufträge folgt. Zum anderen darf in einer Beziehung in keiner der ‚Spielrunden' überdurchschnittlich viel auf dem Spiel stehen. Bietet sich beispielsweise in einem Arbeitsverhältnis die Gelegenheit, eine große Geldsumme zu hinterziehen, ist der Mitarbeiter aufgrund des zu erwartenden hohen Gewinns möglicherweise bereit, den Arbeitgeber trotz des potentiellen Ertrags weiterer fairer Spielrunden zu übervorteilen. Darüber hinaus machen Kontrollen vor allem in solchen Bereichen Sinn, in denen sich die Leistungen der Mitarbeiter objektiv und mit niedrigen Kosten messen lassen.[2]

Aus diesen Randbedingungen lassen sich folgende Handlungsempfehlungen ableiten:

(1) Der Arbeitgeber sollte durch die Übertragung von Verantwortung und Autorität an seine Mitarbeiter in den Vertrauensaufbau zwischen Vorgesetzten und Mitarbeitern investieren. Arbeitsbeziehungen sind möglichst langfristig anzulegen, da sich Vertrauen nur über längere Zeiträume aufbauen lässt und über eine dauerhafte Bindung implizit Tendenzen zu unkooperativem Verhalten vorgebeugt wird. Über die Personalisierung der Beziehungen können darüber hinaus gegenseitige Abhängigkeiten aufgebaut bzw. verstärkt werden. Sie schaffen nicht nur Möglichkeiten der informellen sozialen Kontrolle und Bestrafung, sondern fördern auch den Anreiz, das investierte Vertrauen nicht zu missbrauchen.[3]

(2) Auf Kontrollen sollte auch in von Vertrauen geprägten Arbeitsbeziehungen nicht vollständig verzichtet werden. Die Häufigkeit und Intensität von Kontrollmaßnahmen hängt im Einzelfall von der Höhe des Verlustrisikos und von den Kontrollkosten bzw.

---

[1] Im Gegenteil nimmt laut einer Studie ‚Wirtschaftskriminalität 2005' von PricewaterhouseCoopers, in der 3.634 Unternehmen in 34 Ländern zu ihren Erfahrungen im Umgang mit Wirtschaftskriminalität befragt wurden, das Kriminalitätsrisiko mit zunehmender Unternehmenszugehörigkeit nicht ab, sondern zu. „Wirtschaftsdelikte werden von Tätern begangen, die im Durchschnitt seit etwa zehn Jahren im betroffenen Unternehmen gearbeitet haben und seit etwa sieben Jahren in der gleichen Position waren. Viele Mitarbeiter nutzten offenkundig die Zeit, um die Schwachstellen in der Unternehmensorganisation zu erkennen und ihren persönlichen Vorteil daraus zu ziehen." PWC 2005, S. 21.

[2] Vgl. Falk/Kosfeld 2004, S. 12.

[3] Vgl. Shapiro 1987, S. 631.

von der Quantifizierbarkeit der Zielerreichung ab. Kontrollen sind in einer konstruktiven und sachlichen Atmosphäre durchführen, um den Mitarbeitern kein Gefühl des Misstrauens zu suggerieren. Bei Aufgaben und Prozessen, die mit einem geringen Einzelrisiko verbunden sind, sollten Kontrollen möglichst selten stattfinden, ein völliger Kontrollverzicht im ‚blinden Vertrauen' ist jedoch ebenfalls nicht zielführend.

(3) Trotz fehlender persönlicher Erfahrungen sollte auch neu eingestellten Mitarbeitern Vertrauen entgegengebracht werden, indem sie dieselben Rechte, Zusatzleistungen und Privilegien erhalten wie Mitarbeiter mit längerer Firmenzugehörigkeit.[1] Eine zeitlich befristete Einstellung oder andere Faktoren, welche die Entbehrlichkeit eines Mitarbeiters signalisieren, fördern dessen Tendenzen zu unehrlichem, unternehmensschädigendem Verhalten.

7.5.2 Vermeidung arbeitsplatzbezogener Risiken

Unzufriedenheit mit dem Arbeitsplatz beispielsweise aufgrund nicht erfüllter Erwartungen oder einer als ungerechtfertigt empfundenen Behandlung durch den Vorgesetzten wurde als ein Motiv für abweichendes Verhalten identifiziert.[2] Sie trägt dazu bei, dass Handlungen, die dem Arbeitgeber einen Schaden zufügen, als nutzenstiftend wahrgenommen werden. Mögliche Auslöser sind Zurückstufungen beim Gehalt, das Gefühl, bei Beförderungen übergangen worden zu sein, der Verlust an Einfluss und Prestige, weil die eigene Funktion im Unternehmen an Bedeutung verliert oder Streitigkeiten wegen des Arbeitsvertrages. Bei gekündigten Mitarbeitern steht womöglich der Wunsch nach Vergeltung im Vordergrund, etwa wenn bei der Abfindung keine gütliche Einigung erzielt werden konnte oder die Kündigung als ungerecht empfunden wurde.

Ein erhöhtes Risiko für abweichendes Verhalten eines Mitarbeiters besteht insbesondere zu Beginn und bei Beendigung eines Arbeitsverhältnisses. Eine sorgfältige Auswahl der Mitarbeiter bei der Besetzung vakanter Stellen ist daher nicht nur zur Sicherstellung einer hohen Arbeitsproduktivität vonnöten, sondern trägt auch dazu bei, die Wahrscheinlichkeit unternehmensschädigenden Verhaltens zu reduzieren. Ziel der Personalauswahl sollte sein, vor allem solche Mitarbeiter für das eigene Unternehmen zu gewinnen, deren persönliche Werte und Einstellungen mit denen des künftigen Arbeitgebers weitestgehend übereinstimmen.[3] Personalauswahlverfahren können dabei einen gewissen Beitrag zur Prüfung der Integrität und Aufrichtigkeit eines Bewerbers leisten, sie sind jedoch fehleranfällig und liefern bestenfalls

---

[1] Vgl. Hollinger/Clark 1983, S. 68.
[2] Siehe Kapitel 2.2.2.
[3] Vgl. Pratt/Zeckhauser 1991, S. 14f.

Anhaltspunkte, aber keine schlussendliche Gewissheit.¹ Da Wirtschaftsverbrecher in ca. 35% der Fälle Wiederholungstäter sind,² sollten Arbeitszeugnisse vorheriger Arbeitgeber und das polizeiliche Führungszeugnis vor der Einstellung in jedem Fall kritisch kontrolliert werden.

Beim Eintritt in ein Unternehmen sind Vorgesetzte angehalten, eine vertrauensvolle Beziehung zu ihren neuen Mitarbeitern aufzubauen³ und für eine offene Kommunikationsatmosphäre zu sorgen. Im Vorfeld vieler Schadenshandlungen lassen sich deutliche Warnsignale ausmachen, die sich der Arbeitgeber gleichsam als Frühindikatoren zur Verhinderung nutzbar machen kann, wenn Vorgesetzte ein offenes Ohr für Probleme und Sorgen ihrer Mitarbeiter haben und über ausreichende soziale Kompetenzen verfügen, diese Warnsignale als solche zu erkennen.⁴ Familiäre Krisen und finanzielle Schwierigkeiten können ebenso wichtige Signalgeber sein wie ungewöhnliche Veränderungen des Verhaltens oder des Lebensstils. Erhöhte Wachsamkeit ist auch bei gehäuft auftretenden Abwesenheitszeiten, längeren Krankheiten oder erhöhter Nervosität geboten, da insbesondere Ersttäter zum Tatzeitpunkt intensiven Emotionen unterliegen. Auf Unzufriedenheit mit dem Arbeitsplatz bzw. mit der eigenen Rolle im neuen Unternehmen oder in einer neuen Abteilung können ebenfalls verschiedene Indikatoren hinweisen, so etwa nicht rollengerechtes Verhalten im Team, Konflikte mit Vorgesetzten oder Kollegen, Verstöße gegen ungeschriebene Regeln der Unternehmenskultur oder mehrmals nicht erreichte Zielvereinbarungen.⁵

Die Bereitschaft des Arbeitgebers, den Mitarbeitern bei der Bewältigung arbeitsplatzbezogener wie auch persönlicher Probleme behilflich zu sein, trägt in diesem Zusammenhang nicht nur allgemein zu einem verbesserten Arbeitsklima, sondern speziell auch zur Vermeidung von CROD bei. Voraussetzung hierfür ist, einem Mitarbeiter die persönliche Ansprache des Vorgesetzten einfach und problemlos zu ermöglichen. Hilfreich in diesem Zusammenhang sind kleine, wenig bürokratische und stark partizipatorisch angelegte Organisationseinheiten, die neben dem engeren Gruppenzusammenhalt auch die Kongruenz von Zielen und Normen fördern und zu mehr Vertrauen und Offenheit in Beziehungen beitragen.⁶

Da speziell IT-Mitarbeiter jedoch überdurchschnittlich häufig introvertiert sind,⁷ besteht bei ihnen eine höhere Wahrscheinlichkeit, dass Probleme nicht direkt mit dem Vorgesetzten oder mit Kollegen besprochen werden, sondern ein innerlicher Rückzug stattfindet. Aufgestaute

---

¹ Die empirische Unterstützung für die Wirksamkeit von Auswahlverfahren ist insgesamt eher dürftig; vgl. Hollinger/Clark 1983, S. 91f.
² Siehe Kapitel 2.2.2.
³ Siehe Kapitel 7.5.1.
⁴ Vgl. Albrecht 1996, S. 33f.
⁵ Vgl. Ackermann 1999, S. 69.
⁶ Vgl. Miethe/Rothschild 1994, S. 336.
⁷ Siehe Kapitel 4.2.5.

Frustrationen können dann im Extremfall dazu führen, dass der Mitarbeiter kündigt und seine Aggressionen in Form eines Sabotageaktes an den ITK-Systemen auslässt.[1] Um es weniger extrovertierten Mitarbeiter zu erleichtern, arbeitsplatzbezogene Probleme zu kommunizieren, bietet sich unter anderem die Schaffung von Online-Umgebungen vor, in denen Kontaktaufnahmen mit Betriebspsychologen oder Beschwerden über Kollegen und Vorgesetzte anonym erfolgen können.

Warnsignale können sich bei Mitarbeitern, die intensiv mit Informationstechnologien arbeiten, auch online zeigen, beispielsweise in der E-Mail-Kommunikation. Die vor allem in den USA praktizierte und teilweise automatisierte Überwachung des E-Mail- und Internetverkehrs kommt aufgrund der strengen Datenschutzbestimmungen für Deutschland jedoch nur dann in Frage, wenn eine Nutzung dieses Mediums für private Zwecke vollständig ausgeschlossen werden kann.[2] Dazu reicht es nicht aus, die private Nutzung zu verbieten, indem eine entsprechende Vereinbarung mit den Mitarbeitern getroffen und die notwendige schriftliche Zustimmung des Betriebsrates eingeholt wird. Es ist darüber hinaus – beispielsweise über stichprobenartige Kontrollen – sicherzustellen, dass eine private Nutzung auch nicht stillschweigend geduldet wird, da ein nicht überwachtes Verbot unter Umständen wie eine Erlaubnis der privaten Nutzung gewertet werden kann.[3]

Wesentliche Auslöser arbeitsplatzbedingter Unzufriedenheit sind neben Kündigungen auch Versetzungen und Zurückstufungen. Aus der Perspektive der Spieltheorie wird in diesen Fällen das Ende eines Spiels, welches bislang aus einer unbestimmten Anzahl von Runden bestand, plötzlich absehbar. Egoistisches bzw. opportunistisches Verhalten des Arbeitnehmers wird dadurch automatisch wahrscheinlicher, da die Opportunitätskosten eines Vertrauensbruchs in Form von entgangenen Gewinnen in Folgerunden sinken. Da der Mensch zudem Verluste als besonders gravierend wahrnimmt,[4] gewinnen nicht-normgerechte Gelegenheiten, diese Verluste zu kompensieren, zusätzlich an Attraktivität. Eine wichtige Sicherheitsmaßnahme besteht daher in der psychologischen Begleitung personeller Veränderungen. Dass von solchen Beratungsangeboten zunehmend Gebrauch gemacht wird, zeigt sich z. B. an der zunehmenden Beliebtheit vom Arbeitgeber finanzierter sog. Outplacement-Beratungen, die insbesondere Fach- und Führungskräften bei der Verarbeitung der Folgen einer Kündigung und der Suche nach einer neuen Stelle zur Seite stehen.[5] Um attraktive Tatgelegenheiten bei Kün-

---

[1] Vgl. Shaw et al. 1999 und Shaw et al. 2000.

[2] Siehe Kapitel 4.2.4. Auch angesichts der wenig vertrauensbildenden Wirkung ist davon abzuraten, die E-Mail-Kommunikation der Mitarbeiter zu überwachen. „Surveillance practices in work settings are [...] increasing and may produce alienation on the part of employees [...] Monitoring of employees communicates mistrust and may be cynically responded to in kind." Einstadter 1992, S. 288f.

[3] Vgl. Kuhlmann 2003, S. 12 und S. 23f.

[4] Siehe Kapitel 6.1.1.

[5] Vgl. Hartung 2004.

digungen zu eliminieren, ist darüber hinaus über eine zeitnahe Kommunikation und Koordination zwischen Fach-, Personal- und IT-Abteilung sicherzustellen, dass nicht mehr aktuelle System- und Netzwerkrechte rechtzeitig entzogen werden.[1]

7.6 Kostenerhöhung

Im Folgenden werden drei Ansatzpunkte für Maßnahmen zur Erhöhung der Kosten einer Tat beschrieben.

7.6.1 Sicherheitspolicy

In jedem Unternehmen existiert zwischen den explizit vorgegebenen und den unmissverständlich verbotenen Verhaltensweisen ein mehr oder weniger großer Graubereich solcher Handlungen, die akzeptiert, stillschweigend geduldet oder zwar unerwünscht, faktisch jedoch nur schwer abstellbar sind. Innerhalb dieses Bereichs kann ein und dieselbe Handlung in Abhängigkeit der situativen Rahmenfaktoren als konform oder auch als deviant angesehen werden. Unterschiede bestehen insbesondere zwischen verschiedenen Niederlassungen, Funktionsbereichen oder Abteilungen eines Unternehmens. Ein solcher als ‚normative Inkongruenz' bezeichneter Zustand entsteht infolge konfligierender, inkonsistenter, unklarer, häufig wechselnder oder gänzlich fehlender Normen und Regeln im Arbeitsumfeld eines Mitarbeiters.[2] Normative Inkongruenz tritt beispielsweise auf, wenn Vorgaben der Sicherheitspolicy in manchen Bereichen einer Organisation umgesetzt und befolgt, in anderen jedoch ignoriert bzw. unter Anleitung der jeweiligen Vorgesetzten sogar bewusst missachtet werden. Solche Inkonsistenzen führen nicht nur zu einem Verlust an Glaubwürdigkeit, sondern auch zum Entstehen einer allgemeinen Indifferenz gegenüber schriftlich dokumentierten Vorgaben und Anweisungen.

Auch die Missachtung gesetzlicher Vorgaben durch die Unternehmensleitung trägt zu einem verminderten Unrechtsbewusstsein der Mitarbeiter bei. So stehen gesetzliche Vorschriften beispielsweise im Konflikt mit der betrieblich gelebten Praxis, für die auf den Rechnern eingesetzten Softwareprogramme im Unternehmen wissentlich zu wenige Lizenzen anzuschaffen. Diese Unterlizenzierung[3] führt dazu, dass Mitarbeiter durch den Verweis auf das illegitime Verhalten der Unternehmensleitung und das Anzweifeln der Rechtmäßigkeit einer Kontrolle durch Instanzen, die sich selbst nicht an geltendes Recht gebunden fühlen, eigene Normverstöße sehr viel einfacher rationalisieren können.

---

[1] Vgl. Shaw et al. 1999 und Conte 2003, S. 11.
[2] Vgl. Hollinger/Clark 1983, S. 130-133.
[3] Siehe Kapitel 4.2.7.

Sind Regeln unklar oder widersprüchlich formuliert, lassen sie Anwendern große Verhaltensspielräume und machen die Ahndung von Verstößen schwierig. Auch häufig wechselnde Handhabungen haben einen Verlust der Glaubwürdigkeit und Bindewirkung von Sicherheitsmaßnahmen zur Folge. Im Extremfall existieren überhaupt keine schriftlich fixierten Vorgaben, etwa zur Art und Weise des gewünschten Umgangs mit Passwörtern oder zu Art und Umfang der akzeptierten privaten Nutzung einer am Arbeitsplatz zur Verfügung stehenden Internetverbindung. Ein solches Fehlen wesentlicher Regeln verhindert oftmals die Umsetzung einfachster Sicherheitsmaßnahmen, die für die Herstellung eines Grundschutzes zwingend erforderlich sind. Mitarbeiter neigen bei ihrer Aufgabenerfüllung dazu, den Weg des geringsten Widerstandes zu wählen, so dass nicht explizit angewiesene Schutzvorkehrungen, die zudem mit einem Mehraufwand bzw. Komfortverlust einhergehen, nicht beachtet werden. Darüber hinaus besitzt die Unternehmensleitung im Falle einer fehlenden schriftlich fixierten Sicherheitspolicy gegenüber Mitarbeitern keinerlei Sanktionsmöglichkeiten, solange diese nicht gegen geltendes Strafrecht verstoßen.

Da nicht alle als unternehmensschädigend identifizierten Deliktformen gleichzeitig strafrechtlich verboten sind und bei der konkreten Ausgestaltung von Sicherheitsvorgaben relativ große Spielräume existieren, ist eine unternehmensspezifische Festlegung der im Einzelnen akzeptierten bzw. untersagten Verhaltensweisen vorzunehmen. In einer einfach zugreifbaren Sicherheitspolicy sind zu diesem Zweck sämtliche unerwünschte Verhaltensweisen in Form unmissverständlich formulierter Verbote schriftlich zu dokumentieren. Die in Kapitel 7.3.1 und 7.3.2 vorgestellten Referenzwerke zur Herstellung eines Grundschutzes bieten dabei eine gute Ausgangsbasis. Zur Prävention von CROD sind darüber hinaus Vorgaben zu folgenden Themenbereichen einzubeziehen:[1]

- Einhaltung von Gesetzen und vertraglichen Regelungen[2]
- Zugriffskontrolle
- Speicherung und Strukturierung von Dateien und Dokumenten[3]
- Umgang mit vertraulichen Informationen sowie Nutzung von Verschlüsselungsverfahren
- Nutzung von E-Mail, WWW und Instant Messaging für geschäftliche und private Zwecke
- Installation und Verwendung von Software und Firmendaten auf mobilen geschäftlichen und privaten Rechnern

---

[1] Weiterführende Hinweise liefern die Ausführungen in Kapitel 4.2.
[2] Siehe auch Kapitel 3.1.4 und 4.3.5.
[3] Siehe auch Kapitel 7.4.3 und 7.6.3.

- Notwendigkeit und Wege zur Meldung von Schwachstellen und Sicherheitsverstößen
- Gefahren des Social Engineering
- Anforderungen an Schulung und Ausbildung von Mitarbeitern[1]
- Weiterführende Literatur innerhalb und außerhalb des Unternehmens

Eine einfache, verständliche Formulierung der Sicherheitspolicy vermeidet unterschiedliche Interpretationen ein- und desselben Sachverhalts und stellt sicher, dass alle betroffenen Mitarbeiter des Unternehmens auch ohne vorherige Sicherheitsschulung in der Lage sind, die Anweisungen zu verstehen. Zum besseren Verständnis auch komplizierter Vorgaben sollten leicht nachvollziehbare Beispiele aufgeführt werden. Um die Bereitschaft der Mitarbeiter zu erhöhen, die Mehraufwendungen für und Komforteinbußen von Sicherheitsvorkehrungen in Kauf zu nehmen, müssen die Beispiele überzeugend wirken und situationsadäquat gewählt sein. Sie sorgen darüber hinaus für eine höhere Verbindlichkeit der Policy und tragen zu einer besseren Abschreckung von Fehlverhalten bei.

Ein einfacher Zugriff auf die Sicherheitspolicy macht ein Nachlesen der Vorgaben jederzeit möglich und erlaubt die Festigung der Inhalte von Sicherheitsschulungen. Zur Kommunikation der Sicherheitspolicy, bietet sich daher ein unternehmensweit vorhandenes Informations- und Kommunikationsnetz (Intranet) an, sofern allen Mitarbeiter der Zugriff darauf möglich ist. Alternativ kann die Policy auch in gedruckter Form als Broschüre oder Handbuch verteilt werden.

Eine unter Beachtung der obigen Vorgaben erstellte Sicherheitspolicy, die von der Unternehmensleitung unterstützt, für allgemeinverbindlich erklärt und allen Mitarbeitern kommuniziert wird, verbessert die Informationssicherheit im Unternehmen. Sie trägt zur Einhaltung der sicherheitsrelevanten Vorgaben sowie zur Abschreckung potentieller Täter bei, da die Regeln im Vorfeld als deutliche Warnungen vor bestimmten unerwünschten Verhaltensweisen fungieren.[2] Vorgesetzten wird die Reaktion auf geschäftsschädigendes Verhalten ihrer Mitarbeiter erleichtert, indem die Unternehmensgrundsätze Unklarheiten beseitigen und eventuell vorhandene Unsicherheiten beim Umgang mit dem sensiblen Themenkomplex reduzieren. Die bürokratisierten Regelungen sorgen darüber hinaus für mehr Fairness und Gerechtigkeit, da ihre Durchsetzung nicht mehr als unfaire Benachteiligung einzelner Personen ausgelegt werden kann. Da Mitarbeiter ihr eigenes Verhalten häufig losgelöst von anderen vergleichbaren Taten sehen, schärft das Dokument darüber hinaus das Bewusstsein für die aggregierten Wirkungen und kumulativen Effekte singulärer Handlungen.

---

[1] Siehe auch Kapitel 7.4.4.
[2] Vgl. Hollinger/Clark 1983, S. 90f.

7.6.2 Sicherheitsgrundsätze

Trotz der Zielsetzung, durch Vertrauensaufbau das Gefühl gegenseitiger Verantwortlichkeit zu stärken und den individuellen Nutzen unternehmensschädigenden Verhaltens zu reduzieren, sind Kontrollmaßnahmen zur Sicherstellung eines gewissen Schutzniveaus in einer Organisation nicht zu vermeiden. Insbesondere in solchen Bereichen, in denen ein hohes Verlustrisiko droht oder wo große Beträge an Finanzmitteln transferiert werden, sollten regelmäßig stattfindende Kontrollen in die Arbeitsprozesse integriert werden. Auch in allen anderen Aufgabenbereichen empfiehlt sich im Rahmen eines vertrauensvollen Verhältnisses zwischen Vorgesetzten und Mitarbeiter die zumindest gelegentliche Durchführung von Kontrollmaßnahmen als Signal dafür, dass ein Missbrauch immer entdeckt werden kann.

Als elementares Kontrollprinzip gilt die Maßgabe des sog. Vier-Augen-Prinzips, nach der Planung, Durchführung und Kontrolle einer Aufgabe nicht in der Hand einer einzigen Person liegen sollten.[1] Dies kann durch die Bearbeitung von Aufgaben im Team erreicht werden, bei besonders wichtigen Themenstellungen aber beispielsweise auch, indem eine Aufgabe parallel von zwei oder mehreren Personen bearbeitet wird. Die auf diese Weise implizit stattfindende gegenseitige soziale Kontrolle erhöht die wahrgenommenen Kosten abweichenden Verhaltens durch einzelne Personen, da das Wissen um die parallele Aufgabendurchführung durch eine andere Person dem Glauben an die Unkontrollierbarkeit der eigenen Arbeit vorbeugt.

Da für die individuelle Bewertung des Risikos einer Handlungsalternative nicht die objektive Wahrscheinlichkeit einer Entdeckung und Bestrafung, sondern die subjektive Wahrnehmung derselben ausschlaggebend ist,[2] lohnt es sich, zur Vermeidung von CROD auch solche Maßnahmen in Erwägung zu ziehen, die lediglich die wahrgenommene, nicht jedoch die tatsächliche Kontrollhäufigkeit beeinflussen. Durch eine Konzentration von Kontrollen auf prominente Subjekte (z. B. Meinungsführer eines Teams) und attraktive Ziele (z. B. besonders hochwertige und diebstahlgefährdete IT-Gerätschaften, etwa PDAs) lässt sich eine hohe Streuwirkung erzielen, die potentielle Täter zur Überschätzung des Entdeckungsrisikos verleitet.[3] Diese Wirkung lässt sich über die von Menschen eingesetzten Verfahren zur Komplexitätsreduktion bei Entscheidungen erklären.[4] Aufgrund der Repräsentativitätsheuristik wird die Wahrscheinlichkeit, beispielsweise bei einem konkreten Betrugsdelikt gefasst zu werden, anhand der wahrgenommenen Ähnlichkeit zur allgemeinen Klasse der Betrugsdelikte beurteilt. Fällt dem Täter auf, dass bei dieser Deliktform häufig Kontrollen stattfinden, wird er auch seiner

---

[1] Vgl. Kahle 2002, S. 29.
[2] Vgl. Tuck/Riley 1986, S. 159 und Albrecht 1993, S. 161.
[3] Vgl. Clarke 1997, S. 33.
[4] Siehe Kapitel 5.3.2.

speziellen Ausprägungsvariante eine höhere Entdeckungswahrscheinlichkeit zuweisen. Gleichzeitig wird er, entsprechend der Logik der Verfügbarkeitsheuristik, vor allem solche Sachverhalte berücksichtigen, an die er sich leicht erinnert.

Die Wirksamkeit von Kontrollen lässt sich über ihre Unvorhersehbarkeit deutlich erhöhen. Solange Kontrollmaßnahmen nicht Bestandteil der täglichen Arbeitsabläufe darstellen, sollte daher auf ihre Ankündigung verzichtet werden. Muss ein Täter unangekündigte Kontrollen in seiner Risikokalkulation berücksichtigen, so vermindert sich über eine Erhöhung der Unsicherheit die Attraktivität einer Delikthandlung.[1] Kontrollen mit Zufallscharakter lassen sich z. B. implementieren, indem Mitarbeitern E-Mail-Account und Internetzugang nur an Arbeitsplätzen in einem Großraumbüro zur Verfügung gestellt werden. Sind die Bildschirme von Kollegen einsehbar, bewirkt die zwangsläufig stattfindende soziale Kontrolle automatisch, dass eine private Nutzung des Internets stark eingeschränkt wird. Auch Kontrollen durch Vorgesetzte können durch regelmäßige, aber grundsätzlich zufällig stattfindende Besuche unangekündigt erfolgen. Solange die Kontrolle dabei impliziter Bestandteil fachlicher Gespräche am Arbeitsplatz des Mitarbeiters bleibt, wird sie nur am Rande und aufgrund ihrer Einbettung in einen akzeptierten Prozess nicht als störend wahrgenommen.

7.6.3 Beschämenstechniken

Die Neutralisierung von Schuld- und Schamgefühlen ist essenzieller Wegbereiter bei einer Entscheidung für abweichendes Verhalten.[2] Ein durch die Tatbegehung realisiertes Auseinanderklaffen von internalisiertem Wertesystem und eigenem Verhalten wird dabei über verschiedene Techniken situativ rationalisiert und erklärbar gemacht.[3] Der Theorie reintegrativen Beschämens zufolge werden die negativen Auswirkungen eines ‚Sich schämen müssens' als Folge einer abweichenden Handlung antizipativ bereits bei der Planung derselben als potentielle Kosten berücksichtigt. Hierzu gehören kurzfristige Folgen, etwa Gefühle körperlichen Unwohlseins, wie auch langfristige, die Lebensqualität einschränkende Konsequenzen, beispielsweise ein verletztes Selbstbild oder die Auflösung einer wichtigen Beziehung im sozialen Umfeld.

Als Technik umfasst das Beschämen alle sozialen Prozesse, die Missbilligung ausdrücken und das Ziel verfolgen, in der beschämten Person Reue hervorzurufen.[4] Das Evozieren von Schuldgefühlen zur Prävention devianten Verhaltens ist insbesondere dort lohnenswert, wo spezifische Maßnahmen, beispielsweise die Erhöhung des Entdeckungsrisikos für eine be-

---

[1] Vgl. Dixit/Nalebuff 1991, S. 22f., S. 168-170 und S. 183f. sowie Schneier 2000, S. 371f.

[2] Siehe Kapitel 2.2.3.

[3] Vgl. Sykes/Matza 1957, S. 667-669 und Matza 1964, S. 69.

[4] Vgl. Braithwaite 1989, S. 100.

stimmte Deliktart, nur mit hohem Aufwand zu bewerkstelligen sind.[1] Über ein zielgerichtetes, aktives ‚Beschämen' eines Mitarbeiters, der gegen unternehmensinterne Regelungen verstößt, lassen sich die Kosten eines solchen Verstoßes erhöhen und somit die Attraktivität einer abweichenden Handlung vermindern. Die effektivste Art des Beschämens besteht darin, beim Täter ein ‚schlechtes Gewissen' hervorzurufen. Hierbei handelt es sich um eine reflektive Form der Bestrafung, die schnell und unmittelbar wirkt und darüber hinaus nicht voraussetzt, dass ein Delikt entdeckt wird.[2] Eine Unternehmung kann sich diese Form des Beschämens zunutze machen, indem sie Maßnahmen implementiert, welche die Rationalisierung von Fehlverhalten über eine Anregung des Gewissens erschweren.

Zur Verbesserung des Schutzes vertraulicher Daten dient beispielsweise eine einheitliche, verbindlich zu verwendende Vorlage für alle Office-Dokumente und Ausdrucke, die in der Fußzeile den Firmennamen enthält und jederzeit die eindeutige Zuweisung eines Dokumentes zum Unternehmen erlaubt. Die Fußzeile führt dem Täter deutlich vor Augen, dass es sich bei den Informationen um Eigentum des Unternehmens handelt und verhindert die Möglichkeit, die Weitergabe von Firmendokumenten an Dritte über das Argument zu rationalisieren, es handele sich nicht um unternehmensspezifische Informationen. Auch einige der in den vorangegangen Kapiteln dargestellten Maßnahmen tragen bereits dazu bei, die Rationalisierung von Verstößen gegen etablierte Regelungen zu behindern. Ein Arbeitsumfeld, das konsistente Normen vermittelt und in dem klare Kriterien zur Unterscheidung von akzeptierten und unerwünschten Verhaltensweisen existieren, erschwert dem Täter, die Verantwortung für eine Tat zu leugnen oder sich auf divergierende Wertvorstellungen im Unternehmen zu berufen.[3] Persönliche und offene Beziehungen zwischen Vorgesetzten und ihren Mitarbeitern, gegenseitiges Vertrauen und gemeinsame Ziele und Wertvorstellungen verhindern Rationalisierungsprozesse, mit deren Hilfe der Arbeitgeber als Gegner und damit nicht als Opfer, sondern als eigentlich ursächlich für eine Tat gesehen wird.[4] Eine plastische Darstellung der Konsequenzen unternehmensschädigenden Verhaltens in der Sicherheitspolicy und in Schulungen erschwert ein gewissensberuhigendes Leugnen der Schäden einer Tat. Eine allgemein verständliche Vorstellung vermitteln dabei z. B. finanzielle Kosten, die sich bei Betrugs-, Spionage-, Sabotage- und Diebstahldelikten unter anderem aus Einnahmeausfällen, notwendigen Ersatzbeschaffungen und dem Aufwand für Datenwiederherstellungen zusammensetzen oder auch

---

[1] Vgl. Clarke 1997, S. 16.
[2] Vgl. Ahmed et al. 2001, S. 30.
[3] Siehe Kapitel 7.6.1.
[4] Siehe Kapitel 7.5.1.

Zeitverluste, die den Mitarbeitern die Schäden missbräuchlich privat genutzter Internetdienste vor Augen führen.[1]

Gewisse Maßgaben sind zu befolgen, wenn das Beschämen in Form einer direkten Konfrontation durch den Vorgesetzten stattfindet, die Schwere des zuvor festgestellten Fehlverhaltens – etwa der erstmalige Verstoß gegen die Vorgabe, eine Internetverbindung nur in den Mittagspausen für das Abrufen privater E-Mails zu nutzen – jedoch noch keinen Ausschluss aus der Gemeinschaft rechtfertigt. Bei der Sanktionierung ist darauf zu achten, dass sie nicht stigmatisierend erfolgt und der Täter insbesondere nicht vor seinen Kollegen bloßgestellt wird. Bei einem solchen Vorgehen ist der Beklagte praktisch gezwungen, sich auf Mechanismen des Selbstschutzes zu fokussieren, beispielsweise indem er sich noch deutlicher von der Gemeinschaft, ihren Werten und Normen distanziert.[2] Das Konzept reintegrativen Beschämens stellt daher in der Regel eine schwierige Gratwanderung dar:[3] Dem Täter ist einerseits zu kommunizieren, dass er auch weiterhin als Mitarbeiter respektiert und als wichtiger Bestandteil der Wertschöpfungskette im Unternehmen gebraucht und geschätzt wird, andererseits muss ihm zur Herbeiführung einer Verhaltensänderung ein gewisses Schuldgefühl klar vermittelt werden. Damit die Rechtmäßigkeit einer Kontrolle und die ggf. stattfindende Sanktionierung durch einen Vorgesetzten nicht in Frage gestellt werden kann, muss dieser nicht nur die Vorgaben der Sicherheitspolicy befolgen, sondern auch eine Vorbildfunktion hinsichtlich der informellen ethisch-moralischen Ansprüche der Unternehmenskultur erfüllen. Normverstöße sind darüber hinaus in allen Bereichen der Organisationen und bei allen Beschäftigten unabhängig von Funktion und Position mit derselben Konsequenz und Einheitlichkeit zu verfolgen, da ansonsten jederzeit ein Verweis auf gleich gelagerte, nicht geahndete Fälle das Gewissen beruhigen kann.

---

[1] Die von einem Beschäftigten durchschnittlich in der Firmenzeit privat im Internet verbrachte Zeit beträgt 3,2 Stunden pro Woche, was einem Arbeitsausfall von ca. 17 Tagen im Jahr entspricht; vgl. Grote 2000.

[2] Vgl. Ahmed et al. 2001, S. 134-140 und S. 202.

[3] Vgl. Braithwaite 2003.

8 Schlussbetrachtung

Im Folgenden werden die Ergebnisse der Arbeit zusammengefasst dargestellt (Kapitel 8.1) und Ansatzpunkte für weiterführende Arbeiten und Untersuchungen aufgeführt (Kapitel 8.2).

8.1 Zusammenfassung

Das erste Ziel dieser Arbeit bestand darin, computerbezogene, geschäftsschädigende Verhaltensweisen von Unternehmensmitarbeitern im Kontext sich verändernder gesellschaftlicher, wirtschaftlicher und technologischer Rahmenbedingen erklärbar zu machen. Da eine gehaltvolle Erklärung weder einseitig makrosoziologisch nur gesamtgesellschaftliche Rahmenfaktoren umfassen noch allein durch die Analyse des individuellen Handelns auf der Mikroebene erfolgen kann, wurde ein integrativer Ansatz gewählt, der deviantes Verhalten als Ergebnis einer kausalen Wirkungskette von Prozessen auf der Makro-, Meso- und Mikroebene versteht. Ergebnis dieser Überlegungen ist ein Mehr-Ebenen-Modell, dessen einzelne Schichten in den Kapitel 2 bis 6 rekonstruiert wurden.

Auf der Makroebene wurden drei gesamtgesellschaftliche Faktoren identifiziert, die als Teil der Situationslogik das Handeln sowohl von Individuen als auch von Unternehmen wesentlich beeinflussen:

(1) Eine zunehmende Individualisierung und Rationalisierung, die mit einem Verlust traditioneller Sozialität und einer Zunahme persönlicher Freiheiten sowie einem allgemeinen Trend zur Ökonomisierung westlicher Gesellschaften einhergeht, in denen Effizienz, Wirtschaftlichkeit und Profitstreben als Handlungsmaxime dominieren und gleichzeitig zweckrational-abwägende, utilitaristische Handlungsweisen an Bedeutung gewinnen.

(2) Ein Wandel von Verkäufer- zu Käufermärkten, infolgedessen sich Unternehmen einem steigenden Markt- und Wettbewerbsdruck konfrontiert sehen, der sie zur Erfüllung individueller Kundenanforderungen zwingt und in der Folge zu einer Steigerung der Produkt- und Variantenvielfalt sowie zu einer kontinuierlichen Veränderung von Funktionen, Systemen und organisatorischen Einheiten führt.

(3) Die zunehmende Durchdringung von Berufs- wie Privatleben mit Informations- und Kommunikationstechnologien, die tief greifende Veränderungen in allen gesellschaftlichen Bereichen zur Folge hat.

Auf der Mesoebene wurden im Hinblick auf die betrachtete Deliktform Wirtschaftsunternehmen als soziale Gebilde in den Mittelpunkt der Betrachtung gestellt. Mit Hilfe der Principal-Agent-Theorie lässt sich unter den gegebenen gesellschaftlichen Rahmenbedingungen die Entstehung von Missbrauchsgelegenheiten erklären, welche ebenfalls einen Teil der Situationslogik konstituieren. In Verbindung mit der Erkenntnis, dass die Mitarbeiter einer Unternehmung überwiegend ihre eigenen Interessen und nicht die der Unternehmensinhaber verfolgen, sowie der Problematik einer asymmetrischen Informationsverteilung zwischen Vorgesetzten und Mitarbeitern wurde gezeigt, wie die Entstehung unternehmensschädigender Handlungsalternativen als Versagen von Koordinationsmechanismen infolge des paarweisen Auftretens jeweils eines über die gesellschaftliche Ebene erklärbaren Makro-Faktors mit einem über die individuelle Selektionslogik des Individuums herleitbaren Mikro-Faktors erklärt werden kann. Auf der einen Seite trifft eine zunehmend komplexere Umwelt auf eine gleich bleibend beschränkte Rationalität menschlicher Entscheider, auf der anderen Seite stehen sich hochspezifische Aufgabenstellungen und verstärkte Tendenzen zu opportunistischem Verhalten gegenüber.

Auf der Mikroebene werden (abweichende) Handlungen unter Berücksichtigung des situativen Kontextes, d. h. der auf der Makro- und Mesoebene identifizierten, die Situationslogik konstituierenden Faktoren, als Ergebnis eines Prozesses der Abwägung von individuellem Nutzen und individuellen Kosten verschiedener Alternativen erklärt. Als theoretische Grundlage des hierbei verwendeten, in der Kriminologie als Rational Choice bekannten Erklärungsansatzes dient die SEU-Theorie, die hier deskriptiv zur Erklärung menschlichen Entscheidungsverhaltens in Risikosituationen eingesetzt wird. Die mitunter in den Sozialwissenschaften anzutreffende (berechtigte) Kritik am unrealistischen Menschenbild eines vollständig informierten und perfekt rational agierenden homo oeconomicus verfehlt ihre Wirkung im Falle des Rational Choice Ansatzes, da hier zum einen keine vollkommene Information und zum anderen lediglich eine innere Folgerichtigkeit bzw. prozedurale Rationalität menschlichen Handelns unterstellt wird. Menschen sind dabei aufgrund kognitiver und zeitlicher Beschränkungen gezwungen, bei der Fülle an täglich zu treffenden Auswahlentscheidungen Strategien zur Komplexitätsreduktion bei der Entscheidungsfindung einzusetzen. Die deskriptive Entscheidungsforschung hat zwar gezeigt, dass der Mensch bei gegebenen Prämissen in der Summe keine optimalen, sondern nur befriedigende Ergebnisse erzielt. Dennoch strebt der entsprechend als beschränkt rational bezeichnete Entscheider immer eine Maximierung des erwarteten Nutzens an.

Anhand verschiedener Indikatoren konnte gezeigt werden, dass der Anteil unternehmensschädigender Verhaltensweisen mit Bezug zu ITK-Systemen seit Jahren steigt. Als relevante Deliktformen wurden durch einen Vergleich verschiedener empirischer Studien in erster Linie Betrug, Verrat von Geschäftsgeheimnissen, Sabotage, missbräuchliche Nutzung von ITK-Diensten (Internet und E-Mail) und – mit Einschränkungen – Diebstahl von Hard- und Software identifiziert. Anhand der Aggregationslogik ließ sich feststellen, dass CROD weniger ein Makro- als ein Mesophänomen ist, da es von keiner der relevanten gesellschaftlichen Instanzen als eigenständige Deliktart ausgewiesen wird. Sowohl durch den Gesetzgeber, in den

Medien, in der öffentlichen Meinung als auch in der polizeilichen Kriminalstatistik werden Wirtschafts- und Computerkriminalität überwiegend als separate Kriminalitätsformen dargestellt bzw. wahrgenommen. Im Fokus stehen vor allem Straftaten hochrangiger Manager, die Millionensummen veruntreuen, sowie Hacker- und Virenattacken pubertierender Jugendlicher, weniger jedoch die meist unspektakulären, aber zahlreichen computerbezogenen, von Unternehmensinsidern begangenen Delikte. Dabei deuten empirische Studien übereinstimmend darauf hin, dass Delikte mit Bezug zur EDV in der Mehrzahl der Fälle von den eigenen Mitarbeitern begangen werden und sich vor allem die schweren Schäden in zunehmendem Maße auf autorisierte Systemanwender zurückführen lassen. Wenig verwunderlich angesichts dieser verzerrten Wahrnehmung ist die Tatsache, dass sich die Mehrzahl der unternehmensseitig veranlassten Präventionsmaßnahmen gegen den Außentäter richten.

Entsprechend dem zweiten Ziel dieser Arbeit wurden in Kapitel 7 Ansatzpunkte für eine wirksame Prävention von CROD herausgearbeitet. Da in der Literatur zwei grundlegend verschiedene Vorgehensweisen zur Verbesserung des informationstechnischen Sicherheitsniveaus einer Unternehmung differenziert werden, wurden, ausgehend von dem zuvor entwickelten Erklärungsmodell, für beide Formen Vorschläge zur Reduktion der Wahrscheinlichkeit geschäftsschädigenden Verhaltens eigener Mitarbeiter im IT-Umfeld moderner Unternehmen abgeleitet:

(1) Im Rahmen des Risikoanalyse-Ansatzes, der strukturierte Methoden zur Suche, Bewertung und zielgerichteten Behebung von Schwachstellen der Informationssicherheit beschreibt, wurden verschiedene Risikoanalyse-Verfahren hinsichtlich ihrer Eignung zur Vermeidung von CROD überprüft. Den größten Nutzen für ein Unternehmen verspricht vor diesem Hintergrund die sog. Szenarioanalyse. Diese umfasst die Konstruktion von Schadensszenarien, die Analyse von Ursache-Wirkungs-Beziehungen zwischen Schwachstellen, Zugriffsmethoden, Mitarbeitern und Schädigungsformen sowie die Diskussion von Präventionsmaßnahmen. Sie vermeidet eine zu einseitig technische Ausrichtung von Schutzmaßnahmen, indem sie sich zur Erfassung des komplexen Zusammenspiels der genannten Elemente der Kreativität und Erfahrungen der unternehmenseigenen Mitarbeiter bedient.

(2) Weitestgehend ohne vorausgehende Analysephase wird beim sog. Grundschutz-Ansatz vorgegangen. In Ergänzung bekannter Referenzwerke auf diesem Gebiet wurden die in Abbildung 8-1 zusammengefasst dargestellten Maßnahmen vorgeschlagen. Analog zur Theorie situativer Verbrechensprävention bezwecken sie die Reduktion unternehmensseitig unerwünschter Handlungsoptionen oder zumindest die systematische Herabsetzung ihrer Attraktivität. Zentrale Ansatzpunkte sind dabei auf der Mesoebene die als mitverantwortlich für die Entstehung von Missbrauchsgelegenheiten

identifizierten Umweltfaktoren ‚Komplexität' und ‚Spezifität' und auf der Mikroebene das vom Täter wahrgenommene Kosten-Nutzen-Verhältnis der Tatbegehung.

–Reduktion von Tatgelegenheiten–

Komplexitätsabbau (dezentrale Entscheidungskompetenzen, Verzicht auf Technologieführerschaft, revolutionäre statt evolutionäre Systementwicklung, Reduktion der Schnittstellenanzahl, Verwendung von Standards, Nutzung von Single-Sign-On Verfahren, Beseitigung von Medienbrüchen)
Spezifitätsreduktion (Substitution von Personal durch Automatisierung von Tätigkeiten, Aufbau von redundantem Wissen, Förderung von Mehrfachqualifizierungen und Vertretungsregelungen, räumliche, kulturelle und strukturelle Integration der IT-Abteilung)
Zentralisierung der Datenhaltung (zentrale Speicherung von Daten in vorgegebenen Strukturen, Datenablage vorzugsweise in Datenbank- und Informationsmanagementsystemen, Vergabe von Speichergrenzen, Beschränkung des Zugriffs auf vertrauliche Informationen)
Sicherheitsschulungen (Dokumentation von Vorgaben und Regeln, Vermittlung eines Grundverständnisses für Themen der Informationssicherheit, Stärkung des Gefühls individueller Verantwortlichkeit, regelmäßige Wiederholung von Schulungen, Teilnahmepflicht)

–Nutzenreduktion–

Vertrauensaufbau (Übertragung von Verantwortung und Autorität, Aufbau langfristiger und persönlicher Beziehungen, Durchführung von Kontrollen in einer konstruktiven und sachlichen Atmosphäre, Orientierung von Kontrollhäufigkeit und Intensität am Verlustrisiko)
Vermeidung arbeitsplatzbezogener Risiken (sorgfältige Personalauswahl, Beachtung von Warnsignalen der Mitarbeiter, Hilfestellung bei der Bewältigung persönlicher Probleme, Schaffung von Online-Umgebungen zur anonymen Kontaktaufnahme, Begleitung personeller Änderungen, zeitnaher Entzug von System- und Netzwerkrechten bei Kündigungen)

–Kostenerhöhung–

Sicherheitspolicy (schriftliche Fixierung einer umfassenden Sicherheitspolicy, deutliches Verbot unerwünschter Verhaltensweisen, allgemeinverbindliche Vorgabe einzuhaltender Regeln, Bereitstellung im Intranet)
Sicherheitsgrundsätze (parallele Bearbeitung oder Teamarbeit bei wichtigen Aufgaben, Erhöhung der wahrgenommenen Wahrscheinlichkeit von Kontrollen durch Konzentration auf prominente Subjekte und attraktive Ziele, Nutzung des Zufallsprinzips bei Kontrollen)
Beschämenstechniken (reflektives Beschämen durch Minderung von Rationalisierungsmöglichkeiten, Beschämen durch direkte Konfrontation und Sanktionierung nach Fehlverhalten)

Abb. 8-1: Übersicht Grundschutzmaßnahmen

8.2 Ausblick

Die schnelle Entwicklung der Informationstechnik und die fortschreitende weltweite Vernetzung lassen vermuten, dass der Themenkomplex der Informationssicherheit im Allgemeinen und der Bereich CROD im Speziellen für Unternehmen weiter an Bedeutung gewinnen werden. Bei der Beantwortung der beiden zentralen Leitfragen dieser Arbeit entstanden an verschiedenen Stellen Anknüpfungspunkte für neue Fragen und Problemstellungen, die in weiteren Projekten im Rahmen einer interdisziplinär ausgerichteten Forschung zur Informationssicherheit untersucht werden könnten:

(1) Zur Beschreibung menschlichen Verhaltens wurde auf der Mikroebene des konstruierten Erklärungsmodells die SEU-Theorie herangezogen. Angesichts der festgestellten systematischen Abweichungen menschlichen Entscheidungsverhaltens vom objektiv optimalen Verhalten einer ‚substantiven' Rationalität scheint die Übernahme neuerer Erkenntnisse aus der deskriptiven Entscheidungsforschung in den Bereich der Kriminologie sinnvoll. Hierfür bietet sich beispielsweise der Einsatz der von Kahneman und Tversky formulierten Prospect-Theorie[1] an.[2] Diese bewertet im Unterschied zur SEU-Theorie Konsequenzen relativ zu einem Referenzpunkt und gibt nicht mehr den Nutzen einer kumulierten Endgröße (z. B. des Vermögens) an.[3] Zu untersuchen ist dann insbesondere, wie sich diese Unterschiede im Hinblick auf die Erklärung und Prävention von CROD auswirken.

(2) Hinsichtlich der Prävention unternehmensschädigenden Fehlverhaltens können die in den Kapiteln 7.4 bis 7.6 aufgeführten Handlungsempfehlungen lediglich erste Ansatzpunkte liefern. Die an das konstruierte Erklärungsmodell angelehnte Erarbeitung feiner spezifizierter Maßnahmen zur Beeinflussung von CROD bleibt künftigen Forschungsarbeiten vorbehalten.

a. Die (normative) Principal-Agent-Theorie beschäftigt sich mit der Problematik, wie sich das Verhalten von Auftragnehmern im Sinne des Auftraggebers beeinflussen lässt.[4] Vor dem Hintergrund der Entstehung von Tatgelegenheiten im Kontext von CROD stellt sich beispielsweise die Frage, welche Anreize für die mit der Herstellung von Informationssicherheit im Unternehmen beauftragten Personen geschaffen werden können, um ihr Verhalten auch bei opportunistischer Einstellung so zu beeinflussen, dass ein höchstmögliches Sicherheitsniveau implementiert wird. Als wichtige Hilfsmittel sind hierfür aussagefähige Kennzahlen zur Quantifizierung des Zustands der Informationssicherheit zu identifizieren sowie bessere Kontrollmöglichkeiten für den Auftraggeber zu finden.

b. Über eine exaktere Analyse der Bestimmungsfaktoren von Komplexität und Spezifität im IT-Umfeld können weitere Maßnahmen zu deren Beherrschung bzw.

---

[1] Vgl. Kahneman/Tversky 1979.

[2] Siehe auch Kapitel 6.1.1.

[3] Mit der Prospect-Theorie lässt sich der als Verankerungsheuristik bezeichnete Effekt besser erfassen. Darüber hinaus ist die Nutzenfunktion anders als bei der SEU-Theorie nicht durchgehend konkav, sondern im Verlustbereich konvex und bildet damit die Neigung zu risikofreudigem Verhalten in Verlustsituationen ab. Ein weiterer wichtiger Unterschied zur SEU-Theorie besteht darin, dass bei der Berechnung des erwarteten Nutzens einer Alternative anstelle der Eintrittswahrscheinlichkeiten für die berücksichtigten Umweltzustände Wahrscheinlichkeitsgewichte eingesetzt werden. Die zur Berechnung dieser Gewichte verwendete Funktion transformiert Wahrscheinlichkeiten derart, dass beispielsweise die in der Realität zu beobachtende Übergewichtung kleiner Wahrscheinlichkeiten und Untergewichtung hoher Wahrscheinlichkeiten erfolgt.

[4] Siehe Kapitel 6.2.3.

Reduktion entwickelt werden. Dabei gilt es zu beachten, dass der Verzicht auf technologische Innovationen zwar mit einer Komplexitäts- und Spezifitätsminderung einhergeht, aber auch mit der Gefahr verbunden ist, einen Wettbewerbsnachteil zu erleiden und die künftige Ertragsfähigkeit einer Unternehmung nachhaltig zu verschlechtern.

c. Bei gegebenen Tatbegehungsmöglichkeiten in Verbindung mit den typischerweise genutzten ITK-Systemen eines modernen Unternehmens bietet sich die Erarbeitung weiterer Maßnahmen zur Reduktion des Nutzens bzw. zur Erhöhung der Kosten unternehmensschädigender Verhaltensoptionen an.

(3) Die vorliegende Arbeit beschränkt den Gegenstandsbereich aus analytischen Gründen auf das Problem computerbezogener, geschäftsschädigender Verhaltensweisen von Unternehmensmitarbeitern. Da Taten von Unternehmensfremden die Informationssicherheit ebenfalls stark beeinträchtigen können, ist aus Unternehmenssicht ein den Gesamtkomplex der Informationssicherheit abdeckendes Rahmenwerk wünschenswert. Dies könnte beispielsweise durch Integration der in dieser Arbeit vorgestellten Grundschutzmaßnahmen in eines der existierenden Referenzwerke[1] gelingen.

---

[1] Siehe Kapitel 7.3.1 und 7.3.2.

Literaturverzeichnis

AC 1985 - Audit Commission: Computer Fraud Survey. London: Her Majesty's Stationery Office (1985).

AC 1987 - Audit Commission: Survey of Computer Fraud and Abuse. London: Her Majesty's Stationery Office (1987).

AC 1994 - Audit Commission: Opportunity Makes a Thief. An Analysis of Computer Abuse. London: Audit Commission Publications (1994).

AC 1998 - Audit Commission: Ghost in the Machine. An Analysis of IT Fraud and Abuse. London: Audit Commission Publications (1998).

AC 2001 - Audit Commission: yourbusiness@risk. An update on IT Abuse 2001. London: Audit Commission Publications (2001).

AC 2005 - Audit Commission: ICT fraud and abuse 2004. Internetdokument. Adresse: *http://www.audit-commission.gov.uk/Products/NATIONAL-REPORT/2F4CC95D-4BC6-4e40 -89FA-829C9D73438D/ICT_fraud_and_abuse_2004.pdf*. Prüfung am 13.06.2005.

Ackermann 1999 - Ackermann, Karl-Friedrich: Risikomanagement im Personalbereich. In: *Ackermann, Karl-Friedrich: Risikomanagement im Personalbereich. Reaktionen auf die Anforderungen des KonTraG. Wiesbaden: Gabler (1999), S. 43 - 102.*

Adam/Johannwille 1998 - Adam, Dietrich / Johannwille, Ulrich: Die Komplexitätsfalle. In: *Adam, Dietrich: Komplexitätsmanagement. Schriften zur Unternehmensführung, Band 61. Wiesbaden: Gabler (1998), S. 5 - 28.*

Agnew 1992 - Agnew, Robert: Foundation for a General Strain Theory of Crime and Delinquency. In: *Criminology 30/1 (1992), S. 47 - 88.*

Agnew et al. 1996 - Agnew, Robert / Cullen, Francis T. / Burton, Velmer S. / Evans, T. David / Dunaway, R. Gregory: A New Test of Classic Strain Theory. In: *Justice Quarterly 13 (1996), S. 681 - 704.*

Agnew/White 1992 - Agnew, Robert / White, Helene Raskin: An Empirical Test of General Strain Theory. In: *Criminology 30/4 (1992), S. 475 - 499.*

Ahmed et al. 2001 - Ahmed, Eliza / Harris, Nathan / Braithwaite, John / Braithwaite, Valerie: Shame Management Through Reintegration. Cambridge: Cambridge University Press (2001).

Akers 1997 - Akers, Ronald L.: Criminological Theories. Introduction and Evaluation. 2. Auflage. Los Angeles: Roxbury Publishing Company (1997).

Albrecht 1993 - Albrecht, Hans-Jörg: Generalprävention. In: *Kaiser, Günther / Kerner, Hans-Jürgen / Sack, Fritz / Schellhoss, Hartmut: Kleines Kriminologisches Wörterbuch. 3. Auflage. Heidelberg: C. F. Müller Juristischer Verlag (1993), S. 157 - 164.*

Albrecht 1993b - Albrecht, Hans-Jörg: Kriminologie. In: *Kaiser, Günther / Kerner, Hans-Jürgen / Sack, Fritz / Schellhoss, Hartmut: Kleines Kriminologisches Wörterbuch. 3. Auflage. Heidelberg: C. F. Müller Juristischer Verlag (1993), S. 308 - 312.*

Albrecht 1996 - Albrecht, Steve W.: Employee Fraud. In: *The Internal Auditor 53 (1996), S. 26 - 37.*

Albrecht 2003 - Albrecht, Hans-Jörg: Forschungen zur Wirtschaftskriminalität in Europa. Konzepte und empirische Befunde. In: *Albrecht, Hans-Jörg / Entorf, Horst: Kriminalitaet, Oekonomie und Europaeischer Sozialstaat. Heidelberg: Physica-Verlag (2003), S. 37 - 69.*

Alexander 2004 - Alexander, Sascha: Softwarequalität wird immer schlechter. Entwickler unter Druck. In: *Computerwoche 31/39 (2004), S. 1.*

Allais 1953 - Allais, Maurice: Le comportement de l'homme rationel devant le risque. Critique des postulats et axiomes de l'école américaine. In: *Econometrica 21 (1953), S. 503 - 546.*

Altheide et al. 1978 - Altheide, David L. / Adler, Patricia A. / Adler, Peter, Altheide, Duane A.: The Social Meanings of Employee Theft. In: *Johnson, John M. / Douglas, Jack D.: Crime at the Top. Deviance in Business and the Professions. New York u. a.: J.B. Lippincott Company (1978), S. 90 - 124.*

AMA 2003 - American Management Association: 2003 E-Mail Rules, Policies and Practices Survey. Internetdokument. Adresse: *http://www.amanet.org/research/pdfs/Email_Policies_Practices.pdf.* Prüfung am 7.11.2004.

AMA 2004 - American Management Association: 2004 Workplace E-mail and Instant Messaging Survey. Internetdokument. Adresse: *http://www.amanet.org/research/pdfs/IM_2004_Summary.pdf.* Prüfung am 7.11.2004.

Amoroso 1994 - Amoroso, Edward G.: Fundamentals of Computer Security Technology. Upper Saddle River, New Jersey: Prentice Hall PTR (1994).

Aristoteles 350 - Aristoteles: Politics. Translated by Benjamin Jowett. Internetdokument. Adresse: *http://classics.mit.edu//Aristotle/politics.mb.txt.* Prüfung am 01.06.2005.

Arrow 1987 - Arrow, Kenneth J.: Rationality of Self and Others in an Economic System. In: *Hogarth, Robin M. / Reder, Melvin W.: Rational Choice. The Contrast Between Economics and Psychology. Chicago: University of Chicago Press (1987), S. 201 - 215.*

Arrow 1991 - Arrow, Kenneth J.: The Economics of Agency. In: *Pratt, John W. / Zeckhauser, Richard J.: Principals and Agents. The Structure of Business.* Boston: Harvard Business School Press (1991), S. 37 - 51.

Atkinson 1975 - Atkinson, John W.: Einführung in die Motivationsforschung. Stuttgart: Klett Schulbuch (1975).

Ball/Friedman 1965 - Ball, Harry V. / Friedman, Lawrence M.: Criminal Sanctions in Enforcement of Economic Legislation. In: *Johnson, John M. / Douglas, Jack D.: Crime at the Top. Deviance in Business and the Professions.* New York u. a.: J.B. Lippincott Company (1978), S. 293 - 318.

Bar-Hillel 1973 - Bar-Hillel, Maya: On the Subjective Probability of Compound Events. In: *Organizational Behavior and Human Performance 9 (1973),* S. 396 - 406.

Bar-Hillel 1982 - Bar-Hillel, Maya: Studies of representativeness. In: *Kahneman, Daniel / Slovic, Paul / Tversky, Amos: Judgment under uncertainty. Heuristics and biases.* Cambridge: Cambridge University Press (1982), S. 69 - 83.

Bauerfeld 1989 - Bauerfeld, Wulfdieter: Hier wird gehackt. In: *JurPC (1989),* S. 210 - 214.

Beccaria 1998 - Beccaria, Cesare: Über Verbrechen und Strafen. 1. Auflage. Frankfurt am Main, Leipzig: Insel Verlag (1998).

Beck 1983 - Beck, Ulrich: Jenseits von Stand und Klasse? In: *Kreckel, Reinhard: Soziale Ungleichheiten.* Göttingen: Schwartz (1983), S. 35 - 74.

Becker 1970 - Becker, Howard S.: Sociological Work. Method and Substance. Chicago: Aldine Publishing Co. (1970).

Becker 1993 - Becker, Gary S.: Der ökonomische Ansatz zur Erklärung menschlichen Verhaltens. 2. Auflage. Tübingen: Mohr Siebeck (1993).

Bell 1973 - Bell, Daniel: The Coming of Post-Industrial Society. A Venture in Social Forecasting. New York: Penguin Books (1973).

Bell 1982 - Bell, David E.: Regret in Decision Making Under Uncertainty. In: *Operations Research 30/5 (1982),* S. 961 - 981.

Benson 1985 - Benson, Michael L.: Denying the Guilty Mind. Accounting for Involvement in a White-Collar-Crime. In: *Criminology 23/4 (1985),* S. 583 - 607.

Bequai 1978 - Bequai, August: Computer Crime. Lexington, Massachusetts: Lexington Books (1978).

Bequai 1987 - Bequai, August: Technocrimes. The Computerization of Crime and Terrorism. Lexington, Toronto: Lexington Books (1987).

Bernstein/Woodward 1974 - Bernstein, Carl / Woodward, Bob: All the President's Men. New York: Simon and Schuster (1974).

Blinkert 1988 - Blinkert, Baldo: Kriminalität als Modernisierungsrisiko? Das ‚Hermes-Syndrom' der entwickelten Industriegesellschaften. In: *Soziale Welt 39/4 (1988), S. 397 - 412.*

Bloch/Geis 1970 - Bloch, Herbert A. / Geis, Gilbert: Man, Crime and Society. New York: Random House (1970).

BloomBecker 1986 - BloomBecker, Jay: Computer Crime, Computer Security, Computer Ethics. The First Annual Statistical Report of the National Center for Computer Crime Data. Los Angeles: National Center for Computer Crime Data (1986).

BloomBecker 1990 - BloomBecker, Jay: Computer Crime and Abuse. In: *The EDP Auditor Journal II (1990), S. 34 - 41.*

Boers 2001 - Boers, Klaus: Wirtschaftskriminologie. Vom Versuch, mit einem blinden Fleck umzugehen. In: Monatsschrift für Kriminologie und Strafrechtsreform 84/5 (2001), S. 335 - 356.

Bonus/Maselli 1997 - Bonus, Holger / Maselli, Anke: Transaktionskostenökonomik. In: *Gabler Verlag: Gabler Wirtschaftslexikon. 14. Auflage. Wiesbaden: Gabler Verlag (1997), S. 3804 - 3807.*

Boudon 1980 - Boudon, Raymond: Die Logik des gesellschaftlichen Handelns. Eine Einführung in die soziologische Denk- und Arbeitsweise. Neuwied und Darmstadt: Luchterhand (1980).

Braithwaite 1985 - Braithwaite, John: White Collar Crime. In: *Annual Review of Sociology 11 (1985), S. 1 - 25.*

Braithwaite 1989 - Braithwaite, John: Crime, shame and reintegration. Cambridge: Cambridge University Press (1989).

Braithwaite 2003 - Braithwaite, John: Restorative Justice and Corporate Regulation. In: *Weitekamp, Elmar G. M. / Kerner, Hans-Jürgen: Restorative Justice in Context. International practice and directions. Devon, UK und Portland, Oregon: Willan Publishing (2003), S. 161 - 172.*

Branscomb 1990 - Branscomb, Anne W.: Rogue Computer Programs and Computer Rogues. Tailoring the Punishment to Fit the Crime. In: *Rutgers Computer and Technology Law Journal 16/1 (1990), S. 1 - 61.*

Breitsprecher et al. 1993 - Breitsprecher, Roland / Terrell, Peter / Schnorr, Veronika / Morris, Wendy V. A.: PONS Globalwörterbuch Englisch-Deutsch. Teil 1. 2. Auflage. Stuttgart u. a.: Ernst Klett Verlag (1993).

Brockhaus 1993 - F. A. Brockhaus GmbH (Hrsg.): Brockhaus-Enzyklopädie. 19. Auflage. Mannheim: F. A. Brockhaus GmbH (1993).

Bronfenbrenner 1979 - Bronfenbrenner, Urie: The Ecology of Human Development: Experiments by Nature and Design. Cambridge: Harvard University Press (1979).

Brönnimann 1995 - Brönnimann, Christoph: Informations- und Kommunikationstechnologien in betrieblichen Organisationen. Organisations- und Kommunikationsstruktur unter dem Aspekt des Einsatzes neuer Bürotechnologien. Zürich: Lizentiatsarbeit am Soziologischen Institut der Universität Zürich (1995).

Brooke/Paige 2003 - Brooke, Phillip J. / Paige, Richard F.: Fault trees for security system design and analysis. In: *Computers & Security 22/3 (2003), S. 256 - 264.*

BSI 2001 - British Standards Institution: Information technology. Code of practice for information security management. London: British Standards Institution (1995).

BSI 2002 - British Standards Institution: Information security management systems. Specification with guidance for use. London: British Standards Institution (2002).

BSI 2003 - Bundesamt für Sicherheit in der Informationstechnik: IT-Grundschutzhandbuch. Internetdokument. Adresse: *http://www.bsi.de/gshb/deutsch/download/GSHB2003.pdf.* Prüfung am 27.07.2004.

BSI 2003b - Bundesamt für Sicherheit in der Informationstechnik: Trojanische Pferde. Definition und Wirkungsweise. Internetdokument. Adresse: *http://www.bsi.bund.de/literat/faltbl/F33Trojaner.htm.* Prüfung am 12.06.2005.

BSI 2003c - Bundesamt für Sicherheit in der Informationstechnik: Computer-Viren. Definition und Wirkungsweise. Internetdokument. Adresse: *http://www.bsi.bund.de/literat/faltbl/F19Kurzviren.htm.* Prüfung am 13.06.2005.

BSI 2004 - Bundesamt für Sicherheit in der Informationstechnik: BSI-Umfrage. Experten halten Wirtschaft durch mangelnde IT-Sicherheit für gefährdet. Internetdokument. Adresse: *http://www.bsi.de/presse/pressinf/monitoring250204.htm.* Prüfung am 18.06.2005.

Buner 1996 - Buner, Roberto: Medienlogik. In: *Königswieser, Roswita / Haller, Matthias / Maas, Peter: Risiko-Dialog - Zukunft ohne Harmonieformel: Deutscher Instituts-Verlag (1996), S. 175 - 197.*

Burgess/Akers 1966 - Burgess, Robert L. / Akers, Ronald L.: A Differential Association-Reinforcement Theory of Criminal Behavior. In: *Social Problems 14 (1966), S. 128 - 147.*

Burke/Christiansen 2002 - Burke, Brian / Christiansen, Chris: Content Security. Enhancing Information Security with Web and E-mail Filtering. Internetdokument. Adresse: *http://www.surfcontrol.com/general/assets/whitepapers/CG37J.pdf.* Prüfung am 25.01.2005.

CA 2004 - Computer Associates: Win32.Golten.A. Internetdokument. Adresse: *http://www3.ca.com/securityadvisor/virusinfo/virus.aspx?id=40766*. Prüfung am 12.6.2005.

Caloyannides/Landwehr 2000 - Caloyannides, Michael / Landwehr, Carl: Can Technology Reduce The Insider Threat? In: *Anderson, Robert H. / Bozek, Thomas / Longstaff, Tom / Meitzler, Wayne / Skroch, Michael / Van Wyk, Ken: Research on Mitigating the Insider Threat to Information Systems - #2. Santa Monica: Rand Corporation (2000), S. 61 - 66.*

Carroll/Weaver 1986 - Carroll, John / Weaver, Frances: Shoplifters' Perceptions of Crime Opportunities. A Process-Tracing Study. In: *Cornish, Derek B. / Clarke, Ronald V.: The Reasoning Criminal. Rational Choice Perspectives on Offending. New York u. a.: Springer Verlag (1986), S. 19 - 38.*

CERT/CC 2006 - Carnegie Mellon Software Engineering Institute: CERT/CC Statistics 1988-2006. Internetdokument. Adresse: *http://www.cert.org/stats/*. Prüfung am 24.11.2006.

Chambliss/Seidmann 1982 - Chambliss, William J. / Seidmann, Robert B.: Law, Order and Power. 2. Auflage. Reading, Massachusetts: Addison-Wesley (1982).

Charney 1994 - Charney, Scott: Computer Crime. Law Enforcement's Shift from a Corporeal Environment to the Intangible, Electronic World of Cyberspace. In: *Federal Bar News & Journal 41/7 (1994), S. 489 - 494.*

Charney/Alexander 2001 - Charney, Scott / Alexander, Kent: Computer Crime. Internetdokument. Adresse: *http://www.crime-research.org/library/Alex.htm (Computer Crime Research Center).* Prüfung am 09.06.2005.

Chen 1990 - Chen, Christopher D.: Computer Crime and the Computer Fraud and Abuse Act of 1986. In: *Computer Law Journal 10 (1990), S. 71 - 86.*

Chiricos 1987 - Chiricos, Theodore G.: Rates of Crime and Unemployment. An Analysis of Aggregate Research Evidence. In: *Social Problems 34 (1987), S. 187 - 212.*

Chiricos/Waldo 1970 - Chiricos, Theodore G. / Waldo, Gordon P.: Punishment and Crime. An Examination of Some Empirical Evidence. In: *Social Problems 18 (1970), S. 200 - 217.*

Ciborra 1987 - Ciborra, Claudio U.: Reframing the Role of Computers in Organizations - The Transaction Costs Approach. In: *Office: Technology and People 3 (1987), S. 17 - 38.*

Clarke 1980 - Clarke, Ronald V.: Situational Crime Prevention. Theory and Practice. In: *British Journal of Criminology 20 (1980), S. 136 - 147.*

Clarke 1997 - Clarke, Ronald V.: Introduction. In: *Clarke, Ronald V.: Situational Crime Prevention. Successful Case Studies. 2. Auflage. Guilderland: Harrow and Heston (1997), S. 1 - 43.*

Clarke/Cornish 1985 - Clarke, Ronald V. / Cornish, Derek B.: Modelling Offender's Decisions. A Framework for Research and Policy. In: *Tonry, Michael / Morris, Norval: Crime and Justice. An Annual Review of Research, Volume 6.* Chicago: University of Chicago Press *(1985), S. 147 - 185.*

Claus/Schwill 2003 - Claus, Volker / Schwill, Andreas: Duden Informatik. Ein Fachlexikon für Studium und Praxis. Mannheim u. a.: Dudenverlag (2003).

Clinard/Quinney 1973 - Clinard, Marshall B. / Quinney, Richard: Criminal Behavior Systems. A Typology. 2. Auflage. New York: Holt, Rinehart & Winston (1973).

Coase 1937 - Coase, Ronald H.: The Nature of the Firm. In: *Economica 4 (1937), S. 386 - 405.*

Cohen/Felson 1979 - Cohen, Lawrence E. / Felson, Marcus: Social Change and Crime Rate Trends. A Routine Activity Approach. In: *American Sociological Review 44 (1979), S. 588 - 608.*

Cohen/Knetsch 1992 - Cohen, David / Knetsch, Jack L.: Judicial Choice and Disparities Between Measures of Economic Values. In: *Osgoode Hall Law Journal 30 (1992), S. 737 - 770.*

Coleman 1990 - Coleman, James S.: Foundations of Social Theory. Cambridge: Belknap Press (1990).

Coleman 1994 - Coleman, James William: Motivation and Opportunity. Understanding the Causes of White-Collar Crime. In: *Geis, Gilbert / Meier, Robert F. / Salinger, Lawrence M.: White-Collar-Crime. Classic and Contemporary Views. 3. Auflage. New York u. a.: The Free Press (1995), S. 360 - 381.*

Conte 2003 - Conte, John M.: Cybersecurity: Looking Inward. Internal Threat Evaluation. Internetdokument. Adresse: *http://www.giac.org/practical/GSEC/John_Conte_GSEC.pdf (Global Information Assurance Certification).* Prüfung am 07.03.2004.

Cornish 1993 - Cornish, Derek: Theories of Action in Criminology. Learning Theory and Rational Choice Approaches. In: *Clarke, Ronald V. / Felson, Marcus: Routine Activity and Rational Choice. Advances in Criminological Theory. New Brunswick u. a.: Transaction Publishers (1993), S. 351 - 382.*

Cornish/Clarke 1986 - Cornish, Derek B. / Clarke, Ronald V. (Hrsg.): The Reasoning Criminal. Rational Choice Perspectives on Offending. New York u. a.: Springer Verlag (1986).

Cornish/Clarke 1986b - Cornish, Derek B. / Clarke, Ronald V.: Introduction. In: *Cornish, Derek B. / Clarke, Ronald V.: The Reasoning Criminal. Rational Choice Perspectives on Offending. New York u. a.: Springer Verlag (1986), S. 1 - 16.*

Coyle/Quah 2002 - Coyle, Diane / Quah, Danny: Getting the Measure of the New Economy. Internetdokument. Adresse: *http://theworkfoundation.com/pdf/New_Economy.pdf (The Work Foundation)*. Prüfung am 14.01.2004.

Cressey 1953 - Cressey, Donald R.: Other People's Money. A Study in the Social Psychology of Embezzlement. New York: The Free Press (1953).

Cullen et al. 1995 - Cullen. Francis T. / Maakestad, William J. / Cavender, Gray: The Ford Pinto Case and Beyond. Moral Boundaries and the Criminal Sanction. In: *Geis, Gilbert / Meier, Robert F. / Salinger, Lawrence M.: White-Collar-Crime. Classic and Contemporary Views. 3. Auflage. New York u. a.: The Free Press (1995), S. 280 - 298.*

Cullen/Agnew 2003 - Cullen, Francis T. / Agnew, Robert (Hrsg.): Criminological Theory. Past to Present (Essential Readings). 2. Auflage. Los Angeles: Roxbury Publishing (2003).

Dahrendorf 1977 - Dahrendorf, Ralf: Homo Sociologicus. Ein Versuch zur Geschichte, Bedeutung und Kritik der Kategorie der sozialen Rolle. 15. Auflage. Opladen: Westdeutscher Verlag (1977).

Daly 1989 - Daly, Kathleen: Gender and Varieties of White-Collar Crime. In: *Criminology 27/4 (1989), S. 769 - 793.*

Dhillon 1999 - Dhillon, Gurpreet: Managing and controlling computer misuse. In: *Information Management & Computer Security 7/5 (1999), S. 171 - 175.*

Dhillon/Moores 2001 - Dhillon, Gurpreet / Moores, Steve: Computer crimes. Theorizing about the enemy within. In: *Computers & Security 20/8 (2001), S. 715 - 723.*

Dichtl 1994 - Dichtl, Erwin: Strategische Optionen im Marketing. Durch Kompetenz und Kundennähe zu Konkurrenzvorteilen. 3. Auflage: DTV-Beck.

Dixit/Nalebuff 1991 - Dixit, Avinash K. / Nalebuff, Barry J.: Thinking strategically. The competitive edge in business, politics and everyday life. New York und London: W.W. Norton & Company (1991).

Dolde 1993 - Dolde, Gabriele: Theorie und Erklärung. In: *Kaiser, Günther / Kerner, Hans-Jürgen / Sack, Fritz / Schellhoss, Hartmut: Kleines Kriminologisches Wörterbuch. 3. Auflage. Heidelberg: C. F. Müller Juristischer Verlag (1993), S. 541 - 549.*

Dowie 1977 - Dowie, Mark: How Ford Put Two Million Firetraps on Wheels. In: *Business and Society Review 43 (1977), S. 46 - 55.*

Dowland et al. 1999 - Dowland, Paul S. / Furnell, Steven M. / Illingworth, Helen M. / Reynolds Paul L.: Computer Crime and Abuse. A Survey of Public Attitudes and Awareness. In: *Computers & Security 18/8 (1999), S. 715 - 726.*

Drüing 2001 - Drüing, Michael: Geschichte des Computers von den Anfängen bis zur Gegenwart. Internetdokument. Adresse: *http://www-ti.informatik.uni-tuebingen.de/~schroedm/proseminar/PDFs/geschichte_des_computers.pdf (Universität Tübingen).* Prüfung am 12.12.2004.

DTI 2002 - Department of Trade and Industry (Hrsg.): Information Security Breaches Survey 2002. Internetdokument. Adresse: *http://www.pwc.com/images/gx/eng/about/svcs/grms/2002 Detailedreport.pdf (PricewaterhouseCoopers).* Prüfung am 18.01.2005.

DTI 2004 - Department of Trade and Industry (Hrsg.): Information Security Breaches Survey 2004. Internetdokument. Adresse: *http://www.pwc.com/images/gx/eng/about/svcs/grms/2004 Technical_Report.pdf (PricewaterhouseCoopers).* Prüfung am 18.01.2005.

Dubiel 1986 - Dubiel, Helmut: Autonomie oder Anomie. Zum Streit über den nachliberalen Sozialcharakter. In: *Berger, Johannes: Die Moderne - Kontinuitäten und Zäsuren (Soziale Welt: Sonderband 4). Göttingen: Otto Schwartz & Co. (1986), S. 263 - 281.*

Durkheim 1968 - Durkheim, Emile: Kriminalität als normales Phänomen. In: *Sack, Fritz / König, René: Kriminalsoziologie. 2. Auflage. Wiesbaden: Akademische Verlagsanstalt (1979), S. 3 - 8.*

Edelhertz 1970 - Edelhertz, Herbert: The Nature, Impact, and Prosecution of White-Collar Crime. In: *Johnson, John M. / Douglas, Jack D.: Crime at the Top. Deviance in Business and the Professions. New York u. a.: J.B. Lippincott Company (1978), S. 44 - 66.*

Eggel 2000 - Eggel, Damian: IT-Sicherheit im Wandel der Zeit. Risikomanagement in der Informatiksicherheit. In: *Der Schweizer Treuhaender 74/10 (2000), S. 1071 - 1076.*

Egli 1985 - Egli, Heinz: Grundformen der Wirtschaftskriminalität. Fallanalysen aus der Schweiz und der Bundesrepublik Deutschland. Heidelberg: Kriminalistik Verlag (1985).

Ehrenreich 2000 - Ehrenreich, Barbara: Warning: This Is a Rights-Free Workplace. In: *The New York Times Magazine 05.03.2000, S. 88 - 92.*

Eifler 2002 - Eifler, Stefanie: Kriminalsoziologie. Bielefeld: Transcript Verlag (2002).

Einhorn 1982 - Einhorn, Hillel J.: Learning from experience and suboptimal rules in decision making. In: *Kahneman, Daniel / Slovic, Paul / Tversky, Amos: Judgment under uncertainty. Heuristics and biases. Cambridge: Cambridge University Press (1982), S. 268 - 283.*

Einhorn/Hogarth 1978 - Einhorn, Hillel J. / Hogarth, Robin M.: Confidence in Judgment. Persistence in the Illusion of Validity. In: *Psychological Review 85 (1978), S. 395 - 416.*

Einhorn/Hogarth 1987 - Einhorn, Hillel J. / Hogarth, Robin M.: Decision Making under Ambiguity. In: *Hogarth, Robin M. / Reder, Melvin W.: Rational Choice. The Contrast Between Economics and Psychology. Chicago: University of Chicago Press (1987), S. 41 - 66.*

Einstadter 1992 - Einstadter, Werner J.: Asymmetries of Control. Surveillance, Intrusion, and Corporate Theft of Privacy. In: *Justice Quarterly 9/2 (1992), S. 285 - 298.*

Einwechter 2002 - Einwechter, Nathan: Preventing and Detecting Insider Attacks Using IDS. Internetdokument. Adresse: *http://www.securityfocus.com/infocus/1558 (SecurityFocus).* Prüfung am 18.06.2005.

Eisenführ/Weber 1994 - Eisenführ, Franz / Weber, Martin: Rationales Entscheiden. 2. Auflage. Berlin u. a.: Springer-Verlag (1994).

EITO 1994 - European Information Technology Observatory (Hrsg.): European Information Technology Observatory 1994. Mainz: Eggebrecht-Presse KG (1994).

EITO 1996 - European Information Technology Observatory (Hrsg.): European Information Technology Observatory 1996. Mainz: Eggebrecht-Presse KG (1996).

EITO 1998 - European Information Technology Observatory (Hrsg.): European Information Technology Observatory 1998. Mainz: Eggebrecht-Presse KG (1998).

EITO 1999 - European Information Technology Observatory (Hrsg.): European Information Technology Observatory 1999. Mainz: Eggebrecht-Presse KG (1999).

EITO 2000 - European Information Technology Observatory (Hrsg.): European Information Technology Observatory 2000. Mainz: Eggebrecht-Presse KG (2000).

EITO 2003 - European Information Technology Observatory (Hrsg.): European Information Technology Observatory 2003. Mainz: Eggebrecht-Presse KG (2003).

EITO 2004 - European Information Technology Observatory (Hrsg.): European Information Technology Observatory 2004. Mainz: Eggebrecht-Presse KG (2004).

Elliott 1985 - Elliott, Delbert S.: The assumption that theories can be combined with increased explanatory power. Theoretical integrations. In: *Meier, Robert F.: Theoretical Methods in Criminology. Beverly Hills, California: Sage Publications (1985), S. 123 - 149.*

Elliott et al. 1979 - Elliott, Delbert S. / Ageton, Suzanne S. / Canter, Rachelle J.: An Integrated Theoretical Perspective on Delinquent Behavior. In: *Journal of Research in Crime and Delinquency 16 (1979), S. 3 - 27.*

Ellsberg 1961 - Ellsberg, Daniel: Risk, Ambiguity and the Savage Axioms. In: *Quarterly Journal of Economics 75 (1961), S. 643 - 669.*

Epstein 1991 - Epstein, Richard A.: Agency Costs, Employment Contracts and Labor Unions. In: *Pratt, John W. / Zeckhauser, Richard J.: Principals and Agents. The Structure of Business. Boston: Harvard Business School Press (1991), S. 127 - 148.*

Esser 1991 - Esser, Hartmut: Die Rationalität des Alltagshandelns. Alfred Schütz und ‚Rational Choice'. In: *Esser, Hartmut / Troitzsch, Klaus: Modellierung sozialer Prozesse. Bonn: Informationszentrum Sozialwissenschaften (1991), S. 235 - 282.*

Esser 1994 - Esser, Hartmut: Explanatory Sociology. In: *Journal of the Deutsche Gesellschaft für Soziologie Special Edition 3 (1994), S. 177 - 190.*

Esser 1996 - Esser, Hartmut: Die Definition der Situation. In: *Kölner Zeitschrift für Soziologie und Sozialpsychologie 48/1 (1996), S. 1 - 34.*

Esser 1999 - Esser, Hartmut: Soziologie. Allgemeine Grundlagen. 3. Auflage. Frankfurt, New York: Campus Verlag (1999).

Esser 2001 - Esser, Hartmut: Soziologie. Spezielle Grundlagen, Band 6. Sinn und Kultur. Frankfurt am Main, New York: Campus (2001).

Esser 2002 - Esser, Hartmut: In guten wie in schlechten Tagen? Das Framing der Ehe und das Risiko zur Scheidung. Eine Anwendung und ein Test des Modells der Frame-Selektion. In: *Kölner Zeitschrift für Soziologie und Sozialpsychologie 54/1 (2002), S. 27 - 63.*

Etzioni 1987 - Etzioni, Amitai: How Rational We? In: *Sociological Forum 2/1 (1987), S. 1 - 20.*

Eversheim et al. 1998 - Eversheim, Walter / Schenke, Franz-Bernd / Warnke, Luca: Komplexität im Unternehmen verringern und beherrschen. Optimale Gestaltung von Produkten und Produktionssystemen. In: *Adam, Dietrich: Komplexitätsmanagement. Schriften zur Unternehmensführung, Band 61. Wiesbaden: Gabler (1998), S. 29 - 46.*

Falk/Kosfeld 2004 - Falk, Armin: Distrust - The Hidden Cost of Control. Internetdokument. Adresse: *ftp://ftp.iza.org/dps/dp1203.pdf (Forschungsinstitut zur Zukunft der Arbeit GmbH - Discussion Paper Series).* Prüfung am 15.08.2005.

Farnworth 1989 - Farnworth, Margaret: Theory Integration versus Model Building. In: *Messner, Steven F. / Krohn, Marvin D. / Liska, Allen E.: Theoretical Integration in the Study of Deviance and Crime. Problems and Prospects. Albany: State University of New York Press (1989), S. 93 - 100.*

Federrath/Pfitzmann 1997 - Federrath, Hannes / Pfitzmann, Andreas: Bausteine zur Realisierung mehrseitiger Sicherheit. In: *Müller, Günter / Pfitzmann, Andreas: Mehrseitige Sicherheit in der Kommunikationstechnik. Verfahren, Komponenten, Integration. Bonn: Addison-Wesley-Longman (1997), S. 83 - 104.*

Feeney 1986 - Feeney, Floyd: Robbers as Decision-Makers. In: *Cornish, Derek B. / Clarke, Ronald V.: The Reasoning Criminal. Rational Choice Perspectives on Offending. New York u. a.: Springer Verlag (1986), S. 53 - 71.*

Felson 2002 - Felson, Marcus: Crime and Everyday Life. 3. Auflage. Thousand Oaks u. a.: Sage Publications (2002).

Felstead et al. 2002 - Felstead, Alan / Gallie, Duncan / Green, Francis: Work Skills in Britain 1986-2001. Internetdokument. Adresse: *http://www.hrm.strath.ac.uk/teaching/classes/fulltime-41939/reports/Workskills.pdf (University of Strathclyde, Glasgow)*. Prüfung am 16.01.2004.

Ferscha 2004 - Ferscha, Alois: Der Computer wird verschwinden. In: *Computerwoche 31/46 (2004), S. 28 - 30*.

Festinger 1957 - Festinger, Leon: A Theory of Cognitive Dissonance. Stanford: Stanford University Press (1957).

Fischer 1994 - Fischer, Lynn F.: Espionage. Why Does it Happen? In: *Security Awareness Bulletin 4 (1994), S. 1 - 9*.

Fishbein/Ajzen 1975 - Fishbein, Martin / Ajzen, Icek: Belief, Attitude, Intention and Behavior. An Introduction to Theory and Research. Reading: Addison-Wesley (1975).

Fitzgerald 2004 - Fitzgerald, Jay: Disgruntled ex-programmer accused of erasing code. Internetdokument. Adresse: *http://www.rizzn.com/2004/08/feds-anger-drove-varian-hacker.php*. Prüfung am 24.06.2005.

Follesdal 1982 - Follesdal, Dagfinn: The status of rationality assumptions in interpretation and in the explanation of action. In: *Dialectica 36 (1982), S. 301 - 316*.

Frank 1997 - Frank, Robert H.: Microeconomics and Behavior. 3. Auflage. New York u. a.: McGraw-Hill Companies Inc.

Friedrichs 2003 - Friedrichs, David O.: Trusted Criminals. White-Collar Crime in Contemporary Society. 2. Auflage. Belmont: Wadsworth Publishing Company (2003).

Frohmüller/Kiefer 1999 - Frohmüller, Klaus-Peter / Kiefer, Tobias: IT-Komplexität. Ursachen und Beherrschungsmechanismen. In: *Die Bank 12 (1999), S. 832 - 837*.

Furnell et al. 2001 - Furnell, Steven M. / Magklaras, George B. / Papadaki, Maria / Dowland, Paul S.: A Generic Taxonomy for Intrusion Specification and Response. Valencia: Proceedings of Euromedia 2001 (2001).

Gabler 1997 - Gabler Verlag (Hrsg.): Gabler Wirtschaftslexikon. 14. Auflage. Wiesbaden: Gabler Verlag (1997).

Gammel 2004 - Gammel, Robert: Anwender versuchen Datenflut zu kanalisieren. In: *Computerwoche 31/34 (2004), S. 27 - 27*.

Gammel 2004b - Gammel, Robert: Commerzbank startet Single-Sign-on. Internetdokument. Adresse: *http://www.computerwoche.de/index.cfm?pageid=256&category=67&artid=72582 (COMPUTERWOCHE)*. Prüfung am 03.05.2005.

Garfinkel 1967 - Garfinkel, Harold: Studies in Ethnomethodology. Englewood Cliffs, New Jersey: Prentice-Hall (1967).

Geer et al. 2003 - Geer, Dan / Bace, Rebecca / Gutmann, Peter / Metzger, Perry / Pfleeger, Charles P. / Quarterman, John S. / Schneier, Bruce: CyberInsecurity. The Cost of Monopoly. Internetdokument. Adresse: *http://www.ccianet.org/filings/cybersecurity/cyberinsecurity.pdf (Computer & Communications Industry Association)*. Prüfung am 10.03.2005.

Geis et al. 1995 - Geis, Gilbert / Meier, Robert F. / Salinger, Lawrence M.: Introduction. In: Geis, Gilbert / Meier, Robert F. / Salinger, Lawrence M.: White-Collar-Crime. Classic and Contemporary Views. 3. Auflage. New York u. a.: The Free Press (1995), S. 1 - 28.

Geis/Goff 1983 - Geis, Gilbert / Goff, Colin: Introduction. In: *Sutherland, Edwin H.: White Collar Crime. The Uncut Version. New Haven, Connecticut: Yale University Press (1983)*.

Gemignani 1989 - Gemignani, Michael: Viruses and Criminal Law. In: *Communications of the ACM 32 (1989), S. 669 - 671*.

Gerber/Solms 2001 - Gerber, Mariana / von Solms, Rossouw: From Risk Analysis to Security Requirements. In: *Computers & Security 20/7 (2001), S. 577 - 584*.

Gerbich 2002 - Gerbich, Sandra: Blind oder blauäugig? In: *Information Week 18 (2002), S. 22 - 32*.

Gibbons 1979 - Gibbons, Don C.: The criminological enterprise. Theories and perspectives. Englewood Cliffs, New Jersey: Prentice-Hall (1979).

Gibbs 1968 - Gibbs, Jack P.: Crime, Punishment, and Deterrence. In: *The Southwestern Social Science Quarterly 48 (1968), S. 515 - 530*.

Gibbs 1975 - Gibbs, Jack P.: Crime, Punishment, and Deterrence. New York, Amsterdam: Elsevier Scientific Publishing Company, Inc. (1975).

Gibney 1978 - Gibney, Frank: What's an Operator? In: *Johnson, John M. / Douglas, Jack D.: Crime at the Top. Deviance in Business and the Professions. New York u. a.: J.B. Lippincott Company (1978), S. 9 - 22*.

Giese/Runde 1999 - Giese, Reinhard / Runde, Peter: Wirkungsmodell für die empirische Bestimmung von Gesetzeswirkungen - Modellansatz und Anwendung im Rahmen einer Wirkungsanalyse zur Pflegeversicherung. In: *Zeitschrift für Rechtssoziologie 20/1 (1999), S. 14 - 54*.

Godschalk 1999 - Godschalk, David: Sicherheitstechnologien im Electronic Commerce. Diplomarbeit. Mannheim: Universität, Lehrstuhl für Wirtschaftsinformatik II (1999).

Goodman 1997 - Goodman, Marc D.: Why the Police Don't Care About Computer Crime. In: *Harvard Journal of Law & Technology 10 (1997), S. 478 - 482.*

Gordon et al. 2004 - Gordon, Lawrence A. / Loeb, Martin P. / Lucyshyn, William / Richardson, Robert: Computer Crime and Security Survey 2004. Internetdokument. Adresse: *http://i.cmpnet.com/gocsi/db_area/pdfs/fbi/FBI2004.pdf.* Prüfung am 23.01.2005.

Grimm 1994 - Grimm, Rüdiger: Sicherheit für offene Kommunikation. verbindliche Telekooperation. Mannheim: BI-Wissenschaftsverlag (1994).

Grote 2000 - Grote, Andreas: Ausgesurft? Kosten von Web-Missbrauch und Surfkontrolle im Büro. In: *c't 24 (2000), S. 272 - 272.*

Grygus 2003 - Grygus, Andrew: The RIAA Comes for You. Recent court cases greatly increase the danger to your business presented by ‚file-sharing' systems. Internetdokument. Adresse: *http://www.aaxnet.com/editor/edit031.html#A2 (Automation Access).* Prüfung am 14.06.2005.

Güth 1997 - Güth, Werner: Spieltheorie. In: *Gabler Verlag: Gabler Wirtschaftslexikon. 14. Auflage. Wiesbaden: Gabler Verlag (1997), S. 3512 - 3521.*

Hancock 1999 - Hancock, Bill: Security Views. In: *Computers & Security 18 (1999), S. 646 - 659.*

Hancock 2000 - Hancock, Bill: Laptop Theft Now Targeted Towards Data and Not Necessarily Hardware. In: *Computers & Security 19/8 (2000), S. 671 - 673.*

Hartung 2004 - Hartung, Manuel J.: Erst feuern, dann kuscheln. In: *Die Zeit 04.03.2004, S. 81.*

Heidrich 2005 - Heidrich, Joerg: Vertrauensstellung. In: *iX Magazin für professionelle Informationstechnik 6 (2005), S. 96 - 97.*

Heinrich/Roithmayr 1998 - Heinrich, Lutz J. / Roithmayr, Friedrich: Wirtschaftsinformatik-Lexikon. 6. Auflage. München u. a.: Oldenbourg Verlag (1998).

Heinz 1993 - Heinz, Wolfgang: Wirtschaftskriminalität. In: *Kaiser, Günther / Kerner, Hans-Jürgen / Sack, Fritz / Schellhoss, Hartmut: Kleines Kriminologisches Wörterbuch. 3. Auflage. Heidelberg: C. F. Müller Juristischer Verlag (1993), S. 589 - 595.*

Heise 2004 - Heise Online: Superwurm mit öffentlichem Quelltext. Internetdokument. Adresse: *http://www.heise.de/newsticker/meldung/46634.* Prüfung am 01.01.2005.

Hershey/Schoemaker 1980 - Hershey, John C. / Schoemaker, Paul J. H.: Risk Taking and Problem Context in the Domain of Losses. An Expected Utility Analysis. In: *Journal of Risk and Insurance 47 (1980), S. 111 - 132.*

Hess/Scheerer 1997 - Hess, Henner / Scheerer, Sebastian: Was ist Kriminalität? Skizze einer konstruktivistischen Kriminalitätstheorie. In: *Kriminologisches Journal 29 (1997), S. 83 - 155.*

Heuer 2000 - Heuer, Richards J.: The Insider Espionage Threat. In: *Anderson, Robert H. / Bozek, Thomas / Longstaff, Tom / Meitzler, Wayne / Skroch, Michael / Van Wyk, Ken: Research on Mitigating the Insider Threat to Information Systems - #2. Santa Monica: Rand Corporation (2000), S. 89 - 95.*

Heyer 2005 - Heyer, Jürgen: Bedrohung von innen. In: *Computer im Mittelstand 4 (2005), S. 10 - 17.*

Hinnosaar 2003 - Hinnosaar, Toomas: Software piracy and its impact on social welfare. In: *Kroon & Economy 3 (2003), S. 17 - 23.*

Hirschi 1969 - Hirschi, Travis: Causes of Delinquency. Berkeley: University of California Press (1969).

Hirschi 1979 - Hirschi, Travis: Separate and Unequal Is Better. In: *Journal of Research in Crime and Delinquency 16 (1979), S. 34 - 38.*

Hirschi 1986 - Hirschi, Travis: On the Compatibility of Rational Choice and Social Control Theories of Crime. In: *Cornish, Derek B. / Clarke, Ronald V.: The Reasoning Criminal. Rational Choice Perspectives on Offending. New York u. a.: Springer Verlag (1986), S. 105 - 118.*

Hirschi/Gottfredson 1987 - Hirschi, Travis / Gottfredson, Michael: Causes of White-Collar Crime. In: *Geis, Gilbert / Meier, Robert F. / Salinger, Lawrence M.: White-Collar-Crime. Classic and Contemporary Views. 3. Auflage. New York u. a.: The Free Press (1995), S. 382 - 399.*

Hollinger 1991 - Hollinger, Richard C.: Hackers. Computer Heroes or Electronic Highwaymen? In: *Computers & Society 21/1 (1991), S. 6 - 17.*

Hollinger 1997 - Hollinger, Richard C. (Hrsg.): Crime, deviance and the computer. Aldershot, u. a.: Dartmouth (1997).

Hollinger/Clark 1983 - Hollinger, Richard C. / Clark, John P.: Theft by Employees. Lexington, Toronto: Lexington Books (1983).

Hollinger/Lanza-Kaduce 1988 - Hollinger, Richard C. / Lanza-Kaduce, Lonn: The Process of Criminalization. The Case of Computer Crime Laws. In: *Criminology 26/1 (1988), S. 101 - 126.*

Holmström 1979 - Holmström, Bengt: Moral Hazard and Observability. In: *The Bell Journal of Economics 10 (1979), S. 74 - 91.*

Höne/Eloff 2002 - Höne, Karin / Eloff, Jan H. P.: Information security policy - what do international information security standards say. In: *Computers & Security 21/5 (2002), S. 402 - 409.*

Höppner 2004 - Höppner, Michael: Software-Management zahlt sich aus. Internetdokument. Adresse: *http://www.computerwoche.de/index.cfm?pageid=258&artid=50353&type=detail& category=245 (COMPUTERWOCHE).* Prüfung am 23.02.2004.

Horoszowski 1980 - Horoszowski, Pawel: Economic Special-Opportunity Conduct and Crime. Lexington, Massachusetts: Lexington Books (1980).

Howard 1997 - Howard, John D.: An Analysis Of Security Incidents On The Internet 1989 - 1995. Dissertation. Pittsburgh: Carnegie Mellon University (Carnegie Institute of Technology) (1997).

Hug 1989 - Hug, Theo: Menschenbilder in pädagogiknahen Sozialwissenschaften. Internetdokument. Adresse: *http://homepage.uibk.ac.at/~c60357/texte/me_bi_dt.pdf.* Prüfung am 16.08.2004.

Hurewitz/Lo 1993 - Hurewitz, Barry J. / Lo, Allen M.: Computer-Related Crimes. In: *American Criminal Law Review 30 (1993), S. 495 - 521.*

Hutter 2002 - Hutter, Reinhard: ‚Cyber-Terror': Risiken im Informationszeitalter. In: *Bundeszentrale für politische Bildung: Aus Politik und Zeitgeschichte. Verwundbarkeit hochindustrieller Gesellschaften - Innere Sicherheit - Demokratie. Bonn (2002), S. 31 - 39.*

Icove et al. 1995 - Icove, David / Seger, Karl / VonStorch, William: Computer Crime. A Crimefighter's Handbook. Sebastopol: O'Reilly & Associates (1995).

IPR 2003 - International Planning and Research Corporation: Eighth Annual BSA Global Software Piracy Study. Trends in Software Piracy 1994-2002. Internetdokument. Adresse: *http://global.bsa.org/germany/piraterie/pics/IPR2002.PDF.* Prüfung am 22.02.2004.

Jamieson 1994 - Jamieson, Katherine M.: The Organization of Corporate Crime. Dynamics of Antitrust Violation. Thousand Oaks: SAGE Publications Inc. (1994).

Janke 1996 - Janke, Günter: Wirtschaftskriminalität - die verdrängte Unternehmensgefährdung. In: *Betrieb und Wirtschaft 15/50 (1996), S. 546 - 553.*

Johnson/Douglas 1978 - Johnson, John M. / Douglas, Jack D. (Hrsg.): Crime at the Top. Deviance in Business and the Professions. New York u. a.: J.B. Lippincott Company (1978).

Johnson/Payne 1986 - Johnson, Eric / Payne, John: The Decision to Commit a Crime. An Information-Processing Analysis. In: *Cornish, Derek B. / Clarke, Ronald V.: The Reasoning Criminal. Rational Choice Perspectives on Offending. New York u. a.: Springer Verlag (1986), S. 170 - 185.*

Jung 1993 - Jung, Heike: Massenmedien und Kriminalität. In: *Kaiser, Günther / Kerner, Hans-Jürgen / Sack, Fritz / Schellhoss, Hartmut: Kleines Kriminologisches Wörterbuch. 3. Auflage. Heidelberg: C. F. Müller Juristischer Verlag (1993), S. 345 - 350.*

Kahle 2002 - Kahle, Egbert: Security-Management unter HR- und Organisationsaspekten. Ein entscheidungstheoretischer Rahmen für das Security-Management aus personalwirtschaftlicher und organisatorischer Perspektive. In: *Personalführung 5 (2002). S. 22 - 31.*

Kahneman/Lovallo 1993 - Kahneman, Daniel / Lovallo, Dan: Timid Choices and Bold Forecasts. In: *Kahneman, Daniel / Tversky, Amos: Choices, Values and Frames. Cambridge: Cambridge University Press (2000), S. 393 - 411.*

Kahneman/Tversky 1973 - Kahneman, Daniel / Tversky, Amos: On the psychology of prediction. In: *Psychological Review 80 (1973), S. 237 - 251.*

Kahneman/Tversky 1979 - Kahneman, Daniel / Tversky, Amos: Prospect Theory. An Analysis of Decision under Risk. In: *Econometrica 47/2 (1979), S. 263 - 291.*

Kahneman/Tversky 1982 - Kahneman, Daniel / Tversky, Amos: Variants of uncertainty. In: *Cognition 11 (1982), S. 143 - 157.*

Kaiser 1993 - Kaiser, Günther: Kriminalität. In: *Kaiser, Günther / Kerner, Hans-Jürgen / Sack, Fritz / Schellhoss, Hartmut: Kleines Kriminologisches Wörterbuch. 3. Auflage. Heidelberg: C. F. Müller Juristischer Verlag (1993), S. 238 - 246.*

Kaiser 1993b - Kaiser, Günther: Kriminalpolitik. In: *Kaiser, Günther / Kerner, Hans-Jürgen / Sack, Fritz / Schellhoss, Hartmut: Kleines Kriminologisches Wörterbuch. 3. Auflage. Heidelberg: C. F. Müller Juristischer Verlag (1993), S. 280 - 286.*

Kaiser 1993c - Kaiser, Günther: Verbrechenskontrolle und Verbrechensvorbeugung. In: *Kaiser, Günther / Kerner, Hans-Jürgen / Sack, Fritz / Schellhoss, Hartmut: Kleines Kriminologisches Wörterbuch. 3. Auflage. Heidelberg: C. F. Müller Juristischer Verlag (1993), S. 571 - 577.*

Karstedt/Greve 1996 - Karstedt, Susanne / Greve, Werner: Die Vernunft des Verbrechens. Rational, irrational oder banal? Der ‚Rational-Choice'-Ansatz in der Kriminologie. In: *Buss-*

mann, Kai-D. / Kreissl, Reinhard (Hrsg.): Kritische Kriminologie in der Diskussion. Opladen: Westdeutscher Verlag (1996), S. 171 - 210.

Katz 1980 - Katz, Jack: The Social Movement against White-Collar Crime. In: *Bittner, Egon / Messinger, Sheldon L.: Criminology Review Yearbook, Volume II.* Beverly Hills, California: Sage Publications (1980), S. 161 - 184.

Katz 1988 - Katz, Jack: Seductions of Crime. Moral and Sensual Attractions in Doing Evil: Basic Books (1988).

Kerner 1993 - Kerner, Hans-Jürgen: Kriminalstatistik. In: *Kaiser, Günther / Kerner, Hans-Jürgen / Sack, Fritz / Schellhoss, Hartmut: Kleines Kriminologisches Wörterbuch. 3. Auflage. Heidelberg: C. F. Müller Juristischer Verlag (1993), S. 294 - 301.*

Kerner 1994 - Kerner, Hans-Jürgen: Kriminalprävention. In: *Kriminalistik 48/3 (1994), S. 171 - 178.*

King 2004 - King, Julia: Sidebar: IM Chatter. Internetdokument. Adresse: *http://www.computerworld.com/softwaretopics/software/groupware/story/0,10801,90312,00.html (Computerworld).* Prüfung am 14.06.2005.

Kornhauser 1978 - Kornhauser, Ruth R.: Social Sources of Delinquency. An Appraisal of Analytic Models. Chicago: University of Chicago Press (1978).

KPMG 2003 - KPMG: Wirtschaftskriminalität in Deutschland 2003/2004. Ergebnisse einer Umfrage bei 1000 Unternehmen. Internetdokument. Adresse: *http://www.kpmg.de/services/fas/pdf/Broschuere_WiKri_2003.pdf.* Prüfung am 15.10.2004.

Kracke 2005 - Kracke, Jörg: VoIP: Sicher ist Sicher. In: *Computerwoche 32/20 (2005), S. 30 - 31.*

Kroneberg 2005 - Kroneberg, Clemens: Die Definition der Situation und die variable Rationalität der Akteure. Ein allgemeines Modell des Handelns auf der Basis von Hartmut Essers Frame-Selektionstheorie. Internetdokument. Adresse: http://www.sfb504.uni-mannheim.de/publications/dp05-11.pdf. Prüfung am 11.12.2005.

Kubica 2000 - Kubica, Johann: Wirtschaftskriminalität - aktuelle Erscheinungsformen. In: *pro Honore e.V.: Festschrift 1925-2000 von PRO HONORE e.V. Gute Sitten setzen schlechte Beispiele ins Unrecht. Hamburg: PRO HONORE e.V. (2000), S. 106 - 120.*

Kuhlmann 2003 - Kuhlmann, Kai: Die Nutzung von Email und Internet im Unternehmen. Rechtliche Grundlagen und Handlungsoptionen. Internetdokument. Adresse: *http://www.bitkom.org/files/documents/Leitfaden_Email_u_Internet_im_Unternehmen_1.1.pdf (Bundesverband Informationswirtschaft, Telekommunikation und neue Medien e.V.).* Prüfung am 09.07.2004.

Lamère et al. 1987 - Lamère, Jean-Marc / Leroux, Yves / Tourly, Jacques: La sécurité des réseaux. Méthodes et techniques. Paris: Dunod (1987).

Lamnek 1979 - Lamnek, Siegfried: Theorien abweichenden Verhaltens. München: Fink-Verlag (1979).

Lane 1953 - Lane, Robert E.: Why businessmen violate the law. In: *Journal of Criminal Law, Criminology and Police Science 44 (1953), S. 151 - 165.*

Lattimore/Witte 1986 - Lattimore, Pamela / Witte, Ann: Models of Decision Making. In: *Cornish, Derek B. / Clarke, Ronald V.: The Reasoning Criminal. Rational Choice Perspectives on Offending. New York u. a.: Springer Verlag (1986), S. 129 - 155.*

Leach 2003 - Leach, John: Improving user security behaviour. In: *Computers & Security 22/8 (2003), S. 685 - 692.*

Lemert 1951 - Lemert, Edwin M.: Social Pathology. A Systematic Approach to the Theory of Sociopathic Behavior. New York: Mc-Graw Hill (1951).

Levi 1985 - Levi, Michael: A Criminological and Sociological Approach to Theories of and Research into Economic Crime. In: *Magnusson, Dan: Economic Crime. Programs for Future Research. Stockholm: National Council for Crime Prevention (1985), S. 32 - 72.*

Levin et al. 1998 - Levin, Irwin P. / Schneider, Sandra L. / Gaeth, Gary J.: All frames are not created equal. A typology and critical analysis of framing effects. In: *Organizational Behavior and Human Decision Processes 76 (1998), S. 149 - 188.*

Levy 1984 - Levy, Steven: Hackers. Heroes of the Computer Revolution. Garden City: Anchor Press/Doubleday (1984).

Lindenberg 1983 - Lindenberg, Siegwart: The New Political Economy. Its Potential and Limitations for the Social Sciences in General and for Sociology in Particular. In: *Sodeur, Wolfgang: Ökonomische Erklärungen sozialen Verhaltens. Duisburg: Verlag der Sozialwissenschaftlichen Kooperative (1983), S. 7 - 66.*

Lindenberg 1985 - Lindenberg, Siegwart: An Assessment of the New Political Economy. Its Potential for the Social Sciences and for Sociology in Particular. In: *Sociological Theory 3 (1985), S. 99 - 114.*

Lohmeyer et al. 2002 - Lohmeyer, Dan / Pogreb, Sofya / Robinson, Scott: Who's accountable for IT? In: *The McKinsey Quarterly (Special Edition Technology) (2002), S. 39 - 47.*

Lombroso 1911 - Lombroso, Cesare: The Criminal Man. In: *Cullen, Francis T. / Agnew, Robert: Criminological Theory. Past to Present (Essential Readings). 2. Auflage. Los Angeles: Roxbury Publishing (2003), S. 23 - 25.*

Lösel 1993 - Lösel, Friedrich: Psychologische Kriminalitätstheorien. In: *Kaiser, Günther / Kerner, Hans-Jürgen / Sack, Fritz / Schellhoss, Hartmut: Kleines Kriminologisches Wörterbuch. 3. Auflage. Heidelberg: C. F. Müller Juristischer Verlag (1993), S. 253 - 267.*

Löw 2002 - Löw, Arnold: Multiperspektivische Analyse der Wirtschaftskriminalität. Konsequenzen für die Gestaltung des integrierten Risiko-Managements - mit einer Fallstudie zur Barings Bank. Gossau: Cavelti AG (2002).

Luhmann 1979 - Luhmann, Niklas: Trust and Power. Chichester: Wiley (1979).

Magklaras/Furnell 2002 - Magklaras, George B. / Furnell, Steven M.: Insider Threat Prediction Tool. Evaluating the probability of IT misuse. In: *Computers & Security 21/1 (2002), S. 62 - 73.*

Mannheim 1965 - Mannheim, Hermann: Comparative Criminology. Boston: Houghton Mifflin Co. (1965).

Matza 1964 - Matza, David: Delinquency and Drift. New York: John Wiley and Sons, Inc. (1964).

McDermott 2001 - McDermott, John: Abuse-Case-Based Assurance Arguments. New Orleans: Proceedings of the 17th Annual Computer Security Applications Conference (2001).

McGraw 2002 - McGraw, Gary: On Bricks and Walls. Why Building Secure Software is Hard. In: *Computers & Security 21/3 (2002), S. 229 - 238.*

McGraw 2003 - McGraw, Gary: From the Ground Up. The DIMACS Software Security Workshop. In: *IEEE Security & Privacy 1/2 (2003), S. 59 - 66.*

McKnight 1973 - McKnight, Gerald: Computer Crime. London: Joseph (1973).

Medosch 2001 - Medosch, Armin: Website-Verunstaltung als Inaugurationsgeschenk für Bush. Internetdokument. Adresse: *http://www.heise.de/tp/r4/artikel/4/4743/1.html (Heise Online).* Prüfung am 12.06.2004.

Meier/Short 1983 - Meier, Robert F. / Short, James F.: The Consequences of White-Collar Crime. In: *Geis, Gilbert / Meier, Robert F. / Salinger, Lawrence M.: White-Collar-Crime. Classic and Contemporary Views. 3. Auflage. New York u. a.: The Free Press (1995), S. 80 - 104.*

Messner et al. 1989 - Messner, Steven F. / Krohn, Marvin D. / Liska, Allen E. (Hrsg.): Theoretical Integration in the Study of Deviance and Crime. Problems and Prospects. Albany: State University of New York Press (1989).

Meyer 2004 - Meyer, Jan-Bernd: Vertrauliche E-Mails fehlgeleitet. In: *Computerwoche 31/37 (2004), S. 25 - 25.*

Michalowski/Pfuhl 1991 - Michalowski, Raymond J. / Pfuhl, Erdwin H.: Technology, property, and law. The case of computer crime. In: *Crime, Law and Social Change 15 (1991), S. 255 - 275.*

Microsoft 2004 - Microsoft: Microsoft Security Bulletin MS04-032. Internetdokument. Adresse: *http://www.microsoft.com/technet/security/bulletin/ms04-032.mspx.* Prüfung am 12.06.2005.

Miethe/Rothschild 1994 - Miethe, Terance D. / Rothschild, Joyce: Whistleblowing and the Control of Organizational Misconduct. In: *Sociological Inquiry 64/3 (1994), S. 322 - 347.*

Minkler 1993 - Minkler, Alanson P.: The problem with dispersed knowledge. Firms in theory and practice. In: *Kyklos 46 (1993), S. 569 - 587.*

Minor 1980 - Minor, William M.: The Neutralization of Criminal Offense. In: *Criminology 18/1 (1980), S. 103 - 120.*

Misztal 1996 - Misztal, Barbara A.: Trust in Modern Societies. The Search for the Bases of Social Order. Cambridge, Massachusetts: Polity Press (1996).

Moses/Glover 1989 - Moses, Robin H. / Glover, Ian: The CCTA Risk Analysis and Management Methodology (CRAMM) - Risk Management Model. In: *Kuchta, Milan / Pinsky, Sylvan / Katzke, Stuart / Bonyun, David / Gilbert, Irene / Hensley, Alan: Proceedings of the Second Computer Security Risk Management Model Builders Workshop. June 20-22, 1989 - Ottawa, Canada. S. 1 - 52.*

Mukhtar 2002 - Mukhtar, Mudawi: Computer Crime. The New Threat. Internetdokument. Adresse: *http://www.crime-research.org/library/Mudavi1.htm (Computer Crime Research Center).* Prüfung am 05.06.2005.

Mulhall 1997 - Mulhall, Tom: Where Have all the Hackers Gone? A Study in Motivation, Deterrence and Crime Displacement. In: *Computers & Security 16/4 (1997), S. 277 - 306.*

Müller 1996 - Müller, Christof: Aktuelle Risikozonen der Wirtschaftskriminalität. Prävention als Ziel von Reengineering Projekten. In: *Der Schweizer Treuhänder 7 (1996), S. 577 - 584.*

Müller 2000 - Müller, Matthias: Praktische Hinweise zum sogenannten Risikomanagement. Internetdokument. Adresse: *http://www.boeckler.de/pdf/p_ah_araete_13.pdf (Hans-Böckler-Stiftung).* Prüfung am 19.06.2005.

Müller et al. 1997 - Müller, Rudolf / Wabnitz, Heinz-Bernd / Janovsky, Thomas: Wirtschaftskriminalität. Eine Darstellung der typischen Erscheinungsformen mit praktischen Hinweisen zur Bekämpfung. 4. Auflage. München: C.H. Beck Verlag (1997).

Nader 1965 - Nader, Ralph: Unsafe at any speed. New York: Grossmann (1965).

Nagin 1998 - Nagin, Daniel S.: Criminal Deterrence Research. A Review of the Evidence and a Research Agenda for the Outset of the 21st Century. In: *Tonry, Michael: Crime and Justice. An Annual Review of Research, Volume 23.* Chicago: University of Chicago Press (1998), S. 1 - 42.

Nathan et al. 2003 - Nathan, Max / Carpenter, Gwendolyn / Roberts, Simon: Getting by, not getting on. Technology in UK workplaces. Internetdokument. Adresse: *http://thework foundation.com/pdf/1843730154.pdf (The Work Foundation).* Prüfung am 14.01.2004.

Neumann 1995 - Neumann, Peter G.: Computer-Related Risks. New York u. a.: Addison-Wesley Professional (1995).

Nieschlag et al. 1997 - Nieschlag, Robert / Dichtl, Erwin / Hörschgen, Hans: Marketing. 18. Auflage. Berlin: Duncker & Humblot (1997).

Nisbett et al. 1982 - Nisbett, Richard E. / Krantz, David H. / Jepson, Christopher / Fong, Geoffrey, T.: Improving inductive inference. In: *Kahneman, Daniel / Slovic, Paul / Tversky, Amos: Judgment under uncertainty. Heuristics and biases.* Cambridge: Cambridge University Press (1982), S. 445 - 459.

Odenthal 1997 - Odenthal, Roger: Verfahren und Instrumente zur Aufdeckung wirtschaftskrimineller Handlungen. In: *Zeitschrift Interne Revision 32/5 (1997),* S. 241 - 249.

Odenthal 1997b - Odenthal, Roger: Verfahren und Instrumente zur Aufdeckung wirtschaftskrimineller Handlungen. In: *Zeitschrift Interne Revision 32/6 (1997),* S. 301 - 312.

Parker 1976 - Parker, Donn B.: Crime by Computer. New York: Charles Scribner's Sons (1976).

Parker 1997 - Parker, Donn B.: The Strategic Values of Information Security in Business. In: *Computers & Security 16/7 (1997). S. 572 - 582.*

Parker 1998 - Parker, Donn B.: Fighting Computer Crime. A New Framework for Protecting Information. 1. Auflage. New York u. a.: John Wiley & Sons (1998).

Patsuris 2002 - Patsuris, Penelope: The Corporate Scandal Sheet. Internetdokument. Adresse: *http://www.forbes.com/2002/07/25/accountingtracker.html (Forbes Magazine).* Prüfung am 14.09.2004.

Pfeiffer/Scheerer 1979 - Pfeiffer, Dietmar K. / Scheerer, Sebastian: Kriminalsoziologie. Eine Einführung in Theorien und Themen. Stuttgart u. a.: W. Kohlhammer (1979).

Pfleger 1997 - Pfleger, Charles P.: Security in Computing. 2. Auflage. Upper Saddle River, New Jersey: Prentice-Hall (1997).

Pfuhl 1987 - Pfuhl, Erdwin H.: Computer Abuse. Problems of Instrumental Control. In: *Deviant Behavior 8 (1987), S. 113 - 130.*

Picot/Dietl 1990 - Picot, Arnold / Dietl, Helmut: Transaktionskostentheorie. In: *Wirtschaftswissenschaftliches Studium 19/4 (1990), S. 178 - 184.*

Picot/Freudenberg 1998 - Picot, Arnold / Freudenberg, Heino: Neue organisatorische Ansätze zum Umgang mit Komplexität. In: *Adam, Dietrich: Komplexitätsmanagement. Schriften zur Unternehmensführung, Band 61. Wiesbaden: Gabler (1998), S. 69 - 86.*

PKS 1987/2003 - Bundeskriminalamt: PKS-Zeitreihen 1987 bis 2003. Internetdokument. Adresse: *http://www.bka.de/pks/zeitreihen_2003/index.html.* Prüfung am 21.12.2004.

PKS 2004 - Bundeskriminalamt: Polizeiliche Kriminalstatistik 2004. Internetdokument. Adresse: *http://www.bka.de/pks/pks2004/index2.html.* Prüfung am 12.12.2005.

Poddar 2002 - Poddar, Sougata: Network Externality and Software Piracy. Internetdokument. Adresse: *http://www.wider.unu.edu/publications/dps/dps2002/dp2002-115.pdf (World Institute for Development Economics Research).* Prüfung am 23.02.2004.

Poveda 1994 - Poveda, Tony: Rethinking White-Collar Crime. Westport, Connecticut: Praeger (1994).

Pratt/Zeckhauser 1991 - Pratt, John W. / Zeckhauser, Richard J.: Principals and Agents. An Overview. In: *Pratt, John W. / Zeckhauser, Richard J.: Principals and Agents. The Structure of Business. Boston: Harvard Business School Press (1991), S. 1 - 35.*

PRIMEDIA 2002 - PRIMEDIA Business Magazines & Media Inc.: Recording industry collects $1 million fine. Internetdokument. Adresse: *http://emusician.com/news/emusic_ recording_industry_collects/ (Electronic Musician).* Prüfung am 23.06.2005.

PWC 2003 - Maul, Karl-Heinz / Nestler, Claudia / Salvenmoser, Steffen: Wirtschaftskriminalität 2003. Internationale und deutsche Ergebnisse. Frankfurt am Main: PWC Deutsche Revision (2003).

PWC 2005 - Nestler, Claudia / Salvenmoser, Steffen / Bussmann, Kai: Wirtschaftskriminalität 2005. Internationale und deutsche Ergebnisse. Internetdokument. Adresse: *http:// www.pwc.com/de/ger/ins-sol/publ/wirtschaftskriminalitaet2005.pdf.* Prüfung am 12.12.2005.

Quensel 1986 - Quensel, Stephan: Let's abolish theories of crime. Zur latenten Tiefenstruktur unserer Kriminalitätstheorien. In: *Kriminologisches Journal, Beiheft 1 (1986), S. 11 - 23.*

Quetelet 1869 - Quetelet, Adolphe: Physique sociale ou essai sur le développement des facultés de l'homme. Bruxelles: C. Muquardt (1869).

Randall 1987 - Randall, Donna: The Portrayal of Business Malfeasance in the Elite and General Media. In: *Geis, Gilbert / Meier, Robert F. / Salinger, Lawrence M.: White-Collar-Crime. Classic and Contemporary Views. 3. Auflage. New York u. a.: The Free Press (1995), S. 105 - 115.*

Regier 1932 - Regier, Cornelius C.: The Era of the Muckrakers. Chapel Hill, North Carolina: The University of North Carolina Press (1932).

Richardson 2003 - Richardson, Robert: Computer Crime and Security Survey 2003. Internetdokument. Adresse: *http://www.gocsi.com/awareness/fbi.jhtml (Computer Security Institute).* Prüfung am 09.12.2003.

Rosenblatt 1990 - Rosenblatt, Kenneth: Deterring Computer Crime. In: *Technology Review 93 (1990), S. 34 - 40.*

Ross 1973 - Ross, Stephan A.: The Economic Theory of Agency. The Principal's Problem. In: *The American Economic Review 63/2 (1973), S. 134 - 139.*

Ross/Anderson 1982 - Ross, Lee / Anderson, Craig A.: Shortcomings in the attribution process. On the origins and maintenance of erroneous social assessments. In: *Kahneman, Daniel / Slovic, Paul / Tversky, Amos: Judgment under uncertainty. Heuristics and biases. Cambridge: Cambridge University Press (1982), S. 129 - 152.*

Rotter 1980 - Rotter, Julian B.: Interpersonal Trust, Trustworthiness, and Gullibility. In: *American Psychologist 35/1 (1980), S. 1 - 7.*

Runde et al. 1998 - Runde, Peter / Giese, Reinhard / Vogt, Kersten / Wiegel, Dieter: Die Einführung des Pflegeversicherungsgesetzes und seine Wirkungen auf den Bereich der häuslichen Pflege. Band I: Modellentwicklung und Methoden. Hamburg: Veröffentlichungsreihe der Arbeitsstelle für Rehabilitations- und Präventionsforschung (1998).

Sack 1993 - Sack, Fritz: Dunkelfeld. In: *Kaiser, Günther / Kerner, Hans-Jürgen / Sack, Fritz / Schellhoss, Hartmut: Kleines Kriminologisches Wörterbuch. 3. Auflage. Heidelberg: C. F. Müller Juristischer Verlag (1993), S. 99 - 107.*

Sack 1993b - Sack, Fritz: Soziologische Kriminalitätstheorien. In: *Kaiser, Günther / Kerner, Hans-Jürgen / Sack, Fritz / Schellhoss, Hartmut: Kleines Kriminologisches Wörterbuch. 3. Auflage. Heidelberg: C. F. Müller Juristischer Verlag (1993), S. 271 - 280.*

Sack 1993c - Sack, Fritz: Kritische Kriminologie. In: *Kaiser, Günther / Kerner, Hans-Jürgen / Sack, Fritz / Schellhoss, Hartmut: Kleines Kriminologisches Wörterbuch. 3. Auflage. Heidelberg: C. F. Müller Juristischer Verlag (1993), S. 329 - 338.*

Sack 1995 - Sack, Fritz: Prävention - ein alter Gedanke im neuen Gewand. In: *Gössner, Rolf: Sicherheit. Der hilflose Schrei nach dem starken Staat. Baden-Baden: Nomos (1995), S. 429 - 456.*

Samuelson 1955 - Samuelson, Paul A.: The Foundation of Economics. Cambridge: Cambridge University Press (1955).

Savage 1972 - Savage, Leonard J.: The Foundation of Statistics. 2. Auflage. New York: Dover Publications, Inc. (1972).

Scheerer 1993 - Scheerer, Sebastian: Kriminalität der Mächtigen. In: *Kaiser, Günther / Kerner, Hans-Jürgen / Sack, Fritz / Schellhoss, Hartmut: Kleines Kriminologisches Wörterbuch. 3. Auflage. Heidelberg: C. F. Müller Juristischer Verlag (1993), S. 246 - 249.*

Schellhoss 1993 - Schellhoss, Hartmut: Abweichendes Verhalten. In: *Kaiser, Günther / Kerner, Hans-Jürgen / Sack, Fritz / Schellhoss, Hartmut: Kleines Kriminologisches Wörterbuch. 3. Auflage. Heidelberg: C. F. Müller Juristischer Verlag (1993), S. 1 - 5.*

Schellhoss 1993b - Schellhoss, Hartmut: Kosten des Verbrechens. In: *Kaiser, Günther / Kerner, Hans-Jürgen / Sack, Fritz / Schellhoss, Hartmut: Kleines Kriminologisches Wörterbuch. 3. Auflage. Heidelberg: C. F. Müller Juristischer Verlag (1993), S. 218 - 223.*

Schepanski/Shearer 1995 - Schepanski, Albert / Shearer, Teri: A prospect theory account of the income tax withholding phenomenon. In: *Organizational Behavior and Human Decision Processes 63/2 (1995), S. 174 - 186.*

Schmid 2001 - Schmid, Pirmin: Computerhacken und materielles Strafrecht - unter besonderer Berücksichtigung von § 202a StGB. Konstanz: Dissertation des Fachbereichs Rechtswissenschaft der Universität (2001).

Schneier 2000 - Schneier, Bruce: Secrets and Lies. Digital Security in a Networked World. New York u. a.: Wiley Computer Publishing (2000).

Schoemaker 1982 - Schoemaker, Paul J. H.: The Expected Utility Model. Its Variants, Purposes, Evidence and Limitations. In: *Journal of Economic Literature 20 (1982), S. 529 - 563.*

Schultz 2002 - Schultz, Eugene E.: A framework for understanding and predicting insider attacks. In: *Computers & Security 21/6 (2002), S. 526 - 531.*

Schultz 2004 - Schultz, Eugene: Security training and awareness - fitting a square peg in a round hole. In: *Computers & Security 23/1 (2004), S. 1 - 2.*

Schultz/Shumway 2001 - Schultz, E. Eugene / Shumway, Russell: Incident Response. Strategic Guide to Handling System and Network Security Breaches. Indianapolis: New Riders (2001).

Schütz 1971 - Schütz, Alfred: Begriffs- und Theoriebildung in den Sozialwissenschaften. In: *Schütz, Alfred: Gesammelte Aufsätze. Band 1: Das Problem der sozialen Wirklichkeit. Den Haag: Nijhoff (1971), S. 3 - 54.*

Schütz/Peters 2002 - Schütz, Holger / Peters, Hans Peter: Risiken aus der Perspektive von Wissenschaft, Medien und Öffentlichkeit. In: *Bundeszentrale für politische Bildung: Aus Politik und Zeitgeschichte. Verwundbarkeit hochindustrieller Gesellschaften - Innere Sicherheit - Demokratie. Bonn (2002), S. 40 - 45.*

Schwind 2003 - Schwind, Hans-Dieter: Kriminologie. Eine praxisorientierte Einführung mit Beispielen. 13. Auflage. Heidelberg: Kriminalistik Verlag (2003).

Sen 1977 - Sen, Amartya K.: Rational Fools. A Critique of the Behavioral Foundations of Economic Theory. In: *Philosophy & Public Affairs 6 (1977), S. 316 - 344.*

Serrin/Serrin 2002 - Serrin, Judith / Serrin, William: Muckracking! The Journalism That Changed America. New York: New Press (2002).

Sessar 1997 - Sessar, Klaus: Zu einer Kriminologie ohne Täter. Oder auch: Die kriminogene Tat. In: *Monatsschrift für Kriminologie und Strafrechtsreform 80/1 (1997), S. 1 - 24.*

Shackelford 1992 - Shackelford, Steve: Computer-Related Crime. An International Problem in Need of an International Solution. In: *Texas International Law Journal 27 (1992), S. 479 - 505.*

Shapiro 1987 - Shapiro, Susan P.: The Social Control of Impersonal Trust. In: *American Journal of Sociology 93 (1987), S. 623 - 658.*

Shapiro 1990 - Shapiro, Susan: Collaring the Crime, Not the Criminal. Reconsidering the Concept of White-Collar Crime. In: *American Sociological Review 55 (1990), S. 346 - 365.*

Shaw et al. 1998 - Shaw, Eric / Ruby, Keven G. / Post, Jerrold M.: The Insider Threat to Information Systems. The Psychology of the Dangerous Insider. In: *Security Awareness Bulletin 2-98 (1998), S. 27 - 46.*

Shaw et al. 1999 - Shaw, Eric D. / Post Jerrold M. / Ruby, Keven G.: Inside the Mind of the Insider. Internetdokument. Adresse: *http://www.securitymanagement.com/library/000762.html (Security Management Online).* Prüfung am 27.02.2004.

Shaw et al. 2000 - Shaw, Eric D. / Post Jerrold M. / Ruby, Keven G.: Managing the threat from within. Internetdokument. Adresse: *http://infosecuritymag.techtarget.com/articles/july00/features2.shtml (Information Security Magazine).* Prüfung am 27.02.2004.

Shaw/McKay 1942 - Shaw, Clifford R. / McKay, Henry D.: Juvenile Delinquency and Urban Areas. In: *Cullen, Francis T. / Agnew, Robert: Criminological Theory. Past to Present (Essential Readings). 2. Auflage. Los Angeles: Roxbury Publishing (2003), S. 104 - 110.*

Shein 2003 - Shein, Esther: Virus Alert: New Worm Spreads Through KaZaA, IRC. Internetdokument. Adresse: *http://www.esecurityplanet.com/alerts/article.php/1582701 (Jupitermedia Corporation)*. Prüfung am 7.11.2004.

Sherizen 1978 - Sherizen, Sanford: Social Creation of Crime News. All the News Fitted to Print. In: *Winick, Charles: Deviance and Mass Media. Beverly Hills, California: Sage Publications (1978), S. 203 - 224.*

Sherizen 1990 - Sherizen, Sanford: Criminological Concepts and Research Findings Relevant for Improving Computer Crime Control. In: *Computers & Security 9/3 (1990), S. 215 - 221.*

Siegel 1986 - Siegel, Lenny: Microcomputers. From Movement to Industry. In: *Monthly Review 38 (1986), S. 110 - 117.*

Simon 1957 - Simon, Herbert A.: Models of Man. Social and Rational. Mathematical Essays on Rational Human Behavior in a Social Setting. New York: Wiley (1957).

Simon 1978 - Simon, Herbert A.: Rationality as Process and as Product of Thought. In: *American Economic Review 68/2 (1978), S. 1 - 11.*

Simon 1987 - Simon, Herbert A.: Rationality in Psychology and Economics. In: *Hogarth, Robin M. / Reder, Melvin W.: Rational Choice. The Contrast Between Economics and Psychology. Chicago: University of Chicago Press (1987), S. 25 - 40.*

Simon 1997 – Simon, Herbert A.: Administrative Behavior. 4. Auflage. New York: The Free Press (1997).

Siponen 2001 - Siponen, Mikko T.: On the Role of Human Morality in Information System Security. From the Problems of Descriptivism to Non-Descriptive Foundations. In: *Information Resources Management Journal 14/4 (2001), S. 15 - 23.*

Slovic et al. 1980 - Slovic, Paul / Fischhoff, Baruch / Lichtenstein, Sarah: Facts versus fears. Understanding perceived risk. In: *Kahneman, Daniel / Slovic, Paul / Tversky, Amos: Judgment under uncertainty. Heuristics and biases. Cambridge: Cambridge University Press (1982), S. 463 - 489.*

Slovic/Lichtenstein 1971 - Slovic, Paul / Lichtenstein, Sarah: Comparison of Bayesian and Regression Approaches to the Study of Information Processing in Judgment. In: *Organizational Behavior and Human Performance 6 (1971), S. 649 - 744.*

Slovic/Lichtenstein 1983 - Slovic, Paul / Lichtenstein, Sarah: Preference Reversals. A broader Perspective. In: *American Economic Review 73 (1983), S. 596 - 605.*

Smigel/Ross 1970 - Smigel, Erwin O. / Ross, H. Lawrence: Crimes Against Bureaucracy. New York: Van Nostrand Reinhold (1970).

Snider 2001 - Snider, Laureen: Crimes Against Capital. Discovering Theft of Time. In: *Social Justice 28/3 (2001), S. 105 - 120.*

Snider 2002 - Snider, Laureen: Theft of Time. Disciplining through Science and Law. In: *Osgoode Hall law journal 40/1 (2002), S. 89 - 111.*

Spiess 1993 - Spiess, Gerhard: Beruf und Kriminalität. In: *Kaiser, Günther / Kerner, Hans-Jürgen / Sack, Fritz / Schellhoss, Hartmut: Kleines Kriminologisches Wörterbuch. 3. Auflage. Heidelberg: C. F. Müller Juristischer Verlag (1993), S. 71 - 78.*

Spinellis 1999 - Spinellis, Diomidis: Software reliability. modern challenges. In: *Schueller, G. I. / Kafka, P.: Safety and Reliability. Proceedings of the ESREL '99 - 10th European Conference, Munich-Garching, Germany, 1999. Rotterdam: Balkema Publishers (1999), S. 589 - 592.*

Spurling 1995 - Spurling, Phil: Promoting security awareness and commitment. In: *Information Management & Computer Security 3/2 (1995), S. 20 - 26.*

Standage 2002 - Standage, Tom: A Survey of Digital Security. In: *The Economist 26. Oktober 2002, S. 3 - 20.*

StÄndG 2003 - Zweites Gesetz zur Änderung steuerlicher Vorschriften. In: *Bundesgesetzblatt Jahrgang 2003 Teil I Nr. 62, ausgegeben zu Bonn am 19. Dezember 2003.*

Stanton et al. 2002 - Stanton, Jeffrey M. / Caldera Cavinda / Isaac, Ashley / Stam, Kathryn R. / Marcinkowski, Slawomir J.: Behavioral Information Security. Defining the Criterion Space. Internetdokument. Adresse: *http://sise.syr.edu/BehavioralDomain.pdf (Syracuse University).* Prüfung am 19.04.2004.

Stanton/Stam 2003 - Stanton, Jeffrey M. / Stam, Kathryn, R.: Information Technology, Privacy and Power within Organizations. A View from Boundary Theory and Social Exchange Perspectives. In: *Surveillance & Society 1/2 (2003), S. 152 - 190.*

Statistisches Bundesamt 2003 - Statistisches Bundesamt: Statistisches Jahrbuch 2003. Für die Bundesrepublik Deutschland und für das Ausland. Reutlingen: SFG - Servicecenter Fachverlage GmbH (2003).

Statistisches Bundesamt 2004 - Statistisches Bundesamt: Bruttoinlandsprodukt für Deutschland 2003. Internetdokument. Adresse: *http://www.destatis.de/presse/deutsch/pk/2004/bip2003i.pdf.* Prüfung am 10.01.2005.

Statistisches Bundesamt 2004b - Statistisches Bundesamt: Statistik erwartet für 2004 einen geringen Bevölkerungsrückgang. Internetdokument. Adresse: *http://www.destatis.de/presse/deutsch/pm2004/p5510021.htm.* Prüfung am 12.01.2005.

Stelzer 1994 - Stelzer, Dirk: Risikoanalyse. Konzepte, Methoden und Werkzeuge. Internetdokument. Adresse: *http://www.wirtschaft.tu-ilmenau.de/im/infothek/documents/Stelzer_Risikoanalyse_Konzepte_Methoden_Werkzeuge_1994.pdf (Technische Universität Ilmenau)*. Prüfung am 15.04.2005.

Stone 1978 - Stone, Christopher D.: Corporations and Law. Ending the Impasse. In: *Johnson, John M. / Douglas, Jack D.: Crime at the Top. Deviance in Business and the Professions. New York u. a.: J.B. Lippincott Company (1978), S. 329 - 332.*

Strauß 1991 - Strauß, Christine: Informatik-Sicherheitsmanagement. Eine Herausforderung für die Unternehmensführung. Stuttgart: Teubner Verlag (1991).

Sutherland 1937 - Sutherland, Edwin H.: The Professional Thief. Chicago: The University of Chicago Press (1937).

Sutherland 1940 - Sutherland, Edwin H.: White-Collar Criminality. In: *American Sociological Review 5 (1940), S. 1 - 12.*

Sutherland 1949 - Sutherland, Edwin H.: White-Collar-Crime. New York: Holt, Rinehart & Winston (1949).

Sutherland 1956 - Sutherland, Edwin H.: Die Theorie der differentiellen Kontakte. In: *Sack, Fritz / König, René: Kriminalsoziologie. 2. Auflage. Wiesbaden: Akademische Verlagsanstalt (1979), S. 395 - 399.*

Sykes/Matza 1957 - Sykes, Gresham M. / Matza, David: Techniques of Neutralization. A Theory of Delinquency. In: *American Sociological Review 22 (1957), S. 664 - 670.*

Tannenbaum 1938 - Tannenbaum, Frank: Crime and the Community. New York: Columbia University Press (1938).

Tappan 1947 - Tappan, Paul W.: Who Is the Criminal? In: *Geis, Gilbert / Meier, Robert F. / Salinger, Lawrence M.: White-Collar-Crime. Classic and Contemporary Views. 3. Auflage. New York u. a.: The Free Press (1995), S. 50 - 59.*

Tawney 1920 - Tawney, Richard H.: The Acquisitive Society. New York: Harcourt, Brace and Company (1920).

Taylor 1982 - Taylor, Shelley E.: The availability bias in social perception and interaction. In: *Kahneman, Daniel / Slovic, Paul / Tversky, Amos: Judgment under uncertainty. Heuristics and biases. Cambridge: Cambridge University Press (1982), S. 190 - 200.*

Teufel/Schlienger 2000 - Teufel, Stephanie / Schlienger, Thomas: Informationssicherheit - Wege zur kontrollierten Unsicherheit. In: *HMD Praxis der Wirtschaftsinformatik 12/216 (2000), S. 18 - 31.*

The Inquirer 2003 - The Inquirer: Fizzer worm uses KaZaA for remote control. Internetdokument. Adresse: *http://www.theinquirer.net/?article=9456*. Prüfung am 7.11.2004.

Thomson/Solms 1998 - Thomson, Mark E. / von Solms, Rossouw: Information security awareness. Educating your users effectively. In: *Information Management & Computer Security 6/4 (1998), S. 167 - 173*.

Thornberry 1987 - Thornberry, Terence P.: Toward and Interactional Theory of Delinquency. In: *Criminology 25 (1987), S. 863 - 892*.

Tittle 1995 - Tittle, Charles R.: Control Balance. Toward a General Theory of Deviance. Boulder, Colorado: Westview Press (1995).

Trompeter/Eloff 2001 - Trompeter, Colette M. / Eloff, Jan H. P.: A Framework for the Implementation of Socio-ethical Controls in Information Security. In: *Computers & Security 20/5 (2001), S. 384 - 391*.

Tuck/Riley 1986 - Tuck, Mary / Riley, David: The Theory of Reasoned Action. In: *Cornish, Derek B. / Clarke, Ronald V.: The Reasoning Criminal. Rational Choice Perspectives on Offending. New York u. a.: Springer Verlag (1986), S. 156 - 169*.

Tversky/Kahneman 1973 - Tversky, Amos / Kahneman, Daniel: Availability. A Heuristic for Judging Frequency and Probability. In: *Cognitive Psychology 5 (1973), S. 207 - 232*.

Tversky/Kahneman 1974 - Tversky, Amos / Kahneman, Daniel: Judgment under Uncertainty. Heuristics and Biases. In: *Science 185 (1974), S. 1124 - 1131*.

Tversky/Kahneman 1982 - Tversky, Amos / Kahneman, Daniel: Evidential impact of base rates. In: *Kahneman, Daniel / Slovic, Paul / Tversky, Amos: Judgment under uncertainty. Heuristics and biases. Cambridge: Cambridge University Press (1982), S. 153 - 160*.

Tversky/Kahneman 1982b - Tversky, Amos / Kahneman, Daniel: Judgments of and by representativeness. In: *Kahneman, Daniel / Slovic, Paul / Tversky, Amos: Judgment under uncertainty. Heuristics and biases. Cambridge: Cambridge University Press (1982), S. 84 - 98*.

Tversky/Kahneman 1992 - Tversky, Amos / Kahneman, Daniel: Advances in Prospect Theory. Cumulative Representation of Uncertainty. In: *Journal of Risk and Uncertainty 5/4 (1992), S. 297 - 323*.

U.S. Department of Justice 1998 - U.S. Department of Justice: United States of America vs. Microsoft Corporation. Internetdokument. Adresse: *http://www.usdoj.gov/atr/cases/f1700/1763.pdf*. Prüfung am 15.09.2004.

van Eimeren et al. 2004 - van Eimeren, Birgit / Gerhard, Heinz / Frees, Beate: Internetverbreitung in Deutschland. Potenzial vorerst ausgeschöpft? In: *Media Perspektiven 8 (2004), S. 350 - 370*.

Vaughan 1992 - Vaughan, Diane: The macro-micro connection in white collar crime theory. In: *Schlegel, Kip / Weisburd, David: White Collar Crime Reconsidered. Boston: Northeastern University Press (1992), S. 124 - 148.*

Vogel 1994 - Vogel, Katja: Methoden der Bedrohungs- und Risikoanalyse. In: *KES 10/4 (1994), S. 41 - 44.*

von Neumann/Morgenstern 1970 - von Neumann, John / Morgenstern, Oskar: Theory of Games and Economic Behavior. 3. Auflage. Princeton: Princeton University Press (1970).

Walczak et al. 2002 - Walczak, Lee / Dunham, Richard S. Dunham / Dwyer, Paula: Let the Reforms Begin. Internetdokument. Adresse: *http://www.businessweek.com/magazine/content/02_29/b3792601.htm (Business Week Online).* Prüfung am 14.09.2005.

Walsh 1986 - Walsh, Dermot: Victim Selection Procedures Among Economic Criminals. The Rational Choice Perspective. In: *Cornish, Derek B. / Clarke, Ronald V.: The Reasoning Criminal. Rational Choice Perspectives on Offending. New York u. a.: Springer Verlag (1986), S. 39 - 52.*

Ward 1982 - Ward, Edwards: Conservatism in human information processing. In: *Kahneman, Daniel / Slovic, Paul / Tversky, Amos: Judgment under uncertainty. Heuristics and biases. Cambridge: Cambridge University Press (1982), S. 359 - 369.*

Weber 1922 - Weber, Max: Wirtschaft und Gesellschaft. Grundriss der verstehenden Soziologie. Internetdokument. Adresse: *http://www.textlog.de/7296.html.* Prüfung am 31.05.2005.

Webopedia 2004 - Webopedia: MP3. Internetdokument. Adresse: *http://www.webopedia.com/TERM/M/MP3.html.* Prüfung am 23.06.2005.

Wehowsky 1994 - Wehowsky, Stephan: Schattengesellschaft. Kriminelle Mentalitäten in Europa. München: Carl Hanser Verlag (1994).

Weisburd et al. 1991 - Weisburd, David / Wheeler, Stanton / Waring, Elin / Bode, Nancy: Crimes of the Middle Classes. White-Collar Offenders in the Federal Courts. New Haven, London: Yale University Press (1991).

Wendel 2003 - Wendel, Thomas: Marktanteil von Windows steigt weiter. In: *Berliner Zeitung 10.10.2003, S. 28.*

White 1991 - White, Harrison C.: Agency as Control. In: *Pratt, John W. / Zeckhauser, Richard J.: Principals and Agents. The Structure of Business. Boston: Harvard Business School Press (1991), S. 187 - 212.*

Whiteside 1978 - Whiteside, Thomas: Computer Capers. Tales of Electronic Thievery, Embezzlement, and Fraud. New York: Crowell Company (1978).

Wildemann 1998 - Wildemann, Horst: Komplexitätsmanagement durch Prozeß- und Produktgestaltung. In: *Adam, Dietrich: Komplexitätsmanagement. Schriften zur Unternehmensführung, Band 61. Wiesbaden: Gabler (1998), S. 47 - 68.*

Williamson 1985 - Williamson, Oliver E.: The Economic Institutions of Capitalism. Firms, Markets, Relational Contracting. New York: The Free Press (1985).

Williamson et al. 1975 - Williamson, Oliver E. / Wachter, Michael L. / Harris, Jeffrey E.: Understanding the Employment Relation. The Analysis of Idiosyncratic Exchange. In: *The Bell Journal of Economics 6 (1975), S. 250 - 278.*

Winslow 2002 - Winslow, Joyce: Stay on Your Toes. Security Problems Still Plague Microsoft. Internetdokument. Adresse: *http://cc.uoregon.edu/cnews/spring2002/ms_probs.html (University of Oregon).* Prüfung am 12.11.2004.

Wippler/Lindenberg 1987 - Wippler, Reinhard / Lindenberg, Siegwart: Collective Phenomena and Rational Choice. In: *Alexander, Jeffrey C. / Giesen, Bernhard / Münch, Richard / Smelser, Neil J.: The Micro-Macro-Link. Berkeley u. a.: University of California Press (1987), S. 135 - 152.*

Zeckhauser 1987 - Zeckhauser, Richard: Comments: Behavioral versus Rational Economics. What You See Is What You Conquer. In: *Hogarth, Robin M. / Reder, Melvin W.: Rational Choice. The Contrast Between Economics and Psychology. Chicago: University of Chicago Press (1987), S. 251 - 265.*

Znaniecki 1928 - Znaniecki, Florian: Social Research in Criminology. In: *Sociology and Social Research 12 (1928), S. 307 - 322.*

Deutscher Universitäts-Verlag
Ihr Weg in die Wissenschaft

Der Deutsche Universitäts-Verlag ist ein Unternehmen der GWV Fachverlage, zu denen auch der VS Verlag für Sozialwissenschaften gehört. Wir publizieren ein umfangreiches sozial- und geisteswissenschaftliches Monografien-Programm aus folgenden Fachgebieten:

- ✓ Soziologie
- ✓ Politikwissenschaft
- ✓ Kommunikationswissenschaft
- ✓ Literatur- und Sprachwissenschaft
- ✓ Psychologie
- ✓ Kognitions- und Bildwissenschaft

Für unseren Programmschwerpunkt **Länder- und Regionalstudien** suchen wir ausgezeichnete Arbeiten, die sich mit politischen, sozialen und wirtschaftlichen Entwicklungen einzelner Länder bzw. einzelner Regionen befassen.

Für unseren Programmschwerpunkt **anwendungsorientierte Kulturwissenschaft** suchen wir hochwertige Arbeiten, die vor allem die Wechselwirkungen zwischen Kultur und Wirtschaft sowie ihre Auswirkungen auf gesamtgesellschaftliche Prozesse erforschen.

In enger Kooperation mit dem VS Verlag für Sozialwissenschaften wird unser Programm kontinuierlich ausgebaut und um aktuelle Forschungsarbeiten erweitert. Dabei wollen wir vor allem jüngeren Wissenschaftlern ein Forum bieten, ihre Forschungsergebnisse der interessierten Fachöffentlichkeit vorzustellen. Unser Verlagsprogramm steht solchen Arbeiten offen, deren Qualität durch eine sehr gute Note ausgewiesen ist. Jedes Manuskript wird vom Verlag zusätzlich auf seine Vermarktungschancen hin geprüft.

Durch die umfassenden Vertriebs- und Marketingaktivitäten einer großen Verlagsgruppe erreichen wir die breite Information aller Fachinstitute, -bibliotheken und -zeitschriften. Den Autoren bieten wir dabei attraktive Konditionen, die jeweils individuell vertraglich vereinbart werden.

Besuchen Sie unsere Homepage: *www.duv.de*

Deutscher Universitäts-Verlag
Abraham-Lincoln-Str. 46
D-65189 Wiesbaden

The manufacturer's authorised representative in the EU is Springer Nature Customer Service Centre GmbH, Europaplatz 3, 69115 Heidelberg, Germany. If you have any concerns regarding our products, please contact ProductSafety@springernature.com

Printed and bound by CPI Group (UK) Ltd, Croydon, CR0 4YY

25/03/2026

02078192-0005